소선지서 강해

AN EXPOSITION ON THE BOOKS OF THE MINOR PROPHETS

〔2판〕

김효성

Hyosung Kim

Th.M., Ph.D.

옛신앙

oldfaith

2020

머리말

주 예수 그리스도와 사도 바울의 증거대로(마 5:18; 요 10:35; 갈 3:16; 딤후 3:16), 성경은 하나님의 말씀이다. 성경이 하나님의 말씀이며 우리의 신앙과 행위에 있어서 정확무오한 유일의 법칙이라는 고백은 우리의 신앙생활에 있어서 매우 기본적이고 중요하다.

웨스트민스터 신앙고백서의 진술대로(1:8), 우리는 성경의 원본이 하나님의 감동으로 기록되었고 그 본문이 "그의 독특한 배려와 섭리로 모든 시대에 순수하게 보존되었다"고 믿는다. 이것은 교회의 전통적 견해이다. 그러므로 구약성경은 야곱 벤 카임이 편집한 제2 랍비성경(봄버그판)을 표준적 마소라 본문으로 간주해야 할 것이다.

성경은 성도 개인의 신앙생활뿐 아니라, 교회의 모든 활동들에도 유일한 규범이다. 오늘날처럼 다양한 풍조와 운동이 많은 영적 혼란의 시대에, 우리는 성경으로 돌아가 성경이 무엇을 말하는지 묵상하기를 원하며 성경에 계시된 하나님의 모든 뜻을 알기를 원한다.

성경을 가지고 설교할지라도 그것을 바르게 해석하고 적용하지 않으면, 하나님의 말씀의 기근이 올 것이다(암 8:11). 오늘날 하나님의 말씀의 기근이 오고 있다. 많은 설교와 성경강해가 있지만, 순수한 기독교 신앙 지식과 입장은 더 흐려지고 있기 때문이다.

그러므로 오늘날 요구되는 성경 해석과 강해는 복잡하고 화려한 말잔치보다 성경 본문의 바른 뜻을 간단 명료하게 해석하고 잘 적용하는 것일 것이다. 사실상, 우리는 성경책 한 권으로 충분하다. 성경 주석이나 강해는 성경 본문의 바른 이해를 위한 작은 참고서에 불과하다. 성도는 각자 성령의 도우심을 구하며 성경을 읽어야 하고, 성경 주석과 강해는 오직 참고서로만 사용해야 할 것이다.

소선지서 목차

- 호세아 5
- 요엘 57
- 아모스 77
- 오바댜 119
- 요나 127
- 미가 145
- 나훔 177
- 하박국 191
- 스바냐 207
- 학개 223
- 스가랴 233
- 말라기 297

호세아

HOSEA

호세아 서론

내용 목차

서론 ·· 5
1장: 음란한 아내, 음란한 자식들 ······················· 7
2장: 음행에 대한 심판, 그러나 긍휼 ················· 10
3장: 이스라엘의 회복 ·· 17
4장: 이스라엘의 죄악상 ···································· 20
5장: 이스라엘에게 내릴 심판 ··························· 23
6장: 하나님을 아는 지식 ·································· 26
7장: 이스라엘의 죄악들 ···································· 29
8장: 이방 나라에 삼키움 ·································· 32
9장: 죄를 벌하심 ··· 35
10장: 하나님을 찾고 의를 행하라 ····················· 38
11장: 이스라엘의 패역과 하나님의 긍휼 ··········· 41
12장: 행위대로 보응하심 ·································· 44
13장: 이스라엘의 패망과 구속(救贖) ················ 47
14장: 이스라엘 나라의 회복 ····························· 52

서론

　열두 권의 소선지서 중 첫 번째 책인 호세아는 주전 760-724년경 유다 왕 웃시야와 요담과 아하스와 히스기야의 시대와 이스라엘 왕 여로보암 2세의 시대에 사역한 선지자이었다(호 1:1).
　선지자들의 설교의 주요 내용은 (1) 죄에 대한 책망과 심판의 선언이고, (2) 위로와 회복에 대한 말씀이다. 특히, 호세아서의 **주요 내용**은 하나님의 불붙는 긍휼의 구원에 대한 것이다.

1장: 음란한 아내, 음란한 자식들

〔1절〕 웃시야와 요담과 아하스와 히스기야가 이어 유다 왕이 된 시대 곧 요아스의 아들 여로보암이 이스라엘 왕이 된 시대에 브에리의 아들 호세아에게 임한 여호와의 말씀이라.

선지자 호세아가 사역한 시대는 주전 760~724년경이라고 본다. 호세아서는 "호세아에게 임한 여호와의 말씀," "여호와께서 비로소 호세아로 말씀하신" 내용이다. 이것은 하나님의 말씀이다. 선지자들의 예언 곧 설교는 자신들의 생각과 명백히 구별되었다. 그것은 하나님의 영의 특별한 감동 속에 받은 하나님의 말씀이었다. 그러므로 그들이 쓴 책은 성경이 되었다. 디모데후서 3:16, "모든 성경은 하나님의 감동으로 된 것으로." 베드로후서 1:21, "[예언은] 하나님의 거룩한 사람들이 성령의 감동하심을 입어 말한 것임이니라"(전통본문).

〔2-5절〕 여호와께서 비로소 호세아로 말씀하시니라. 여호와께서 호세아에게 이르시되 너는 가서 음란한 아내를 취하여 음란한 자식들을 낳으라. 이 나라가 여호와를 떠나 크게 행음함이니라. 이에 저가 가서 디블라임의 딸 고멜을 취하였더니 저가 잉태하여 아들을 낳으매 여호와께서 호세아에게 이르시되 그 이름을 이스르엘이라 하라. 조금 후에 내가 이스르엘의 피를 예후의 집에 갚으며 이스라엘 족속의 나라를 폐할 것임이니라. 그 날에 내가 이스르엘 골짜기에서 이스라엘의 활을 꺾으리라 하시니라.

가서 음란한 아내를 취하라는 하나님의 명령은 이상한 명령이었으나, 그것은 호세아로 하여금 하나님의 심정을 체험케 하기 위한 것이었다. 그 나라가 여호와를 떠나 크게 행음하였기 때문이다. 그것은 그들의 우상숭배를 가리켰다. 호세아는 하나님의 명령에 순종했다.

여호와께서는 호세아에게 첫아들의 이름을 이스르엘이라고 짓게 하셨다. 그것은 이스르엘의 피를 예후의 집에 갚고 이스라엘 족속의 나라를 폐할 것이기 때문이었다. 열왕기하 10:11에 보면, 예후가 이스

호세아 1장: 음란한 아내, 음란한 자식들

르엘에서 아합의 아들 요람과 아합 집에 속한 이스르엘에 남아 있는 자들을 다 죽이고 이스라엘 왕이 되었으나 우상숭배를 완전히 떠나지 못했으므로, 하나님께서는 그의 왕위가 4대까지만 이어질 것이라고 말씀하셨었다. 그 말씀대로 예후 왕가는 그의 4대손 스가랴까지에만 이어졌고, 또 스가랴는 단지 6개월간 통치했고 살룸의 반란으로 죽었고 예후 왕가의 통치는 그치게 되었다. 또 그로부터 약 30년 후, 주전 722년경 북방 이스라엘 나라는 완전히 멸망하게 되었다.

[6-7절] 고멜이 또 임태하여 딸을 낳으매 여호와께서 호세아에게 이르시되 그 이름을 로루하마라 하라. 내가 다시는 이스라엘 족속을 긍휼히 여겨서 사하지 않을 것임이니라. 그러나 내가 유다 족속을 긍휼히 여겨 저희 하나님 여호와로 구원하겠고 활과 칼이나 전쟁이나 말과 마병으로 구원하지 아니하리라 하시니라.

하나님께서는 고멜이 낳은 첫 딸의 이름을 '로루하마'라고 짓게 하셨는데, '로루하마'(לֹא רֻחָמָה)는 '안 긍휼'이라는 뜻이다. 이것은 하나님께서 다시는 이스라엘 사람들을 긍휼히 여기시지 않겠다는 뜻이다. 그러나 하나님께서 유다 사람들에게는 긍휼을 베푸실 것이다. 이것은 하나님께서 이스라엘에게는 심판을 내리시지만, 유다에게는 구원을 베푸실 것을 말씀하신 것이다. 하나님께서는 심판의 선언 중에서도 긍휼을 입을 자들을 남겨두셨다. 또 유다의 구원은 그들의 군사력에 있지 않고 그들을 긍휼히 여기시는 하나님께 있을 것이다.

[8-9절] 고멜이 로루하마를 젖뗀 후에 또 임태하여 아들을 낳으매 여호와께서 이르시되 그 이름을 로암미라 하라. 너희는 내 백성이 아니요 나는 너희 하나님이 되지 아니할 것임이니라.

하나님께서는 고멜이 낳은 둘째 아들의 이름을 '로암미'라고 하게 하셨다. '로암미'(לֹא עַמִּי)는 '안 내 백성'(내 백성이 아님)이라는 뜻이다. 하나님께서 이스라엘 백성에게 이렇게 '로루하마' '로암미'같이 심한 말씀을 하시는 것은 그들의 죄, 특히 우상숭배의 죄 때문이었다.

호세아 1장: 음란한 아내, 음란한 자식들

[10-11절] 그러나 이스라엘 자손의 수가 바닷가의 모래같이 되어서 측량할 수도 없고 셀 수도 없을 것이며 전에 저희에게 이르기를 너희는 내 백성이 아니라 한 그 곳에서 저희에게 이르기를 너희는 사신 하나님의 자녀라 할 것이라. 이에 유다 자손과 이스라엘 자손이 함께 모여 한 두목[우두머리]을 세우고 그 땅에서부터 올라오리니 이스르엘의 날이 클 것임이로다.

하나님께서는 심판을 선언하시자마자 회복도 선언하셨다. 여기에 하나님의 마음, 곧 그의 공의와 사랑의 마음이 나타나 있다. 회복의 내용은, 첫째, 그들의 수가 많을 것이며, 둘째, 그들은 신분이 변하고 삶이 변하여 살아계신 하나님의 자녀가 되고 다시 하나님과 교제하게 될 것이며, 셋째, 그들은 그 땅에서 올라올 것이다. '그 땅'은 그들이 포로로 잡혀갔던 땅을 가리킨다. 유다 나라와 이스라엘 나라는 함께 모여 한 우두머리를 세우고 올라올 것이다. 그 날은 큰 사건이 될 것이다. 이 일은 스룹바벨 때에 파사 왕 고레스의 칙령으로 돌아왔을 때 부분적으로 성취되었으나, 예수 그리스도로 말미암아 완전히 성취되었다. 예수 그리스도로 말미암아 구원받은 자들의 수는 셀 수 없이 많다(계 7:9). 그들은 하나님의 자녀가 되고(요 1:12-13), 중생한 새사람이 되었다. 예수 그리스도께서는 하나님의 백성의 우두머리와 주(主)가 되셨다. 우리의 삶에서 구원받은 것보다 큰 사건은 없다.

본장의 교훈은 무엇인가? 첫째로, 우리는 죄인들에 대한 하나님의 진노와 심판을 깨닫고, 범죄치 말자. 죄인은 하나님의 심판을 받는다. 하나님의 뜻은 거룩하고 의로운 삶이며 그것이 평안과 행복의 길이다.

둘째로, 우리는 특히 하나님 아닌 것들을 가치 있게 여기고 거기서 위로를 찾는 영적 음행 즉 우상숭배를 버리고, 살아계시고 참되신 하나님만 믿고 의지하며 섬기고 따르며 순종하는 순수한 경건을 지키자.

셋째로, 우리는 오직 하나님의 긍휼과 은혜의 구원을 감사하며 찬송하고 기뻐하며 또 이 긍휼과 은혜의 구원의 복음을 다른 이에게도 널리 전하자. 신약성도는 바로 하나님의 이 구원의 은혜를 누리는 자들이다.

2장: 음행에 대한 심판, 그러나 긍휼

1-13절, 음행에 대한 심판

[1절] 너희 형제에게는 암미라 하고 너희 자매에게는 루하마라 하라.

하나님께서는 앞장 끝에 이어 이스라엘 백성을 '암미'[나의 백성]와 '루하마'[긍휼]라고 부르신다. 그것은 그들의 회복을 암시한다.

[2절] 너희 어미와 쟁론하고 쟁론하라. 저는 내 아내가 아니요 나는 저의 남편이 아니라. 저로 그 얼굴에서 음란을 제하게 하고 그 유방 사이에서 음행을 제하게 하라.

하나님께서는 '너희 어미' 곧 이스라엘 백성이 그 음란 때문에 하나님의 아내가 아니라고 말씀하신다. 그는 또 그들과의 친밀한 사랑의 관계를 부정하시며 자신이 그들의 남편이 아니라고 말씀하신다. 그들은 우상숭배에 젖어 있었다. 그것이 이스라엘 백성의 현실이었다.

[3-5절] 그렇지 아니하면 내가 저를 벌거벗겨서 그 나던 날과 같게 할 것이요 저로 광야같이 되게 하며 마른 땅같이 되게 하여 목말라 죽게 할 것이며 내가 그 자녀를 긍휼히 여기지 아니하리니 이는 저희가 음란한 자식들임이니라. 저희의 어미는 행음하였고 저희를 배었던 자가 부끄러운 일을 행하였나니 대저 저가 이르기를 나는 나를 연애하는 자들을 따르리니 저희가 내 떡과 내 물과 내 양털과 내 삼과 내 기름과 내 술들을 내게 준다 하였느니라.

이스라엘 백성은 우상들이 그들에게 먹을 것과 입을 것을 준다고 잘못 생각했다. 그러므로 하나님께서는 그들이 우상숭배를 회개치 않으면 그들을 황폐한 땅같이 만들어 죽게 할 것이라고 선언하신다.

[6-7a절] 그러므로 내가 가시로 그 길을 막으며 담을 쌓아 저로 그 길을 찾지 못하게 하리니 저가 그 연애하는 자를 따라갈지라도 미치지 못하며 저희를 찾을지라도 만나지 못할 것이라.

이스라엘 백성이 먹을 것과 입을 것을 우상이 준 줄로 알고 그것을 섬기기 때문에, 그들의 무지한 우상숭배 때문에, 하나님께서는 친히 가시와 담으로 그 길을 막고 그 길을 찾지 못하게 하실 것이다.

[7b-8절] 그제야 저가 이르기를 내가 본 남편[나의 처음 남편]에게로 돌아가리니 그때의 내 형편이 지금보다 나았음이라 하리라. [이는] 곡식과 새 포도주와 기름은 내가 저에게 준 것이요 저희가 바알을 위하여 쓴 은과 금도 내가 저에게 더하여 준 것이어늘 저가 알지 못하도다[알지 못함이로다].

그들은 그들의 우상숭배가 헛되며 하나님을 섬긴 때의 형편이 더 나았음을 깨달은 후에야 비로소 처음 남편이신 하나님께로 돌아올 것이다. 그들은 그들이 가지고 누렸던 모든 것이 다 하나님께서 주신 것임을 알지 못했었다. 하나님께 대한 무지는 큰 죄악이다.

[9-10절] 그러므로 그 시절에 내가 내 곡식을 도로 찾으며 그 시기에 내가 내 새 포도주를 도로 찾으며 **또 저희 벌거벗은 몸을 가리울 내 양털과 내 삼을 빼앗으리라. 이제 내가 그 수치를 그 연애하는 자의 눈앞에 드러내리니 저를 내 손에서 건져낼 사람이 없으리라.**

하나님께서는 심판과 징벌을 선언하신다. 그는 이스라엘 백성에게서 그들이 먹는 것과 입는 것을 도로 찾으실 것이라고 말씀하신다. 그들이 먹고 마시고 입는 것들이 다 하나님께서 주신 것이었다. 그들이 입는 양털과 삼도 다 하나님께서 주신 것들이었다. 하나님께서 그 곡식과 포도주, 또 그 양털과 삼을 다 거두어 가시면, 그들은 먹을 것과 마실 것과 입을 옷도 부족할 것이다. 그들은 벌거벗은 몸을 드러내고 그 수치(나블루스 נַבְלֻת)[음탕함](KJV, NASB, NIV)를 나타낼 것이다. 그들은 이방 나라들 앞에서 수치를 당할 것이다.

[11-12절] 내가 그 모든 희락과 절기와 월삭과 안식일과 모든 명절을 폐하겠고 저가 전에 이르기를 이것은 나를 연애하는 자들이 내게 준 값이라 하던 그 포도나무와 무화과나무를 거칠게 하여 수풀이 되게 하며 들짐승들로 먹게 하리라.

하나님께서는 또 그들에게서 희락과 절기를 폐하실 것이다. 그는

호세아 2장: 음행에 대한 심판, 그러나 긍휼

율법의 절기들을 폐하실 것이다. 이스라엘 백성은 하나님께서 주신 기쁨의 절기들을 지키지 못할 것이다. 또 그들이 우상들이 그들에게 주었다고 말하던 포도와 무화과도 더 이상 먹지 못할 것이다. 하나님께서는 사람들의 모든 기쁨들과 즐거움들을 거두실 것이며, 유다 땅의 포도나무와 무화과나무의 열매들은 들짐승들이 먹게 될 것이다.

[13절] 저가 귀고리와 패물로 장식하고 그 연애하는 자를 따라가서 나를 잊어버리고 향을 살라 바알들을 섬긴 **시일을 따라 내가 저에게 벌을 주리라. 나 여호와의 말이니라.**

하나님께서는 그들이 우상을 섬긴 기간만큼 그들을 징벌하실 것이다. 이스라엘 백성은 귀고리와 패물로 장식하고 그 연애하는 자 곧 이방의 우상들을 따라갔고 여호와 하나님을 잊어버리고 향을 사르며 바알들을 섬겼다. 그러므로 하나님께서는 그들이 바알을 섬긴 기간만큼 그들을 징벌하실 것이다. 살아계시고 참되신 하나님을 잊어버리고 참된 교회에서 드리는 참된 예배를 무시하고 우상숭배에 빠졌던 그들은 공의롭게 그 기간만큼 하나님의 징벌을 받을 것이다.

본문의 교훈은 무엇인가? 첫째로, 하나님께서는 우상숭배의 죄에 대해 기근으로 징벌하실 것이다. 그는 그들이 우상을 섬기며 복을 구하러 가는 길을 가시와 담으로 막으실 것이다. 또 그들의 의식주의 모든 복이 다 하나님께서 주신 것들임에도 불구하고 헛된 우상을 섬기고 우상들에게 복을 구했기 때문에, 하나님께서는 그 모든 좋은 것들을 도로 찾으시고 빼앗으시고 모든 기쁨과 즐거움과 절기들을 폐하실 것이다.

둘째로, 우리는 모든 복이 하나님께서 주신 것임을 바로 알고 하나님을 잊지 말고 우상숭배를 버리고 참 하나님을 바르게 섬겨야 한다. 그것이 바른 신앙생활이다. 우리는 성경을 통해 또 고난과 징벌을 통해 하나님과 그의 뜻을 바르게 알 수 있다. 그러므로 우리는 날마다 성경을 읽고 배우고 묵상하고 그 말씀을 다 믿고 힘써 실천해야 한다.

호세아 2장: 음행에 대한 심판, 그러나 긍휼

14-23절, 하나님의 위로와 긍휼

[14-15절] 그러므로 내가 저를 개유(開諭)하여(allure)[이끌어] 거친 들로 데리고 가서 말로 위로하고 거기서 비로소 저의 포도원을 저에게 주고 아골 골짜기로 소망의 문을 삼아 주리니 저가 거기서 응대[노래]하기를 어렸을 때와 애굽 땅에서 올라오던 날과 같이 하리라.

'저를 개유(開諭)하여'라는 원어(메팟테하 מְפַתֶּיהָ)는 '그를 이끌어' 혹은 '그를 설득하여'라는 뜻이며, '응대하다'(국한문, '응답하다')는 원어(아나 עָנָה)는 '대답하다' 혹은 '노래하다'라는 뜻이다(BDB). 영어 성경들은 '노래하다'는 뜻으로 번역하였다(KJV, NASB, NIV).

하나님께서는 고난의 현장에서 비로소 회복의 문을 여신다. 고난도, 회복도 하나님께서 주시는 것이다. 하나님께서는 이스라엘 백성을 거친 들판 곧 징벌의 땅으로 데리고 가셔서 위로의 말을 주시고 거기서 비로소 그들의 포도원을 그들에게 주실 것이다. 거친 들판에 무슨 포도원이 있겠는가? 그러나 하나님께서 주시면 포도원도 있을 것이다. 그는 거칠어진 땅을 다시 포도원이 되게 하실 수 있다.

또 그는 아골 골짜기로 소망의 문을 삼아 주실 것이다. 아골 골짜기는 범죄했던 아간과 그 자녀들을 돌로 쳐죽였던 골짜기이었다(수 7:24-26). 그 진노와 심판과 고통의 골짜기가 소망의 문이 될 것이라는 뜻이다. 하나님께서는 하나님의 진노의 심판과 징벌을 받는 이스라엘 백성에게 회복과 기쁨과 평안의 소망을 주실 것이다. 이스라엘 백성은 거기에서 구원과 자유의 기쁨을 노래할 것이다.

[16-20절] 여호와께서 이르시되 그 날에 네가 나를 내 남편이라 일컫고 다시는 내 바알이라 일컫지 아니하리라. 내가 바알들의 이름을 저의 입에서 제하여 다시는 그 이름을 기억하여 일컬음이 없게 하리라. 그 날에는 내가 저희를 위하여 들짐승과 공중의 새와 땅의 곤충으로 더불어 언약을 세우며 또 이 땅에서 활과 칼을 꺾어 전쟁을 없이 하고 저희로 평안히 눕게 하리라. 내가 네게 장가들어(에라스시크 אֵרַשְׂתִּיךְ)[너로 나와 약혼하게 하여](KJV,

호세아 2장: 음행에 대한 심판, 그러나 긍휼

NASB, NIV)(이하 동일) **영원히 살되 의와 공변됨[공정]과 은총과 긍휼히 여김으로 네게 장가들며 진실함으로 네게 장가들리니 네가 여호와를 알리라.**

하나님께서는 이스라엘 백성에게서 바알 숭배를 완전히 제거하실 것이다. 회복된 이스라엘은 하나님만 섬길 것이다. 하나님께서 주시는 회복의 복은 사회적 평안을 포함할 것이다. 하나님께서는 그것을 들짐승들과 공중의 새들과 땅의 곤충들과 언약을 맺는 것으로 표현하셨다. 새 세계에서는 악한 짐승들, 악한 새들, 악한 곤충들이 없을 것이다. 또 서로를 죽이는 전쟁도 다시는 없을 것이다. 사나운 짐승과 전쟁은 하나님의 징벌로 오는 것이고, 하나님께서 회복시키시는 새 세계에는 그런 것이 없고 평안만 넘칠 것이다. 또 하나님께서는 그 백성과의 친밀한 사랑의 관계를 약혼 관계로 표현하신다. 그는 이스라엘 백성과 약혼하여 결혼한 자로 영원히 사실 것이다. 그 약혼은 의와 공정함, 은총과 긍휼, 진실함으로 이루어지는 약혼일 것이다. 그것은 예수 그리스도의 십자가 대속 사역을 통한 영적 연합을 암시한다. 그 결과, 이스라엘 백성은 하나님을 알게 될 것이다.

〔21-23절〕여호와께서 가라사대 그 날에 내가 응하리라. 나는 하늘에 응하고 하늘은 땅에 응하고 땅은 곡식과 포도주와 기름에 응하고 또 이것들은 이스르엘에 응하리라. 내가 나를 위하여 저를 이 땅에 심고 긍휼히 여김을 받지 못하였던 자를 긍휼히 여기며 내 백성 아니었던 자에게 향하여 이르기를 너는 내 백성이라 하리니 저희는 이르기를 주는 내 하나님이시라 하리라.

'그 날'은 회복의 날 곧 구원의 날이다. 이스라엘의 징벌도 하나님께서 주신 것이고 그들의 회복도 하나님께서 주시는 것이다. 하나님께서는 창조자시요 심판자시요 구원자이시다. 그는 천지만물의 주인이시요 그것을 홀로 다스리시는 주권적 섭리자이시다. 이스라엘의 구원과 회복은 전적으로 하나님의 손에 달려 있다.

이스라엘의 회복은 하나님의 응답하심으로 시작된다. "그 날에 내

호세아 2장: 음행에 대한 심판, 그러나 긍휼

가 응하리라." 전에는 하나님께서 아무 응답 없이 침묵하셨다. 그것은 이스라엘의 죄악 때문이었다. 죄는 하나님의 응답을 가로막았다. 이사야 59:1-2, "여호와의 손이 짧아 구원치 못하심도 아니요 귀가 둔하여 듣지 못하심도 아니라. 오직 너희 죄악이 너희와 너희 하나님 사이를 내었고 너희 죄가 그 얼굴을 가리워서 너희를 듣지 않으시게 함이니." 그러나 하나님께서 긍휼을 베푸시는 그 날에는 하나님께서 응답하실 것이다 그들의 기도에 대한 하나님의 응답이 있을 것이다.

하나님의 응답은 하늘의 응답을, 또 땅의 응답을 가져오고, 그것은 곡식과 포도주와 기름의 응답을, 그리고 황폐한 온 땅의 응답을 가져올 것이다. 하나님께서 허락하시면 모든 일이 이루어질 것이다. 기도의 응답으로 하늘은 이른 비와 늦은 비를 적절히 내릴 것이다. 기도의 응답으로 이스라엘 땅은 그 백성을 위해 곡식과 포도주와 기름을 풍성히 생산할 것이며 그들은 필요한 것들을 풍성히 얻을 것이다.

하나님께서는 이스라엘 백성이 '로루하마'[안 긍휼]의 신분에서 '루하마'[긍휼]의 신분이 되게 하실 것이며, '로암미'[안 내 백성]의 신분에서 '암미'[내 백성]의 신분이 되게 하실 것이다. 호세아 1:6, "고멜이 또 잉태하여 딸을 낳으매 여호와께서 호세아에게 이르시되 그 이름을 로루하마라 하라. 내가 다시는 이스라엘 족속을 긍휼히 여겨서 사하지 않을 것임이니라." 1:9, "여호와께서 이르시되 그 이름을 로암미라 하라. 너희는 내 백성이 아니요 나는 너희 하나님이 되지 아니할 것임이니라." 2:1, "너희 형제에게는 암미라 하고 너희 자매에게는 루하마라 하라." 이와 같이, 이스라엘 나라의 회복은 하나님의 긍휼에서 비롯된다. 신약시대에 이방인들의 구원도 같은 이치이다.

본문의 교훈은 무엇인가? 첫째로, 구원은 하나님의 위로와 긍휼에서 시작된다. 이스라엘 나라의 회복은 하나님의 위로와 긍휼에서 시작될 것이다. 그는 그들을 위로하시고 포도원을 다시 주시고 아골 골짜기로

호세아 2장: 음행에 대한 심판, 그러나 긍휼

소망의 문이 되게 하실 것이다. 우리의 구원은 하나님의 위로와 긍휼에서 시작된다. 이사야서 40장부터 증거된 이스라엘 나라의 회복에 대한 예언은 하나님의 위로로부터 시작되었다. 40:1, "너희 하나님이 가라사대 너희는 위로하라. 내 백성을 위로하라." 에베소서 2:4-5, "긍휼에 풍성하신 하나님이 우리를 사랑하신 그 큰 사랑을 인하여 허물로 죽은 우리를 그리스도와 함께 살리셨고 (너희가 은혜로 구원을 얻은 것이라)." 디모데후서 1:9, "하나님이 우리를 구원하사 거룩하신 부르심으로 부르심은 우리의 행위대로 하심이 아니요 오직 자기 뜻과 영원한 때 전부터 그리스도 예수 안에서 우리에게 주신 은혜대로 하심이라."

둘째로, 구원은 하나님과의 약혼 관계로 상징되었다. 하나님께서는 의와 은총으로 이스라엘 백성과 약혼하게 되실 것이며 그들은 하나님을 알게 될 것이다. 주께서는 천국을 등을 들고 신랑을 맞으러 나간 열 처녀에 비유하셨다(마 25:1). 사도 바울은 자신이 신자들을 한 남편 그리스도께 중매한다고 표현하였다(고후 11:2). 또 그는 "사람이 부모를 떠나 그 아내와 합하여 그 둘이 한 육체가 될지니 이 비밀이 크도다. 내가 그리스도와 교회에 대하여 말하노라"고 말했다(엡 5:31-32). 요한계시록 19:6-7에 보면, 사도 요한은 "어린양의 혼인 기약이 이르렀고 그 아내가 예비하였다"는 허다한 무리의 음성을 들었다고 증거하였다. 우리는 하나님과 결혼할 좋은 신부로 경건하고 거룩하게 살아야 한다.

셋째로, 구원은 회복이다. 즉 환경적 회복과 하나님과의 관계의 회복이다. 그 날에는 더 이상 악한 짐승이나 새가 없을 것이다. 전쟁도 없을 것이다. 하늘은 적당한 비를 내리고 땅은 풍성한 곡식을 생산할 것이다. 온 세상이 회복될 것이다. 사도행전 3:20-21, "만유를 회복하실 때까지는 하늘이 마땅히 그[예수]를 받아 두리라." 요한계시록 21:5, "보좌에 앉으신 이가 가라사대 보라, 내가 만물을 새롭게 하노라." 또 그때 하나님께서는 우리의 하나님, 우리는 그의 백성이 될 것이다. 요한계시록 21:7, "나는 저의 하나님이 되고 그는 내 아들이 되리라." 이것이 구원이다.

3장: 이스라엘의 회복

〔1-3절〕 여호오께서 내게 이르시되 이스라엘 자손이 다른 신을 섬기고 건포도 떡을 즐길지라도 여호와가 저희를 사랑하나니(케아하밧 אֲהַבַת)[사랑하듯이] 너는 또 가서 타인에게 연애를 받아 음부(淫婦)된 그 여인을 사랑하라 하시기로, 내가 은 열 다섯 개와 보리 한 호멜 반으로 나를 위하여 저를 사고 저에게 이르기를 너는 많은 날 동안 나와 함께 지내고 행음하지 말며 다른 남자를 좇지 말라. 나도 네게 그리하리라 하였노라.

여호와께서는 전에 호세아에게 "가서 음란한 아내를 취하여 음란한 자식을 낳으라"고 명령하셨었는데(1:2), 또 다시 "가서 음부(淫婦)된 그 여인을 사랑하라"는 이상한 명령을 주셨다. 그것은 우상숭배에 빠진 이스라엘 백성을 향한 그의 사랑을 알게 하시기 위함이었다. 그것은 그의 크신 긍휼을 증거한다. 그것이 이스라엘의 회복의 원인이며 오늘 우리의 구원의 원인이다. 우리는 하나님을 멀리 떠났던 죄인들이었지만, 하나님께서 무조건 우리를 긍휼히 여기시고 사랑하셨다.

선지자 호세아는 이번에도 하나님의 명령에 순종하였다. 그는 은 열 다섯 개와 보리 한 호멜[1] 반으로 자신을 위해 그 아내를 사고 그에게 "너는 많은 날 동안 나와 함께 지내고 행음하지 말며 다른 남자를 좇지 말라"고 말했다. 호세아는 하나님의 특별한 명령에 순종하였고 하나님의 마음을 가지고 그 범죄한 아내를 용서하고 용납하였다.

〔4-5절〕 [이는] 이스라엘 자손들이 많은 날 동안 왕도 없고 군도 없고 제사도 없고 주상(柱像)도 없고 에봇도 없고 드라빔도 없이 지내다가[지낼 것임이니라.] 그 후에 저희개[이스라엘 자손들은] 돌아와서 그 하나님 여호와

---

1) 호멜(חֹמֶר)은 곡식가르를 재는 단위인데, 실제 크기는 두 견해가 있다 (*New ISBE*). 하나는 약 394리터라는 견해이고(요세푸스, BDB), 다른 하나는 약 220리터라는 견해이다(W. F. Albright, *NBD*, 고고학적 증거들에 의함). 그러면 에바는 호멜의 10분의 1이므로, 약 39.4리터나 약 22리터가 된다.

호세아 3장: 이스라엘의 회복

와 그 왕 다윗을 구하고, 말일에는 경외하므로 여호와께로 와 그 은총(투보 ותבו)[그의 복]으로 나아가리라.

이스라엘 백성은 우상숭배와 기타 여러 죄들 때문에 징벌을 받아 많은 날 동안 왕도 없고 제사도 없이 지날 것이다. 그들은 국가적으로 패망하고, 종교적으로 큰 시련을 당할 것이다. 그러나 본문은 그 징벌의 기간 동안 그들은 자신들의 잘못을 깨닫고 회개하여 더 이상 우상도 에봇도 드라빔도 섬기지 않을 것을 보인다. 그러다가 그들은 그 후에 진심으로 하나님께로 돌아오며 그 하나님 여호와와 그의 왕 다윗을 구하고 하나님의 은혜와 복을 받게 될 것이다. '그 왕 다윗'은 다윗의 자손으로 오실 메시아를 가리켰다.

메시아께서 다윗의 자손으로 오실 것이라는 것은 여러 선지자들이 예언한 바이었다. 이사야 11:10, "그 날에 이새의 뿌리에서 한 싹이 나서 만민의 기호로 설 것이요 열방이 그에게로 돌아오리니." 예레미야 23:5-6, "보라, 때가 이르리니 내가 다윗에게 한 의로운 가지를 일으킬 것이라. 그의 날에 유다는 구원을 얻겠고 이스라엘은 평안히 거할 것이며 그 이름은 여호와 우리의 의(義)라 일컬음을 받으리라." 에스겔 34:33, "내가 한 목자를 그들의 위에 세워 먹이게 하리니 그는 내 종 다윗이라. 그가 그들을 먹이고 그들의 목자가 될지라."

이스라엘 백성이 70년 동안 바벨론 포로 생활로부터 놓여나 고국으로 돌아오는 일, 곧 에스라서에서 증거하는 대로 파사 왕 고레스의 칙령으로 인해 스룹바벨과 예수아의 인도 아래 바벨론에서 고국으로 돌아온 일은 메시아 시대를 내다보는 중요한 징조이었다. 그러나 그것은 단순히 사람들의 돌아옴뿐 아니라 심령의 변화를 수반할 것이다. 에스겔 36:24-27은 그것을 잘 예언하였다. "내가 너희를 열국 중에서 취하여 내고 열국 중에서 모아 데리고 고토에 들어가서 맑은 물로 너희에게 뿌려서 너희로 정결케 하되 곧 너희 모든 더러운 것에서와 모든 우상을 섬김에서 너희를 정결케 할 것이며 또 새 영을 너희

속에 두고 새 마음을 너희에게 주되 너희 육신에서 굳은 마음을 제하고 부드러운 마음을 줄 것이며 또 내 신을 너희 속에 두어 너희로 내 율례를 행하게 하리니 너희가 내 규례를 지켜 행할지라."

 회복된 이스라엘 자손들은 하나님과 그 왕 그리스도께 대한 경건을 회복하고 하나님의 은총과 복으로 나아갈 것이며 이제는 하나님을 떠나지 않고 사랑하며 순종할 것이다. 사도 바울은 에베소서 1:3에서 "찬송하리로다, 하나님 곧 우리 주 예수 그리스도의 아버지께서 그리스도 안에서 하늘에 속한 모든 신령한 복으로 우리에게 복 주시되"라고 말했다. 우리가 예수 그리스도 안에서 얻은 복들은 죄사함과 의롭다 하심과 하나님의 자녀 됨과 영생과 천국 기업의 상속 등의 복이다. 신약 성도들은 이런 복들을 이미 얻었고 또 더 얻을 것이다.

 본문의 교훈은 무엇인가? 첫째로, <u>하나님께서는 크신 긍휼로 죄인들을 사랑하신다.</u> 하나님께서는 다른 신들을 섬기며 건포도 떡을 즐기는 이스라엘 자손들을 사랑하셨다. 그것은 마치 다른 사람과 사랑을 나눈 음란한 여인을 사랑하는 것과 같았다. 그것은 하나님의 긍휼과 사랑의 심정을 나타낸다. 우리를 향하신 하나님의 긍휼과 사랑은 참으로 크다.

 <u>둘째로, 우리는 하나님의 사랑을 본받아 형제를 긍휼히 여기고 용서해야 한다.</u> 호세아는 하나님의 명령에 순종해야 했다. 그는 순종하였다. 그것은 그로 하여금 하나님의 심정을 체험하게 하는 뜻이 있었다. 하나님께서는 오늘 우리에게도 "내가 너희를 사랑하고 용서한 것같이 너희도 서로 사랑하고 서로 용서하라"고 교훈하신다. 우리는 순종해야 한다.

 <u>셋째로, 우리는 오직 하나님만 경외하고 의지하고 사모하며 사랑하고 순종하고 섬기자.</u> 회복된 이스라엘 백성은 이제는 헛된 우상을 섬기지 말고 오직 하나님과 그의 왕 다윗만 섬겨야 한다. 신약교회는 회복된 이스라엘이다. 우리는 이제 하나님과 주 예수 그리스도만 섬기고 그의 말씀인 신구약성경만 읽고 믿고 의롭고 선하게만 살아야 한다.

4장: 이스라엘의 죄악상

〔1-2절〕 이스라엘 자손들아, 여호와의 말씀을 들으라. 여호와께서 이 땅 거민과 쟁변하시나니 이 땅에는 진실도 없고 인애[자비]도 없고 하나님을 아는 지식도 없고 오직 저주['맹세' 혹은 '저주']와 사위(詐僞)[속임]와 살인과 투절(偸竊)[도적질]과 간음뿐이요 강포하여 피가 피를 뒤대임[뒤따름]이라.

이스라엘 사회에는 있어야 할 선한 덕들은 없었고 없어야 할 죄악들은 있었다. 그들에게는 하나님의 백성에게 반드시 있어야 할 덕목들인 진실과 자비와 하나님을 아는 지식이 없었다. 그 대신에 그들에게는 하나님의 백성에게 있어서는 안 될 죄악들인 헛맹세 혹은 저주와 속임과 살인과 도적질과 간음과 강포와 피흘림이 있었다. 그것이 죄악된 인간 사회의 현실이며 심지어 때때로 교회의 현실이었다.

〔3-5절〕 그러므로 이 땅이 슬퍼하며 무릇 거기 거하는 자와 들짐승과 공중에 나는 새가 다 쇠잔할 것이요 바다의 고기도 없어지리라. 그러나 아무 사람이든지 다투지도 말며 책망하지도 말라. [이는] 네 백성들이 제사장과 다투는 자같이 되었음이니라. 너는 낮에 거치겠고[넘어지겠고] 너와 함께 있는 선지자는 밤에 거치리라. 내가 네 어미를 멸하리라.

죄악의 결과는 슬픔과 쇠잔함일 것이다. 이스라엘 땅에는 슬픔이 있고 들짐승들과 새들과 물고기들도 쇠잔할 것이다. 그러나 아무든지 다른 사람과 다투거나 다른 사람을 책망해도 소용이 없다. 왜냐하면 그들은 제사장과 다투는 자같이 되었기 때문이다. 제사장은 하나님께서 세우신 자인데 그와 다투는 것은 하나님과 다투는 일이 된다. 이스라엘 백성은 낮에도 밤에도 넘어지고 결국 멸망할 것이다.

〔6-7절〕 내 백성이 지식이 없으므로 망하는도다. 네가 지식을 버렸으니 나도 너를 버려 내 제사장이 되지 못하게 할 것이요 네가 네 하나님의 율법을 잊었으니 나도 네 자녀들을 잊어버리리라. 저희는 번성할수록 내게 범죄하니 내가 저희의 영화를 변하여 욕이 되게 하리라.

이스라엘 백성이 멸망하는 것은 하나님을 아는 지식이 없기 때문이었다. 하나님 지식 없음이 멸망의 원인이었다. 하나님을 알고 그의 뜻을 아는 것은 사람들에게 기본적으로 중요하다. 이스라엘 백성이 하나님을 아는 지식을 버렸으므로 하나님께서도 그들을 버리셨고 그들이 하나님의 율법을 잊었으므로 하나님께서도 그들의 자녀들을 잊어버리실 것이다. 그들은 번성할수록 하나님께 범죄하였다. 그러므로 하나님께서는 그들의 영광을 변하여 수치가 되게 하실 것이다.

〔8-10절〕저희가 내 백성의 속죄제물(캇타스 חַטַּאת)[죄](KJV, NASB, NIV)을 먹고 그 마음을 저희의 죄악에 두는도다. 장차는 백성이나 제사장이나 일반이라. 내가 그 소행대로 벌하며 그 소위대로 갚으리라. 저희가 먹어도 배부르지 아니하며 행음하여도 수효가 더하지 못하니 이는 여호와 좇기(솨마르 שָׁמַר)[주목하기, (하나님의 규례) 지키기]를 그쳤음이니라.

이스라엘 백성이 죄를 먹고 죄악에 마음을 두었기 때문에, 하나님께서는 그들의 행한 대로 벌을 내리실 것이다. 그들이 먹어도 배부르지 않으며 행음하여도 수효가 더하지 못한 것은 하나님을 주목하지 않고 그 규례를 지키지 않았기 때문이다.

〔11-13a절〕음행과 묵은 포도주와 새 포도주가 마음을 빼앗느니라. 내 백성이 나무를 향하여 묻고 그 막대기는 저희에게 고하나니 이는 저희가 음란한 마음에 미혹되어 그 하나님의 수하(手下)를 음란하듯 떠났음이니라. 저희가 산꼭대기에서 제사를 드리며 작은 산 위에서 분향하되 참나무와 버드나무와 상수리나무 아래서 하니 이는 그 나무 그늘이 아름다움이라.

'음행'은 영적, 육적 음행을 다 의미하는 것 같다. 음행과 포도주가 사람의 마음을 빼앗는다. 사람의 마음이 하나님과 그의 계명을 떠나는 것이 근본적 문제이다. 하나님께 묻고 그에게 기도해야 할 하나님의 백성이 나무 우상에게 물으니 얼마나 무지하고 어리석은 일이며 하나님의 제1, 2계명을 어기는 악한 일이 아닌가? 그들은 음행의 영 곧 세상의 영, 마귀의 영에 미혹되어 하나님의 품을 음란하듯 떠났다.

호세아 4장: 이스라엘의 죄악상

〔13b-14절〕 이러므로 너희 딸들이 행음하며 너희 며느리들이 간음을 행하는도다. 너희 딸들이 행음하며 너희 며느리들이 간음하여도 내가 벌하지 아니하리니 이는 남자들도 창기와 함께 나가며 음부(淫婦)와 함께 희생을 드림이니라. 깨닫지 못하는 백성은 패망하리라.

남자들이 창녀들과 함께 우상에게 제사를 드리니 딸들과 며느리들도 그러했다. 이방인들의 우상숭배는 음행과 더불어 행해졌다. 그러나 성도는 항상 하나님 앞에 살아야 한다. 사람은 하나님을 두려워해야 음행을 조심한다. 깨닫지 못하는 백성은 멸망할 것이다.

〔15-19절〕 이스라엘아, 너는 행음하여도 유다는 죄를 범치 말아야 할 것이라. 너희는 길갈로 가지 말며 벧아웬으로 올라가지 말며 여호와의 사심을 가리켜 맹세하지 말지어다. 이스라엘은 완강한 암소처럼 완강하니 이제 여호와께서 어린양을 넓은 들에서 먹임같이 저희를 먹이시겠느냐? 에브라임이 우상과 연합하였으니 버려두라. 저희가 마시기를 다하고는 행음하기를 마지아니하며 그 방백들은 수치를 기뻐하느니라. 바람이 그 날개로 저를 쌌나니 저희가 그 제물로 인하여 수치를 당하리라.

이스라엘 백성은 여로보암 때부터 우상숭배함으로 배교적이었다. 그러나 유다 나라에는 하나님의 지식과 경외함이 있었다. 그러므로 유다만큼은 그런 죄를 범하지 말아야 했다. 벧아웬은 벧엘 동편 마을이다(수 7:2). 길갈과 벧엘은 죄악의 도시들이었다(호 9:15; 암 4:4). 배교적 이스라엘은 하나님의 진노의 바람으로 수치를 당할 것이다.

본장의 교훈은 무엇인가? <u>이스라엘 백성의 멸망은 죄 때문에 온다.</u> 그들은 완악하게 우상숭배에 빠졌기 때문에 마침내 멸망하여 수치를 당할 것이다. 사람이 하나님에 대한 지식이 없으면 망한다. <u>그러므로 우리는 하나님의 지식의 중요성을 깨닫고 하나님을 알고 하나님의 계명을 알고 그것을 온전히 지키기를 원해야 한다.</u> 구체적으로, 우리는 우상숭배와 음행과 온갖 죄악들을 버리고 거룩과 의, 자비와 진실을 지켜야 한다. 구원은 경건과 지식의 회복, 의와 자비와 진실의 회복이다.

5장: 이스라엘에게 내릴 심판

〔1-2절〕 제사장들아, 이를 들으라. 이스라엘 족속들아, 깨달으라. 왕족들아, 귀를 기울이라. 너희에게 심판이 있나니 너희가 미스바에서 올무가 되며 다볼 위에서 친 그물이 됨이라. 패역자(세팀 שטים)[반역자들]가 살륙죄에 깊이 빠졌으매 내가 저희를 다 징책하노라.

제사장들에게와 이스라엘 백성에게와 왕족들에게 하나님의 심판이 선언되었다. 그 까닭은 그들이 미스바와 다볼에서 사람들을 범죄케 하여 멸망시키는 올무와 그물이 되기 때문이었다고 보인다. 이스라엘 백성과 귀인들의 죄의 첫째는 우상숭배의 죄이었을 것이다.

또 하나님께서는 반역자들인 그들이 살륙죄에 깊이 빠졌기 때문에 그들을 징책하신다. 사람이 세상에서 다른 사람과 더불어 살 때, 그는 다른 사람의 생명을 귀히 여겨야 한다. 사람이 생각의 차이 때문이나 자신의 욕심이나 미움이나 진노한 감정 때문에 다른 사람을 욕하거나 치거나 죽이는 것은 죄악이다. 욕설과 폭행과 살인은 죄악이다.

〔3-4절〕 에브라임은 내가 알고 이스라엘은 내게 숨기지 못하나니 에브라임아, 이제 네가 행음하였고 이스라엘이 이미 더러웠느니라. 저희의 행위가 저희로 자기 하나님에게 돌아가지 못하게 하나니 이는 음란한 마음이 그 속에 있어 여호와를 알지 못하는 까닭이라.

하나님께서는 또한 그들이 영육으로 행음했음을 알고 계셨다. 그들은 더러워졌다. 그들의 우상숭배와 음행의 행위는 그들이 하나님께 돌아오지 못하게 가로막고 있었다. 죄는 심령을 어둡게도 하고 또 양심의 가책이 하나님과 멀어지게도 한다. 그들은 하나님을 알 수도 없었고 회개할 수도 없었다. 하나님께서도 그들을 외면하셨다.

〔5절〕 이스라엘의 교만이 그 얼굴에 증거가 되나니 그 죄악을 인하여 이스라엘과 에브라임이 넘어지고 유다도 저희와 한가지로 넘어지리라.

이스라엘 백성은 교만하였다. 실상, 사람의 교만이 사람으로 하여

호세아 5장: 이스라엘에게 내릴 심판

금 하나님의 계명을 거역하게 만든다. 그들의 교만은 그 얼굴에 나타나 있다. 그러나 그 교만 때문에 그들과 유다는 다 넘어질 것이다.

[6절] 저희가 양떼와 소떼를 끌고 여호와를 찾으러 갈지라도 만나지 못할 것은 이미 저희에게서 떠나셨음이라.

양이나 소 한 마리도 비싼 제물인데, 그들이 비록 양떼와 소떼를 끌고 하나님께 나아갈지라도, 그들은 하나님을 만나지 못할 것이다. 오늘날 말로, 사람이 많은 헌금을 바칠지라도 하나님을 만나지 못할 것이다. 왜냐하면 하나님께서 이미 그들을 떠나셨기 때문이다.

[7-9절] 저희가 여호와께 정조를 지키지 아니하고 사생자를 낳았으니 [반역적으로 행하였으니 이는 저희가 사생자를 낳았음이라](KJV, NASB) **그러므로 새 달이 저희와 그 기업을 함께 삼키리로다. 너희가 기브아에서 나팔을 불며 라마에서 호각을 불며 벧아웬에서 깨우쳐 소리하기를 베냐민아,** [원수들이] **네 뒤를 쫓는다 할지어다. 견책하는 날에 에브라임이 황무할 것이라. 내가 이스라엘 지파 중에 필연 있을 일을 보였노라.**

이스라엘 백성이 반역적으로 행하였고 사생자들을 낳았기 때문에, 즉 육신적으로 음란하고 영적으로 우상숭배하는 자들을 낳았기 때문에, 그들이 비록 월삭(새 달)의 절기 의식을 행한다 할지라도 아무 소용이 없을 것이며 오히려 그들은 다 멸망할 것이다.

하나님께서는 북방 이스라엘 백성에게나 남방 유다 백성에게 심판이 임박했음을 경고하신다. 그들을 멸망시킬 원수들이 쫓아오고 있다. 하나님의 심판의 날에 그들은 황무케 될 것이다. 하나님의 심판은 불경건하고 부도덕한 이스라엘 백성에게 반드시 이루어질 일이다.

[10절] 유다 방백들은 지계표[땅의 경계표]**를 옮기는 자 같으니 내가 나의 진노를 저희에게 물같이 부으리라.**

유다 방백들은 땅의 경계표를 옮기는 자와 같았다. 즉 그들은 불의한 자들이었다. 이스라엘 사회뿐 아니라, 유다 사회도 부도덕하였다. 그러므로 하나님께서는 그의 진노를 그들에게 물같이 부으실 것이다.

호세아 5장: 이스라엘에게 내릴 심판

[11-14절] 에브라임은 사람의 명령 좇기를 좋아하므로 학대를 받고 재판의 압제를 당하는도다. 그러므로 내가 에브라임에게는 좀 같으며 유다 족속에게는 썩이는 것 같도다. 에브라임이 자기의 병을 깨달으며 유다가 자기의 상처를 깨달았고 에브라임은 앗수르로 가서 야렙 왕에게 사람을 보내었으나 저가 능히 너희를 고치지 못하겠고 너희 상처를 낫게 하지 못하리라. 내가 에브라임에게는 사자 같고 유다 족속에게는 젊은 사자 같으니 나 곧 내가 움켜갈지라. 내가 탈취하여 갈지라도 건져낼 자가 없으리라.

이스라엘 백성은 하나님의 명령을 무시하고 사람의 명령을 좇기를 좋아하다가 학대를 당하고 압제를 당할 것이다. 하나님께서는 그들에게 좀과 같으시고 썩이는 것과 같으실 것이다. 그들은 자신의 문제를 깨닫고 앗수르의 야렙 왕(아마 불이나 티글랏빌레서)에게 도움을 청하지만 그것을 얻지 못할 것이다. 하나님께서는 사자같이 그들을 움켜갈 것이며 아무도 그들을 건져낼 수 없을 것이다.

[15절] 내가 내 곳으로 돌아가서 저희가 그 죄를 뉘우치고 내 얼굴을 구하기까지 기다리리라. 저희가 고난을 받을 때에 나를 간절히 구하여 이르기를.

하나님께서는 그들이 그 죄를 뉘우치고 그의 얼굴을 구하기까지 기다리실 것이다. 그것이 하나님의 긍휼과 오래 참으심이다. 마침내 그들은 고난을 받을 때 죄를 뉘우치고 하나님을 간절히 구할 것이다.

본장의 교훈은 무엇인가? 첫째로, 우리는 이스라엘 백성의 죄들을 반복하지 말자. 우리는 그들의 우상숭배, 반역, 살육, 음행, 무지, 교만, 종교적 형식주의, 하나님 배반, 불의 등의 죄들을 반복지 말아야 한다.

둘째로, 우리는 하나님의 심판을 두려워하자. 하나님께서는 그들에게 기도의 응답을 거두시고 진노를 물같이 부어 황폐케 하시며 학대와 압제를 당케 하시고 이웃 나라의 도움을 얻지 못하게 하실 것이다.

셋째로, 사람은 고난 중에도 죄를 뉘우치고 하나님을 찾아야 한다. 그는 모든 불경건과 불의와 죄악을 멀리하고 하나님의 긍휼을 구하고 하나님을 간절히 찾고 믿고 의지하며 거룩과 의와 선을 행해야 한다.

6장: 하나님을 아는 지식

〔1절〕 오라, 우리가 여호와께로 돌아가자. 여호와께서 우리를 찢으셨으나 도로 낫게 하실 것이요 우리를 치셨으나 싸매어 주실 것임이라.

본문은 선지자 이사야의 권면이다. 이스라엘 백성의 살 길은 그들의 죄로 인해 하나님의 징벌을 받고 앗수르 나라에 망하고 장차 유다는 바벨론 나라에 망해서 오랜 기간 큰 고난의 포로 생활을 할지라도 이제라도 하나님께로 돌아가는 것이다. 하나님께서는 이스라엘 백성을 찢으셨으나 도로 낫게 하실 것이며 그들을 치셨으나 싸매어 주실 것이다. 하나님께서는 엄위하신 공의의 심판자이시지만, 또한 긍휼로 자기 백성을 돌아보시고 싸매어 주시고 낫게 해 주시는 자이시다.

〔2절〕 여호와께서 이틀 후에 우리를 살리시며 제3일에 우리를 일으키시리니 우리가 그 앞에서 살리라.

이 말씀은 하나님의 회복케 하시는 일이 곧 있을 것을 보이는 말씀이다. 살아계신 하나님께서는 반드시 자기 백성을 구원하실 것이다. 그것은 이틀 후에 혹은 제3일에 일어날 일이다. '이틀 후' 혹은 '제3일'은 하나님의 긍휼의 마음을 보인다. 하나님께서는 죄인들을 공의로 징벌하시지만, 오래지 않아, 이틀 후나 제3일에 회복시키실 것이다.

이 예언은 상징적으로 혹은 예표적으로 예수 그리스도의 부활에서 놀랍게도 이루어졌다. 사도 바울은 고린도전서 15:4에서 예수 그리스도께서 "성경대로 사흘 만에 다시 살아나셨다"고 말하였다. 예수께서는 우리의 죄를 짊어지시고 십자가의 참혹한 고통과 저주와 수치의 죽음을 죽으셨으나, 오래지 않아 제3일에 다시 살아나셨다.

〔3절〕 그러므로 우리가 여호와를 알자. 힘써 여호와를 알자. 그의 나오심은 새벽빛같이 일정하니[확실하니] 비와 같이, 땅을 적시는 늦은 비(말코쉬 요레 מַלְקוֹשׁ יוֹרֶה)[혹은 '늦은 비와 이른 비'](KJV)와 같이 우리에게 임하

호세아 6장: 하나님을 아는 지식

시리라 (하리라).

  '하리라'는 말은 5:15에 이어서 6:1-3을 이스라엘 백성의 말로 표현한 것이지만, 6:1-3을 선지자의 권면으로 보아서 빼는 것이 필요하다고 본다. 하나님께서는 고난 받는 이스라엘 백성에게 어두움을 밝히는 새벽빛같이, 또 늦은 비와 이른 비같이 임하실 것이다. '이른 비'는 가을에 씨를 심기 전에 내리는 비이며, '늦은 비'는 봄에 추수하기 전에 곡식을 익게 하는 데에 필요한 비이다. 우리는 하나님의 존재와 그의 뜻을 알아야 하고 특히 그의 의와 긍휼을 알고 그를 믿고 교제하며 그를 섬기며 그의 계명과 말씀에 온전히 순종해야 한다.

  [4절] 에브라임아, 내가 네게 어떻게 하랴? 유다야, 내가 네게 어떻게 하랴? [이는](KJV, NASB) 너희의 인애가 아침 구름이나 쉬 없어지는 이슬 같도다[이슬 같음이로다].

  하나님께서는 이스라엘 백성과 유다 백성을 향해 "내가 네게 어떻게 하랴?"라고 물으신다. 그것은 하나님의 공의와 긍휼의 심정이 뒤섞인 마음의 표현일 것이다. 하나님께서는 자기 백성을 긍휼의 심정으로 아끼신다. 이스라엘 백성과 유다 백성의 인애함(케세드 חֶסֶד) [자비] 즉 이웃에 대한 자비와 사랑은 아침 구름 같고 쉬 없어지는 이슬같이 너무 일시적이고 지속적이지 못하였다. 그러나 참된 경건은 이웃에 대한 자비로 나타나며 또 그렇게 나타나야 한다.

  [5-6절] 그러므로 내가 선지자들로 저희를 치고 내 입의 말로 저희를 죽였노니 내 심판은 발하는 빛과 같으니라. 나는 인애를 원하고 제사를 원치 아니하며 번제보다 하나님을 아는 것을 원하노라.

  하나님께서는 선지자들을 통해 심판을 선언하셨고 그 심판은 그의 말씀하신 대로 밝히 시행될 것이다. 그는 이스라엘 백성에게 인애, 즉 형제에 대한 자비와 사랑을 원하시며 단순히 제사를 원치 않으셨고 그들이 율법의 규정대로 날마다, 절기마다 번제를 드리는 것보다 그들이 하나님을 바로 아는 것을 원하셨다. 하나님께서 원하시는 것은

호세아 6장: 하나님을 아는 지식

단순히 형식적인 종교 의식이 아니고 하나님을 참으로 알고 형제에게 자비를 베풀고 진심으로 사랑하는 것이다.

[7-11절] 저희는 아담처럼 언약을 어기고 거기서 내게 패역을 행하였느니라. 길르앗은 행악자의 고을이라. 피 발자취가 편만하도다. 강도 떼가 사람을 기다림같이 제사장의 무리가 세겜 길에서 살인하니 저희가 사악을 행하였느니라. 내가 이스라엘 집에서 가증한 일을 보았나니 거기서 에브라임은 행음하였고 이스라엘은 더럽혔느니라. 유다여, 내가 내 백성의 사로잡힘을 돌이킬 때에 네게도 추수할 일을 정하였느니라.

이스라엘 백성은 하나님의 뜻과 반대로 아담처럼 하나님의 언약을 어기고 하나님께 패역했고 악을 행했고 사람들을 죽였고 남의 것을 강탈했고 행음하였고 심지어 하나님의 일을 하는 제사장과 레위인의 무리도 그러했다. 세겜은 레위인들이 거주하는 도피성이다(수 20:7). 그러나 자비의 하나님께서는 이스라엘 백성을 포로 생활로부터 돌아오도록 회복시키실 때 유다 백성에게도 그런 일을 작정하셨다.

본장의 교훈은 무엇인가? 첫째로, 하나님께서는 자기 백성을 징벌하시지만, 제3일에 일으키실 것이다(2절). 이 예언은 예수 그리스도에게서 이루어졌다. 그는 성경대로 사흘 만에 다시 살아나셨다(고전 15:4).

둘째로, 우리는 하나님을 알고 힘써 알아야 한다. 영생은 유일하신 참 하나님과 그의 보내신 자 예수 그리스도를 아는 것이다(요 17:3). 우리는 예수 그리스도를 아는 지식에서 자라가야 한다(벧후 3:18). 우리는 성경 읽기와 묵상, 기도, 회개와 순종을 통해 또 성령의 깨닫게 하심으로 하나님의 창조자, 섭리자, 심판자, 구원자 되심을 알아야 한다.

셋째로, 우리는 인애(仁愛)와 자비를 실천해야 한다. 하나님의 뜻은 첫째로 경건과 믿음이고, 둘째로 인애(仁愛) 즉 자비와 사랑이다. 우리는 모든 패역과 행악, 강도질과 사악, 살인과 간음 등의 악을 다 버려야 하고, 하나님의 뜻과 계명대로 형제와 이웃에게 인애 즉 자비와 사랑과 선을 베풀어야 한다. 우리는 주의 명령대로 서로 사랑해야 한다.

7장: 이스라엘의 죄악들

〔1-2절〕 내가 이스라엘을 치료하려 할 때에 에브라임의 죄와 사마리아의 악이 드러나도다. 저희는 궤사[거짓]를 행하며 안으로 들어가 도적질하고 밖으로 떼 지어 노략질하며 내가 그 여러 악을 기억하였음을 저희가 마음에 생각지 아니하거니와 이제 그 행위가 저희를 에워싸고 내 목전에 있도다.

하나님께서 이스라엘을 치료하려 하실 때 에브라임의 죄와 사마리아의 악이 드러났다. 병을 알아야 치료를 시작할 수 있듯이, 사람은 죄를 알아야 구원을 받을 수 있다. 이스라엘 백성은 거짓을 행하며 성안에서 도적질하였고 성밖에서는 떼 지어 강도질했다. 그것은 돈 사랑에서 나온다. 그들은 자기들의 죄악된 행위들을 마음에 두지 않았지만, 하나님께서는 그것들을 다 기억하시며 징벌하실 것이다.

〔3-4절〕 저희가 그 악으로 왕을, 그 거짓말로 방백들을 기쁘게 하도다. 저희는 다 간음하는 자라. 빵 만드는 자에게 달궈진 화덕과 같도다. 저가 반죽을 뭉침으로 발교되기까지만[발효되면] 불 일으키기를 그칠 뿐이니라.

이스라엘 백성은 도적질과 강도질과 거짓말로 얻은 이익들로 왕과 방백들, 즉 권력자들을 기쁘게 하였다. 그들은 권력과 결탁되었다. 또 그들은 다 간음하는 자이었다. 하나님을 경외함 없는 자는 그의 육신적 욕망의 통제도 없다. 불경건한 사회는 늘 성적으로 타락했다. 그들은 빵 만드는 자의 달궈진 화덕같이 음행의 일에 열정적이었다.

〔5-7절〕 우리 왕의 날에 방백들이 술의 뜨거움을 인하여 병이 나며 왕은 오만한 자들로 더불어 악수하는도다. 저희는 엎드리어 기다릴 때에 그 마음을 화덕같이 예비하니 마치 빵 만드는 자가 밤새도록 자고 아침에 피우는 불의 일어나는 것 같도다. 저희가 다 화덕같이 뜨거워져서 그 재판장들을 삼키며 그 왕들을 다 엎드러지게 하며 저희 중에는 내게 부르짖는 자가 하나도 없도다.

왕이 잔치를 베푸는 날에는 방백들이 술의 뜨거움을 인하여 병이

호세아 7장: 이스라엘의 죄악들

났으며 왕은 오만한 자들로 함께 악수했다. 그들은 술취했고 교만한 자들과 교제했다. 또 방백들은 마음에 은밀하게 악한 야망을 품었고 그 재판장들을 삼켰고 그 왕들도 엎드러지게 했다. 과연 이스라엘 역사는 반역과 반란의 역사이었다. 열왕기하 15:10 이하에 보면, 살룸은 스가랴를 모반하였고, 므나헴은 살룸을 죽였고, 베가는 므나헴을 반역하였고, 호세아는 베가를 반역했다(10, 14, 25, 30절). 이런 상황에서도 이스라엘 백성 중에 하나님께 부르짖는 자가 하나도 없었다.

〔8-9절〕에브라임이 열방에 혼잡되니 저는 곧 뒤집지 않은 전병이로다. 저는 이방인에게 그 힘이 삼키웠으나 알지 못하고 백발이 얼룩얼룩할지라도 깨닫지 못하는도다.

에브라임, 즉 이스라엘 백성은 뒤집지 않은 전병같이 열방에 혼잡되었다. 그들은 경건의 모양은 있으나 실질이 없었다. 그들은 순수한 경건성을 잃고 세상을 사랑하며 세상 풍조에 물들었다. 교회가 하나님께 대한 경건을 잃어버리면 언제나 세상과 혼잡케 될 것이다. 이스라엘 나라는 이방인들에게 그 힘이 삼키웠으나 알지 못했고 백발의 노인같이 멸망의 날이 가깝지만 그것을 깨닫지 못하고 있었다.

〔10-11절〕이스라엘의 교만은 그 얼굴에 증거가 되나니 저희가 이 모든 일을 당하여도 그 하나님 여호와께로 돌아오지 아니하며 구하지 아니하도다. 에브라임은 어리석은 비둘기같이 지혜가 없어서 애굽을 향하여 부르짖으며 앗수르로 가는도다.

이스라엘 백성은 교만했고 멸망의 징조들을 보면서도 하나님께로 돌아오지 않았고 하나님을 구하지 않았다. 그들은 지혜가 없고 어리석은 비둘기같이 하나님께 부르짖어 긍휼과 도우심을 간구하는 대신에 애굽의 도움을 청하고 앗수르의 힘을 의지했다.

〔12-14절〕저희가 갈 때에 내가 나의 그물을 그 위에 쳐서 공중의 새처럼 떨어뜨리고 전에 그 공회에 들려준 대로 저희를 징계하리라. 화 있을진저, 저희가 나를 떠나 그릇 갔음이니라. 패망할진저, 저희가 내게 범죄하였

호세아 7장: 이스라엘의 죄악들

음이니라. 내가 저희를 구속(救贖)하려 하나 저희가 나를 거스려[거슬러] 거짓을 말하고 성심으로 나를 부르지 아니하였으며 오직 침상에서 슬피 부르짖으며 곡식과 새 포도주를 인하여 모이며 나를 거역하는도다.

하나님께서는 그들의 일들을 실패케 하시고 그들을 징계하실 것이다. 그들은 그들의 구속자(救贖者) 하나님을 떠나 그릇 갔고 하나님께 범죄했고 하나님을 거슬러 거짓을 말하며 성심으로 부르지 않았고 거역했다. 하나님께서는 그들에게 화와 패망을 선언하신다.

〔15-16절〕 내가 저희 팔을 연습시켜 강건케 하였으나 저희는 내게 대하여 악을 꾀하는도다. 저희가 돌아오나 높으신 자에게로 돌아오지 아니하니 속이는 활과 같으며 그 방백들은 그 혀의 거친[거만한, 무례한] 말로 인하여 칼에 엎드러지리니 이것이 애굽 땅에서 조롱거리가 되리라.

이스라엘 백성은 돌아오나 높으신 자 하나님께로 돌아오지 않았고 속이는 활과 같았다. 그 방백들은 거만하고 무례한 말로 인해 칼에 엎드러질 것이며 애굽 땅에서 조롱거리가 될 것이다.

본장의 교훈은 무엇인가? 첫째로, 우리는 거짓을 버려야 한다(1, 3절). 둘째로, 도적질하거나 강도질하지 말아야 한다(1절). 물욕을 버려야 한다. 셋째로, 권력과 결탁하지 말아야 한다(3절). 넷째로, 간음하지 말아야 한다(4절). 다섯째로, 술취하지 말아야 한다(5절). 여섯째로, 오만하거나 교만하지 말고 거만하고 무례한 말을 하지 말아야 한다(5, 10, 16절). 일곱째로, 우리는 뒤집지 않은 전병처럼 세상과 혼잡지 말아야 한다(8절). 우리는 세상의 것을 사랑하거나 의지하지 말아야 한다(11절). 여덟째로, 우리는 하나님께로 돌아와야 한다. 이스라엘 백성은 하나님께로 돌아오지 않았고 구하지 않았고(10절) 하나님을 떠났고 하나님께 범죄했고 하나님을 거슬러 거짓을 말했고(13절) 성심으로 그를 부르지 않았고 그를 거역했다(14절). 그것은 결국 교만과 세상 사랑 때문이다. 그러나 우리는 하나님을 경외하고 바로 섬기며 그의 계명을 따라 의와 선을 행하며 진실하고 돈을 사랑치 말고 성결하고 근신하고 겸손해야 한다.

8장: 이방 나라에 삼키움

〔1절〕 **나팔을 네 입에 댈지어다.** 대적이 **독수리처럼 여호와의 집에 덮치리니 이는 무리가 내 언약을 어기며 내 율법을 범함이로다.**

하나님께서는 이스라엘 백성의 원수가 하나님의 전에 덮칠 것이라고 말씀하신다. 그들은 독수리가 빠르게 덮치듯이 덮칠 것이다. 원수의 침공은 이스라엘 백성이 하나님의 언약을 어기며 하나님의 율법을 범했기 때문에 올 것이다. 죄는 하나님의 심판과 멸망을 불러온다.

〔2-3절〕 **저희가 장차 내게 부르짖기를 나의 하나님이여, 우리 이스라엘이 주를 아나이다 하리라. 이스라엘이 이미 선을 싫어 버렸으니 대적이 저를 따를 것이라.**

이스라엘 백성은 고난 중에 하나님께 부르짖으며 "나의 하나님이여, 우리가 주를 아나이다"라고 말할 것이나, 하나님께서는 이스라엘 백성이 이미 선을 싫어버렸으므로 원수가 그를 좇을 것이라고 대답하신다. 원수의 침공은 이스라엘의 악행에 대한 하나님의 심판이다.

〔4절〕 **저희가 왕들을 세웠으나 내게서 말미암지 아니하였고 저희가 방백들을 세웠으나 나의 모르는 바며 저희가 또 그 은, 금으로 자기를 위하여 우상을 만들었나니 파멸을 이루리라.**

이스라엘 백성은 하나님의 뜻을 무시하고 자기들의 뜻대로 왕들과 방백들을 세웠다. 하나님께서는 재덕이 겸전한 자 곧 하나님을 두려워하며 진실무망하며 불의한 이(利)를 미워하는 자를 빼서 백성 위에 세워 천부장과 백부장 등을 세우라고 명하셨었다(출 18:21). 또 그는 다윗 왕에게 "네 집과 네 나라가 네 앞에서 영원히 보전되고 네 위(位)가 영원히 견고하리라"고 말씀하셨었다(삼하 7:16). 그것은 이스라엘 백성이 다윗의 자손을 왕으로 세워야 할 근거가 된다. 그러나 이스라엘 백성은 그렇게 하지 않았다. 그 뿐만 아니라, 그들은 은과 금으로 자기를 위해 우상을 만들었다. 그것은 1, 2계명을 어긴 큰 죄악이었다. 그러므로 이스라엘 백성은 하나님의 뜻을 거스른 그런 일들 때문에 하나님의 심판을 받아 멸망하게 될 것이다.

〔5-7절〕 **사마리아여, 네 송아지는 버리웠느니라**[네 송아지가 너를 버렸느니라](KJV, BDB). **내 노가 무리를 향하여 타오르나니 저희가 어느 때에야 능히 무죄하겠느냐? 이것은 이스라엘에서 나고 공장(工匠)이 만든 것이라. 참 신이 아니니 사마리아의 송아지가 부숴**[부서]**뜨리우리라. 저희가 바람을 심고 광풍을 거둘 것이라. 심은 것이 줄기가 없으며 이삭은 열매를 맺히지 못할 것이요 설혹 맺힐지라도 이방 사람이 삼키리라.**

이스라엘 백성은 자기들이 만들고 섬긴 금송아지 때문에 하나님의 진노를 입게 되었다. 그들이, 참 신이 아닌 그것을 섬겼기 때문이다. 그것은 바람과 같은 헛된 것인데, 그들은 바람과 같은 헛된 우상을 만들고 세워 섬기다가 하나님의 진노의 심판의 광풍을 당할 것이다. 사람은 심은 대로 거둔다. 그들이 심은 것은 열매를 맺지 못할 것이며, 그들에게 혹시 좋은 것이 있을지라도 이방 사람들이 삼킬 것이다.

〔8-10절〕 **이스라엘은 이미 삼키웠은즉 이제 열국 가운데 있는 것이 기뻐하지 아니하는 그릇 같도다. 저희가 홀로 처한 들나귀처럼 앗수르로 갔고**(알라 הָלָא)[올라갔고] **에브라임이 값 주고 연애하는 자들을 얻었도다. 저희가 열방 사람에게 값을 주었을지라도 이제 내가 저희를 모으리니 저희가 모든 방백의 임금의 지워준 짐을 인하여 쇠하기 시작하리라.**

이스라엘 나라는 멸망하고 이방 나라들에 흩어질 것이다. 그들은 기뻐하지 않는 그릇같이 되고 홀로 방황하는 들나귀같이 될 것이다. 그들은 값을 주고 앗수르 사람들의 도움을 구하며 평화를 원했으나, 하나님께서는 그들을 모아 들여 오히려 이스라엘 나라를 침공하게 하실 것이며 이스라엘 나라는 쇠하기 시작할 것이다.

〔11절〕 **에브라임이 죄를 위하여 제단을 많이 만들더니 그 제단이 저로 범죄케 하는 것이 되었도다.**

이스라엘 백성은 많은 우상의 단들을 쌓으므로 죄를 범했다. 그들

호세아 8장: 이방 나라에 삼키움

의 지식 없는 종교적 열심은 오히려 하나님 앞에 죄가 되었다. 우리는 하나님을 섬기되 그의 말씀에 계시된 대로 바르게 섬겨야 한다.

〔12절〕내가 저를 위하여 내 율법을 만 가지로 기록하였으나 저희가 관계없는 것(자르 רזָ)[이상한 것, 낯선 것](KJV, NASB)**으로 여기도다.**

하나님께서는 그들을 위해 그의 율법을 만 가지로 자세하게 기록해주셨지만 그들은 그것들을 관계없는 것 곧 이상하고 낯선 것으로 여겼다. 그런 태도는 하나님을 무시하고 모독하는 죄악된 일이었다.

〔13절〕내게 드리는 제물로 말할지라도 저희가 고기로 제사를 드리고 먹거니와 여호와는 그것을 기뻐하지 아니하고 이제 저희의 죄악을 기억하여 그 죄를 벌하리니 저희가 애굽으로 다시 가리라.

그들이 화목제물을 드리고 하나님 앞에서 먹을지라도 하나님과의 교제가 회복된 것이 아니었다. 하나님께서는 그들의 제사와 제물을 기뻐하지 않으셨고 그들의 죄악을 기억하여 벌하실 것이다. 그들은 옛날에 애굽에서 종살이하였듯이, 다시 이방 나라에 잡혀갈 것이다.

〔14절〕이스라엘은 자기를 지은 자를 잊어버리고 전각들을 세웠으며 유다는 견고한 성읍을 많이 쌓았으나 내가 그 고을들에 불을 보내어 그 성들을 삼키게 하리라.

이스라엘 백성은 자기를 지으신 창조자 하나님을 잊어버렸고 우상의 전각들을 세웠으며 유다 백성은 견고한 성들을 많이 쌓았지만, 하나님께서는 심판하실 때 불을 보내어 그것들을 멸망시키실 것이다.

본장의 교훈은 무엇인가? <u>우리는 바람을 심는 것과 같은 헛된 우상숭배를 버리고 살아계시고 참되신 하나님만 섬기고, 그의 계명과 교훈인 성경말씀대로만 살자.</u> 우리는 현대인의 우상인 돈과 육신의 쾌락도 추구하지 말자. 우리는 성경의 교훈대로 모든 불경건과 부도덕의 악을 버리고 거룩하고 의롭고 선하고 진실하게만 살자. 그것이 영생과 평안의 길이다. 신구약성경은 우리의 신앙과 생활에 유일의 규칙이 된다.

9장: 죄를 벌하심

〔1-3절〕 이스라엘아, 너는 이방 사람처럼 기뻐 뛰놀지 말라. 네가 행음하여 네 하나님을 떠나고 각 타작 마당에서 음행의 값을 좋아하였느니라. 타작 마당이나 술틀이 저희를 기르지 못할 것이며 새 포도주도 떨어질 것이요 저희가 여호와의 땅에 거하지 못하며 에브라임이 애굽으로 다시 가고 앗수르에서 더러운 것을 먹을 것이니라.

이스라엘 백성은 이방 사람들처럼 기뻐 뛰놀지 말아야 했다. 그들은 행음하여 그들의 하나님을 떠났고 음행의 대가를 얻기를 좋아했다. 그러므로 그들의 타작 마당의 곡식이나 술틀의 새 포도주가 부족할 것이다. 또 그들은 여호와의 땅에 거하지 못하며 애굽으로 다시 가거나 앗수르로 가서 거기서 더러운 음식들을 먹을 것이다.

〔4절〕 저희가 여호와께 전제(奠祭)를 드리지 못하며 여호와의 기뻐하시는 바도 되지 못할 것이라. 저희의 제물은 거상(居喪) 입은[상을 당한] 자의 식물과 같아서 무릇 그것을 먹는 자는 더러워지나니 [이는] 저희의 식물은 자기 먹기에만 소용될 뿐이라. 여호와의 집에 드릴 것이 아님이니라.

그들은 포도주가 떨어져 하나님께 전제(붓는 제사)를 드리지 못하며 하나님의 기뻐하시는 바도 되지 못할 것이다. 그들은 참된 제사를 드리지 못할 것이다. 그들의 제물은 상을 당한 자의 식물 같아서 그것을 먹는 자마다 더러워질 것이다. 이는 그들의 식물은 자기들 먹기에만 소용될 뿐이고 여호와의 집에 드릴 것이 아니기 때문이다.

〔5-6절〕 너희가 명절일과 여호와의 절일(節日)에 무엇을 하겠느냐? [이는] 보라, 저희가 멸망을 피하여 갈지라도[멸망하여 가버렸고](MT, KJV) 애굽은 저희를 모으고 놉[멤피스, 고대 애굽 수도]은 저희를 장사(葬事)하리니 저희의 은 보물은 찔레가 덮을 것이요 저희의 장막 안에는 가시 덩굴이 퍼지리라[퍼질 것임이라].

그들은 절기를 지키지 못하는 자들이 될 것이며 멸망하여 가버릴 것이다. 애굽은 그들을 매장할 것이며 그 땅은 황폐할 것이다.

호세아 9장: 죄를 벌하심

〔7-8절〕 형벌의 날이 이르렀고 보응의 날이 임한 것을 이스라엘이 알지라. 선지자가 어리석었고 신에 감동하는 자가 미쳤나니 이는 네 죄악이 많고 네 원한(마스테마 מַשְׂטֵמָה)[(하나님의) 심히 미워하심]이 큼이니라. 에브라임은 내 하나님의 파수꾼이어늘 선지자는 그 모든 행위에 새 잡는 자의 그물 같고 또 그 하나님의 전에서 원한을 품었도다[(하나님의) 심히 미워하심이 되었도다].

하나님의 형벌과 보응의 날이 임하였다. 그들의 죄악이 많고 선지자들은 어리석었고 미친 자들과 같았다. 그들은 하나님의 백성들로 범죄케 하였고 하나님의 전에서 그의 심히 미워하심이 되었다.

〔9절〕 저희는 기브아의 시대와 같이 심히 패괴한지라. 여호와께서 그 악을 기억하시고 그 죄를 벌하시리라.

이스라엘 백성은 기브아의 시대와 같이 심히 부패하였다. 기브아의 죄는 음란, 강포, 패역의 죄이었다(삿 19:22-30). 그러므로 하나님께서는 그들의 죄악을 기억하시고 그 죄를 벌하실 것이다.

〔10절〕 옛적에 내가 이스라엘 만나기를 광야에서 포도를 만남같이 하였으며 너희 열조 보기를 무화과나무에서 처음 맺힌 첫 열매를 봄같이 하였거늘 저희가 바알브올에 가서 부끄러운 우상에게 몸을 드림으로 저희의 사랑하는 우상같이 가증하여졌도다.

옛날에 하나님께서 이스라엘 백성을 광야에서 포도를 만남같이, 무화과나무에서 첫 열매를 봄같이 기뻐하셨으나, 지금은 그들이 우상숭배에 빠져 있음으로 하나님 앞에 심히 가증하여졌다.

〔11-14절〕 에브라임의 영광이 새같이 날아가리니 해산함이나 아이 뱀이나 잉태함이 없으리라. 혹 저희가 자식을 기를지라도 내가 그 자식을 없이하여 한 사람도 남기지 아니할 것이라. 내가 저희를 떠나는 때에는 저희에게 화가 미치리로다. 내가 보건대 에브라임은 아름다운 곳에 심긴 두로와 같으나 그 자식들을 살인하는 자에게로 끌어내리로다. 여호와여, 저희에게 주소서. 무엇을 주시려나이까? 청컨대 배지 못하는 태(레켐 마스킬 מַשְׁכִּיל רֶחֶם)[유산(流産)하는 태]와 젖 없는 유방을 주시옵소서.

호세아 9장: 죄를 벌하심

하나님께서는 이스라엘 백성에게 징벌을 선언하신다. 그것은 세 가지 내용이었다. 첫째는 그들에게 임신과 해산을 막으시는 것이다. 하나님께서는 그들에게 유산하는 태와 젖 없는 유방을 주실 것이다.

[15-16절] 저희의 모든 악이 길갈에 있으므로 내가 거기서 저희를 미워하였노라. 그 행위가 악하므로 내 집에서 쫓아내고 다시는 사랑하지 아니하리라. 그 방백들은 다 패역한 자니라. 에브라임이 침을 입고 그 뿌리가 말라 과실을 맺지 못하나니 비록 아이를 낳을지라도 내가 그 사랑하는 태의 열매를 죽이리라.

둘째는 그들의 자녀들을 죽이시는 것이다. 그들은 자녀들을 낳지 못할 것이며 비록 낳아도 하나님께서 그들을 죽이실 것이다.

[17절] 저희가 듣지 아니하므로 내 하나님이 저희를 버리시리니 저희가 열국 가운데 유리하는 자가 되리라.

셋째는 그들을 열국 가운데 흩어 정처 없게 하시는 것이다.

본장의 교훈은 무엇인가? 첫째로, 우리는 사람의 말을 따르지 말고 오직 하나님의 말씀 곧 성경말씀만 따라야 한다. 이스라엘 나라의 멸망 시기에는 거짓 선지자들이 많아 하나님의 말씀을 전하지 않고 자기들의 생각들, 즉 거짓말들을 전했다. 오늘 시대도 비슷하다. 거짓 목사들과 설교자들이 많이 나타나 있다. 그러므로 우리는 사람의 말을 믿거나 사람의 말을 따르지 말고 오직 하나님의 말씀 곧 성경말씀만 믿고 붙들고 소망하고 지키고 실천해야 한다. 그것이 보수신앙이며 바른 길이다.

둘째로, 우리의 삶에 있어서 복과 재앙은 하나님의 손에 달려 있다. 이스라엘 백성은 하나님의 계명을 어기고 온갖 우상을 섬겼기 때문에 큰 징벌과 재앙을 당했다. 하나님께서는 그들의 임신과 해산을 막으셨고 출산한 자녀들도 죽게 하셨고 열국 가운데 흩어져 정처 없게 하셨다. 개인과 가정과 교회와 사회의 복은 다 하나님의 손에 달려 있다. 그러므로 우리가 모든 헛된 우상을 버리고 오직 하나님만 섬기며 성경말씀대로만 살아야 한다. 그것이 복된 길이며 평안과 영생의 길이다.

10장: 하나님을 찾고 의를 행하라

〔1-2절〕 이스라엘은 열매 맺는 무성한 포도나무라. 그 열매가 많을수록 제단을 많게 하며 그 땅이 아름다울수록[복될수록] 주상을 아름답게 하도다. 저희가 두 마음을 품었으니(칼라크 립밤 חָלַק לִבָּם)[그들의 마음이 불성실하였으니](BDB, NASB) 이제 죄[죄책, 벌](BDB)를 받을 것이라. 하나님이 그 제단을 쳐서 깨치시며 그 주상을 헐으시리라.

이스라엘 백성은 열매 맺는 무성한 포도나무 같았다. 그러나 그들은 그 열매가 많을수록 우상을 섬기는 제단을 많게 하였고 그 땅에 물질적 복이 많을수록 그 우상들을 아름답게 했다. 그러나 그들이 이와 같이 마음이 불성실했고 바르지 못했으므로 하나님께서는 그들을 벌하시고 그 제단들과 주상들을 깨뜨리시고 헐으실 것이다.

〔3절〕 저희가 이제 이르기를 우리가 여호와를 두려워 아니하므로[아니하였으므로](KJV, NIV) 우리에게 왕이 없거니와 왕이[왕이 있을지라도 그 개](NIV) 우리를 위하여 무엇을 하리요 하리로다.

그들은 하나님을 두려워하지 않았으므로 왕이 없고 왕이 있어도 그 왕이 그들을 위해 무엇을 할 수 있다고 생각하지 못할 것이다.

〔4절〕 저희가 헛된 말을 내며 거짓 맹세를 발하여 언약을 세우니 그 [악한] 재판이 밭이랑에 돋는 독한 인진(茵蔯)[독 있는 잡초] 같으리로다.

그들은 헛된 말을 내며 거짓 맹세를 하며 언약을 세웠다. 그들의 재판은 악하여 밭이랑에 돋는 독 있는 잡초 같았다.

〔5-8절〕 사마리아 거민이 벧아웬(벧엘을 가리킴)의 송아지를 인하여 두려워할 것이라. 그 백성이 슬퍼하며 그것을 [그 영광을](KJV, NASB, NIV) 기뻐하던 제사장들도 슬퍼하리니 이는 그 영광이[그것이] 떠나감이며 그 송아지는 앗수르로 옮겨다가 예물로 야렙 왕에게 드리리니 에브라임은 수치를 받을 것이요 이스라엘은 자기들의 계의(計議)[계획]를 부끄러워할 것이며 사마리아 왕은 물 위에 거품같이 멸망할 것이며 이스라엘의 죄된 아웬의 산당은 패괴되어 가시와 찔레가 그 단 위에 날 것이니 그때에 저희가 산더러 우

호세아 10장: 하나님을 찾고 의를 행하라

리를 가리우라 할 것이요 작은 산더러 우리 위에 무너지라 하리라.

이스라엘 백성이 벧엘에서 섬기던 금송아지는 앗수르로 옮겨지고 야렙 왕(아마 불이나 티글랏필레셀)에게 예물로 드려질 것이다. 그것은 그 백성에게 슬픔과 수치가 될 것이다. 이스라엘 왕은 물거품같이 멸망할 것이다. 산당들은 파괴되고 황폐한 곳이 될 것이다.

〔9-11절〕 이스라엘아, 네가 기브아의 시대로부터 범죄하였거늘[범죄하였도다.] 무리가 기브아에 서서 흉악한 족속을 치는 전쟁을 거기서 면하였도다[무리가 거기서 섰고 악한 자식들을 치는 전쟁이 기브아에서 덮치지 아니하였느냐?](NASB, NIV)(삿 19-20장 사건). 내가 원하는 때에 저희를 징계하리니 저희가 두 가지 죄에 걸릴 때에 만민이 모여서 저희를 치리라. 에브라임은 마치 길들인 암소 같아서 곡식 밟기를 좋아하나[좋아하며] 내가 그 아름다운 목에 멍에를 메우고[메우기를 피하였으나](원문) [이제] 그의 위에 사람을 태우리니 유다가 밭을 갈고 야곱이 흙덩이를 깨뜨리리라.

이스라엘 백성은 기브아의 시대로부터 범죄하였다. 그때 거기서 악한 자식들을 치는 전쟁이 그들을 덮쳤었다. 하나님께서는 원하시는 때에 그들을 징계하실 것이다. 그는 이스라엘의 두 가지 죄악을 말씀하신다. 그는 예레미야 2:13에서도 두 가지 악에 대해 말씀하셨다. 그 두 가지 죄악은 하나님을 떠난 죄와 우상을 섬긴 죄를 가리켰다. 여기서도 그렇다고 본다. 그러므로 이방인들이 사방에서 모여 그들을 칠 것이며 그들의 목에 멍에를 메우고 밭을 갈게 할 것이다.

〔12절〕 너희가 자기를 위하여 의를 심고 긍휼을 거두라. 지금이 곧 여호와를 찾을 때니 너희 묵은 땅을 기경하라. 마침내 여호와께서 임하사 의를 비처럼 너희에게 내리시리라.

하나님께서는 심판의 선언 가운데서 그들이 어떻게 해야 구원을 받을지에 대하여 말씀하신다. 그들은 회개하여 의를 행하고 하나님의 긍휼을 입어야 할 것이다. 지금이 곧 그들이 하나님을 찾아야 할 때이며 그들은 묵은 땅을 갈 듯이 죄악된 행습을 버려야 한다. 그러면 하나님께서 마침내 오셔서 의를 비처럼 그들에게 내리실 것이다.

[13절] 너희는 악을 밭 갈아 죄를 거두고 거짓 열매를 먹었나니 이는 네가 네 길과 네 용사의 많음을 의뢰하였음이라.

이스라엘 백성은 악을 밭 갈아 죄를 거두고 거짓된 열매를 먹었다. 그것은 그들이 자기들의 행위를 믿고 군사력을 의뢰했기 때문이다.

[14-15절] 그러므로 너희 백성 중에 요란함이 일어나며 네 산성들이 다 훼파되되 살만(앗수르 왕 살만에셀, 주전 727-722년)이 전쟁의 날에 벧아벨을 훼파한 것같이 될 것이라. 그때에 어미와 자식이 함께 부숴[부서]졌도다. 너희의 큰 악을 인하여 벧엘이[벧엘아(NIV) 이같이 [그것이] 너희에게 행하리니[이루어지리니] 이스라엘 왕이 새벽에 멸절하리로다.

이스라엘 백성 중에 요란함이 일어나며 그들의 산성들은 다 훼파될 것이다. 그것은 앗수르 왕 살만에셀이 전쟁의 날에 벧아벨을 훼파한 것같이 될 것이다(왕하 17장). 그때에 어른도 아이도 함께 죽임을 당할 것이다. 이스라엘 백성의 왕은 새벽에 죽임을 당할 것이다.

본장의 교훈은 무엇인가? 첫째로, 우리는 평안하고 번창할 때 범죄치 말아야 한다. 이스라엘 백성은 번창할수록 우상숭배에 빠졌다. 사람이 번창하면 교만하여 자기의 능력을 믿고 곁길로 가기 쉽다. 그러나 우리는 모든 것이 하나님의 은혜인 줄 알고 범죄치 말아야 한다.

둘째로, 하나님께서는 우상숭배자들에게 벌을 내리실 것이다. 그는 이스라엘 백성의 우상숭배의 제단들을 파괴시키고 그들로 수치를 당케 하실 것이며 우상들의 헛됨을 깨닫게 하실 것이다. 오늘날도 돈을 사랑하고 쾌락을 사랑하고 세상 영광을 사랑하는 자들이 많지만, 하나님께서는 그들을 징벌하시고 그것들이 헛됨을 알게 하실 것이다.

셋째로, 우리는 죄악된 행습을 뉘우치고 버리고 하나님을 찾고 의를 행하며 하나님의 긍휼을 얻어야 한다. 우리는 과거의 모든 죄를 인정하고 버리고 예수 그리스도를 믿음으로 이미 의롭다 하심을 얻었다. 그러므로 우리는 이제 오직 하나님을 경외하며 그의 계명과 교훈대로 의롭고 선한 삶을 추구하며 실천해야 한다. 그것은 평안과 영생의 길이다.

11장: 이스라엘의 패역과 하나님의 긍휼

〔1-3절〕이스라엘의 어렸을 때에 내가 사랑하여 내 아들을 애굽에서 불러내었거늘 선지자들이 저희를 부를수록 저희가 점점 멀리하고 바알들에게 제사하며 아로새긴 우상 앞에서 분향하였느니라. 그러나[또] 내가 에브라임에게 걸음을 가르치고 내 팔로 안을지라도[그들의 팔들을 잡을지라도](원문, KJV) 내가 저희를 고치는[치료하는] 줄을 저희가 알지 못하였도다.

하나님께서는 이스라엘 백성을 그의 아들로 사랑하시고 애굽에서 불러내셨고 선지자들을 보내어 교훈하셨지만, 그들은 점점 더 하나님을 멀리하고 패역하고 반항적이어서 바알과 아세라를 섬기며 아로새긴 우상 앞에 분향했다. 하나님께서는 부모가 어린 자녀에게 그 팔들을 잡고 걸음을 가르치듯이 그들을 가르치시고 훈련시키시며 그들의 인격적 결함을 치료하셨으나 그들은 그 하나님의 마음과 행하심을 알지 못하고 오히려 하나님을 멀리했던 것이다.

〔4-7절〕내가 사람의 줄 곧 사랑의 줄로 저희를 이끌었고 저희에게 대하여 그 목에서 멍에를 벗기는 자같이 되었으며 저희 앞에 먹을 것을 두었노라. 저희가 애굽 땅으로 다시 가지 못하겠거늘 내게 돌아오기를 싫어하니 앗수르 사람이 그 임금이 될 것이라. 칼이 저희의 성읍들을 치며 빗장을 깨뜨려 없이하리니 이는 저희의 계책[생각, 계획]을 인함이니라. 내 백성이 결심하고 내게서 물러가나니 비록 저희를 불러 위에 계신 자에게로 돌아오라 할지라도 일어나는[그를 높이는] 자가 하나도 없도다.

하나님께서는 사랑의 줄로 그들을 이끄셨고 그들에게 자유함과 물질적 여유를 주셨으나 그들은 하나님께로 돌아오기를 싫어하였다. 그러므로 하나님께서는 앗수르 사람이 그들의 임금이 될 것이라고 선언하신다. 또 앗수르 사람들의 칼이 그들의 성읍들을 치며 성문 빗장을 깨뜨려 없이할 것이다. 이것은 그들의 잘못된 생각 때문이다. 하나님의 백성인 이스라엘은 결심하고 하나님께로부터 물러갔다. 그들

호세아 11장: 이스라엘의 패역과 하나님의 긍휼

을 불러 위에 계신 자 곧 지극히 높은 하늘에 계신 하나님 아버지께로 돌아오라고 말할지라도 그를 높이는 자가 하나도 없다.

〔8절〕 **에브라임이여, 내가 어찌 너를 놓겠느냐? 이스라엘이여, 내가 어찌 너를 버리겠느냐? 내가 어찌 너를 아드마같이 놓겠느냐? 어찌 너를 스보임같이 두겠느냐? 내 마음이 내 속에서 돌아서 나의 긍휼이 온전히 불붙듯 하도다.**

이스라엘 백성을 향한 하나님의 사랑과 긍휼은 특별하셨다. 그것은 이방 나라들이었던 소돔과 고모라와 그 이웃 도시들인 아드마와 스보임 거민에 대한 것과는 달랐다. 하나님께서는 음란하였던 그 성들을 유황불비를 내려 잿더미가 되게 하셨었다(창 19:24-25). 그러나 이스라엘 백성은 그들 못지 않게 우상숭배와 음행으로 더러웠지만, 하나님께서는 그들을 쉽게 놓지 못하시고 버리지 못하시고 아끼신다. 하나님의 마음 속에는 그들을 향한 불붙는 긍휼이 있으셨다.

이것은 택한 백성들을 향한 하나님의 사랑과 긍휼이셨다. 이것이 신약교회 성도들을 향한 하나님의 사랑과 긍휼이시다. 우리는 믿지 않는 자들과 다를 바 없이 죄악된 자들이었지만, 하나님께서는 우리를 우리의 행위대로 벌하지 않으시고 그의 불붙는 긍휼과 아들 예수 그리스도의 십자가로 말미암은 구속(救贖)의 사랑으로 구원하셨다.

〔9절〕 **내가 나의 맹렬한 진노를 발하지 아니하며 내가 다시는 에브라임을 멸하지 아니하리니 이는 내가 사람이 아니요 하나님임이라. 나는 네 가운데 거하는 거룩한 자니 진노함으로 네게 임하지 아니하리라.**

하나님께서는 이스라엘 나라의 우상숭배와 음행과 온갖 부도덕의 죄악들에 대해 맹렬히 진노하시며 그들을 멸망시키실 것이다. 그들은 머잖아 앗수르 나라에 의해 멸망을 당할 것이다. 그러나 본문에서 하나님께서는 이스라엘 백성을 향해 맹렬한 진노로 대하지 않겠다고 말씀하시며 그들을 멸하지 않겠다고 말씀하신다. 그는 사람의 감정을 초월하여 사람이 상상할 수 없는 긍휼과 사랑을 베푸실 것이다.

호세아 11장: 이스라엘의 패역과 하나님의 긍휼

특히 그는 그들 가운데서 친히 거룩한 자로 거하시므로 그들 무리를 거룩하게 하실 것이다. 그는 그가 친히 그 가운데 거하시는 무리를 진노로 벌하지 않으실 것이다. 이것이 구주 하나님의 긍휼이시다.

[10-11절] 저희가 사자처럼 소리를 발하시는 여호와를 좇을 것이라. 여호와께서 소리를 발하시면 자손들이 서편에서부터 떨며 오되 저희가 애굽에서부터 새같이, 앗수르에서부터 비둘기같이 떨며 오리니 내가 저희로 각 집에 머물게 하리라. 나 여호와의 말이니라.

하나님께서 사자처럼 이스라엘을 부르실 때, 그들은 그의 음성에 응답하여 동서 사방에서 새처럼, 비둘기처럼 떨며 그에게로 나아올 것이다. 하나님께서는 그들을 각 집에 평안히 머물게 하실 것이다.

[12절] 에브라임은 거짓으로, 이스라엘 족속은 궤휼로 나를 에워쌌고 유다는 하나님 곧 신실하시고 거룩하신 자에게 대하여 정함이 없도다[그러나 유다는 아직(KJV) 하나님과 함께 행하고 거룩하신 자에게 신실하도다](원문; 분리액센트를 고려함).

본문은, 이스라엘 백성은 거짓되었지만, 유다 백성 중에는 거룩하신 하나님과 함께 행하는 신실한 자들이 남아 있다는 뜻 같다.

본장의 교훈은 무엇인가? <u>첫째로, 사람은 전적으로 부패되어 있고 선을 행하기에 무능력하다.</u> 이스라엘 백성은 하나님의 사랑을 받았고 선지자들을 통해 많은 교훈을 받았고 하나님의 호의와 공급과 징계와 치료하심을 경험했지만, 그들은 점점 하나님을 멀리하고 우상숭배에 빠졌다. 사람은 심히 무지해 하나님 떠나기를 잘하며 배은망덕하다.

<u>둘째로, 구원은 하나님의 불붙는 긍휼로 말미암는다.</u> 8절, "에브라임이여, 내가 어찌 너를 놓겠느냐? 이스라엘이여, 내가 어찌 너를 버리겠느냐? 내가 어찌 너를 아드마같이 놓겠느냐? 어찌 너를 스보임같이 두겠느냐? 내 마음이 내 속에서 돌아서 나의 긍휼이 온전히 불붙듯 하도다." 오늘날 우리도 이 긍휼로 구원을 얻었다. 그러므로 우리는 하나님께 감사하며 하늘에 계신 살아계신 하나님만 섬기기를 결심해야 한다.

12장: 행위대로 보응하심

〔1절〕 에브라임은 바람을 먹으며 동풍을 따라가서 날마다 거짓과 포학을 더하며 앗수르와 계약을 맺고 기름을 애굽에 보내도다.

에브라임은 이스라엘 백성을 가리키는 명칭으로 쓰인다. 이스라엘 백성은 바람을 먹듯이 헛된 우상을 섬기며 그것을 따라가며 날마다 거짓과 포학을 더하였다. 이스라엘 사회에는 우상숭배가 가득하였고 속임과 거짓말도 점점 많아졌고 사람들의 마음과 말과 행동은 거칠고 포학해져갔다. 또 그들은 이방 나라들의 도움을 얻으려 앗수르와 계약을 맺었고 애굽에 값비싼 기름을 보내며 친근히 하려 하였다.

〔2절〕 여호와께서 [또한(KJV, NASB)] 유다와 쟁변하시고 야곱의 소행대로 벌주시며 그 소위대로 보응하시리라.

북쪽 이스라엘 백성 뿐만 아니라, 남쪽 유다 백성에게도 책망할 일이 없지 않았다. 그러므로 하나님께서는 유다와도 쟁변하실 것이다. 이와 같이, 하나님께서는 모든 이스라엘 백성, 남쪽과 북쪽 이스라엘 백성 전반의 행위들에 대해 벌하시고 그 행한 대로 보응하실 것이다.

〔3-5절〕 야곱은 태에서 그 형의 발뒤꿈치를 잡았고 또 장년에 하나님과 힘을 겨루되 천사와 힘을 겨루어 이기고 울며 그에게 간구하였으며 하나님은 벧엘에서 저를 만나셨고 거기서 우리에게 말씀하셨나니 저는 만군의 하나님 여호와시라. 여호와는 그의 기념 칭호니라.

야곱은 날 때부터 형 에서를 이기려는 경쟁심을 가졌지만, 하나님을 경외함도 가지고 있었고, 그것은 그가 하나님의 복을 사모함과 후에 얍복 나루에서 천사와 씨름한 일에서 잘 나타났다. 하나님께서는 에서를 피해 하란으로 도망치던 그에게와 또 하란에서 돌아오던 그에게 벧엘에서 나타나셨고, 아브라함과 이삭에게 주신 언약을 그에게도 주셨다. 그는 천군 천사들을 거느리신 전능하신 하나님 여호와이

호세아 12장: 행위대로 보응하심

시다. 여호와는 영원 자존하신 자라는 뜻으로 그의 기념 칭호이시다.

[6절] 그런즉 너의 하나님께로 돌아와서 인애와 공의를 지키며 항상 너의 하나님을 바라볼지니라.

하나님께서는 심판을 선언하시면서도 이스라엘 백성에게 회개를 명하셨다. 그들은 우상숭배와 거짓과 포학 등의 온갖 죄악을 버리고 하나님께로 돌아와 항상 그를 바라보며 인애와 공의를 지켜야 한다. 경건과 인애와 공의를 지키는 것은 성도의 기본적인 덕목이다.

[7절] 저는 상고[상인]여늘 손에 거짓 저울을 가지고 사취(詐取)하기를 (아쇼크 pwy)[혹은 강탈하기를](BDB) 좋아하는도다.

이스라엘 사람들은 상인이라고 불린다. 그들은 장사를 많이 했던 것 같다. 그런데 그들은 거짓 저울을 가지고 물건을 속여 팔며 폭리를 남겼다. 그것은 일종의 강탈이었다. 하나님을 모르고 그를 소망하지 않는 자들은 거짓과 욕심을 가지고 물질적 이익을 취한다.

[8-10절] 에브라임이 말하기를 나는 실로 부자라. 내가 재물을 얻었는데 무릇 나의 수고한 중에서 죄라 할 만한 불의를 발견할 자 없으리라 하거니와 네가 애굽 땅에서 나올 때부터 나는 네 하나님 여호와니라. 내가 너로 다시 장막에 거하게 하기를 명절일에 하던 것 같게 하리라. 내가 여러 선지자에게 말하였고 이상(異像)을 많이 보였으며 선지자들을 빙자하여 비유를 베풀었노라.

이스라엘 백성들은 거짓 저울로 이익을 남기고 부자가 되었음에도 불구하고 자신은 죄가 없다고 생각하나, 하나님께서는 그들이 애굽에서 나올 때부터 그들의 행위를 주목하셨다. 하나님께서는 이제 그들이 옛날 애굽에서 나와 들야를 통과할 때와 같이 다시 장막에 거하는 자들로 고난을 당할 것이라고 선언하시는 것 같다. 그는 이미 많은 선지자들을 통해 말씀하셨고 여러 비유로 교훈하셨다고 말씀하신다.

[11절] 길르앗은 불의한 것이냐? 저희는 과연 거짓되도다(쇼웨 אוש) [헛되도다, 아무것도 아니로다](BDB, KJV). **길갈에서는 무리가 수송아지로 제**

호세아 12장: 행위대로 보응하심

사를 드리며 그 제단은 밭이랑에 쌓인 돌무더기 같도다.

길르앗 사람들은 수송아지로 제사 드리며 그들의 제단은 밭이랑에 쌓인 돌무더기 같았다. 그들은 불의하였고 그들의 모든 종교적 행위는 헛되었다. 그것이 이스라엘 백성의 우상숭배의 현실이었다. 하나님께 대한 참된 경건에서 이탈하는 것이 모든 부도덕의 원인이며 또 모든 불행의 원인이다. 우상숭배는 불행을 초래하는 허무한 일이다.

[12-14절] 옛적에 야곱이 아람 들로 도망하였으며 이스라엘이 아내 얻기 위하여 사람을 섬기며 아내 얻기 위하여 양을 쳤고 여호와께서는 선지자로 이스라엘을 애굽에서 인도하여 내시며 선지자로 저를 보호하셨거늘 에브라임이 격노케 함이 극심하였으니 그 주께서 그 피로 그 위에 머물러 있게 하시며 저의 수치를 저에게 돌리시리라

야곱의 생애는 고난의 생애이었다. 그는 아버지를 속이고 장자의 복을 가로챈 후 형을 피하여 하란이라는 아람 들로 도망하였고 거기서 아내를 얻기 위해 14년, 재산을 위해 6년, 도합 20년을 보냈다. 또 하나님께서는 선지자 모세를 통해 이스라엘 백성을 애굽의 종살이로부터 인도하여 내셨고 그들을 보호하셨고 인도하셨지만, 그들은 범죄함으로 하나님의 노를 일으킴이 극심하였다. 이제 하나님께서는 그들의 피흘린 죗값을 그들 위에 내리게 하시고 그들의 수치를 그들에게 돌리실 것이다. 하나님께서는 그들을 공의로 보응하실 것이다.

본장의 교훈은 무엇인가? 첫째로, 우리는 바람같이 헛된 우상숭배와, 거짓과 포학, 사취와 강탈, 피흘림 등의 죄악들을 다 버려야 한다.

둘째로, 공의의 하나님께서는 사람들의 모든 죄악들에 대해 노하시고 벌하시고 보응하시고 그 결과 그들은 멸망하고 수치를 당할 것이다.

셋째로, 사람은 하나님께로 돌아와 하나님만 바라며 오직 그의 긍휼을 기다려야 하고, 또 선지자들과 사도들이 성령의 감동으로 받아 기록한 성경 교훈의 요점대로 경건하고 선하고 의롭게만 살아야 한다. 우리는 항상 하나님과 동행하며 인애(자비와 친절)와 공의를 지켜야 한다.

호세아 13장: 이스라엘의 패망과 구속(救贖)

13장: 이스라엘의 패망과 구속(救贖)

〔1-2절〕 에브라임이 말을 발하면 사람이 떨었도다. 저가 이스라엘 중에서 자기를 높이더니[에브라임이 떨면서 말할 때 저가 이스라엘 가운데서 자신을 높였으며](BDB, KJV) 바알로 인하여 범죄하므로 망하였거늘 이제도 저희가 더욱 범죄하여 그 은으로 자기를 위하여 우상을 부어만들되 자기의 공교함을 따라 우상을 만들었으며 그것은 다 장색이 만든 것이어늘 저희가 그것에 대하여 말하기를 제사를 드리는 자는 송아지의 입을 맞출 것이라 하도다.

이스라엘 백성은 자신의 부족을 알면서도 자신을 높였다. 그것은 자기의 양심을 억누르는 교만이었다. 교만한 자는 범죄한다. 그러나 교만하여 바알을 섬김으로 범죄한 그들은 죽을 것이다. 그들은 과거 역사에서 교훈을 받지 못했고 지혜와 깨달음이 없었다. 그들은 바알 숭배로 하나님의 징벌을 받은 적이 한두 번이 아니었으나, 또다시 은으로 우상을 만들고 그 우상에 입 맞추며 섬겼다.

〔3절〕 이러므로 저희는 아침 구름 같으며 쉽게 사라지는 이슬 같으며 타작 마당에서 광풍에 날리우는 쭉정이 같으며 굴뚝에서 나가는 연기 같으리라.

하나님께서는 이스라엘 백성의 우상숭배에 대해 심판을 선언하신다. 그는 이스라엘 백성이 아침 구름같이 되고 쉽게 사라지는 이슬같이 될 것이며 타작 마당에서 센바람에 날리는 쭉정이같이, 굴뚝에서 나가는 연기같이 허무하게 되고 무가치하게 될 것이라고 말씀하신다. 하나님께서는 악인들을 무가치하게 여기실 것이다. 시편 119:119는, "주께서 세상의 모든 악인을 찌끼같이 버리시니"라고 말했다.

〔4절〕 그러나 네가 애굽 땅에서 나옴으로부터 나는 네 하나님 여호와라. 나밖에 네가 다른 신을 알지 말 것이라. 나 외에는 구원자가 없느니라.

하나님께서는 시내산에서 십계명을 주실 때 자신이 유일한 하나님임을 선언하며 증거하셨다. 여호와 하나님께서는 동양이나 서양이나,

호세아 13장: 이스라엘의 패망과 구속(救贖)

옛날이나 오늘날이나, 온 세상에 유일하신 참 하나님이시다. 그는 또한 유일하신 구원자이시다. 이사야 44:6, "이스라엘의 왕인 여호와, 이스라엘의 구속자(救贖者)인 만군의 여호와가 말하노라. 나는 처음이요 나는 마지막이라. 나 외에 다른 신이 없느니라."

[5-6절] 내가 광야 마른 땅에서 너를 권고하였거늘 저희가 먹이운 대로 배부르며 배부름으로 마음이 교만하며 이로 인하여 나를 잊었느니라.

'권고(眷顧)하다'는 원어(야다 יָדַע)는 '알다, 배려하다'는 뜻이다. 하나님께서는 광야, 메마른 땅에서 이스라엘 백성을 아셨고 배려하셨고 그들에게 먹을것과 마실 것을 공급하셨다. 그러나 사람은 먹을것이 넉넉하고 환경적 안정이 있을 때 마음이 교만하여 하나님을 잊어버리기 쉽다(신 8:11-14). 그러므로 잠언 30장을 쓴 성도는 부자 되지 않기를 기도하며, "내가 배불러서 하나님을 모른다, 여호와가 누구냐 할까 하오며"라고 말하였다(잠 30:9).

[7-8절] 그러므로 내가 저희에게 사자 같고 길가에서 기다리는 표범 같으니라. 내가 새끼 잃은 곰같이 저희를 만나 그 염통 꺼풀을 찢고 거기서 암사자같이 저희를 삼키리라. 들짐승이 저희를 찢으리라.

하나님께서는, 그의 크신 구원과 돌보심과 공급하심을 받은 후에도 배은망덕한 이스라엘 백성에게 사자같이, 표범같이, 곰같이 치실 것이며 그들을 벌하실 것이다. 하나님의 심판은 두렵고 엄위하시다.

[9절] 이스라엘아, 네가 패망하였나니 이는 너를 도와주는 나를 대적함이니라.

'패망하였다'는 표현은 확실한 미래를 나타내는 과거형이다. 이스라엘 나라는 장차 확실히 패망할 것이다. 그들의 패망의 원인은 그들을 도와주시는 하나님을 대적했기 때문이다. 하나님께서는 이스라엘을 구원하셨고 구원하시는 자이시며 또 도우셨고 도우시는 자이시다. 그들은 하나님을 대적하지 말고, 다른 것들을 의지하지 말아야 했다. 사람이 창조주 하나님을 대적하고 어떻게 복될 수 있겠으며, 구원자

호세아 13장: 이스라엘의 패망과 구속(救贖)

하나님께 배은망덕하고서 어떻게 평안할 수 있겠는가? 그런데 지금 이스라엘 백성은 하나님을 대적하고 있는 것이다.

〔10-11절〕 전에 네가 이르기를 내게 왕과 방백들을 주소서 하였느니라. 네 모든 성읍에서 너를 구원할 자 네 왕이 이제 어디 있으며 네 재판장들이 어디 있느냐? 내가 분노하므로 네게 왕을 주고 진노하므로 폐하였노라.

옛적에 이스라엘 백성은 자기들의 왕을 구하였었다. 그것은 그들이 하나님의 왕 되심을 부정한 일이었다. 그러나 지금 그들의 왕이 어디 있는가? 하나님께서는 그들에게 처음 왕 사울을 허락하셨었고 그가 범죄함으로 폐하셨었다. 또 그 후에 이스라엘의 역사는 왕들과 백성들이 하나님을 버리고 범죄함으로 여러 번 이방인들에게 굴욕과 패배를 당했었다. 그러나 그들은 지금도 그런 실패를 반복하고 있다.

〔12-13절〕 에브라임의 불의가 봉함되었고 그 죄가 저장되었나니 해산하는 여인의 어려움[고통]이 저에게 임하리라. 저는 어리석은 자식이로다. 때가 임하였나니 산문(産門)[태의 문]에서 지체할 것이 아니니라.

이스라엘 백성의 불의와 죄가 하나님 앞에 다 저장되었고 하나님께서는 그들에게 공의의 보응을 내리실 것이다. 그들에게는 해산하는 여인의 고통 같은 고통, 즉 가장 큰 고통이 닥칠 것이다. 그들은 회개하지 않고 지체하다가 결국 패망할 것이다.

〔14절〕 내가 저희를 음부(陰府)의 권세에서 속량하며 사망에서 구속(救贖)하리니 사망아, 네 재앙이 어디 있느냐? 음부야, 네 멸망이 어디 있느냐? 뉘우침(노캄 םחנ)(BDB KJV)이 내 목전에 숨으리라.

'음부(陰府)'는 구약성경에서 무덤과 지옥을 가리키는 말이다. 사람에게 죽음은 큰 불행이다. 그러나 사람의 육신의 죽음이 존재의 끝이며 무로 돌아가는 것이라면, 그것은 그렇게 큰 불행은 아닐 것이다. 그러나 영혼이 불멸하며 사람이 죽은 후 의인의 영혼은 천국에 있으나, 악인의 영혼은 지옥에 던지운다면 문제는 다르다. 성경은 영혼이 불멸하며 사람의 죽음 후에는 천국과 지옥이 있다고 밝히 말한다.

호세아 13장: 이스라엘의 패망과 구속(救贖)

그러나 하나님께서는 이스라엘 백성을 사망과 지옥으로부터 건져 주실 것이다. 그는 "사망아, 네 재앙이 어디 있느냐? 음부야, 네 멸망이 어디 있느냐?"고 말씀하셨다. 하나님께서는 예수 그리스도의 십자가에 죽으심과 3일 만에 부활하심으로 이루신 대속 사역으로 우리를 죽음과 지옥 형벌로부터 건져주셨다. 인류의 가장 큰 원수인 죽음과 지옥 형벌의 권세가 깨어진 것이다. 그리스도께서는 이제 죽은 자들 가운데서 다시 사셔서 죽은 자들의 첫열매가 되셨다(고전 15:20). 14절에 "뉘우침이 내 목전에 숨으리라"는 말씀은 하나님께서 사망 권세를 파하심에 후회가 없으시다는 뜻이라고 본다.

[15-16절] 저가 비록 형제 중에서 결실하나 동풍이 오리니 곧 광야에서 일어나는 여호와의 바람이라. 그 근원이 마르며 그 샘이 마르고 그 적축한[쌓아둔] **바 모든 보배의 그릇이 약탈되리로다. 사마리아가 그 하나님을 배반하였으므로 형벌을 당하여 칼에 엎드러질 것이요 그 어린아이는 부숴뜨리우며**[부서뜨리우며] **그 아이 밴 여인은 배가 갈리우리라.**

하나님께서는 심판을 동풍 곧 광야에서 일어나는 여호와의 바람이라고 표현하신다. 그것은 앗수르의 침공을 상징적으로 표현하신 것이다. 앗수르의 침공과 그 이방나라 사람들의 칼날과 약탈은 하나님께서 일으키시는 거센 바람 곧 심판과 재앙의 바람이다.

하나님께서 이스라엘 백성에게 보내실 동풍의 원인은 무엇인가? 그것은 그들이 하나님을 배반했기 때문이다. 하나님께서는 "사마리아가 그 하나님을 배반하였으므로 형벌을 당하여 칼에 엎드러질 것이라"고 말씀하셨다. 이스라엘 백성은 하나님을 배반하였고 거역하였고 그에게 불순종하였고 그의 계명들을 범하는 우상숭배에 빠졌다. 그들에게는 참된 경건도, 계명의 순종 즉 도덕성도 없었다.

하나님께서 보내신 동풍의 결과는 참담할 것이다. 비록 어떤 이들이 형제들 중에서 결실하고 그들보다 좀더 경제적 여유를 가질지라도 그 샘이 마를 것이며, 그들이 쌓아놓고 축적해놓은 모든 보배의

호세아 13장: 이스라엘의 패망과 구속(救贖)

그릇이 약탈을 당할 것이다. 그들은 하나님의 징벌로 전쟁에서 패배하며 많은 사람들은 죽을 것이다. 어린아이들은 부서뜨리울 것이며 아이 밴 여인들은 배가 갈리울 것이다. 하나님께서 내리시는 심판의 동풍의 결과는 참으로 슬프고 고통스럽고 참담할 것이다.

본장의 교훈은 무엇인가? 첫째로, 하나님께서는 두려운 심판자이시다. 이스라엘 백성은 마침내 패망할 것이다(1, 9절). 9절, "이스라엘아, 네가 패망하였나니." 그들은 아침 구름같이, 쉽게 사라지는 이슬같이, 타작마당에서 광풍에 날리는 쭉정이같이, 굴뚝에서 나가는 연기같이 패망할 것이다(3절). 하나님께서는 그들에게 사자같이, 길가에서 기다리는 표범같이, 새끼 잃은 곰같이, 들짐승같이 그들을 찢으시고 죽이실 것이다(7-8절). 그들에게 극칠 재앙과 멸망은 여호와의 바람이다(15절).

둘째로, 이스라엘 백성은 죄 때문에 패망할 것이다. 그들은 애굽에서 자기들을 이끌어내신 하나님만 참 하나님으로 알고 그를 섬겨야 했으나(4절) 마음이 교만하여(1, 6절) 바알을 섬기며 우상을 섬겼다(1, 2절). 그들은 하나님을 대적하였고 배반하였다. 9절, "이는 너를 도와주는 나를 대적함이니라." 16절, "사마리아가 그 하나님을 배반하였으므로." 우리는 이스라엘 백성의 실패를 거울삼아 우상을 섬기지 말고 오직 여호와 하나님만 경의하고 그의 계명대로 의롭고 선하게 살아야 한다.

셋째로, 사망으로부터의 구원이 하나님께 있다. 14절, "내가 저희를 음부[무덤과 지옥]의 권세에서 속량하며 사망에서 구속(救贖)하리니 사망아, 네 재앙이 어디 있느냐? 음부야, 네 멸망이 어디 있느냐?" 죄인들의 소망은 오직 은혜와 긍휼이 풍성하신 주권적 구원자 하나님께 있다. 예레미야 애가 3:19-22, "내 고초와 재난 곧 쑥과 담즙을 기억하소서. 내 심령이 그것을 기억하고 낙심이 되오나 중심에 회상한즉 오히려 소망이 있사옴은 여호와의 자비와 긍휼이 무궁하시므로 우리가 진멸되지 아니함이니이다.' 우리는 하나님의 사랑으로 영생을 얻었다(요 3:16).

14장: 이스라엘 나라의 회복

〔1-3절〕 이스라엘아, 네 하나님 여호와께로 돌아오라. [이는] 네가 불의함을 인하여 엎드러졌느니라[엎드러졌음이니라]. 너는 말씀을 가지고 여호와께로 돌아와서 아뢰기를 모든 불의를 제하시고 선한 바를[우리를 은혜로] (KJV, NASB, NIV) 받으소서. 우리가 입술로 수송아지를 대신하여 주께 드리리이다. 우리가 앗수르의 구원을 의지하지 아니하며 말을 타지 아니하며 다시는 우리의 손으로 지은 것을 향하여 너희는 우리 신이라 하지 아니하오리니 이는 고아가 주께로 말미암아 긍휼을 얻음이니이다 할지니라.

하나님께서는 이스라엘 백성에게 돌아오라고 말씀하신다. 왜냐하면 하나님께서 그들의 불의에 대해 징벌하셔서 그들이 엎드러졌기 때문이다. 그들은 전쟁과 재앙을 당해 엎드러졌다. 그러므로 그들은 이제라도 회개해야 한다. 죄인들에게 소망이 있다면 그것은 하나님께 은혜로 용납되는 길뿐이다. 또 하나님께서는 죄인들에게 진심의 입술의 고백을 원하신다. 또 회개하는 자들은 동맹국들의 도움이나 자신들의 군사력을 의지해서는 안 되고 또 자기가 만든 헛된 신들을 섬겨서도 안 된다. 그들은 오직 하나님을 의지해야 한다. 그들은 부모 없는 고아와 같았으나 하나님 아버지의 긍휼을 얻었고 하나님께로 돌아올 것이다. 죄인들은 하나님의 긍휼을 입어 회개해야 한다.

〔4절〕 내가 저희의 패역(메슈바삼 מְשׁוּבָתָם)[배교]을 고치고 즐거이 저희를 사랑하리니 나의 진노가 저에게서 떠났음이니라.

하나님께서는 이스라엘 백성의 구주이시며 우리의 구주이시다. 그는 범죄한 그 백성을 향한 진노를 그치시고 즐거이 그들을 사랑하실 것이다. 구원은 하나님께 달려 있다. 하나님께서는 구주이시다. 이사야 43:11, "나 곧 나는 여호와라. 나 외에 구원자가 없느니라." 구원의 근거는 하나님의 긍휼과 무조건적 사랑이다. 구원의 내용은 그들의 패역, 곧 반역, 배교, 불순종을 고치는 것이다. 하나님께서는 그들을 고치셔서 겸손히 하나님을 섬기며 믿고 순종하게 하신다.

한마디로, 구원은 죄인들을 의인 만드시는 것이다. 디도서 2:11-12, "모든 사람에게 구원을 주시는 하나님의 은혜가 나타나 우리를 양육하시되 경건치 않은 것과 이 세상 정욕을 다 버리고 근신함과 의로움과 경건함으로 이 세상에 살고." 오늘날 우리가 받은 구원은 주 예수 그리스도 안에서 주신 하나님의 무조건적 사랑 때문이었다. 디모데전서와 디도서에서 사도 바울은 하나님을 여러 번 '구주'라고 표현하였다. 디모데전서 1:1, "우리 구주 하나님과 우리 소망이신 그리스도 예수의 명령을 따라." 2:3, "이것이 우리 구주 하나님 앞에 선하고." 4:10, "특히 믿는 자들의 구주시라." 디도서 1:3, "이 전도는 우리 구주 하나님의 명대로 내게 맡기신 것이라." 2:10, "이는 범사에 우리 구주 하나님의 교훈을 빛나게 하려 함이라." 3:4, "우리 구주 하나님의 자비와 사람 사랑하심을 나타내실 때에." 하나님께서는 구주이시다.

〔5-7절〕내가 이스라엘에게 이슬과 같으리니 저가 백합화같이 피겠고 레바논 백향목같이 뿌리가 박힐 것이라. 그 가지는 퍼지며 그 아름다움은 감람나무와 같고 그 향기는 레바논 백향목 같으리니 그 그늘 아래 거하는 자가 돌아올지라. 저희는 곡식같이 소성할 것이며 포도나무같이 꽃이 필 것이며 그 향기는 레바논의 포도주같이 되리라.

하나님께서는 자신을 이스라엘에게 이슬과 같을 것이라고 말씀하신다. 이슬은 건조한 지역의 풀과 나무에게 필요한 물을 어느 정도 공급한다. 그것은 메마른 땅 같은 이 세상에서 하나님께서 주시는 죄사함의 구원과 영원한 생명의 기쁨과 은혜를 상징한다고 본다. 하나님의 은혜를 받은 이스라엘 백성은 백합화같이 아름답게 자라서 싹을 내고 꽃을 피울 것이며, 레바논의 백향목같이 뿌리가 박혀 요동치 않고 든든히 설 것이다. 그 가지들 곧 그 자녀들은 번창하고 왕성할 것이며, 그 영광과 아름다움은 감람나무 곧 올리브 나무와 같을 것이며, 그 향기는 레바논의 백향목 같을 것이다. 구원받은 백성의 인격과

호세아 14장: 이스라엘 나라의 회복

행위는 아름다운 향기를 발할 것이다. 또 회복된 이스라엘로 말미암아 많은 사람들이 그 그늘 아래 거하며 하나님께로 돌아올 것이며, 곡식같이 소성할 것이며, 포도나무같이 꽃이 필 것이며, 그 향기는 레바논의 포도주같이 좋을 것이다.

[8-9절] 에브라임의 말이 **내가 다시 우상과 무슨 상관이 있으리요 할지라. 내가 저를 돌아보아 대답하기를 나는 푸른 잣나무 같으니 네가 나로 말미암아 열매를 얻으리라 하리라**[에브라임아, 내가 다시 우상과 무슨 상관이 있겠느냐? 나는 너에게 응답하였고 너를 돌아보았느니라. 나는 푸른 잣나무 같으니 네가 나로 말미암아 열매를 얻으리라](NASB, NIV). **누가 지혜가 있어 이런 일을 깨달으며 누가 총명이 있어 이런 일을 알겠느냐? 여호와의 도는 정직하니 의인이라야 그 도에 행하리라. 그러나 죄인은 그 도에 거쳐 넘어지리라**[이는 여호와의 길들은 올바르며 의인들은 거기서 행할 것이나, 범죄자들은 거기서 넘어질 것임이니라].

하나님께서는 그가 용납하실 수 없는 우상을 멸하셨다. 또 이스라엘 백성이 하나님의 긍휼과 은혜로 우상들을 버리고 회개할 때 하나님께서는 그들에게 응답하셨고 그들을 돌아보셨다. 또 하나님께서는 그들에게 푸른 잣나무 같으셔서 그들이 그 그늘 아래 쉴 수 있으며 그들은 하나님의 은혜로 거룩하고 의롭고 선한 열매를 맺을 것이다. 요한복음 15:5, "나는 포도나무요 너희는 가지니 저가 내 안에, 내가 저 안에 있으면 이 사람은 과실을 많이 맺나니 나를 떠나서는 너희가 아무것도 할 수 없음이라." 갈라디아서 5:22-23, "오직 성령의 열매는 사랑과 희락과 화평과 오래 참음과 자비와 양선과 충성과 온유와 절제니 이 같은 것을 금지할 법이 없느니라."

사람은 죄로 인해 어두워져 있어서 하나님의 구원의 일들을 깨닫지 못하고 스스로 회개하지도 못한다. 고린도전서 2:14, "육에 속한 사람은 하나님의 성령의 일을 받지 아니하나니 저희에게는 미련하게 보임이요 또 깨닫지도 못하나니 이런 일은 영적으로라야 분변함이니라." 로마서 3:11, "깨닫는 자도 없고 하나님을 찾는 자도 없고." 또

호세아 14장: 이스라엘 나라의 회복

하나님의 도는 정직하여, 의인들은 그 도에 행할 것이지만, 죄인들은 그 도에 거쳐 넘어질 것이다. 사람은 오직 하나님의 은혜로 지혜와 총명을 얻을 때 하나님의 의의 길을 깨닫고 그 길로 행할 것이다.

본문의 교훈은 무엇인가? 첫째로, 죄인들은 하나님께로 돌아와야 한다. 1절, "이스라엘아, 네 하나님 여호와께로 돌아오라." 주 예수께서는 회개를 전하셨다. 마태복음 4:17, "이때부터 예수께서 비로소 전파하여 가라사대 회개하라. 천국이 가까왔느니라 하시더라." 회개는 자신의 죄를 인정하고 미워하고 버리기를 결심하는 것이다. 사도 바울도 회개와 믿음을 전하였다. 사도행전 20:21, "유대인과 헬라인들에게 하나님께 대한 회개와 우리 주 예수 그리스도께 대한 믿음을 증거한 것이라." 회개는 구원에 필수적이다. 모든 사람은 하나님께 돌아와야 한다.

둘째로, 하나님께서는 우리의 구주이시다. 4절, "내가 저희의 패역을 고치고 즐거이 저희를 사랑하리니 나의 진노가 저에게서 떠났음이니라." 사람의 구원은 오직 하나님의 긍휼에 있다. 로마서 9:16, "[사람의 구원은] 원하는 자로 말미암음도 아니요 달음박질하는 자로 말미암음도 아니요 오직 긍휼히 여기시는 하나님으로 말미암음이니라." 로마서 8:30, "[구원을 위해] 미리 정하신 그들을 또한 부르시고 부르신 그들을 또한 의롭다 하시고 의롭다 하신 그들을 또한 영화롭게 하셨느니라."

셋째로, 구원은 복된 것이다. 5-7절, "내가 이스라엘에게 이슬과 같으리니 저가 백합화같이 피겠고 레바논 백향목같이 뿌리가 박힐 것이라. 그 가지는 퍼지며 그 아름다움은 감람나무와 같고 그 향기는 레바논 백향목 같으리니 그 그늘 아래 거하는 자가 돌아올지라. 저희는 곡식같이 소성할 것이며 포도나무같이 꽃이 필 것이며 그 향기는 레바논의 포도주같이 되리라." 구원은 꽃이나 꽃의 향기와 같으며 곡식과 같다. 구원받은 자들은 하나님의 계명을 준행하여 의롭고 선한 인격이 된다. 천국은 의와 기쁨과 평안의 세계이다. 로마서 14:17, "하나님의 나라는 먹는 것과 마시는 것이 아니요 오직 성령 안에서 의와 평강과 희락이라."

요엘

JOEL

요엘 서론

내용 목차

서론 ·· 58
1장: 메뚜기 재앙 ·· 59
2장: 하나님의 긍휼하심 ·· 65
3장: 만국을 심판하심 ·· 73

서론

열두 권의 소선지서 중 두 번째 책인 요엘의 **저작연대**는 대제사장 여호야다가 섭정하던 요아스 왕의 유년시절인 주전 830년경이라고 본다. 그 근거로는 본서에 왕에 대한 언급이 없고 장로들과 제사장들에 대한 언급만 있고(2:16-17), 아모스가 인용한 듯한 구절들이 있고(욜 3:16, 18; 암 1:2; 9:13), 유다의 적들로 두로와 시돈, 블레셋, 애굽, 에돔 등에 대해 언급함(욜 3:4, 19; 왕하 8:20-22; 대하 21:16-17) 등을 든다. 이런 점들은 요아스 시대에 가장 조화된다고 본다(아쳐).

자유주의자들은 3:1의 "유다의 사로잡힌 자", 3:6의 '헬라 족속'에 대한 언급 등에 근거하여 본서의 저작연대를 이스라엘 나라의 바벨론 포로 시대 후기라고 그릇되이 추측한다. 그러나 헬라인이 이스라엘의 바벨론 포로 시대 후기에만 이스라엘 백성에게 알려졌다는 것은 잘못된 가정이다. 헬라인에 대한 언급은 주전 8세기 앗수르 비문들에도 나타난다고 한다(아쳐).

대부분의 선지서들처럼, 요엘의 **주요 내용**도 심판과 회복에 대한 말씀이다. 선지자 요엘은 하나님께서 보내시는 메뚜기 재앙을 선포하고 국가적인 회개를 요청한다. 이런 말씀과 함께, 하나님께서 만국을 심판하실 것과 이스라엘 나라의 회복에 대한 예언도 나온다.

1장: 메뚜기 재앙

1-7절, 메뚜기 재앙을 선포하심

[1절] 여호와께서 브두엘의 아들 요엘에게 이르신 말씀이라.

하나님께서는 요엘에게 말씀하셨다. 그는 구약시대에 선지자들에게 말씀하셨다. 그러므로 이사야 1:2는 "여호와께서 말씀하시기를"이라고 말했고, 예레미야 1 2도 "여호와의 말씀이 예레미야에게 임하였고"라고 말했고, 에스겔 1:3도 "여호와의 말씀이 . . . 나 에스겔에게 특별히 임하고"라고 말했고, 호세아 1:1도, "호세아에게 임한 여호와의 말씀이라"고 말했다. 이와 같이, 하나님께서는 여러 선지자들에게 특별한 계시와 영감으로 말씀하셨다.

하나님의 말씀을 받은 사람은 "브두엘의 아들 요엘"이었다. 요엘은 자신이 하나님의 말씀을 받았고 그가 받은 하나님 말씀에 대해 진실하게 증거하였다. 성경에 기록된 하나님의 말씀은 믿을 만한 증인들의 증거이다. 구약의 선지자들과 신약의 사도들은 진실한 증인들이었다. 또 하나님께서는 사람들이 이해할 수 있는 말로써 말씀하셨다. 사람의 언어는 하나님의 계시 수단이었다. 무한하신 하나님의 진리들이 히브리어라는 유한한 인간 언어로 전달되었고 기록되었다.

하나님께서는 말씀하고자 하시는 내용들이 성경에 충분히 다 기록되게 하셨다. 그러므로 오늘날 그는 성경 외에 다른 말씀들을 직접 하실 필요가 없으시다. 오늘 우리는 성경에서 또 성경을 통해 하나님의 음성을 듣는다. 디모데후서 3:16은, "모든 성경은 하나님의 감동으로 된 것으로 교훈과 책망과 바르게 함과 의로 교육하기에 유익하다"고 말한다. 성경은 살아계신 하나님의 살아 있는 말씀이다.

[2-4절] 늙은 자들아, 너희는 이것을 들을지어다. 땅의 모든 거민아, 너

희는 귀를 기울일지어다. 너희의 날에나 너희 열조의 날에 이런 일이 있었느냐? 너희는 이 일을 너희 자녀에게 고하고 너희 자녀는 자기 자녀에게 고하고 그 자녀는 후시대에 고할 것이니라. 팟종이(가잠 גָּזָם)[뛸 수 있게 자란 메뚜기]가 남긴 것을 메뚜기(아르베 אַרְבֶּה)[사막 메뚜기]가 먹고 메뚜기가 남긴 것을 늣(옐레크 יֶלֶק)[기는 메뚜기]이 먹고 늣이 남긴 것을 황충(카실 חָסִיל)[메뚜기 종류]이 먹었도다.

하나님께서는 요엘을 통하여 메뚜기 재앙을 선포하셨다. 팟종이, 메뚜기, 늣, 황충이라고 번역된 말들은 다 메뚜기 종류이다(BDB). 이 메뚜기 재앙은 이스라엘 백성으로 하여금 하나님의 존재와 하나님의 공의의 심판과 회개의 필요성을 알게 한다. 이 재앙은 과거의 이스라엘 역사에 없었던 특이한 사건이었다. 이스라엘의 노인들은 지나간 역사를 살펴보고 이제 닥칠 재앙의 심각성을 깨달아야 할 것이다.

성경의 많은 부분은 역사이다. 율법과 교훈과 비유와 시와 예언 등도 있으나, 성경의 거의 절반은 역사이며, 그 외의 내용들도 역사적 상황에서 주어진 것들이다. 미래의 예언들도 역사상 이루어질 사건들에 관한 것이다. 그러므로 성경을 해석할 때 비유나 상징 부분은 영적으로 해석하지만, 성경의 대부분은 문자 그대로 이해해야 한다.

[5-7절] 무릇 취하는 자들아, 너희는 깨어 울지어다. 포도주를 마시는 자들아, 너희는 곡할지어다. 이는 단 포도주가 너희 입에서 끊어졌음이니 한 이족(異族)이 내 땅에 올라왔음이로다. 그들은 강하고 무수하며 그 이는 사자의 이 같고 그 어금니는 암사자의 어금니 같도다. 그들이 내 포도나무를 멸하며 내 무화과나무를 긁어 말갛게 벗겨서 버리니 그 모든 가지가 하얗게 되었도다.

'단 포도주'라는 원어(아시스 עָסִיס)는 본래 '새로 짠 포도즙'이라는 뜻이지만 점차 '달콤한 포도주'를 가리켰다고 한다(BDB). 포도주를 즐겨 마시던 사람들과, 괴로운 일이 있어서든지 술버릇 때문이든지 육신의 쾌락에 빠져서든지 술 취하는 자들은 통곡해야 할 것이다. 왜냐면 그들이 좋아하는 포도즙이나 포도주를 더 이상 마시지 못하기 때문이다. 그것은 한 이족(異族)[이상한 족속]이라고 표현된 메뚜기떼로 인해 포도나무가 다 죽을 것이기 때문이다.

하나님께서는 메뚜기떼가 강하고 그 수가 셀 수 없이 많고 그 이가 사자의 이 같고 그 어금니가 암사자의 어금니 같다고 묘사하셨다. 그것들은 하나님의 땅, 곧 이스라엘 백성의 땅의 포도나무들과 무화과나무들을 긁어 말갛게 벗겨 죽게 할 것이다. 그것들은 참으로 무서운 메뚜기떼이며 그 재앙은 참으로 무서운 재앙일 것이다.

이스라엘 백성은 평안할 때 하나님의 은혜를 감사하고 근신하고 절제하고 하나님의 계명에 순종하지 않고, 도리어 하나님을 잊어버리고 그를 멀리하고 해이해지고 무절제하고 방탕하고 부도덕하였다. 그러므로 하나님께서는 그들에게 진노하시고 재앙을 내리실 것이다.

본문의 교훈은 무엇인가? <u>첫째로, 우리는 하나님의 말씀을 들어야 한다</u>. 모든 성경은 하나님의 거룩한 종들, 곧 선지자들과 사도들이 성령의 특별한 감동 가운데 받은 내용들을 기록한 것이다. 성경은 하나님의 특별계시들의 기록이며 그가 지금 말씀하시는 도구이다. 그러므로 우리는 성경을 하나님의 말씀으로 깨닫고 귀히 여기고 개인적으로 또는 교회적으로 읽고 듣고 배우고 믿고 실천하기를 힘써야 한다.

둘째로, 성경은 다음 세대들에게 전해야 할 교훈적 내용이다. 3절, "너희는 이 일을 너희 자녀에게 고하고 너희 자녀는 자기 자녀에게 고하고 그 자녀는 후시대에 고할 것이니라." 우리는 성경에 기록된 모든 역사적 사건들과 교훈들이 우리와 우리의 다음 세대들에게 주신 교훈적 내용임을 알고 우리와 우리의 자녀들이 이 교훈을 받아야 한다.

<u>셋째로, 우리는 평안할 때 근신하고 절제하고 하나님께 순종해야 한다</u>. 우리는 이 세상과 세상에 있는 것들을 사랑하지 말아야 한다(요일 2:15-17). 그러나 우리는 하나님의 징벌의 날에도 낙심치 말고 회개하며 하나님과 구주 예수님만 믿고 의지하며 성경 교훈들을 힘써 지키자.

요엘 1장: 메뚜기 재앙

8-20절, 애곡하며 금식하라

[8-10절] 너희는 애곡하기를 처녀가 어렸을 때에 약혼한 남편을 인하여 굵은 베로 동이고 애곡함같이 할지어다. 소제[곡물 제사]와 전제[붓는 제사]가 여호와의 전에 끊어졌고 여호와께 수종드는 제사장은 슬퍼하도다. 밭이 황무하고 토지가 처량하니 곡식이 진(盡)하여 새 포도주(티로쉬 תִּירוֹשׁ)[포도즙]가 말랐고 기름이 다하였도다.

요엘은 이스라엘 백성이 메뚜기 재앙 앞에 처녀가 어릴 때 약혼한 남편이 죽어 슬퍼 통곡함같이 하라고 말한다. 젊은 약혼녀는 약혼자의 죽음으로 행복한 결혼의 꿈이 깨어졌을 때 가슴에서 북받쳐 나오는 눈물로 통곡할 것이다. 선지자는 이스라엘 백성이 그런 슬픔으로 통곡하라고 말하는 것이다. 또 그는 제사장들도 하나님께 제사 드릴 곡식이나 제물에 부을 포도주와 섞을 기름이 없어서 제사를 집행할 수 없기 때문에 슬퍼할 것이라고 말한다.

[11-12절] 농부들아, 너희는 부끄러워할지어다. 포도원을 다스리는 자들아, 곡할지어다. 이는 밀과 보리의 연고라. 밭의 소산[수확]이 다 없어졌음이로다. 포도나무가 시들었고 무화과나무가 말랐으며 석류나무와 대추나무(타마르 תָּמָר)[종려나무, 야자수, 대추야자나무]와 사과나무와 및 밭의 모든 나무가 다 시들었으니 이러므로 인간의 희락이 말랐도다.

요엘은 또 밭의 농부들과 포도원을 다스리는 자들도 부끄러워하며 곡하라고 말한다. 왜냐하면 밭에서 수확할 곡식이 없기 때문이다. 밀과 보리가 없을 것이다. 또 포도나무가 시들고 무화과나무가 마를 것이며, 석류나무와 대추야자나무와 사과나무와 밭의 모든 나무가 다 시들 것이다. 밀과 보리, 포도주와 과일과 열매 등은 사람의 기본적인 식량인데 사람들이 그것들을 얻지 못할 것이다. 하나님께서는 이스라엘 백성에게 식생활의 어려움을 주실 것이다. 먹는 즐거움은 사람의 즐거움 중에 중요한데, 사람들의 즐거움이 없어질 것이다.

[13-14절] 제사장들아, 너희는 굵은 베로 동이고 슬피 울지어다. 단에

요엘 1장: 메뚜기 재앙

수종드는 자들아, 너희는 곡할지어다. 내 하나님께 수종드는 자들아, 너희는 와서 굵은 베를 입고 밤이 맞도록[밤새도록] 누울지어다. 이는 소제[곡식 제사]와 전제[붓는 제사]를 너희 하나님의 전에 드리지 못함이로다. 너희는 금식일을 정하고 성회를 선포하여 장로들과 이 땅 모든 거민을 너희 하나님 여호와의 전으로 몰수히 모으고 여호와께 부르짖을지어다.

  요엘은 또 제사장들, 곧 하나님의 단에 수종들며 하나님을 섬기는 자들이 굵은 베를 입고 슬피 울며 통곡하며 밤새도록 누우라고 말한다. 또 그는 그들이 금식일을 정하고 성회를 선포하고 장로들과 모든 백성들을 여호와의 전에 모두 다 빠짐 없이 모으고 하나님 앞에 부르짖으라고 말한다. 임박한 메뚜기 재앙은 하나님의 진노의 재앙이므로 그 재앙에 대처하는 다른 방법은 모든 백성이 금식하며 회개하고 하나님의 긍휼을 구하는 것밖에 다른 길이 없다.

  [15절] 오호라, 그 날이여, 여호와의 날이 가까왔나니 곧 멸망같이 전능자에게로서 이르리로다.

  메뚜기 재앙의 날은 여호와의 날, 곧 전능하신 하나님께서 이스라엘 백성의 죄 때문에 내리시는 심판과 징벌의 날이며 멸망의 날이다. 하나님의 심판이 나타나기 전에는 사람들이 죄를 지으면서도 육신적 즐거움을 누렸지만, 그러나 하나님의 심판이 나타날 때에는 모든 것이 달라질 것이다. 사람이 그것을 의식하지 못할지라도 하나님께서는 모든 일을 판단하시고 날을 정하여 공의를 시행하실 것이다.

  [16-18절] 식물이 우리 목전에 끊어지지 아니하였느냐? 기쁨과 즐거움이 우리 하나님의 전에 끊어지지 아니하였느냐? 씨가 흙덩이 아래서 썩어졌고 창고가 비었고 곳간이 무너졌으니 이는 곡식이 시들었음이로다. 생축이 탄식하고 소떼가 민망해 하니 이는 꼴이 없음이라. 양떼도 피곤하도다.

  이스라엘 백성에게는 먹을 양식이 끊어질 것이다. 또 그들이 하나님의 전에서 누릴 기쁨과 즐거움도 없어질 것이다. 씨를 심었으나 흙에서 싹이 나지 않고 썩어 버리고 곡물 창고는 비고 곳간들도 무너질 것이다. 그것은 거기에 쌓을 곡식이 없기 때문이다. 가축들도 탄식하며 소떼도 꼴을 먹지 못해 슬퍼할 것이며 양떼도 피곤해 할 것이다. 사람이나 짐승이나 먹지 못하는 것은 큰 재앙이다. 먹는 것은 생명과 기력의 기본적 요소인데, 먹을것이 떨어지므로 생명의 기력을 잃어버리게 될 것이며 기쁨과 즐거움도 없어질 것이다.

[19-20절] 여호와여, 내가 주께 부르짖으오니 불이 거친 들의 풀을 살랐고 불꽃이 밭의 모든 나무를 살랐음이니이다. 들짐승도 주를 향하여 헐떡거리오니 시내가 다 말랐고 들의 풀이 불에 탔음이니이다.

메뚜기떼는 불같이 들의 풀과 밭의 모든 나무와 열매들을 먹어치울 것이다. 메뚜기 재앙뿐 아니라, 극심한 가뭄까지 겹칠 것이다. 들짐승들도 먹을 풀이 없고 마실 물이 없을 것이다. 이것은 하나님의 무서운 심판의 재앙이다. 이런 재앙을 피할 수 있는 어떠한 방법도 없어 보인다. 하나님의 긍휼의 구원하심 외에는 다른 아무 방법이 없다. 이런 재앙은 바로 하나님께서 내리신 것이므로 그가 거두시기 전에는 그 어떤 방법으로도 피할 수 없다.

본문의 교훈은 무엇인가? <u>첫째로, 인간의 생사화복(生死禍福)은 하나님께 달려 있다.</u> 이스라엘 백성이 누렸던 풍요와 평안, 일용할 양식, 그리고 종교적 의식의 제물까지도 다 하나님께서 주셨던 복이었고, 그가 거두시면 언제든지 기근과 기갈이 올 것이고 기쁨과 즐거움이 사라질 것이다. 우리는 모든 것을 주장하시는 주권자 하나님을 알아야 한다.

<u>둘째로, 사람은 하나님께서 내리시는 대재앙을 만날 때, 하나님 앞에 엎드려 회개하며 금식하고 하나님의 긍휼과 자비를 구해야 한다.</u> 14절, "너희는 금식일을 정하고 성회를 선포하여 장로들과 이 땅 모든 거민을 너희 하나님 여호와의 전으로 몰수히 모으고 여호와께 부르짖을지어다." 이 세상에 주신 재앙에 대한 해결책은 우리가 오직 하나님 앞에서 통회자복하며 그의 긍휼과 자비를 구하는 것밖에 다른 길이 없다.

요엘 2장: 하나님의 긍휼하심

2장: 하나님의 긍휼하심

1-17절, 마음을 다하여 내게로 돌아오라

〔1-3절〕 시온에서 나팔을 불며 나의 성산에서 호각을 불어 이 땅 거민으로 다 떨게 할지니 이는 여호와의 날이 이르게 됨이니라. 이제 임박하였으니 곧 어둡고 캄캄한 날이요 빽빽한 구름이 끼인 날이라. 새벽빛이 산꼭대기에 덮인 것과 같으니 이는 많고 강한 백성이 이르렀음이라. 이 같은 것이 자고(自古) 이래로 없었고 이후 세세에 없으리로다. 불이 그들의 앞을 사르며 불꽃이 그들의 뒤를 태우니 그 전의 땅은 에덴 동산 같았으나 그 후의 땅은 황무한 들 같으니 그들을 피한 자가 없도다.

모든 날이 다 하나님의 날이지만, 특히 하나님께서 메뚜기 재앙을 내리시는 그 날은 '여호와의 날'이라고 불린다. 그 날은 어둡고 캄캄한 날이며 빽빽한 구름이 끼인 날일 것이다. 그 날에는 기쁨과 행복과 평안과 희망이 없고 슬픔과 불행과 고통이 가득할 것이다.

이 날은 장차 온 세상이 임할 하나님의 마지막 대심판을 예표한다. 마지막 심판 날에는 온 땅이 불태워질 것이다. 사도 베드로는 베드로후서 3:7, 10에서, "이제 하늘과 땅은 그 동일한 말씀으로 불사르기 위하여 간수하신 바 되어 경건치 아니한 사람들의 심판과 멸망의 날까지 보존하여 두신 것이니라," "주의 날이 도적같이 오리니 그 날에는 하늘이 큰 소리로 떠나가고 체질이 뜨거운 불어 풀어지고 땅과 그 중에 있는 모든 일이 불타버리리라[전통사본]"고 말했다.

〔4-11절〕 그 모양은 말 같고 그 달리는 것은 기병 같으며 그들의 산꼭대기에서 뛰는 소리가 병거 소리와도 같고 불꽃이 초개[즈 푸라기]를 사르는 소리와도 같으며 강한 군사가 항오(行伍)[대열]를 벌이고 싸우는 것 같으니 그 앞에서 만민이 송구하여 혀며 무리의 낯빛이 하얘졌도다. 그들이 용사같이 달리며 무사(武士)같이 성을 더위잡고 오르며 각기 자기의 길로 행하되 그 항오(行伍)를 어기지 아니하며 피차에 부딪히지 아니하고 각기 자기의 길

요엘 2장: 하나님의 긍휼하심

로 행하며 병기를 충돌하고 나아가나 상치 아니하며 성중에 뛰어 들어가며 성 위에 달리며 집에 더위잡고 오르며 도적같이 창으로 들어가니 그 앞에서 땅이 진동하며 하늘이 떨며 일월이 캄캄하며 별들이 빛을 거두도다. 여호와께서 그 군대 앞에서 소리를 발하시고 그 진은 심히 크고 그 명령을 행하는 자는 강하니 여호와의 날이 크고 심히 두렵도다. 당할 자가 누구이랴.

메뚜기들의 모양은 말들 같고 그 달리는 것은 기병이나 전마(戰馬) 같고 그 소리는 병거들의 소리나 불꽃이 지푸라기를 사르는 소리와도 같을 것이다. 그것들은 대열을 갖추며 싸우는 군대 같을 것이다. 그 앞에서 모든 사람들은 고통스러워하고 낯빛이 창백해질 것이다. 그것들은 성중에 뛰어 들어가며 성벽 위에 달리며 집들에 기어오르며 도적같이 창으로 들어올 것이다. 그 앞에서 땅이 진동하고 하늘이 떨고 해와 달이 캄캄하며 별들이 빛을 거둘 것이다. 하나님께서는 친히 그 군대의 사령관이시다. 그 메뚜기 떼 진영은 심히 크다. 그것은 하나님의 명령을 수행하는 강한 군대다. 여호와의 날은 크고 참으로 두려울 것이다. 그 날을 감당할 수 있는 자는 아무도 없을 것이다.

〔12-14절〕여호와의 말씀에 너희는 이제라도 금식하며 울며 애통하고 마음을 다하여 내게로 돌아오라 하셨나니 너희는 옷을 찢지 말고 마음을 찢고 너희 하나님 여호와께로 돌아올지어다. 그는 은혜로우시며 자비로우시며 노하기를 더디하시며 인애가 크시사 뜻을 돌이켜 재앙을 내리지 아니하시나니 주께서 혹시 마음과 뜻을 돌이키시고[뉘우치시며](신인동형동성적 표현) 그 뒤에 복을 끼치사 너희 하나님 여호와께 소제와 전제를 드리게 하지 아니하실는지 누가 알겠느냐?

하나님께서는 "너희는 이제라도" 회개하며 하나님께로 돌아오라고 말씀하신다. 회개는 죄를 깨닫고 인정하고 그것을 버리기를 결심하고 하나님께로 돌아오는 것이다. 그들은 재앙의 임박함 때문에라도 회개해야 한다. 그들은 하나님께로 돌아오되 마음을 다하여 돌아와야 한다. 참된 경건은 마음에서부터 시작되어야 한다. 회개는 단지 옷을 찢는 일이어서는 안 되고 마음을 찢는 일이어야 한다. 회개하는

요엘 2장: 하나님의 긍휼하심

자는 삶의 즐거움을 끊어버리고 금식하며 울며 애통해야 한다.

우리가 하나님의 징벌 중에 회개할 수 있는 것은 그의 긍휼 때문이다. 하나님께서는 은혜로우시고 자비로우시며 노하기를 더디하시고 인애가 크시며 우리가 회개할 때 그 징벌과 재앙에 대해 뉘우치실 것이기 때문에 우리는 회개해야 한다. 오늘날 회개는 하나님의 명령과 뜻이다. 사도행전 17:30, "알지 못하던 시대에는 하나님이 허물치 아니하셨거니와 이제는 어디든지 사람을 다 명하사 회개하라 하셨으니." 하나님께서는 우리의 상한 마음을 받으신다. 시편 34:18, "여호와는 마음이 상한 자에게 가까이 하시고 중심에 통회하는 자를 구원하시는도다." 시편 51:17, "하나님의 구하시는 제사는 상한 심령이라. 하나님이여, 상하고 통회하는 마음을 주께서 멸시치 아니하시리이다."

〔15-17절〕 너희는 시온에서 나팔을 불어 거룩한 금식일을 정하고 성회를 선고하고 백성을 모아 그 회를 거룩케 하고 장로를 모으며 소아와 젖 먹는 자를 모으며 신랑을 그 방에서 나오게 하며 신부도 그 골방에서 나오게 하고 여호와께 수종드는 제사장들은 낭실과 단 사이에서 울며 이르기를 여호와여, 주의 백성을 긍휼히 여기소서. 주의 기업으로 욕되게 하여 열국들로 그들을 관할하지 못하게 하옵소서. 어찌하여 이방인으로 그들의 하나님이 어디 있느뇨 말하게 하겠나이까 할지어다.

요엘 선지자는 한 날을 거룩히 구별하여 시온에서 나팔을 불어 거룩한 금식일을 정하고 거룩한 집회로 선포하고 백성을 모아 그 모임을 거룩하게 하라고 말한다. 그 날에는 모든 연령의 사람을 다 모이게 해야 할 것이다. 나이든 장로들과 노인들을 모으고 청년들과 장년들은 물론, 어린아이들과 젖 먹는 아기들도 모아야 하며, 갓 결혼한 신랑이나 신부도 그 방에서 나오게 해야 할 것이다.

요엘은 또, 백성을 대표하여 하나님께 제사를 드리는 제사장들이 눈물로 회개의 기도를 하나님께 올리며 "여호와여, 주의 백성을 긍휼히 여기소서. 주의 기업으로 욕되게 하여 열국들로 그들을 관할하지

요엘 2장: 하나님의 긍휼하심

못하게 하옵소서. 어찌하여 이방인으로 그들의 하나님이 어디 있느뇨 말하게 하겠나이까?"라고 말하게 하라고 말하였다. 메뚜기 재앙이 오면, 나라는 황폐하게 되고 이방 나라들은 유대 땅을 쉽게 점령할 것이며, 이방인들은 이스라엘 백성의 하나님을 모욕할 것이다. 심판 앞에서 죄인들은 하나님의 긍휼에 호소하는 것밖에 다른 길이 없다.

  본문의 교훈은 무엇인가? 첫째로, 하나님의 심판의 날이 있다. 이스라엘 백성에게 메뚜기 재앙이 임할 것이다. 그것은 온 세상을 심판하시는 마지막 심판의 날을 예표한다. 온 세상을 심판하실 마지막 심판의 날이 있다. 그 날은 사람들의 모든 행위들, 은밀한 행위들까지도 공의로 판단하시며 선악간에 보응하시는 진노의 날이다(롬 2:5, 16).

  둘째로, 죄인들은 마음을 다하여 하나님께로 돌아와야 한다. 메뚜기 재앙을 당한 이스라엘 백성은 이제라도 마음을 다하여 하나님께로 돌아와야 한다. 남녀노소 모든 사람들은 다 모여 금식하며 마음을 찢고 울며 기도해야 한다. 하나님의 심판을 피하는 길은 회개밖에 없다. 예수께서는 "회개하라, 천국이 가까웠다"고 말씀하셨다(마 4:17). 사도 바울도 가는 곳마다 하나님께 대한 회개와 주 예수 그리스도께 대한 믿음을 증거하였다(행 20:21). 회개는 구원에 필수적 과정이다(눅 13:3, 5).

  셋째로, 구원은 오직 하나님의 긍휼에 근거한다. 17절, "주의 백성을 긍휼히 여기소서." 에베소서 2:4-5, "긍휼에 풍성하신 하나님이 우리를 사랑하신 그 큰 사랑을 인하여 허물로 죽은 우리를 그리스도와 함께 살리셨고 (너희가 은혜로 구원을 얻은 것이라)." 디도서 3:4-5, "우리 구주 하나님의 자비와 사람 사랑하심을 나타내실 때에 우리를 구원하시되 우리의 행한 바 의로운 행위로 말미암지 아니하고 오직 그의 긍휼하심을 좇아 중생(重生)의 씻음과 성령의 새롭게 하심으로 하셨나니." 로마서 9:16, "그런즉 원하는 자로 말미암음도 아니요 달음박질하는 자로 말미암음도 아니요 오직 긍휼히 여기시는 하나님으로 말미암음이니라."

요엘 2장: 하나님의 긍휼하심

18-32절, 회복의 응답

〔18-20절〕 그때에 여호와께서 자기 땅을 위하여 중심이 뜨거우시며 그 백성을 긍휼히 여기실 것이라. 여호와께서 그들에게 응답하여 이르시기를 내가 너희에게 곡식과 새 포도주와 기름을 주리니 너희가 이로 인하여 흡족하리라. 내가 다시는 너희로 열국 중에서 욕을 당하지 않게 할 것이며 내가 북편 군대를 너희에게서 멀리 떠나게 하여 메마르고 적막한 땅으로 쫓아내리니 그 전군(前軍)은 동해로, 그 후군(後軍)은 서해로 들어갈 것이라. 상한 냄새가 일어나고 악취가 오르리니 이는 큰 일을 행하였음이니라 하시리라.

이스라엘 백성이 참으로 회개할 때, 하나님께서는 그들을 긍휼히 여기시고 자기 땅을 아끼시고 그들을 위해 열심을 내시고 그들을 그 재앙에서 건지시고 다시 회복의 은혜를 베푸실 것이다. 18절과 20절의 원문의 과거시제는 확실한 미래의 일을 나타낸다. '중심이 뜨겁다'는 원어(카나 קָנָא)는 '질투하다'(KJV, NIV), '열심을 내다'(NASB)는 뜻이다. 하나님께서는 이스라엘 백성에게 곡식과 포도주와 기름, 곧 일상생활의 필수적인 양식과 하나님을 섬길 때의 필수적인 재료를 주실 것이다. 그는 그것들을 그들에게 흡족하게, 풍성하게 주실 것이다. 하나님께서는 북편 군대라고 표현된 메뚜기 떼를 동쪽의 사해와 서쪽의 지중해로 들어가 죽게 하실 것이다. 그는 그 거대한 곤충의 떼의 상한 악취가 오르게 하실 것이다. 19-20절에 세 번 사용된 '내가'라는 말은 하나님께서 주권자이심을 강조한다. 하나님께서는 이스라엘 백성으로 열국 중에서 욕을 당치 않게 하실 것이다.

〔21-24절〕 땅이여, 두려워 말고 기뻐하며 즐거워할지어다. 여호와께서 큰 일을 행하셨음이로다. 들짐승들아, 두려워 말지어다. 들의 풀이 싹이 나며 나무가 열매를 맺으며 무화과나무와 포도나무가 다 힘을 내는도다. 시온의 자녀들아, 너희는 너희 하나님 여호와로 인하여 기뻐하며 즐거워할지어다. 그가 너희를 위하여 비를 내리시되 이른 비를 너희에게 적당하게 주시리니 이른 비와 늦은 비가 전과 같을 것이라. 마당에는 밀이 가득하고 독에는 새 포도주와 기름이 넘치리로다

요엘 2장: 하나님의 긍휼하심

이스라엘 백성이 회개하면 하나님께서는 큰 일을 행하실 것이다 (20, 21절). 메뚜기 재앙은 하나님의 징벌이었고 그 재앙을 거두시고 그들에게 회복을 주시는 것도 하나님의 하시는 일이다. 여호와께서 큰 일을 행하심으로 이스라엘 나라는 회복될 것이다. 하나님의 큰 일은 음식을 풍성케 주시는 것으로 표현된다. 들의 풀들은 싹이 나며 나무들은 열매를 맺고 무화과나무와 포도나무도 다 힘을 낼 것이다. 하나님께서 이른 비와 늦은 비를 적당하게 주실 것이다. 그 결과로, 밀과 새 포도주와 기름이 풍성케 될 것이다. 그러므로 이스라엘 백성은 하나님께서 주신 회복의 일 때문에 기뻐하고 즐거워할 것이다(21, 23절). 징벌의 때에는 그들이 금식하며 울며 마음을 찢어야 했으나 (2:12), 회복의 때에는 그들이 기뻐하고 즐거워할 것이다.

〔25-27절〕 **내가 전에 너희에게 보낸 큰 군대 곧 메뚜기와 늣과 황충과 팟종이의 먹은 햇수대로 너희에게 갚아주리니 너희는 먹되 풍족히 먹고 너희를 기이히 대접한 너희 하나님 여호와의 이름을 찬송할 것이라. 내 백성이 영영히 수치를 당치 아니하리로다. 그런즉 내가 이스라엘 가운데 있어 너희 하나님 여호와가 되고 다른 이가 없는 줄을 너희가 알 것이라. 내 백성이 영영히 수치를 당치 아니하리로다.**

하나님께서는 회개한 자들에게 메뚜기 재앙의 햇수대로 갚아주실 것이다. 그들은 풍족한 양식을 얻을 것이다. 사사기를 보면, 하나님의 징벌의 햇수보다 그들의 평안의 햇수가 훨씬 더 길었다. 예를 들어, 옷니엘 때에는 8년간 징계를 받았으나 40년간 평안을 얻었고, 에훗 때에는 18년간 징계를 받았으나 80년간 평안을 얻었고, 기드온 때는 7년간 징계를 받았으나 40년간 평안을 얻었다. 다윗은 시편 30:5에서, "그 노염은 잠깐이요 그 은총은 평생이로다. 저녁에는 울음이 기숙할지라도 아침에는 기쁨이 오리로다"라고 말하였다. 전에는 하나님께 예배드릴 여건도 되지 못했고 사모하는 마음도, 바칠 제물도 없었다. 그러나 지금은 하나님께서 모든 영적인 것과 물질적인 것을 넉넉히

요엘 2장: 하나님의 긍휼하심

주실 것이다. 그는 또 "내 백성이 영영히 수치를 당치 아니하리로다"라고 두 번 반복해 말씀하신다(26, 27절). '영영히'라는 원어(레올람 לְעוֹלָם)은 '영원히'라는 뜻도 되나, '오랫동안'이라는 뜻도 된다. 하나님께서 이스라엘에게 주시는 회복의 은혜는 그들이 이 땅에서 오랫동안 누릴 것이며 또 천국에서 영원히 충만하게 누리게 될 것이다.

〔28-32절〕 그 후에 내가 내 신[영]을 만민에게 부어주리니 너희 자녀들이 장래 일을 말할 것이며 너희 늙은이는 꿈을 꾸며 너희 젊은이는 이상(異像)을 볼 것이며 그때에 내가 또 내 신[영]으로 남종과 여종에게 부어줄 것이며 내가 이적을 하늘과 땅에 베풀리니 곧 피와 불과 연기 기둥이라. 여호와의 크고 두려운 날이 이르기 전에 해가 어두워지고 달이 핏빛같이 변하려니와 누구든지 여호와의 이름을 부르는 자는 구원을 얻으리니 이는 나 여호와의 말대로 시온산과 예루살렘에서 피할 자가 있을 것임이요 남은 자 중에 나 여호와의 부름을 받을 자가 있을 것임이니라[여호와께서 부르시는 남은 자들 중에 있을 것임이니라](KJV, NASB, NIV).

요엘은 메뚜기 재앙으로부터의 구원을 예언하면서 신약시대에 주실 하나님의 놀라운 은혜에 대해 예언하였다. 그것은 성령 강림에 대한 약속이다. 이 놀라운 예언은 신약시대에 성취되기 시작했고 신약시대 말기에 완전히 성취될 것이다. 주 예수 그리스도께서 승천하신지 약 10일 후, 하나님께서는 그의 이름을 진실히 불렀던 제자들, 약 10일간 간절히 기도하고 있었던 그들에게 그의 영 성령을 부어주셨다. 그것이 사도행전 2장이 증거하는 오순절 성령 강림의 사건이었다. 하나님께서는 예수 그리스도의 사도들에게만 성령을 부어주신 것이 아니고, 함께 모여 기도하고 있었던 모든 제자들에게 부어주셨다. 이 예언은 그 사건 이후 신약시대에 이루어졌다고 보인다. 성령께서는 모든 중생한 남녀 신자들 속에 충만히 오셔서 거하신다.

또 신약성경은 예수 그리스도의 재림 직전에 징조들이 있을 것이며 그 징조들 중에 해와 달에 일어나는 기이한 현상들도 포함되어 있음을 증거한다. 그러나 대환난 중에도 피할 자들이 있을 것이다.

요엘 2장: 하나님의 긍휼하심

본문의 교훈은 무엇인가? 첫째로, 하나님께서는 징벌 중에도 회개하는 자에게 회복의 복을 주실 것이다. 18절, "그때에 여호와께서 자기 땅을 위하여 중심이 뜨거우시며[열심을 내시며] 그 백성을 긍휼히 여기실 것이라." 시편 51:17, "하나님의 구하시는 제사는 상한 심령이라. 하나님이여, 상하고 통회하는 마음을 주께서 멸시치 아니하시리이다."

둘째로, 하나님께서는 주권적 섭리자이시다. 19-20절, "내가"(3번). 신명기 32:39, "이제는 나 곧 내가 그인 줄 알라. 나와 함께 하는 신이 없도다. 내가 죽이기도 하며 살리기도 하며 상하게도 하며 낫게도 하나니 내 손에서 능히 건질 자 없도다." 사무엘상 2:6-7, [한나] "여호와는 죽이기도 하시고 살리기도 하시며 음부에 내리게도 하시고 올리기도 하시는도다. 여호와는 가난하게도 하시고 부하게도 하시며 낮추기도 하시고 높이기도 하시는도다." 이사야 45:7, "나는 빛도 짓고 어두움도 창조하며 나는 평안도 짓고 환난도 창조하나니 나는 여호와라. 이 모든 일을 행하는 자니라 하였노라." 하나님께서는 주권적 섭리자이시다.

셋째로, 하나님의 회복의 은혜는 영적, 물질적 복을 포함한다. 그것은 성령의 복을 포함한다. 28-29절, "그 후에 내가 내 신을 만민에게 부어주리니 너희 자녀들이 장래 일을 말할 것이며 너희 늙은이는 꿈을 꾸며 너희 젊은이는 이상을 볼 것이며 그때에 내가 또 내 신으로 남종과 여종에게 부어줄 것이며." 그것은 물질적 복도 포함한다. 19절, "내가 너희에게 곡식과 새 포도주와 기름을 주리니 너희가 이로 인하여 흡족하리라." 23-24, 26절, "그가 너희를 위하여 비를 내리시되 이른 비를 너희에게 적당하게 주시리니 이른 비와 늦은 비가 전과 같을 것이라. 마당에는 밀이 가득하고 독에는 새 포도주와 기름이 넘치리로다," "너희는 먹되 풍족히 먹고." 또 하나님의 회복의 은혜는 우리가 환난에서 피할 길을 얻는 것도 포함한다. 32절, "누구든지 여호와의 이름을 부르는 자는 구원을 얻으리니 이는 나 여호와의 말대로 시온산과 예루살렘에서 또 여호와께서 부르시는 남은 자 중에서 피할 자가 있을 것임이니라."

3장: 만국을 심판하심

〔1-8절〕 그 날 곧 내가 유다와 예루살렘의 사로잡힌 자를 돌아오게 할 그때에 내가 만국을 모아 데리고 여호사밧 골짜기에 내려가서 내 백성 곧 내 기업된 이스라엘을 위하여 거기서 그들을 국문(鞠問)[심문 혹은 그들과 변론]하리니 이는 그들이 이스라엘을 열국 중에 흩고 나의 땅을 나누었음이며 또 제비 뽑아 내 백성을 취하고 동남(童男)으로 기생을 바꾸며 동녀(童女)로 술을 바꾸어 마셨음이니라. 두로와 시돈과 블레셋 사방아, 너희가 나와 무슨 상관이 있느냐? 너희가 내게 보복하겠느냐? 만일 내게 보복하면 너희의 보복하는 것을 내가 속속히 너희 머리에 돌리리니 곧 너희가 내 은과 금을 취하고 나의 진기한 보물을 너희 신궁(神宮)으로 가져갔으며 또 유다 자손과 예루살렘 자손들을 헬라(야완 יָוָן) 족속에게 팔아서 본 지경에서 멀리 떠나게 하였음이니라. 보라, 내가 그들을 너희가 팔아 이르게 한 곳에서 일으켜 나오게 하고 너희의 행한 것을 너희 머리에 돌려서 너희 자녀를 유다 자손의 손에 팔리니 그들은 다시 먼 나라 스바 사람에게 팔리라. [이는] 나 여호와가 말하였느니라[말하였음이니라].

하나님께서는 세상 나라들을 심판하실 것이다. 이스라엘의 징벌과 회복, 열국에게의 보응은 다 주권자 하나님께서 하시는 일이다. 그는 마지막 날 여호사밧 골짜기 곧 판결 골짜기에 열국을 모으시고 그들과 변론하시며 그들을 심판하실 것이다. 요엘 3:14, "사람이 많음이여, 판결 골짜기에 사람이 많음이여, 판결 골짜기에 여호와의 날이 가까움이로다." 주께서는 양고 염소의 비유에서, "인자가 자기 영광으로 모든 천사와 함께 올 때에 자기 영광의 보좌에 앉으리니 모든 민족을 그 앞에 모으고 각각 분별하기를 목자가 양과 염소를 분별하는 것같이 하리라"고 말씀하셨다(마 25:31-32).

그 심판의 이유는 하나님의 백성을 위하며 그들에게 행한 이방인들의 악행들에 대한 하나님의 보응 때문이었다. 이방인들은 이스라엘을 열국 중에 흩고 하나님의 구별하신 땅을 나누었다. 또 그들은 제비 뽑아 그 백성을 취하였고 소년으로 기생을 바꾸며 소녀로 술을 바꾸어 마셨다. 또 하나님께서는 특히 그 당시 이스라엘을 대적했던 "두로와 시돈과 블레셋"을 들어 그들에게 보응을 선언하셨다. 그들은 하나님의 은과 금을 취하였고 그의 진기한 보물을 그들의 신전으로 가져갔고 또 유다와 예루살렘 자손들을 헬라 족속에게 팔아 그 땅에서 멀리 떠나게 했기 때문이다. 그러나 하나님께서는 자기 백성을 다 찾아내시며 또 그들에게 악을 행한 이방인들을 징벌하실 것이다. 그는 그들의 자녀들을 유다 자손의 손에 파셔서 먼 나라 스바 사람들에게 팔게 하실 것이다. 그는 그들이 행한 대로 보응하실 것이다.

〔9-16절〕너희는 열국에 이렇게 광포할지어다. 너희는 전쟁을 준비하고 용사를 격려하고 무사(武士)로 다 가까이 나아와서 올라오게 할지어다. 너희는 보습을 쳐서 칼을 만들지어다. 낫을 쳐서 창을 만들지어다. 약한 자도 이르기를 나는 강하다 할지어다. 사면의 열국아, 너희는 속히 와서 모일지어다. 여호와여, 주의 용사들로 그리로 내려오게 하옵소서. 열국은 동(動)하여 여호사밧 골짜기로 올라올지어다. 내가 거기 앉아서 사면의 열국을 다 심판하리로다. 너희는 낫을 쓰라. 곡식이 익었도다. 와서 밟을지어다. 포도주 틀이 가득히 차고 포도주 독이 넘치니 그들의 악이 큼이로다. 사람이 많음이여, 판결 골짜기에 사람이 많음이여, 판결 골짜기에 여호와의 날이 가까움이로다. 해와 달이 캄캄하며 별들이 그 빛을 거두도다. 나 여호와가 시온에서 부르짖고 예루살렘에서 목소리를 발하리니 하늘과 땅이 진동되리로다. 그러나 나 여호와는 내 백성의 피난처, 이스라엘 자손의 산성(山城)이 되리로다.

나라들은 전쟁을 준비하고 병사들을 격려하며 무기를 만들고 전쟁하려고 여호사밧 골짜기로 모일 것이다. 전쟁은 하나님의 심판의 한 방법과 과정이 될 것이다. 주께서는 그의 재림 직전에 큰 전쟁 등의 징조가 있을 것을 말씀하셨다. 마태복음 24:7, "민족이 민족을, 나라가 나라를 대적하여 일어나겠고 처처에 기근과 지진이 있으리니." 사도 요한도 전쟁 등의 세상 종말의 징조에 대해 예언했다. 요한계시록

요엘 3장: 만국을 심판하심

9:13-18, "여섯째 천사가 나팔을 불매 내가 들으니 하나님 앞 금단 네 뿔에서 한 음성이 나서 나팔 가진 여섯째 천사에게 말하기를 큰 강 유브라데에 결박한 네 천사를 놓아 주라 하매 네 천사가 놓였으니 그들은 그 연월일시에 이르러 사람 삼분의 일을 죽이기로 예비한 자들이더라. 마병대의 수는 이만만이니 내가 그들의 수를 들었노라. 이같이 이상한 가운데 그 말들과 그 탄 자들을 보니 불빛과 자주빛과 유황빛 흉갑이 있고 또 말들의 머리는 사자 머리 같고 그 입에서는 불과 연기와 유황이 나오더라. 이 세 재앙 곧 저희 입에서 나오는 불과 연기와 유황을 인하여 사람 삼분의 일이 죽임을 당하니라." 요한계시록 16:12-16, "여섯째가 그 대접을 큰 강 유브라데에 쏟으매 강물이 말라서 동방에서 오는 왕들의 길이 예비되더라. 또 내가 보매 개구리 같은 세 더러운 영이 용의 입과 짐승의 입과 거짓 선지자의 입에서 나오니 저희는 귀신의 영이라. 이적을 행하여 온 천하 임금들에게 가서 하나님 곧 전능하신 이의 큰 날에 전쟁을 위하여 그들을 모으더라. 보라, 내가 도적같이 오리니 누구든지 깨어 자기 옷을 지켜 벌거벗고 다니지 아니하며 자기의 부끄러움을 보이지 아니하는 자가 복이 있도다. 세 영이 히브리 음으로 아마겟돈이라 하는 곳으로 왕들을 모으더라." 세상 종말과 하나님의 마지막 대 심판은, 사람들의 악이 가득할 때, 익은 곡식을 낫으로 거두듯이, 포도주 틀을 밟듯이, 큰 전쟁들 등의 징조를 동반하며 또 천재지변과 함께 이루어질 것이다. 그러나 여호와께서는 그의 백성들의 피난처와 산성이 되실 것이다.

〔17-21절〕 그런즉 너희가 나는 내 성산 시온에 거하는 너희 하나님 여호와인 줄 알 것이라. 예루살렘이 거룩하리니 다시는 이방 사람이 그 가운데로 통행하지 못하리로다. 그 날에 산들이 단 포도주를 떨어뜨릴 것이며 작은 산들이 젖을 흘릴 것이며 유다 모든 시내가 물을 흘릴 것이며 여호와의 전에서 샘이 흘러 나와서 싯딤 골짜기에 대리라. 그러나 애굽은 황무지가 되겠고 에돔은 황무한 들이 되리니 이는 그들이 유다 자손에게 강포를

요엘 3장: 만국을 심판하심

행하여 무죄한 피를 그 땅에서 흘렸음이니라. 유다는 영원히 있겠고 예루살렘은 대대로 있으리라. 내가 전에는 그들의 피흘림 당한 것을 갚아주지 아니하였거니와 이제는 갚아주리니 이는 나 여호와가 시온에 거함이니라.

하나님께서 친히 시온산에 거하실 것이다. 이것은 매우 큰 복이다. 예루살렘은 거룩한 성이 되며 이방인들이 그 가운데로 통행치 못할 것이다. 이스라엘 나라는 회복될 것이며 여호와의 전에서부터 샘이 흘러나올 것이다. 그 샘은 사죄의 생명샘이며 그 강은 에스겔 47장의 예언처럼 예루살렘에서 시작되어 점점 충만케 되는 강물이다. '싯딤 골짜기'는 모압 접경인데 하나님의 은혜가 이방 나라에까지 미칠 것을 보인다. 유다 자손에게 강포를 행하고 무죄한 피를 흘렸던 이방 나라들은 황폐하게 될 것이나, 유다와 예루살렘은 영원히 있을 것이다. 하나님께서는 이스라엘 백성의 피흘림 당한 일들을 갚아주실 것이다. 왜냐하면 하나님께서 시온에 거하시기 때문이다.

본장의 교훈은 무엇인가? 첫째로, 하나님께서는 마지막 날 열국을 공의로 심판하실 것이다. 그는 세상의 모든 일을 행하는 주권자이시다. 세상은 장차 마지막 심판을 앞두고 세계적인 전쟁을 경험할 것이다. 그 심판의 이유는 본문에서와 같이 신약교회의 역사와 주의 재림 직전에도 이방 나라들이 하나님 백성을 핍박하고 무죄한 피를 흘린 일에 대한 하나님의 공의의 보응일 것이다(계 13:15; 16:6; 17:6; 18:20; 19:2).

둘째로, 하나님께서는 자기 백성에게는 피난처가 되실 것이다. 그는 흩어진 백성을 모으시고(7절) 그들의 피난처와 산성이 되시고(16절) 단 포도주와 풍성한 우유를 주실 것이다(18절). 하나님의 나라는 영원히 있을 것이며(20절) 여호와 하나님께서 그들 가운데 거하실 것이다(21절).

셋째로, 우리는 세상 종말의 징조들, 특히 배교와 핍박, 전쟁과 기근과 지진과 질병 등을 두려워하지 말고 하나님만 경외하고 높이며 의지하고 사랑하고 성령의 내주하심을 감사하고 그의 계명을 행하여 바르고 선하게만 살고, 하나님의 평안과 기쁨과 능력 안에 거해야 한다.

아모스

AMOS

아모스 서론

내용 목차

서론 ·· 78
1장: 이방 나라들의 죄와 심판 ·· 79
2장: 유다와 이스라엘의 죄와 심판 ································· 84
3장: 죄에 대한 징벌 ··· 89
4장: 이스라엘이 회개치 않음 ··· 94
5장: 회개를 촉구함 ·· 98
6장: 안일, 사치, 무관심의 죄 ······································· 106
7장: 황충, 불, 다림줄의 환상 ······································· 109
8장: 여름 실과의 환상, 말씀의 기근 ··························· 112
9장: 이스라엘의 멸망과 회복 ······································· 115

서론

    열두 권의 소선지서 중 세 번째 책은 아모스이다. 선지자 **아모스**는 목자이며 뽕나무 재배자이었다(7:14). 그의 사역은 북방 이스라엘의 여로보암 2세(주전 793-753년경)의 통치 후반부인 주전 760-755년경이다. 본서의 **주요 내용**도 심판과 회복이다.

1장: 이방 나라들의 죄와 심판

〔1절〕 유다 왕 웃시야의 시대 곧 이스라엘 왕 요아스의 아들 여로보암의 시대의 지진 전 2년에 드고아 목자 중 아모스가 이스라엘에 대하여 묵시 받은[본] 말씀이라.

원문 1절은 "아모스의 말"이라는 말(디브레 아모스 דִּבְרֵי עָמוֹס)로 시작된다. 하나님께서는 아모스에게 이스라엘에 대한 묵시를 주셨다. 선지자들은 하나님의 특별계시를 전달하는 도구이었고 그들의 글들이 성경이 되었고 모든 사람에게 교훈이 되었다. 오늘날 우리는 성경에서 또 오직 성경을 통하여 하나님의 말씀을 받는다.

아모스는 유다 지방 베들레헴 남쪽의 한 마을 드고아의 목자[양을 기르는 자]이었다. 하나님께서는 다양한 직업의 사람들을 사용하셨다. 모세는 목자이었고, 에스라는 제사장, 다니엘은 정치가, 베드로는 어부, 마태는 세무공무원, 누가는 의사이었다. 하나님께서는 누구든지 사용하실 수 있다. 단지, 인간편에서 경건, 믿음, 순종, 겸손, 정직, 선함 등이 필요하다. 하나님께서는 준비된 그릇, 깨끗한 그릇을 들어 쓰신다(딤후 2:21). 경건과 도덕성은 일꾼에게 필수적 덕목이다.

〔2절〕 저가 가로되 여호와께서 시온에서부터 부르짖으시며 예루살렘에서부터 음성을 발하시리니 목자의 초장이 애통하며 갈멜산 꼭대기가 마르리로다.

아모스는 하나님의 말씀을 전한다. 여호와께서는 시온에서 부르짖으시며 예루살렘에서 음성을 발하신다. 그는 세미한 소리 중에 계시기도 하지만(왕상 19:11-12), 선지자를 통해 부르짖기도 하신다. 하나님께서 부르짖으시는 것은 사람들의 죄를 지적하고 책망하시고 심판을 경고하고 선포하시기 때문이다. 하나님의 부르짖음으로, 이스라엘 땅은 임박한 하나님의 심판의 두려움 때문에 쇠약해지고 또 회개하기 때문에 애통할 것이다. 하나님께서 말씀과 성령의 감동으로 역사하시면 사람들이 죄를 깨닫고 애통하며 회개할 것이다.

〔3-5절〕 여호와께서 가라사대 다메섹의 서너 가지 죄로 인하여 내가 그 벌을 돌이키지 아니하리니 이는 저희가 철 타작기로 타작하듯 길르앗을 압박하였음이라. 내가 하사엘의 집에 불을 보내리니 벤하닷의 궁궐들을 사르리라. 내가 다메섹 빗장을 꺾으며 아웬 골짜기에서 그 거민을 끊으며 벧에덴에서 홀 잡은 자를 끊으리니 아람 백성이 사로잡혀 길(성의 이름)에 이르리라. 이는 여호와의 말씀이니라.

다메섹은 아람 나라의 수도이며 아람 나라와 그 백성을 가리킨다(5절). "서너 가지 죄로 인하여"라는 말은 서너 가지 죄라도 큰 죄라면 하나님의 심판이 올 수 있음을 보인다. 다메섹의 죄는 철 타작기로 타작하듯이 길르앗을 핍박한 것이었다. 하나님께서는 자기 백성을 아끼신다. 하나님의 백성을 핍박하는 것은 곧 하나님을 핍박하는 큰 죄악이다. 예수께서는, 그의 형제들 중에 지극히 작은 자 하나에게 한 것이 곧 그에게 한 것이요 하지 않은 것이 곧 그에게 하지 않은 것이라고 말씀하셨다(마 25:40, 45).

하나님께서는 다메섹의 죄를 지적하며 심판을 선언하신다. 그는 온 세상의 창조자시요 섭리자시며 심판자시다. 그는 아람 왕 하사엘의 집에 불을 보내시며 그의 아들 벤하닷의 궁궐들을 사르실 것이다. 아람 백성이 사로잡혀 앗수르의 한 성인 길에 이를 것이다. 얼마 후 앗수르 왕은 다메섹을 쳐서 포로들을 길로 옮겼다(왕하 16:9).

〔6-8절〕 여호와께서 가라사대 가사의 서너 가지 죄로 인하여 내가 그 벌을 돌이키지 아니하리니 이는 저희가 모든 사로잡은 자를 끌어 에돔에 붙였음이라. 내가 가사 성에 불을 보내리니 그 궁궐들을 사르리라. 내가 또 아스돗에서 그 거민과 아스글론에서 홀 잡은 자를 끊고 또 손을 돌이켜 에그론을 치리니 블레셋의 남아 있는 자가 멸망하리라. 이는 주 여호와의 말씀이니라.

가사는 블레셋 나라의 대표적 성이다. 가사는 서너 가지의 치명적

아모스 1장: 이방 나라들의 죄와 심판

죄를 범하였고 그것이 하나님의 심판을 가져왔다. 특히 가사의 죄는 모든 포로된 이스라엘 백성을 에돔에 붙인 것이었다. 그것은 그들을 에돔에 노예로 팔았다는 뜻 같다. 에돔은 이스라엘 나라와 적대관계인데 가사 사람들은 에돔과 노예 장사를 한 것 같다. 하나님의 뜻은 이웃 사람을 사랑하는 것, 곧 이웃 사람에 대해 인정이 있고 동정심을 가지는 것인데, 그들은 그렇지 못하고 악하였다.

하나님께서는 열국의 주인이시며 열국을 심판하실 권한을 가지셨다. 그는 가사의 서너 가지의 죄를 인해 그들을 심판하실 것이다. 그는 블레셋에 불을 보내실 것이다. 그것은 전쟁을 가리켰다. 그 전쟁으로 블레셋 궁궐들은 불탈 것이다. 아스글론에서 홀 잡은 자 곧 통치하는 관리들이 죽고 블레셋의 남아 있는 자들도 멸망할 것이다. 세상의 부귀, 권세, 영광은 참으로 헛되다. 하나님의 심판은 무서울 것이다. 그 심판은 남은 자가 없을 정도로 철저할 것이다.

[9-10절] 여호와께서 가라사대 두로의 서너 가지 죄로 인하여 내가 그 벌을 돌이키지 아니하리니 이는 저희가 그 형제의 계약을 기억지 아니하고 모든 사로잡은 자를 에돔에 붙였음이라. 내가 두로 성에 불을 보내리니 그 궁궐들을 사르리라.

두로의 죄악은 두 가지이었다. 하나는 그 형제의 동맹을 기억하지 않은 것이요, 다른 하나는 이스라엘의 모든 사로잡은 포로들을 이스라엘의 원수인 에돔에 붙인 것이었다. 예전에 두로 왕 히람은 다윗을 사랑하였기 때문에 그의 아들 솔로몬과도 친근히 지냈다. 열왕기상 5:12는 "두 사람이 함께 약조[동맹]를 맺었더라"고 증거한다. 그런데 두로는 그 동맹을 저버렸고 인정과 긍휼이 없이 행하였다.

성경은 신실하지 않음과 무정함을 정죄한다. 이웃 사랑은 하나님의 백성의 특징이다. 하나님의 뜻은 모든 사람이 이웃을 사랑하는 것이다. 인정과 긍휼의 마음은 사람에게 요구되는 기본적인 마음가짐이다. 또 진실함도 그러하다. 하나님께서는 두로 사람들의 배약(背約)

아모스 1장: 이방 나라들의 죄와 심판

과 불신실함, 무정(無情)함과 악함에 대해 엄히 징벌하실 것이다. 그는 두로의 궁궐들이 이웃 나라의 침공을 받아 불타게 하실 것이다.

〔11-12절〕여호와께서 가라사대 에돔의 서너 가지 죄로 인하여 내가 그 벌을 돌이키지 아니하리니 이는 저가 칼로 그 형제를 쫓아가며 긍휼을 버리며 노가 항상 맹렬하며 분을 끝없이 품었음이라. 내가 데만에 불을 보내리니 보스라의 궁궐들을 사르리라.

에돔은 에서의 자손들이다. 에서는 야곱의 쌍둥이 형이다. 에돔은 이와 같이 이스라엘과 가까운 친족들이었다. 그러나 에돔은 이스라엘 자손에게 많은 악을 행하였다. 그들은 칼로 그 형제 이스라엘을 쫓아갔다. 그것은 형제를 미워하는 마음에서 나온 행동이었다. 미움은 살인과 같다(요일 3:15). 또 에돔은 긍휼을 버렸고 노가 항상 맹렬하며 분을 끝없이 품었다. '긍휼'이라는 원어(라카마우 רחמיו)는 '그의 긍휼들'이라는 말로 '그의 모든 긍휼'을 뜻한다(KJV, NIV). 에돔은 그의 모든 긍휼을 버렸다. 바울은 "너희는 모든 악독과 노함과 분냄과 떠드는 것과 훼방하는 것을 모든 악의와 함께 버리고 서로 인자하게 하며 불쌍히 여기라"고 교훈하였고(엡 4:32), 야고보는 "긍휼을 행하지 아니하는 자에게는 긍휼 없는 심판이 있으리라"고 말하였다(약 2:13). 하나님께서는 에돔의 죄악에 대해 엄하게 벌하실 것이다. 그는 에돔의 성들과 궁궐들이 다른 나라의 침략으로 불타게 하실 것이다.

〔13-15절〕여호와께서 가라사대 암몬 자손의 서너 가지 죄로 인하여 내가 그 벌을 돌이키지 아니하리니 이는 저희가 자기 지경을 넓히고자 하여 길르앗의 아이 밴 여인의 배를 갈랐음이니라. 내가 랍바 성에 불을 놓아 그 궁궐들을 사르되 전쟁의 날에 외침과 회리바람 날에 폭풍으로 할 것이며 저희의 왕은 그 방백들과 함께 사로잡혀가리라. 이는 여호와의 말씀이니라.

암몬 자손들의 죄악은 탐욕과 무정함이었다. 그들은 자기 지경을 넓히고자 하여 길르앗의 아이 밴 여인들의 배를 갈랐다. 욕심과 탐심은 많은 죄의 뿌리이다. 야고보는 "욕심이 잉태한즉 죄를 낳고 죄가

아모스 1장: 이방 나라들의 죄와 심판

장성한즉 사망을 낳는다'고 말했다(약 1:15).

암몬 자손들은 영토 확장의 욕심 때문에 길르앗의 아이 밴 여인들의 배를 갈랐다. 그것은 무정하고 무자비한 일이었다. 성경은 무정하고 무자비한 행위를 죄로 간주한다(롬 1:31). 베드로는 우리가 동정심을 가지고 남을 불쌍히 여기라고 교훈하였다(벧전 3:8). 하나님께서는 랍바 성에 불을 놓아 그 궁궐들을 사를 것이며 그들의 왕과 방백들이 사로잡혀가게 할 것이라고 말씀하셨다.

본장의 교훈은 무엇인가? 첫째로, 하나님께서는 온 세상의 창조자이시며 섭리자이시며 심판자이시다. 하나님께서는 온 세상을 홀로 창조하셨고(사 44:24) 홀로 다스리시며(단 4:17, 25, 32) 장차 온 세상을 심판하신다(계 20:11-13; 마 25:31-33; 행 10:42). 하나님께서는 세상의 모든 사람들의 생사화복과 국가들의 흥망성쇠와 세계 역사를 주관하신다. 우리는 창조자, 섭리자, 심판자 하나님을 바로 알고 하나님 중심으로만 살고, 하나님을 바르게 섬기고 그의 계명들에 순종해야 한다.

둘째로, 하나님께서는 사람들의 서너 가지 큰 죄악들을 인해 그들을 벌하신다. 죄는 하나님의 징벌과 심판, 사망과 멸망을 가져온다. 하나님께서는 특히 이방 나라들이 하나님의 백성을 핍박한 죄를 지적하셨다. 다메섹은 길르앗 사람들을 철 타작기로 타작하듯 핍박하였고, 가사는 모든 사로잡힌 자들을 에돔에 넘겼고, 두로는 동맹을 어기고 포로들을 에돔에 넘겼고, 에돔은 긍휼 없이 그들을 해쳤고, 암몬은 자기 지경을 넓히고자 길르앗의 아이 밴 여인의 배를 갈랐다. 이것들은 큰 죄악이었다. 우리는 모든 죄를 멀리하고 특히 형제와 이웃을 사랑해야 한다.

셋째로, 하나님께서는 그 나라들에게 불을 보내어 사르실 것을 선언하셨다(4, 7, 10, 12, 14절). 하나님께서는 장차 온 세상을 불로 심판하실 것이며(살후 1:7-9; 벧후 3:7, 10) 지옥은 불못이다(막 9:43-49; 계 21:8). 우리는 하나님의 마지막 불 심판을 두려워하고 죄를 멀리해야 한다.

아모스 2장: 유다와 이스라엘의 죄와 심판

2장: 유다와 이스라엘의 죄와 심판

〔1-3절〕 여호와께서 가라사대 모압의 서너 가지 죄로 인하여 내가 그 벌을 돌이키지 아니하리니 이는 저가 에돔 왕의 뼈를 불살라 회를 만들었음이라. 내가 모압에 불을 보내리니 그리욧 궁궐들을 사르리라. 모압이 요란함과 외침과 나팔 소리 중에서 죽을 것이라. 내가 그 중에서 재판장을 멸하며 방백들을 저와 함께 죽이리라. 이는 여호와의 말씀이니라.

모압의 대표적인 죄는 에돔 왕의 뼈를 불살라 회를 만든 것이었다. 회는 벽을 바르는 재료이다. 모압은 에돔 북쪽에 접해 있는 나라인데, 그들이 에돔 왕의 뼈를 불살라 회를 만든 것은 심히 야만적이고 인정 없고 잔인하고 악한 행위이었다. 하나님께서는 그들의 행위를 심판하실 것이다. 그는 모압에 불을 보내실 것이며 그리욧 궁궐들을 불사르실 것이다. 모압 사람들은 요란함과 외침과 나팔 소리 중에서 죽을 것이다. 그들의 재판장들과 방백들은 죽임을 당할 것이다.

우리는 하나님의 형상대로 지음 받은 사람을 죽이지 말고 귀중히 여겨야 한다(창 9:6). 우리는 이웃을 우리의 몸과 같이 사랑해야 하고(레 19:18) 가난한 자나 나그네나 외국인을 학대하지 말아야 한다(레 19:34). 우리는 모든 사람에게 선을 베풀고 모든 사람을 긍휼히 여겨야 한다(롬 12:17; 엡 4:32). 그것이 하나님의 뜻이다. 우리는 죽은 자의 시체라도 정성껏 매장해야 한다. 하나님께서는 심지어 생물들도 선대하신다(시 145:9). 의인은 가축의 생명도 돌아본다(잠 12:10).

〔4-5절〕 여호와께서 가라사대 유다의 서너 가지 죄로 인하여 내가 그 벌을 돌이키지 아니하리니 이는 저희가 여호와의 율법을 멸시하며 그 율례를 지키지 아니하고 그 열조의 따라가던 거짓 것에 미혹하였음이라. 내가 유다에 불을 보내리니 예루살렘의 궁궐들을 사르리라.

유다 백성의 죄는 특히 여호와의 율법을 멸시하고 그 율례를 지키지 않고 그 열조의 따라가던 거짓 것에 미혹한 것이었다. 하나님을

아모스 2장: 유다와 이스라엘의 죄와 심판

경외치 않고 무시할 때 그의 율법을 무시하고 멸시하게 되고 그 율법을 지키지 않게 된다. 참 경건과 계명 순종은 다 연관되어 있다. 하나님의 뜻은 하나님을 경외하고 율법을 존중하고 그 말씀을 순종하는 것이다. 신명기 10:12-13, "이스라엘아, 네 하나님 여호와께서 네게 요구하시는 것이 무엇이냐? 곧 네 하나님 여호와를 경외하여 그 모든 도를 행하고 그를 사랑하며 마음을 다하고 성품을 다하여 네 하나님 여호와를 섬기고 내가 오늘날 네 행복을 위하여 네게 명하는 여호와의 명령과 규례를 지킬 것이 아니냐?"

또 유다는 그 열조의 따라가던 거짓 것에 미혹하였다. '거짓 것'이라는 원어(<u>키즈베헴</u> כִּזְבֵיהֶם)는 '그들의 거짓말들'(KJV, NASB)이라는 뜻이거나, '그들의 속이는 것들, 거짓된 것들'(BDB), 곧 우상들을 가리킨다. 사람이 하나님을 바로 알지 못하고 바로 섬기지 않을 때 거짓말들, 이단들, 각가지 잘못된 견해들과 우상들에 빠진다. 천주교회에 들어온 여러 가지 이방 풍습들이 그러하다. 오늘날 교회들 안에 매우 혼란스런 오류는 고제의 원리를 지키지 않는 복음주의자들의 행위이다. 그들은 자신은 성경을 믿는다고 하면서 성경을 부인하거나 왜곡시키는 자들과 친근히 교제하고 있다. 이것은 큰 잘못이다.

〔6-8절〕 여호와께서 가라사대 이스라엘의 서너 가지 죄로 인하여 내가 그 벌을 돌이키지 아니하리니 이는 저희가 은을 받고 의인을 팔며 신 한 켤레를 받고 궁핍한 자를 팔며 가난한 자의 머리에 있는 티끌을 탐내며 겸손한 자의 길을 굽게 하며 부자(父子)가 한 젊은 여인에게 다녀서 나의 거룩한 이름을 더럽히며 모든 단 옆에서 전당 잡은 옷 위에 누우며 저희 신의 전에서 벌금으로 얻은 포도주를 마심이니라.

북방 이스라엘 백성의 죄는 부당한 재판, 불의한 뇌물, 탐욕, 음란, 무정함, 방탕 등이었다. 그들은 은을 받고 의인을 팔았다. 즉 재판에서 뇌물을 받고 의인을 정죄하였다. 또 가난한 자들의 송사에서는 신 한 켤레를 받고도 불의한 판결을 내렸다. 또 가난한 자들의 머리를 짓밟았다. '탐내다'는 원어(솨아프 שָׁאַף)는 '열망하다'는 뜻도 있지만 (KJV, NASB), '짓밟다'는 뜻도 있다(BDB, NIV). 이 표현은 가난한 자들의 머리를 땅을 밟듯이 짓밟았다는 뜻 같다.

또 그들은 겸손한 자의 길을 굽게 하였다. '굽게 하다'는 원어(나타 נָטָה의 사역형)는 '왜곡시키다'는 뜻이라고 본다(BDB). 그들은 겸손한 자들의 정당한 행보를 부정하고 그들의 말과 행동을 왜곡시켰다. 또 아버지와 아들이 한 젊은 여자에게 다녀서 하나님의 거룩한 이름을 더럽혔다. 이방인도 미워하는 이런 음행으로 인해 하나님의 이름이 비방을 받았다. 또 그들은 모든 단 옆에서 전당 잡은 옷 위에 누우며 그들의 신들의 전에서 벌금으로 얻은 포도주를 마셨다. 전당 잡은 이웃의 물건은 해 지기 전에 돌려줘야 했고(출 22:26; 신 24:12-13), 벌금으로 얻은 포도주를 관원들이 마시는 것은 옳지 않아 보인다.

〔9-10절〕 내가 아모리 사람을 저희 앞에서 멸하였나니 그 키는 백향목 높이와 같고 강하기는 상수리나무 같으나 내가 그 위의 열매와 그 아래의 뿌리를 진멸하지 아니하였느냐? 내가 너희를 애굽 땅에서 이끌어 내어 40년 동안 광야에서 인도하고 아모리 사람의 땅을 너희로 차지하게 하였고.

하나님께서는 이스라엘 백성을 애굽의 노예 상태로부터 이끌어내셨다. 이것은 하나님의 놀라운 은혜와 능력의 일이었다. 하나님께서는 열 가지 놀라운 재앙을 내리셔서 강퍅한 애굽 왕 바로를 꺾으셨고 이스라엘 백성을 구원해주셨다. 이스라엘 자손들은 그때 하나님의 놀랍고 크신 은혜와 능력을 체험하였었다.

뿐만 아니라, 하나님께서는 이스라엘 백성을 광야 40년 동안 인도하셨다. 물론, 광야 40년은 이스라엘 백성의 불신앙과 불평과 불순종에 대한 하나님의 징벌이었으나, 그들은 그 40년 동안 하나님의 긍휼과 능력을 체험하였다. 하나님께서는 낮에는 구름기둥으로, 밤에는 불기둥으로 그들을 인도하셨고, 또 그들에게 만나와 메추라기를 주셔서 먹게 하셨고, 반석에서 물이 터져 나오게 하여 마시게 하셨다.

아모스 2장: 유다와 이스라엘의 죄와 심판

또 하나님께서는 마침내 그들을 가나안 땅으로 인도하셨고 아모리 족속 등 가나안 땅의 원주민들을 그들 앞에서 멸하셨다. 그들의 키는 백향목 높이와 같고 강하기는 상수리나무같이 건장하였으나 하나님께서는 그들의 열매와 뿌리, 곧 그들의 자녀들과 노인들을 다 진멸하셨다. 그것은 다 하나님의 전적인 은혜와 능력이었다.

〔11-12절〕 **또 너희 아들 중에서 선지자를, 너희 청년 중에서 나시르 사람을 일으켰나니 이스라엘 자손들아, 과연 그렇지 아니하냐? 이는 여호와의 말씀이니라. 그러나 너희가 나시르 사람으로 포도주를 마시게 하며 또 선지자에게 명하여 예언하지 말라 하였느니라.**

하나님께서는 그의 택하신 백성 이스라엘을 이방 나라들과 달리 취급하셨다. 그는 그들의 아들들 중에서 선지자들을 일으키셨고 그들의 청년들 중에서 나실인들 곧 서원자들을 일으키셨다. 그것은 다 하나님의 은혜이었다. 오늘날도 하나님께서 교회들에 은혜를 주지 않으시면 하나님의 말씀을 바르게 전하는 목사들과 하나님께 헌신한 신실한 교회봉사자들이 많이 일어나지 못할 것이다.

그러나 하나님께서 그의 참된 종들을 많이 보내주셨음에도 불구하고 이스라엘 백성은 하나님께 순종치 않았다. 그들은 오히려 하나님의 일을 멸시하고 대항하였다. 그들은 나실인들로 포도주를 마시게 하였다. 민수기 6:2-3에 보면, 나실인은 하나님 앞에 서약한 자로서 포도주와 독주를 멀리해야 했다. 그러나 사람들은 그들로 포도주를 마시게 함으로 하나님의 규례를 어기게 하였던 것이다.

또 이스라엘 백성은 선지자들에게 예언하지 말라고 말했다. 거짓 선지자 시드기야는 참 선지자 미가야의 뺨을 치며 그의 예언을 부정하기도 했다. 그러나 하나님의 참된 선지자가 전하는 말을 거절하고 그를 배척하는 것은 곧 하나님을 거절하고 배척하는 행위이다. 말세에 배교적 교회도 바른 교훈을 받지 않고 그 귀를 진리에서 돌이켜 허탄한 이야기를 좇을 것이라고 예언되어 있다(딤후 4:4).

아모스 2장: 유다와 이스라엘의 죄와 심판

〔13-16절〕 곡식 단을 가득히 실은 수레가 흙을 **누름같이 내가 너희 자리에 너희를 누르리니 빨리 달음박질하는 자도 도망할 수 없으며 강한 자도 자기 힘을 낼 수 없으며 용사도 피할 수 없으며 활을 가진 자도 설 수 없으며 발이 빠른 자도 피할 수 없으며 말 타는 자도 피할 수 없고 용사 중에 굳센 자는 그 날에 벌거벗고야 도망하리라. 이는 여호와의 말씀이니라.**

원문은 "보라"라는 말로 시작된다. "내가 누르리라"는 원어(아노키 메이크 אָנֹכִי מֵעִיק)는 "내가 비뜰거리게 하다"는 뜻이라고 보인다(BDB). 영어성경은 "곡식단을 가득히 실은 수레가 눌리움같이, 내가 너희로 인해 눌리우도다"라고 번역했다(KJV, NASB). 이것은 하나님의 고통스러운 심정을 나타내신 것이라고 보인다. 하나님께서는 이사야 1:13-14에서도 비슷한 말씀을 하시기를, "성회와 아울러 악을 행하는 것을 내가 견디지 못하겠노라. 내 마음이 너희의 월삭과 정한 절기를 싫어하나니 그것이 내게 무거운 짐이라. 내가 지기에 곤비하였느니라"고 하셨다. 그러므로(KJV) 하나님께서는 그들에게 피할 수 없는 징벌을 내리실 것이다. 이것은 앗수르의 침공을 암시한다.

본장의 교훈은 무엇인가? 첫째로, 우리는 악하고 무자비하고 잔인한 자가 되어서는 안 된다. 우리는 사람의 생명을 귀하게 여기며 이웃을 불쌍히 여겨야 한다. 무정함과 무자비함은 죄이다(롬 1:31). 잠언 12:10, "의인은 그 육축의 생명을 돌아보나 악인의 긍휼은 잔인이니라."

둘째로, 우리는 하나님의 말씀을 멸시하지 말고 거짓된 것들을 따라가지 말아야 한다. 이사야 66:2, "무릇 마음이 가난하고 심령에 통회하며 나의 말을 인하여 떠는 자 그 사람은 내가 권고하려니와." 우리는 하나님만 경외하고 섬기며 그의 말씀을 두려움으로 순종해야 한다.

셋째로, 우리는 탐심을 버리고 의와 거룩을 지켜야 한다. 우리는 돈 때문에 의와 거룩의 도덕성을 버려서는 안 된다. 악인의 가치는 없다. 시편 49:20, "존귀에 처하나 깨닫지 못하는 사람은 멸망하는 짐승 같도다." 시편 119:119, "주께서 세상의 모든 악인을 찌끼같이 버리시니."

3장: 죄에 대한 징벌

〔1-2절〕 이스라엘 자손들아, 여호와께서 너희를 쳐서 이르시는 이 말씀을 들으라. 애굽 땅에서 인도하여 올리신 온 족속을 쳐서 이르시기를 내가 땅의 모든 족속 중에 너희만 알았나니 그러므로 내가 너희 모든 죄악을 너희에게 보응하리라 하셨나니.

하나님께서는 땅의 모든 족속 중에 이스라엘 백성만 아셨고 오직 그들을 자기의 사랑하는 백성으로 택하셨다. 그것은 하나님의 제한적 선택, 제한적 구원 의지, 제한적 사랑을 보인다(신 7:6). 예수께서는 아버지께서 그에게 주신 자들에 대해 말씀하셨는데(요 6:39; 17:9), 그들이 만세 전에 아버지께서 선택하신 자들이다. 그러나 하나님께서는 이스라엘 백성이 하나님을 배반하고 범죄했을 때 심판을 선언하셨다. 그는 위로의 하나님이시지만(고후 1:3-5), 범죄하는 악인들에게는 보응하시는 자이시다. 하나님의 사랑이 크고 특별하신 만큼, 그의 징벌도 크실 것이다. 그는 그들을 공의로 보응하실 것이다.

〔3절〕 두 사람이 의합(意合)지 못하고야 어찌 동행하겠으며.

'의합하다'는 원어(노아두 נוֹעָדוּ)는 '약속하여 만난다'는 뜻이다 (BDB, NASB). 약속하여 만나려면 생각과 뜻이 같아야 한다. 인류의 시조 아담과 하와가 범죄하였을 때 하나님께서는 그들을 에덴 동산에서 추방하셨다. 하나님께서는 죄를 미워하시기 때문에, 죄인들은 하나님과 동행할 수 없다(시 5:4-5; 15:1-3). 그러므로 악인들은 천국에 들어가지 못하고 지옥에 떨어질 수밖에 없다(계 21:8, 27; 22:15).

이 원리는 신약 성도에게도 적용된다. 신약 성도는 교리적, 윤리적 오류에 빠진 자들과 동행할 수 없다. 그러므로 사도 바울은 "너희는 믿지 않는 자와 멍에를 같이 하지 말라. 의와 불법이 어찌 함께하며 빛과 어두움이 어찌 사귀리요"라고 말했다(고후 6:14). 또 그는 "이단

아모스 3장: 죄에 대한 징벌

에 속한 사람을 한두 번 훈계한 후에 멀리하라[거절하라]"고 말했고 (딛 3:10), 또 "형제들아, 우리 주 예수 그리스도의 이름으로 너희를 명하노니 규모 없이[무질서하게] 행하고 우리에게 받은 유전대로 행하지 아니하는 모든 형제에게서 떠나라," "누가 이 편지에 한 우리 말을 순종치 아니하거든 그 사람을 지목하여 사귀지 말고 저로 하여금 부끄럽게 하라"고 했다(살후 3:6, 14). 우리는 이 교훈도 지켜야 한다.

〔4-6절〕 사자가 움킨 것이 없고야 어찌 수풀에서 부르짖겠으며 젊은 사자가 잡은 것이 없고야 어찌 굴에서 소리를 내겠느냐? 창애를 땅에 베풀지 아니하고야 새가 어찌 거기 치이겠으며 아무 잡힌 것이 없고야 창애가 어찌 땅에서 뛰겠느냐? 성읍에서 나팔을 불게 되고야 백성이 어찌 두려워하지 아니하겠으며 여호와의 시키심이 아니고야 재앙이 어찌 성읍에 임하겠느냐?

모든 일은 원인과 결과가 있게 마련이다. 사자가 수풀에서 부르짖는 것이나 젊은 사자가 굴에서 소리내는 것은 먹이를 움켰고 먹이를 잡았기 때문이다. 새가 잡히는 것은 덫을 땅에 베풀었기 때문이고 덫이 땅에서 뛰는 것은 거기에 무엇이 잡혔기 때문이다. 이스라엘 땅에 내리는 재앙들도 원인 없이 일어나는 것이 아니다. 재앙들은 사람들의 죄 때문에 하나님께서 내리시는 것이다. 죽음과 불행은 죄의 결과이다(신 28장). 이스라엘 나라가 이웃 나라들에게 패배한 것은 그들의 죄가 많았기 때문이다. 모든 재앙은 하나님께서 내리시는 것이다. 악인들에게 닥치는 재난은 물론, 의인들에게 닥치는 고난도 그렇다. 그것은 다 하나님께서 주신 것이다. 하나님께서는 이사야 45:7에서 "나는 빛도 짓고 어두움도 창조하며 나는 평안도 짓고 환난도 창조하나니 나는 여호와라. 이 모든 일을 행하는 자니라"고 말씀하셨다.

〔7-8절〕 주 여호와께서는 자기의 비밀을 그 종 선지자들에게 보이지 아니하시고는 결코 행하심이 없으시리라. 사자가 부르짖은즉 누가 두려워하지 아니하겠느냐? 주 여호와께서 말씀하신즉 누가 예언하지 아니하겠느냐?

아모스서에는 '주 여호와'라는 말이 21번 나온다. '주 여호와'(<u>아도</u>

나이 예호위 אֲדֹנָי יְהוִה)는 하나님의 주권을 나타내는 명칭이다. 주 여호와, 즉 이 세상의 모든 일들을 주관하시고 주권적으로 섭리하시는 여호와 하나님께서는 자기의 비밀을 그 종 선지자들에게 보이지 않고서는 결코 행하심이 없으시다. '자기의 비밀'이란 작정된 심판과 재앙의 계획이나 구원과 회복의 계획을 가리킬 것이다.

하나님께서 무슨 일을 행하실 때 먼저 그 종 선지자들에게 보이시고 그들로 하여금 선포케 하시는 것은 하나님의 은혜이다. 왜냐하면 미리 경고하심으로 회개할 기회를 주시고 또 미리 구원과 회복의 일을 보이시므로 고난 가운데서도 낙심치 않는 위로를 주시기 때문이다. 선지자들의 말씀들은 후대의 교훈을 위해 책에 기록되었다. 그것이 성경이다. 성경은 하나님의 은혜의 책이다. 거기에는 회개하라는 교훈도 나오고 또 낙심치 말라는 위로도 나온다.

선지자는 또, "사자가 부르짖은즉 누가 두려워하지 아니하겠느냐? 주 여호와께서 말씀하신즉 누가 예언하지 아니하겠느냐?"고 말한다. 하나님께서 사자같이 위엄 있게 심판을 선언하실 때 두려워하지 않을 자가 없을 것이다. 또 주 여호와께서 말씀하실 때 예언하지 않을 자가 없을 것이다. 특히 사람들을 두렵게 하는 심판 선언을 좋아서 할 사람은 없을 것이다. 선지자들은 그것이 하나님의 뜻이며 명령이기 때문에 좋든지 싫든지 그것을 예언하는 것이다.

〔9-12절〕 아스돗의 궁들(아르메노스 אַרְמְנוֹת)[궁궐들, 큰 저택들](BDB)과 애굽 땅 궁들에 광포하여 이르기를 너희는 사마리아 산들에 모여 그 성 중에서 얼마나 큰 요란함과 학대함이 있나 보라 하라. 자기 궁궐에서 포학과 겁탈을 쌓는 자들이 바른 일 행할 줄을 모르느니라. 이는 여호와의 말씀이니라. 그러므로 주 여호와께서 가라사대 이 땅 사면에 대적이 있어 네 힘을 쇠하게 하며 네 궁궐을 약탈하리라. 여호와께서 가라사대 목자가 사자 입에서 양의 두 다리나 귀 조각을 건져냄과 같이 사마리아에서 침상 모퉁이에나 걸상에 비단2) 방석에 앉은 이스라엘 자손이 건져냄을 입으리라.

아모스 3장: 죄에 대한 징벌

아스돗은 블레셋 성이다. 이스라엘의 수도 사마리아에 큰 요란과 학대가 있음을 주변의 블레셋과 애굽 땅에 널리 선포하라는 뜻이다. 사람들은 자기의 저택들에서 포학과 겁탈 곧 강도질을 쌓으며 바른 일을 행할 줄 모르고 있었다. 온 이스라엘 사회에 악이 가득하였다.

이스라엘 땅 사면에 있는 대적자들은 앗수르 연합군을 가리켰다고 본다. 그들은 이스라엘 나라의 힘을 쇠하게 하며 그 저택들을 약탈할 것이다. 한 나라의 흥망성쇠는 하나님께 달렸고 또 국민의 도덕성에 달렸다. 그러나 징벌 중에서도 하나님의 긍휼이 있을 것이다. 이스라엘 백성은 하나님의 긍휼로 조금 구원을 얻을 것이다.

[13-15절] 주 여호와 만군의 하나님이 가라사대 너희는 듣고 야곱의 족속에게 증거하라. 내가 이스라엘의 모든 죄를 보응하는 날에 벧엘의 단들을 벌하여 그 단의 뿔들을 꺾어 땅에 떨어뜨리고 겨울 궁과 여름 궁을 치리니 상아궁들이 파멸되며 큰 궁들이 결딴나리라. 이는 여호와의 말씀이니라.

'주 여호와 만군의 하나님'이라는 말은 천군 천사들을 주관하시고 사용하시는 주권적 섭리자 하나님이라는 뜻이다. 하나님께서는 심판이 야곱 족속 곧 이스라엘 백성에게 내려질 것을 증거하라고 말씀하신다. 그는 이스라엘의 모든 죄를 보응하시고 벧엘의 단들을 벌하시며 그 단의 뿔들을 꺾어 땅에 떨어뜨리실 것이다. '벧엘의 단들'이라는 말은 이스라엘 백성이 금송아지 우상을 하나님으로 숭배하던 곳의 단들을 가리킨다. '단의 뿔들'은 구원의 능력을 상징한다.

벧엘의 단들은 거짓되고 가증한 우상의 단들이다. 하나님께서는 그 단들을 벌하실 것이다. 하나님께서는 단지 종교적 형식을 받으시는 것이 아니고 사람의 중심을 보신다. 위선적 종교의식은 다 멸망할 것이다. 아무리 훌륭한 예배당을 짓는다고 할지라도 그 속에 성경적

---

2) '비단'이라는 원어(데메쉐크 דְּמֶשֶׁק)는 '다메섹'이라고도 번역하지만 (KB, 모든 고대 역본들, KJV, NIV), '다마스크(damask) 천, 비단'이라는 뜻이라고 본다(BDB, ASV).

설교와 예배와 기도가 없고 회중들의 믿음과 순종의 응답이 없다면, 그 예배당 건물은 결국 버림을 받고 파괴될 것이다.

하나님께서는 또, "겨울 궁과 여름 궁을 치리니 상아궁들이 파멸되며 큰 궁들이 결딴나리라[마지막이 되리라]"고 말씀하셨다. 하나님의 심판 때에는, 왕을 위해 계절 따라 준비된 호화로운 궁궐들이 아무 소용이 없을 것이다. 그것들은 다 파괴되고 말 것이다.

본장의 교훈은 무엇인가? 첫째로, 사람의 죄는 세상의 불행과 재앙의 근본적 원인이다. 하나님께서는 사람들의 모든 죄악을 보응하신다. 백성들의 죄는 나라의 쇠약과 멸망을 가져온다. 사람의 행복은 물질적 풍요(아름다운 집이나 옷, 좋은 차)에 있지 않고 단순히 종교적 의식에 있는 것도 아니다. 하나님께서 징벌하실 때 그것들은 다 소용이 없다. 그러므로 우리는 모든 죄를 버려야 하고 모든 악을 멀리해야 한다.

둘째로, 하나님의 뜻은 우리가 모든 악을 버리고 하나님과 동행하는 것이다. 3절, "두 사람이 의합지 못하고야 어찌 동행하겠으며." 우리가 하나님과 동행하려면 우리는 모든 악을 버려야 한다. 시편 5:4-5, "주는 죄악을 기뻐하는 신이 아니시니 악이 주와 함께 유하지 못하며 오만한 자가 주의 목전에 서지 못하리이다. 주는 모든 행악자를 미워하시며." 우리는 구주 예수님의 십자가 의(義)만 의지하고 하나님의 계명만 순종하며 의와 선을 행해야 한다. 또 오늘날 성경적 교회들은 모든 교리적, 윤리적 오류들을 배격하고 건전한 교회들 간의 교제를 지켜야 한다.

셋째로, 우리는 하나님의 말씀을 무시하지 말고 그 말씀을 두려워하며 귀하게 여기고 사랑해야 한다. 신구약성경은 기록된 하나님의 말씀이다. 우리는 성경에서 죄를 회개하라는 말씀을 들을 때 회개해야 하고 또 죄의 용서와 구원과 천국과 영생에 대한 말씀을 들을 때 믿고 구원을 받고 위로와 소망을 얻고 힘을 얻어야 한다. 우리는 하나님의 특별한 사랑을 입은 자들로서 늘 성경을 사랑하고 믿고 순종해야 한다.

아모스 4장: 이스라엘이 회개치 않음

4장: 이스라엘이 회개치 않음

〔1-3절〕 사마리아 산에 거하는 바산 암소들아, 이 말을 들으라. 너희는 가난한 자를 학대하며 궁핍한 자를 압제하며 가장(家長)에게 이르기를 술을 가져다가 우리로 마시게 하라 하는도다. 주 여호와께서 자기의 거룩함을 가리켜 맹세하시되 때가 너희에게 임할지라. 사람이[그가](MT, KJV) 갈고리로 너희를 끌어가며 낚시로 너희의 남은 자들을 그리하리라. 너희가 성 무너진 데로 말미암아 각기 앞으로 바로 나가서 하르몬에 던지우리라 [(그것들을) 하르몬에 던지리라].3) 이는 여호와의 말씀이니라.

'사마리아 산에 거하는 바산 암소들'은 이스라엘의 수도인 사마리아에 거하는 부요한 거민들을 가리킨 것 같다. 그들은 심히 부패하여 가난한 자들을 학대하고 궁핍한 자들을 압제하였다. 그들은 그들의 주인들(KJV) 혹은 남편들(NASB, NIV)에게 술을 함께 마시기를 권한다. 이스라엘 온 사회가 불의와 불법으로 혼란하였다. 주 여호와 곧 주권적 섭리자이신 하나님께서는 자기의 거룩함을 가리켜 맹세하시며 말씀하신다. 그는 심판의 때 곧 앗수르의 침공의 때를 선언하신다. 그는 친히 그들을 포로로 잡혀가게 하실 것이며 낚시로 그 남은 자들 혹은 후손들(KJV)을 데려가실 것이다. 하르몬은 어떤 지명일 것이다.

〔4-5절〕 너희는 벧엘에 가서 범죄하며 길갈에 가서 죄를 더하며 아침마다 너희 희생을, 삼일마다 너희 십일조를 드리며 누룩 넣은 것을 불살라 수은제(酬恩祭)로 드리며 낙헌제를 소리내어 광포하려무나. 이스라엘 자손들아, 이것이 너희의 기뻐하는 바니라. 이는 주 여호와의 말씀이니라.

그들은 벧엘에 가서 범죄하며 길갈에 가서 죄를 더하였다. 벧엘과 길갈은 이스라엘 백성의 예배 장소이었다. 그러나 그곳에서의 우상

---

3) '던지우리라'는 원어 וְהִשְׁלַכְתֶּנָה는 2인칭 여성 복수 능동태의 의미('던지리라')를 가진다. '하르몬'은 어떤 지명일 것이다. 아람어 탈굼역이나 옛수리아어역은 그 단어를 '아르메니아의 산들'이라고 번역하였다.

아모스 4장: 이스라엘이 회개치 않음

숭배적 종교의식들은 범죄 행위이었고 죄를 더하는 것뿐이었다. 또 그들은 아침마다 희생을, 삼일마다[4] 십일조를 드렸다. 오늘날 말로 하면, 그들은 매일 새벽기도회에 참석하였거나 천주교회의 의식대로 매일 아침 미사에 참석하였다. 그들은 십일조 생활도 열심히 하였다. 그들은 심지어 삼일마다 십일조를 바쳤다. 또 그들은 누룩 넣은 것을 불살라(카타르 קטר) 수은제(酬恩祭) 즉 감사제로 드리고 낙헌제 즉 자원하는 제사를 소리내어 알리었다. 그것이 그들의 기뻐하는 바이었다. 그러나 누룩을 넣은 것을 불살라 드린 것은 하나님의 율법과 규례를 어기는 것 같다. 비록 화목제의 감사제물과 함께 유교병(누룩 넣은 떡)을 드릴 수 있는 규례가 있지만(레 7:13), 누룩은 화제(火祭)로 여호와께 드리지 못하게 규정되어 있다(레 2:11). 그들의 종교생활은 하나님을 향한 것도, 모세의 율법의 규례대로 된 것도 아니었다.

[6-8절] 또 내가 너희 모든 성읍에서 너희 이를 한가하게[깨끗하게] 하며 너희 각처에서 양식이 떨어지게 하였으나 너희가 내게로 돌아오지 아니하였느니라. 이는 여호와의 말씀이니라. 또 추수하기 석달 전에 내가 너희에게 비를 멈추어 어떤 성읍에는 내리고 어떤 성읍에는 내리지 않게 하였더니 땅 한 부분은 비를 얻고 한 부분은 비를 얻지 못하여 말랐으매 두세 성읍 사람이 어떤 성읍으로 비틀거리며 물을 마시러 가서 만족히 마시지 못하였으나 너희가 내게로 돌아오지 아니하였느니라. 이는 여호와의 말씀이니라.

하나님께서는 이스라엘에게 국가적인 흉년이 들어 먹을것이 부족하게 하셨다. 오늘날에도 개인적, 가정적, 국가적 경제의 어려움은 다 하나님께서 하시는 일이다. 하나님께서는 주권적 섭리자이시다. 그러나 이스라엘 백성은 하나님께서 그 재난 주신 것도 알지 못하였고 그 재난이 자신들의 죄 때문에 온 것도 알지 못했다. 그들은 회개할 줄 모르고 하나님께로 돌아올 줄 몰랐다. 하나님께서는 그들에게 추수

---

4) 리쉘로쉐 야킴 לִשְׁלֹשָׁה יָמִים 은 '3년 후에'(KJV), '3년마다'(NIV) 등으로 번역되기도 하지만, '3일마다'(NASB)가 원문의 문자적 의미에 맞다.

하기 석달 전에 비를 멈추게 하셨다. 추수를 위해 필요한 늦은비가 내리지 않았다. 어떤 성읍에는 비가 내렸으나 어떤 성읍에는 내리지 않았다. 그것은 하나님의 기쁘신 뜻대로 된 일이었다. 두세 성읍 사람이 어떤 성읍으로 비틀거리며 물을 마시러 가서 만족하게 마시지 못하였다. 오늘날까지도 비는 사람들의 능력 밖의 일이다. 그것은 오직 자연만물의 창조자시요 섭리자이신 하나님의 손안에 있는 일이다. 그러나 이스라엘 백성은 하나님께 돌아오지 않았다. 그들은 재난의 해결책을 알지 못하고 있었다. 그들은 하나님을 알지 못하였다.

[9-11절] **내가 풍재와 깜부기 재앙으로 너희를 쳤으며 팟종이로 너희의 많은 동산과 포도원과 무화과나무와 감람나무를 다 먹게 하였으나 너희가 내게로 돌아오지 아니하였느니라. 이는 여호와의 말씀이니라. 내가 너희 중에 염병이 임하게 하기를 애굽에서 한 것처럼 하였으며 칼로 너희 청년들을 죽였으며 너희 말들을 노략하게 하며 너희 진의 악취로 코를 찌르게 하였으나 너희가 내게로 돌아오지 아니하였느니라. 이는 여호와의 말씀이니라. 내가 너희 중의** 성읍 **무너뜨리기를 하나님** 내가 **소돔과 고모라를 무너뜨림같이 하였으므로 너희가 불붙는 가운데서 빼낸 나무 조각같이 되었으나 너희가 내게로 돌아오지 아니하였느니라. 이는 여호와의 말씀이니라.**

'풍재'라는 원어(쉿다폰 שִׁדָּפוֹן)는 '말라죽게 하는 병'을 가리킨다 (BDB). 깜부기 재앙은 나무껍질이 하얘지는 곰팡이병을 가리킨다. 팟종이(가잠 גָּזָם)는 메뚜기 종류이다. 하나님께서는 그들의 많은 동산과 포도원과 무화과나무와 감람나무에 재앙이 내리게 하셨다. 하나님께서는 우리의 일용할 양식을 주장하신다. 그는 그것을 주기도 하시고 주지 않기도 하신다. 하나님께서 재앙을 내리실 때에는 정당한 이유가 있다. 그러나 이스라엘 백성은 하나님을 알지 못하였고 회개하고 그에게로 돌아오지 않았다. 또 하나님께서는 그들에게 무서운 전염병을 보내시고 전쟁을 주셔서 많은 사람들이 죽고 진에서 악취가 나게 하셨다. 또 성읍들이 황폐케 하셨고 겨우 피신한 자들이 있게 하셨다. 그러나 그들은 그 모든 재앙을 주신 하나님께로 돌아오지

아모스 4장: 이스라엘이 회개치 않음

않았다. 그들에게는 깨달음도 없었고 회개하는 마음도 없었다.

[12-13절] 그러므로 이스라엘아, 내가 이와 같이 네게 행하리라. 내가 이것을 네게 행하리니[행할 것이기 때문에] 이스라엘아, 네 하나님 만나기를 예비하라. 대저 산들을 지으며 바람을 창조하며 자기 뜻을 사람에게 보이며 아침을 어둡게 하며 땅의 높은 데를 밟는 자는 그 이름이 만군의 하나님 여호와니라.

하나님께서는 이제 최종적 경고를 하시면서 "너 하나님 만나기를 예비하라"고 말씀하신다. 이스라엘 백성은 죄를 회개함으로 잘 준비할 수 있다. 만일 그들이 그들의 죄들을 참으로 회개한다면 그들은 하나님의 긍휼을 입게 될 것이다. 그러나 만일 그렇게 하지 않는다면 그들은 결국 망하게 될 것이다. 하나님께서는 또 자신이 엄위한 심판자임을 증거하신다. 하나님께서는 산들을 지으셨고 바람을 창조하셨고 또 기쁨의 아침(쇠카르 שׁחר)[새벽]을 어둡게 하실 수 있고 땅의 높은 데, 아마 우상의 단들을 쌓은 산당들을 밟으시는 자이시다.

본장의 교훈은 무엇인가? 첫째로, 하나님께서는 불의한 자들을 심판하실 것이다. 이스라엘 백성은 악을 행하면서 단지 종교적 형식과 열심을 가지고 하나님을 섬겼다. 그러나 하나님께서는 그들의 위선적 불의와 악에 대해 반드시 심판하시고 징벌하실 것이다.

둘째로, 하나님께서는 주권적 섭리자이시며 모든 문제의 해결자이시다. 하나님께서는 이스라엘 땅에 기근과 흉년을 주셨고 나무들에게 각종 병과 재앙을 주셨고 전염병과 전쟁을 주셨다. 우리의 현실은 하나님께서 주신 것이다. 참새 한 마리도 하나님의 허락 없이 땅에 떨어지지 않는다(마 10:29). 하나님께서는 우리의 모든 문제의 해결자이시다.

셋째로, 이스라엘은 하나님 만나기를 예비해야 한다. 그것은 하나님을 경외하며 모든 죄를 버리고 그의 구원을 사모하며 성경말씀에 귀를 기울이는 것을 말한다. 우리는 구주 예수님을 믿음으로 이미 하나님을 만났다. 이제 우리는 믿음과 순종으로 하나님과 동행해야 한다.

5장: 회개를 촉구함

1-15절, 하나님을 찾고 선을 구하라

〔1-3절〕 이스라엘 족속아, 내가 너희에게 대하여 애가(哀歌)로 지은 이 말을 들으라. 처녀 이스라엘이 엎드러졌음이여, 다시 일어나지 못하리로다. 자기 땅에 던지움이여, 일으킬 자 없으리로다. [이는] 주 여호와께서 가라사대 이스라엘 중에서 천 명이 나가던 성읍에는 백 명만 남고 백 명이 나가던 성읍에는 열 명만 남으리라 하셨느니라[하셨음이니라].

아모스의 슬픔의 노래는 이스라엘의 멸망에 대한 것이다. 앞으로 되어질 일이 확실하므로 과거시제로 표현되었다. 이스라엘 나라는 엎드러질 것이며 다시 일어나지 못할 것이다. 그들은 자기 땅에 내버려질 것이다. 그들을 다시 일으킬 자는 왕족들이나 귀족들 중에서나 백성 가운데 지혜로운 자들 중에서나 아니면 이웃의 동맹국들 중에서도 없을 것이다. '주 여호와'라는 말은 주권자 하나님을 증거한다. 주권자 하나님께서 심판을 선언하셨기 때문에 그 일이 이루어질 것이다. 천 명이 나가던 큰 성읍들에는 백 명만 남고, 백 명이 나가던 작은 성읍들에는 열 명만 남을 것이다. 각 성읍의 장정들은 십분의 일만 남고 십분의 구는 죽임을 당할 것이다. 처참한 멸망일 것이다.

〔4-5절〕 여호와께서 이스라엘 족속에게 이르시기를 너희는 나를 찾으라. 그리하면 살리라. 벧엘을 찾지 말며 길갈로 들어가지 말며 브엘세바로도 나아가지 말라. 길갈은 정녕 사로잡히겠고 벧엘은 허무하게 될 것임이라 하셨나니.

하나님께서는 "나를 찾으라. 그리하면 살리라"고 말씀하셨다. 하나님을 찾는 것은 하나님을 인정하고 그의 긍휼과 은혜와 구원을 간구하고 하나님을 바라며 의지하는 것이다. 사람이 멸망치 않고 사는 길은 오직 하나님을 찾는 길이다. 그가 모든 일을 주관하시기 때문이다.

아모스 5장: 회개를 촉구함

하나님께서는 개인과 가정과 사회의 모든 문제의 해결자이시다. 그는 세상의 모든 일을 주관하시는 섭리자이시다. 세상에서 좋은 일도 나쁜 일도, 인간의 행복도 불행도 다 그가 주관하신다. 그 모든 일이 하나님의 뜻 가운데 일어난다. 구원의 길, 영생의 길은 하나님뿐이다. 그러므로 성경이 세상에서 가장 귀한 책이다. 성경을 사랑하고 주야로 묵상하는 자들에게 복이 있다(시 1:1-3; 119:165).

벧엘과 길갈과 브엘세바는 우상숭배 장소이었다. 이스라엘 백성은 더 이상 우상숭배의 장소로 가지 말아야 한다. 우상은 고난받는 이스라엘 백성에게 참 도움과 구원을 주지 못한다. 우상은 죽은 신, 가짜 신이며, 사람이 만든 신에 불과하다. 현대인은 돈이나 육신의 쾌락을, 혹은 과학이나 이성(理性)을 하나님보다 더 크게 여긴다. 하나님께서는 우상숭배를 가장 미워하신다. 우상들은 다 허무하게 될 것이다.

[6-9절] 너희는 여호와를 찾으라, 그리하면 살리라. 염려컨대 저가 불같이 요셉의 집에 내리사 멸하시리니 벧엘에서 그 불들을 끌 자가 없을까 하노라. 공법(公法)[공의]을 인진(茵蔯)[쑥]으로 변하며 정의를 땅에 던지는 자들아, 묘성(昴星)(황소자리)과 삼성(參星)(오리온)을 만드시며 사망의 그늘로 아침이 되게 하시며 백주(白晝)로 어두운 밤이 되게 하시며 바닷물을 불러 지면에 쏟으시는 자를 찾으라. 그 이름이 여호와시니라. 저가 강한 자에게 홀연히 패망이 임하게 하신즉 그 패망이 산성(山城)에 미치느니라.

아모스는 이스라엘 백성에게 "하나님을 찾으라, 그러면 살리라"고 말한다. 사람의 생명은 주권자 하나님의 손안에 있다. 영원한 생명도 그러하다. 모든 문제의 해결도, 재난의 회복도, 이생의 행복과 평안도 그러하다. 하나님을 찾는 자는 영생과 평안을 얻을 것이다.

여호와 하나님께서는 "묘성(황소자리)과 삼성(오리온자리)을 만드시며 사망의 그늘로 아침이 되게 하시며 대낮으로 어두운 밤이 되게 하시며 바닷물을 불러 지면에 쏟으시는 자"이시다. 그는 하늘의 별들과 낮과 밤을 주관하시고 바다를 주장하시는 하나님이시다.

아모스 5장: 회개를 촉구함

그런데 이스라엘 백성은 공의를 쑥으로 변하며 정의를 땅에 던지는 자들이었다. '공의를 쑥으로 변한다'는 말은 공의는 기쁨을 주는 법인데, 그것을 불법으로 바꾸므로 마음의 고통을 준다는 뜻일 것이다. 그들은 하나님의 계명과 다르게, 계명을 거슬러 살고 있었다.

그러므로 하나님께서는 불같이 요셉의 집에 내리셔서 멸하실 것이며 벧엘에서 그 불을 끌 자가 없을 것이며, 또 그가 강한 자에게 홀연히 패망이 임하게 하신즉 그 패망이 산성 곧 요새에도 미칠 것이다. 하나님을 거슬러 죄 가운데 사는 자는 결국 멸망할 것이다.

〔10-13절〕 무리가 **성문에서 책망하는 자를 미워하며 정직히 말하는 자를 싫어하는도다. 너희가 가난한 자를 밟고 저에게서 밀의 부당한 세(稅)를 취하였은즉 너희가 비록 다듬은 돌로 집을 건축하였으나 거기 거하지 못할 것이요 아름다운 포도원을 심었으나 그 포도주를 마시지 못하리라. 너희의 허물이 많고 죄악이 중함을 내가 아노라. 너희는 의인을 학대하며 뇌물을 받고 성문에서 궁핍한 자를 억울하게 하는 자로다. 그러므로 이런 때에 지혜자가 잠잠하나니 이는 악한 때임이니라.**

이스라엘 사람들은 사람들이 많이 모이는 성문에서 책망하는 자를 미워하며 정직히 말하는 자를 싫어하였다. 그들은 가난한 자를 무시하고 학대하였고 세금 명목으로 부당하게 곡식을 탈취했다. 그들은 죄악이 많았다. 그들은 의인을 학대하며 뇌물을 받고 성문에서 궁핍한 자를 억울하게 했다. 그들은 양심도, 공의도, 긍휼도 없었다. 하나님께서는 이런 자들을 심판하실 것이다. 그것은 앗수르의 침공으로 이루어질 것이다. 바른 책망을 싫어하고 악을 행하던 자들은 좋은 것을 잃을 것이다. 사회가 너무 악하여 바른 책망의 말을 싫어할 때는 더 이상 말할 필요가 없고 잠잠할 때일 것이다. 그것은 악한 때이다. 그런 때는 말을 많이 할 필요가 없고 잠잠해야 할 것이다.

〔14-15절〕 **너희는 살기 위하여 선을 구하고 악을 구하지 말지어다. 만군의 하나님 여호와께서 너희의 말과 같이 너희와 함께하시리라. 너희는 악을 미워하고 선을 사랑하며 성문에서 공의를 세울지어다. 만군의 하나님 여**

아모스 5장: 회개를 촉구함

호와께서 혹시 요셉의 남은 자를 긍휼히 여기시리라.

본문은 선을 구하는 것이 생명의 길이라고 말하며 또 악을 미워하고 선을 사랑하며 성문에서 공의를 세우라고 말한다. 물론, 성경은 사람이 율법대로 선을 행함으로 의롭다 하심이나 구원을 얻지 못한다고 분명하게 가르친다(롬 3:20; 엡 2:8-9). 그러나 사람이 악을 행하면서 영생에 이를 수는 없다. 악을 행하는 자는 멸망할 것이다(시 1:6). 영생에 이르기를 원하는 자는 모든 악을 버리고 선을 구해야 한다.

참된 선은 하나님의 계명을 지키는 것이다. 그것은 하나님을 경외하고 그의 명령을 행하기를 결심하며 또 이웃을 자기 몸처럼 사랑하는 것을 포함한다. 하나님께서는 우리가 악을 미워하고 선을 사랑하는 자가 되기를 원하시며, 또 재판할 때 부자에게나 가난한 자에게나 똑같이 공명정대하게 다룸으로 공의를 세우기를 원하신다.

이스라엘 백성은 하나님의 함께하심을 말로는 원했지만, 행위로는 불가능하게 하였다. 그러나 만일 그들이 악을 버리고 선을 구한다면, 하나님께서는 그들과 함께하실 것이다. 우리가 악을 버리고 의와 선을 행할 때, 우리는 하나님의 긍휼을 기대할 수 있다.

선지자 아모스는 하나님을 찾고 선을 구하라고 말하였다. 이스라엘 백성이 하나님을 만나는 준비는 오직 회개와 믿음과 순종뿐이다. 모든 사람은 헛된 우상들을 다 버리고 회개하고 창조자 하나님께로 돌아와야 한다. 또 구원받은 모든 성도들은 믿음과 순종으로만 살아야 한다. 우리는 여호와를 찾고 의지해야 한다. 그것이 사는 길이며 평안과 형통을 얻는 길이다. 또 우리는 이제 하나님의 법을 지키며 선을 행해야 한다. 우리는 하나님을 경외하고 바른 말과 책망을 싫어하지 말고, 의인을 존중하고 가난한 자를 외면하거나 무시하거나 학대하지 말아야 한다. 하나님을 구하고 의와 선을 행하는 생활은 생명의 길이며, 하나님께서 함께하시는 삶이며 하나님의 긍휼히 여기심과 도우심을 받는 삶이다.

아모스 5장: 회개를 촉구함

16-27절, 공법을 물같이 흘릴지로다

〔16-17절〕 그러므로 주 만군의 하나님 여호와께서 말씀하시기를 사람이 모든 광장에서 울겠고 모든 거리에서 오호라, 오호라 하겠으며 농부를 불러다가 애곡하게 하며 울음꾼을 불러다가 울게 할 것이며 모든 포도원에서도 울리니 이는 내가 너희 가운데로 지나갈 것임이니라. 이는 여호와의 말씀이니라.

'그러므로'라는 말은 13절과 같이 이스라엘 백성이 고집과 회개치 않음으로 마침내 하나님의 심판을 받게 되었음을 보인다. 선지자는 심판을 선언한다. 그 선언은 인간 아모스의 말이 아니고, '주 만군의 하나님 여호와'의 말씀, 곧 살아계신 대주재자, 곧 주권적인 섭리자, 심판자 여호와 하나님의 말씀이다. 하나님께서 심판을 선언하셨다.

사람들은 모든 광장에서 울 것이며 모든 거리에서 "오호라, 오호라"라고 말할 것이다. 그것은 사람들이 많이 모이는 모든 광장에서, 모든 거리들에서 사람들이 재앙의 이야기들, 전쟁 이야기들만 하면서 슬피 울며 탄식할 것이라는 뜻이다. 사람들은 농부를 불러다가 애곡하게 하며 울음꾼을 불러다가 울게 할 것이다. 모든 포도원에서도 울 것이다. 나라의 각 분야, 각종 직업의 사람들이 그 전쟁의 날, 그 재앙의 날에 울며 통곡하며 탄식할 것이다. 온 나라가 통곡할 것이다.

이스라엘 백성이 울게 될 까닭은 하나님께서 그들 가운데로 지나가실 것이기 때문이다. 하나님께서는 심판자로서 지나가실 것이다. 그는 징벌의 손을 들고 그들을 징벌하시며 지나가실 것이다.

〔18-20절〕 화 있을진저, 여호와의 날을 사모하는 자여, 너희가 어찌하여 여호와의 날을 사모하느뇨? 그 날은 어두움이요 빛이 아니라. 마치 사람이 사자를 피하다가 곰을 만나거나 혹 집에 들어가서 손을 벽에 대었다가 [기대었다가] 뱀에게 물림 같도다. 여호와의 날이 어찌 어두워서 빛이 없음이 아니며 캄캄하여 빛남이 없음이 아니냐?

'여호와의 날'은 하나님의 심판의 날이다. 그 날은 작정되어 있다.

하나님의 복 주시는 날은 기대하고 사모할 만한 것이지만, 그의 작정된 심판의 날은 생각만 해도 두렵고 고통스럽다. 그 날은 어두움이요 빛이 아니다(욜 2:1-2; 습 1:14-16). 그 날은 슬픔의 날이요 기쁨의 날이 아니다. 사람이 여호와의 날을 사모하는 것은 마치 산길이나 들판을 가다가 사자를 만나서 그것을 피하였으나 곧 곰이 나타난 것과 같고, 집에 들어가 안심하고 손을 벽에 기대었는데 뱀이 나타나 그를 물어버린 것과 같다. 죄인은 하나님의 심판을 피할 수 없다.

본문은 "여호와의 날이 어찌 어두워서 빛이 없음이 아니며 캄캄하여 빛남이 없음이 아니냐?"고 말한다. 심판의 날은 어두워서 빛이 없고 캄캄할 것이다. 그 날은 절망과 고통의 날이다. 마지막 대환난과 심판도 그러할 것이다. 베드로후서 3:7은, "이제 하늘과 땅은 그 동일한 말씀으로 불사르기 위하여 간수하신 바 되어 경건치 아니한 사람들의 심판과 멸망의 날까지 보존하여 두신 것이니라"고 말했다.

[21-24절] 내가 너희 절기를 미워하여 멸시하며 너희 성회들을 기뻐하지 아니하나니 너희가 내게 번제나 소제를 드릴지라도 내가 받지 아니할 것이요 너희 살진 희생의 화목제도 내가 돌아보지 아니하리라. 네 [시끄러운](KJV, NASB, NIV) 노래 소리를 내 앞에서 그칠지어다. 네 비파 소리도 내가 듣지 아니하리라. 오직 공법을 물같이, 정의를 하수같이 흘릴지로다.

절기들과 성회들, 번제와 소제와 화목제는 다 하나님께서 율법에 명하신 바들이다(레 1-7장; 23장). 또 찬송은 성도가 마땅히 할 바이며(시 33:1) 호흡이 있는 자마다 하나님을 찬양해야 하며(시 150:6) 모든 악기를 사용해서 해야 한다(시 150편). 그런데 하나님께서 그것들을 미워하시는 것은 그들이 계속 죄를 짓고 있었기 때문이다.

그러므로 하나님께서는 "오직 공법을 물같이, 정의를 하수같이 흘릴지로다"라고 말씀하셨다. 그것은 이스라엘 사회에 공의가 없었음을 보인다. 과연 이스라엘 사회는 공의가 없었고 불의와 불법이 가득하였다. 하나님께서 원하시는 것은 단지 절기들과 집회들이나 예배나 헌금이나 찬양이 아니고, 모든 죄를 버리고 계명을 지키는 경건한 삶과, 도덕적인 삶, 즉 거룩하고 정직하고 선하고 진실한 삶이다.

[25-27절] 이스라엘 족속아, 너희가 40년 동안 광야에서 희생과 소제물을 내게 드렸느냐? 너희가 너희 왕 식굿과 너희 우상 기윤 곧 너희가 너희를 위하여 만들어서 신으로 삼은 별 형상을 지고 가리라[지고 갔도다](KJV, NASB, NIV). [그러므로]5) **내가 너희를 다메섹 밖으로 사로잡혀 가게 하리라. 이는 만군의 하나님이라 일컫는 여호와의 말씀이니라.**

모세 시대에 이스라엘 백성은 애굽에서 나온 후 40년 동안 광야에서 하나님을 믿지 않고 불평하며 원망했다. 그들은 건성으로, 형식적으로 하나님께 제사를 드린 때도 많았고 아예 드리지 않은 때도 있었으며 또 하나님께만 드리지 않고 우상들도 섬긴 적이 많았던 것 같다. 이스라엘 백성의 그 후시대의 역사도 하나님과 우상들을 함께 섬긴 역사이었고 우상숭배의 흔적이 늘 있었다.

이스라엘 백성은 식굿이라는 신을 왕으로 섬겼고 또 기윤이라는 우상을 만들어 섬겼다. '식굿'(סִכּוּת)은 바벨론 신을 가리키며, '기윤'(כִּיּוּן)도 토성(Saturn)이라는 이름의 이방신을 가리킨다. 사도행전 7:43은 본문을 인용하기를, "몰록의 장막과 신 레판의 별을 받들었음이여"라고 하였는데, 이것은 고대의 헬라어 70인역을 인용한 것이다. '레판'(렘판, 롬판)은 토성(Saturn)의 콥트어 고유명사라고 한다. 히브리어로 멜렉 מֶלֶךְ은 '왕'이라는 뜻이고 숙코스 סֻכּוֹת는 '장막들'이라는 뜻이다. 본문은 번역상 어려움이 있어 보인다. 그러나 하나님께서 이스라엘 백성의 우상숭배를 지적하신 것은 분명하다.

이스라엘 백성이 하나님을 바로 섬기지 않고 우상들을 섬긴 결과, 하나님께서는 마침내 그들을 징벌하시고 그들이 앗수르 나라의 군대에게 패배하고 멸망하여 포로로 잡혀가게 하실 것이다.

---

5) 웨라는 원어(וְ)는 보통은 '그리고'라고 번역되지만, 본문에서 문맥상 '그러므로'라고 번역될 수 있다(KJV, NASB, NIV).

아모스 5장: 회개를 촉구함

　본문의 교훈은 무엇인가? 첫째로, 우리는 하나님의 심판과 징벌의 날을 두려워해야 한다. 하나님의 심판의 날이 있다. 그 날에 이스라엘 백성은 울며 통곡할 것이며 온 세계에 포로로 잡혀갈 것이다. 세상의 마지막 심판의 날이 작정되어 있다. 장차 하나님의 심판 때문에 모든 사람은 울게 될 것이다. 미래의 울음을 막는 길은 지금 우는 것, 지금 애통하며 회개의 눈물을 흘리는 것뿐이다. 지금 우는 자는 후에 위로를 받고 기뻐할 것이다. 그러나 지금 기뻐하는 자는 후에 눈물을 흘릴 것이다. 주께서는 누가복음 6장에서 "이제 우는 자는 복이 있나니 너희가 웃을 것임이요"라고 말씀하셨고, 또 "화 있을진저, 너희 이제 웃는 자여, 너희가 애통하며 울리로다"라고 말씀하셨다(눅 6:21, 25). 우리는 예수 그리스도를 믿고 구원을 받았으므로 마지막 대심판의 날이 두려움이 되지 않는다. 그러나 우리는 계속 범죄해서는 안 되고 또 깨닫는 죄가 있으면 언제든지 지체치 말고 그 죄를 통회하고 회개해야 한다.

　둘째로, 우리는 헛된 종교의식을 미워하고 버려야 한다. 하나님께서는 형식적, 습관적, 헛된 종교의식들, 즉 형식적, 습관적 예배와 찬송과 기도와 헌금 등을 미워하신다. 그런 종교의식들은 아무런 의미가 없고 하나님을 기쁘시게 하지도 못한다. 하나님께서는 그런 의식들을 오히려 미워하신다. 성수주일이나 새벽기도회나 일주일에 열 한 번의 예배가 귀하지만, 말씀 순종의 마음이 더 중요하다. 우리는 형식적, 습관적 예배, 찬송, 기도, 헌금 등 헛된 종교의식들을 미워하고 다 버려야 한다.

　셋째로, 우리는 공법을 물같이 흘려야 한다. 공법은 하나님의 계명에 일치하는 의를 말한다. 우리는 개인뿐 아니라, 가정과 교회에서도 의가 흘러넘치도록 하야 한다. 그것은 경건과 도덕성을 말한다. 우리는 하나님을 경외하고 주 예수 그리스도만 의지해야 하며 하나님의 계명들과 예수 그리스도의 교훈들과 사도들의 교훈들을 지켜야 한다. 구원은 죄로부터의 구원이며 경건과 도덕성의 회복이다. 우리는 하나님을 경외하고 주 예수 그리스도든 의지하며 의롭고 선하게 살아야 한다.

아모스 6장: 안일, 사치, 무관심의 죄

6장: 안일, 사치, 무관심의 죄

[1-2절] 화 있을진저, 시온에서 안일한 자와 사마리아 산에서 마음이 든든한 자 곧 열국 중 우승하여 유명하므로 이스라엘 족속이 따르는 자들이여, 너희는 갈레에 건너가고 거기서 대 하맛으로 가고 또 블레셋 사람의 가드로 내려가 보라. 그곳들이 이 나라들(유다와 이스라엘)보다 나으냐? 그 토지[영토]가 너희 토지[영토]보다 넓으냐?

아모스는 남쪽 유다에서 하나님의 심판을 알지 못하고 안일한 자들과 북쪽 이스라엘에서 심판을 두려워하지 않고 마음으로 안전하다고 느끼는 자들에게 화를 선포한다. 갈레는 앗수르의 성이고 하맛은 수리아의 성이며 가드는 블레셋의 성이다. 이 성들을 언급한 것은 한 때 유명했던 이 성들이 멸망하고 쇠잔해지고 그 영토들이 축소되었음을 가리키며, 그것은 이스라엘과 유다 나라의 멸망을 암시한다.

[3-6절] 너희는 흉한 날이 멀다 하여 강포한 자리로 가까워지게 하고 상아상에 누우며 침상에서 기지개 켜며 양떼에서 어린양과 우리에서 송아지를 취하여 먹고 비파에 맞추어 헛된 노래를 지절거리며 다윗처럼 자기를 위하여 악기를 제조하며 대접으로 포도주를 마시며 귀한 기름을 몸에 바르면서 요셉의 환난(쉐베르 שֶׁבֶר)[파탄]을 인하여는 근심치 아니하는 자로다.

이스라엘 백성은 안일할 뿐 아니라, 또한 강포하고 사치하고 향락적이었고, 요셉의 환난 즉 형제의 고난에 대해서는 무관심하였다.

[7절] 그러므로 저희가 이제는 사로잡히는 자 중에 앞서 사로잡히리니 기지개 켜는 자의 떠드는 소리가 그치리라.

그들은 하나님의 징벌로 선두 포로로 잡혀가게 될 것이다. '기지개 켜는 자의 떠드는 소리'라는 원어(미르자크 세루킴 מִרְזַח סְרוּחִים)는 '대자로 드러눕는 자들의 술잔치 법석'(BDB)이라는 뜻이다. 그러나 하나님께서는 그들의 이런 술잔치 법석을 끝나게 하실 것이다.

[8절] 만군의 하나님 여호와께서 가라사대 주 여호와가 자기를 가리켜

아모스 6장: 안일, 사치, 무관심의 죄

맹세하였노라. 내가 야곱의 영광을 싫어하며 그 궁궐들을 미워하므로 이 성읍과 거기 가득한 것을 대적에게 붙이리라 하셨느니라.

주권적 섭리- 하나님께서는 맹세하시며 이스라엘의 멸망을 선포하신다. 하나님께서는 이스라엘의 죄 때문에 그들의 외적인 영광을 미워하시고 그 성읍과 거기 가득한 것들을 그들의 대적에게 붙이실 것이다. 이스라엘 나라는 장차 이방 나라의 침공으로 멸망할 것이다.

〔9-11절〕한 집에 열 사람이 남는다 하여도 다 죽을 것이라. 죽은 사람의 친척 곧 그 시체를 불사를 자가 그 뼈를 집 밖으로 가져갈 때에 그 집 내실에 있는 자에게 묻기를 아직 너와 함께한 자가 있느냐 하여 대답하기를 아주 없다 하면 저가 또 말하기를 잠잠하라. 우리가 여호와의 이름을 일컫지 못할 것이라 하리라. [이는] 보라, 여호와께서 명하시므로 큰 집이 침을 받아 갈라지며 작은 집이 침을 받아 터지리라[터질 것임이니라].

이스라엘 나라는 집마다 남은 사람이 없을 정도로 많은 사람들이 죽을 것이며, 남은 자들은 하나님의 이름을 부를 힘도 없을 것이다. 하나님께서는 이스라엘 나라 관원들이나 부자들의 큰 집들도 갈라지게 하시고 평민들의 작은 집들도 다 터지게 하실 것이다.

〔12-13절〕말들이 어찌 바위 위에서 달리겠으며 소가[사람이 소를 가지고] 어찌 거기 밭 갈겠느냐? 그런데(키)[이는] 너희는 공법[공의]을 쓸개로 변하며 정의의 열매를 인진[쑥]으로 변하며 허무한 것을 기뻐하며 이르기를 우리의 뿔은 우리 힘으로 취하지 아니하였느냐 하는 자로다[자임이로다].

말들은 땅 위를 달려야 하지 바위 위에서 달리면 미끄러질 위험성이 크다. 또 사람이 소로 바위 위에 밭 갈 수는 없다. 그것은 불가능하다. '공의를 쓸개로 변하지 하며 정의의 열매를 쑥으로 변하게 한다'는 말씀은 공의를 버리고 불의가 가득하여 고통스런 사회를 만든다는 뜻이다. 또 이스라엘 백성은 허무한 우상을 기뻐하였고, 또 "우리의 뿔은 우리 힘으로 취하지 아니하였느냐?"고 자랑하였다. 뿔은 힘을 상징한다. 그들은 헛된 것을 기뻐하며 자신의 힘을 자랑했다. 그러나 이런 일들은 갈들이 바위 위에서 달리는 것같이 위험하고 소들로

아모스 6장: 안일, 사치, 무관심의 죄

바위 위에서 밭 갈려는 것같이 좋은 열매 맺기에 불가능한 것이다.

〔14절〕[그러나](KJV) 만군의 하나님 여호와께서 가라사대 이스라엘 족속아, 내가 한 나라를 일으켜 너희를 치리니 저희가 하맛 어귀에서부터 아라바 시내까지 너희를 학대하리라 하셨느니라.

하나님께서 일으키실 '한 나라'는 앗수르 나라이다. 하나님께서는 그 나라를 불러 오셔서 이스라엘의 북방 경계 하맛 어귀에서부터(민 34:8) 남방 경계 아라바 시내까지(왕하 14:25) 이스라엘 백성을 학대하게 하실 것이다. 그것은 그들의 죄에 대한 하나님의 징벌이다.

본장의 교훈은 무엇인가? 첫째로, 우리는 이스라엘 백성이 범하였던 죄들을 경계해야 한다. 그들은 안일하고 강포하고 사치하며 향락적이고 형제의 고난에 대해 무관심했다. 그들은 공의를 버리고 불의가 가득하여 고통스런 사회를 만들었고 허무한 것을 기뻐했다. 우리는 이스라엘 백성이 범하였던 죄들을 반복지 말아야 한다. 우리는 안일한 마음을 경계하고 강포치 말며 사치하지 말고 또 향락적이지 말아야 하고 고난 당하는 이웃에 대해 무관심하지 말고 불의와 우상숭배를 버려야 한다.

둘째로, 하나님께서는 사람의 죄에 대해 징벌하실 것이다. 죄인들에게는 화가 있을 것이다. 그들은 사로잡혀갈 것이며 술잔치 법석은 그칠 것이다. 하나님께서는 야곱의 영광을 싫어하시며 그 궁궐들을 미워하실 것이며 성과 거기 가득한 것을 대적에게 붙이실 것이다. 많은 사람들이 죽을 것이다. 크고 작은 집들이 파괴될 것이다. 그들은 이방인들에게 학대를 당할 것이다. 죄는 개인과 사회의 모든 불행의 원인이다.

셋째로, 우리는 허무한 것을 기뻐하지 말고 하나님만 경외하고 섬기며 의와 선을 실천해야 한다. 우리는 늘 하나님을 경외하며 계명 순종하기를 힘써야 한다. 우리는 온유하고 친절하며 검소하고 절제해야 하고 고난 당하는 이웃에 대해 관심을 가져야 하고 오직 정직하고 의로워야 한다. 우리가 바르게 살면 하나님의 평안이 우리 개인의 삶과 가정의 삶과 사회에까지 임할 것이다. 의로운 삶에는 평안이 있다.

아모스 7장: 황충, 불, 다림줄의 환상

7장: 황충, 불, 다림줄의 환상

[1-6절] 주 여호와께서 내게 보이신 것이 이러하니라. 왕이 풀을 벤 후 풀이 다시 움돋기 시작할 때에 주께서 황충을 지으시매 황충이 땅의 풀을 다 먹은지라. 내가 가로되 주 여호와여, 청컨대 사하소서. 야곱이 미약하오니 어떻게 서리이까 하매 여호와께서 이에 대하여 뜻을 돌이켜 가라사대 이것이 이루지 아니하리라 하시니라. 주 여호와께서 또 내게 보이신 것이 이러하니라. 주 여호와께서 명하여 불로 징벌하게 하시니 불이 큰 바다를 삼키고 육지까지 먹으려 하는지라. 이에 내가 가로되 주 여호와여, 청컨대 그치소서. 야곱이 미약하오니 어떻게 서리이까 하매 주 여호와께서 이에 대하여 뜻을 돌이켜 가라사대 이것도 이루지 아니하리라 하시니라.

주 여호와(6번)께서는 몇 개의 환상을 아모스에게 보이셨다. 첫째는 왕이 풀을 벤 후 풀이 다시 움돋기 시작할 때 주께서 황충을 보내셔서 땅의 풀을 다 먹어버리게 하심으로 백성이 가축들을 먹일 풀을 거둘 수 없게 된 환상이었고, 둘째는 불이 큰 바다를 삼키고 육지까지 먹으려 하는 환상이었다. 이 환상들은 이스라엘 땅을 멸망시키는 하나님의 재앙을 암시했다. 아모스는 야곱의 연약함을 고하며 하나님께 용서를 구했고 하나님께서는 그의 뜻을 두 번 돌이키셨다.

[7-9절] 또 내게 보이신 것이 이러하니라. 다림줄을 띄우고 쌓은 담 곁에 주께서 손에 다림줄을 잡고 서셨더니 내게 이르시되 아모스야, 네가 무엇을 보느냐? 내가 대답하되 다림줄이니이다. 주께서 가라사대 내가 다림줄을 내 백성 이스라엘 가운데 베풀고 다시는 용서치 아니하리니 이삭의 산당들이 황폐되며 이스라엘의 성소들이 훼파될 것이라. 내가 일어나 칼로 여로보암의 집을 치리라 하시니라.

셋째는 다림줄 환상이었다. '다림줄'은 벽돌을 쌓을 때 추를 달아 수직을 맞추는 데 쓰이는 줄이다. 그것은 하나님의 공의의 법을 가리켰다. '다림줄을 띄우고 쌓은 담'은 공의의 법 위에 세워진 이스라엘 나라를 가리킨다고 본다. 주께서 담 곁에 손에 다림줄을 잡고 서신

아모스 7장: 황충, 불, 다림줄의 환상

것은 공의로 판단하시고 심판하시는 하나님의 모습을 보인다.
"내가 다림줄을 내 백성 이스라엘 가운데 베풀고 다시는 용서하지 아니하리라"는 말씀은 하나님께서 참고 긍휼히 여기시는 때가 있으나, 그의 공의의 심판날도 있음을 보인다. 그는 회개치 않는 죄인들을 끝까지 내버려두지는 않으실 것이다. 이스라엘 백성은 우상숭배에 빠져 있었다. 우상숭배는 죄악들 중 가장 큰 죄악이다. 하나님께서는 우상숭배의 장소가 된 산당들과 성소들을 파괴시키실 것이다. 하나님께서는 "내가 일어나 칼로 여로보암의 집을 치리라"고 말씀하신다. 여로보암의 아들 스가랴는 왕이 된 지 여섯 달 만에 살룸에게 모반을 당해 죽임을 당했고(왕하 15:8-10) 이스라엘에는 반역이 계속되었다(왕하 15장). 이스라엘 나라는 마침내 앗수르에 의해 멸망할 것이다.

〔10-17절〕때에 벧엘의 제사장 아마샤가 이스라엘 왕 여로보암에게 기별하여 가로되 이스라엘 족속 중에 아모스가 왕을 모반하나니 그 모든 말을 이 땅이 견딜 수 없나이다. 아모스가 말하기를 여로보암은 칼에 죽겠고 이스라엘은 정녕 사로잡혀 그 땅에서 떠나겠다 하나이다 하고 아마샤가 또 아모스에게 이르되 선견자야, 너는 유다 땅으로 도망하여 가서 거기서나 떡을 먹으며 거기서나 예언하고 다시는 벧엘에서 예언하지 말라. 이는 왕의 성소요 왕의 궁임이니라. 아모스가 아마샤에게 대답하여 가로되 나는 선지자가 아니며 선지자의 아들도 아니요 나는 목자요 뽕나무[무화과나무]를 배양하는 자로서 양떼를 따를 때에 여호와께서 나를 데려다가 내게 이르시기를 가서 내 백성 이스라엘에게 예언하라 하셨나니 이제 너는 여호와의 말씀을 들을지니라. 네가 이르기를 이스라엘에 대하여 예언하지 말며 이삭의 집을 향하여 경계하지 말라 하므로 여호와께서 말씀하시기를 네 아내는 성읍 중에서 창기가 될 것이요 네 자녀들은 칼에 엎드러지며 네 땅은 줄 띄워 나누일 것이며 너는 더러운 땅에서 죽을 것이요 이스라엘은 정녕 사로잡혀 그 본토에서 떠나리라 하셨느니라.

벧엘의 제사장 아마샤는 이스라엘 왕 여로보암에게 아모스가 왕을 모반하여 왕의 죽음과 이스라엘의 멸망을 예언한다고 말하였다. 그러나 아모스는 왕을 모반하려는 생각이 없었다. 그는 단지 하나님의 말씀, 곧 하나님께서 주신 여로보암의 죽음과 이스라엘의 포로 됨에 대해 예언한 것뿐이다. 그러나 회개하지 않는 자들에게는 하나님의 말씀이 견딜 수 없는 부담이 되는 법이다. 아마샤는 아모스에게 유다 땅으로 도망해서 거기서나 예언하라고 말했다. 회개치 않는 자들은 하나님의 바른 말씀을 듣기 싫어하고 참된 선지자들을 배척한다.

아모스는 아마샤에게 자신은 본래 목자(보케르 בוֹקֵר 소 키우는 목자)와 무화과나무 배양자이었으나 하나님께서 그를 불러 예언하라고 명하셨다고 말했고, 또 자신에게 예언하지 말라고 말한 일에 대해서는 "네 아내는 성읍 중에서 창기가 되고 네 자녀들은 칼에 엎드러지며 네 땅은 나뉘고 너는 더러운 땅에서 죽을 것이요 이스라엘 백성은 정녕 사로잡혀 그 본토에서 떠나갈 것이라"고 말하였다.

본장의 교훈은 무엇인가? 첫째로, 하나님께서는 주 여호와(아도나이 예호와 אֲדֹנָי יְהוִה) 곧 온 세상의 주인이시며 주권적 섭리자이시다. 심판과 재앙, 긍휼과 구원은 하나님의 손에 달려 있다. 죄 많은 인생들의 살 길은 하나님의 긍휼과 용서밖에 없다. 우리는 이 사실을 인식하고 우리 자신을 위해 또 이웃을 위해 오직 하나님께 기도해야 한다.

둘째로, 하나님께서는 온 세상을 공의로 심판하실 것이다. 다림줄은 하나님의 공의의 심판을 보인다. 세상에서는 때때로 공의의 심판을 볼 수 없으나, 하나님의 심판은 가장 공의로우실 것이다. 우상숭배는 가장 큰 죄이며 우상숭배자 아마샤의 결말은 비참할 것이다. 참 종교를 대적하고 계명을 어기는 모든 부도덕한 거짓 종교들은 결국 망할 것이다.

셋째로, 우리는 사시고 참되신 하나님만 경외하고 섬기며 그의 계명에 순종하여 의롭고 선하고 진실하게 살아야 한다. 아모스 5:6, "너희는 여호와를 찾으라. 그리하면 살리라." 5:14, "너희는 살기 위하여 선을 구하고 악을 구하지 말지어다." 우리는 믿음으로 살고 선을 행해야 한다.

아모스 8장: 여름 실과의 환상, 말씀의 기근

8장: 여름 실과의 환상, 말씀의 기근

〔1-3절〕 주 여호와께서 또 내게 여름 실과 한 광주리를 보이시며 가라사 대 아모스야, 네가 무엇을 보느냐? 내가 가로되 여름 실과 한 광주리니이다 하매 여호와께서 내게 이르시되 내 백성 이스라엘의 끝이 이르렀은즉 내가 다시는 저를 용서치 아니하리니 그 날에 궁전[성전 혹은 궁궐]의 노래가 애곡으로 변할 것이며 시체가 많아서 사람이 잠잠히 처처에 내어버리리라. 이는 주 여호와의 말씀이니라.

'여름 실과'라는 원어(카이츠 קַיִץ)는 '끝'이라는 단어(케츠 קֵץ)와 비슷하다. 하나님께서는 그 비슷한 단어를 환상 중에 보이시며 이스라엘 나라의 멸망에 대해 말씀하셨다. 그는 "내가 다시는 용서치 아니하리니 그 날에 궁궐의 노래가 애곡으로 변할 것이며 시체가 많아서 사람이 잠잠히 처처에 내어버리리라"고 말씀하셨다. '궁궐'이라는 원어(헤칼 הֵיכָל)는 성경에서 '성전'(KJV, NIV)이라는 뜻으로 많이 쓰였고 '궁궐'(NASB)이라는 뜻도 있다.6) 성전 혹은 궁궐에서의 기쁨의 노래 소리가 애곡으로 변할 것이다. 또 전쟁의 패배로 인해 시체들이 많아서 사람들은 잠잠히 그것들을 곳곳에 내어버릴 것이다.

〔4-10절〕 궁핍한 자를 삼키며 땅의 가난한 자를 망케 하려는 자들아, 이 말을 들으라. 너희가 이르기를 월삭이 언제나 지나서 우리로 곡식을 팔게 하며 안식일이 언제나 지나서 우리로 밀을 내게 할꼬. 에바를 작게 하여[하며] 세겔을 크게 하며 거짓 저울로 속이며 은으로 가난한 자를 사며 신 한 켤레로 궁핍한 자를 사며 잿밑[밀 찌꺼기]을 팔자 하는도다. 여호와께서 야곱의 영광(하나님 자신을 가리킴)을 가리켜 맹세하시되 내가 저희의 모든 소위[행한 바]를 영영 잊지 아니하리라 하셨나니 이로 인하여 땅이 떨지 않겠으며 그 가운데 모든 거민이 애통하지 않겠느냐? 온 땅이 하수[강]의 넘침

---

6) 헤칼 הֵיכָל은 구약성경에 80회 사용되었는데, KJV는 70회를 '성전'으로, 10회를 '궁전'으로 번역하였다. '궁전'이라는 다른 용어(아르몬 אַרְמוֹן)는 구약성경에 32회 사용되었고 아모스서에도 11번 나온다.

아모스 8장: 여름 실과의 환상, 말씀의 기근

같이 솟아오르며 개굽 강같이 뛰놀다가 낮아지리라. 주 여호와께서 가라사대 그 날에 내가 해로 대낮에 지게 하여 백주[대낮]에 땅을 캄캄케 하며 너희 절기를 애통으로, 너희 모든 노래를 애곡으로 변하며 모든 사람으로 굵은 베로 허리를 동이게 하며 모든 머리를 대머리 되게 하며 독자의 죽음을 인하여 애통하듯 하게 하며 그 결국으로 곤고한 날과 같게 하리라.

이스라엘 백성은 가난한 자들에게 선을 베풀기보다 그들에게 해를 끼치며 월삭과 안식일을 빨리 지나 장사하여 이익을 얻으려는 욕심만 가졌다. 또 그들은 공평한 저울과 공평한 에바를 사용하라는 하나님의 율법(레 19:35-36)을 거역하여 됫박이나 저울을 속였다. 그들은 가난한 자들을 더욱 가난케 하여 자기들의 종으로 삼았고, 또 사람들이 먹을 만하지 못한 밀의 찌꺼기를 가난한 자들에게 팔았다. 그것들은 다 악한 행위들이었다. 그러므로 주 하나님께서는 그들의 죄악된 행위들을 기억하시며 그들에게 엄중한 벌을 내리실 것이다.

[11-14절] 주 여호와께서 가라사대 보라, 날이 이를지라. 내가 기근을 땅에 보내리니 양식이 없어 주림이 아니며 물이 없어 갈함이 아니요 여호와의 말씀을 듣지 못한 기갈이라. 사람이 이 바다에서 저 바다까지, 북에서 동까지 비틀거리며 여호와의 말씀을 구하려고 달려 왕래하되 얻지 못하리니 그 날에 아름다운 처녀와 젊은 남자가 다 갈하여 피곤하리라. 무릇 사마리아의 죄된 우상을 가리켜 갱세하여 이르기를 단아, 네 신의 생존을 가리켜 맹세하노라 하거나 브엘세바의 위하는 것의 생존을 가리켜 맹세하노라 하는 사람은 엎드러지고 다시 일어나지 못하리라.

주 여호와께서는 그들에게 말씀의 기근을 보내실 것이라고 말씀하셨다. 이스라엘 백성은 먹을 양식의 기근이나 마실 물의 기근이 아니고 말씀의 기근과 기갈을 당할 것이다. 그것이 과연 큰 재앙인가? 이스라엘 백성은 지금 하나님의 바른 말씀을 거부하고 멸시하고 있다. 그러나 하나님께서는 그들에게 말씀의 기근, 즉 하나님의 바른 말씀을 들을 수 없는 때, 성경적 설교와 바른 성경강해를 듣지 못하는 때를 주실 것이다. 그것은 하나님께서 버리시는 무서운 재앙이다.

아모스 8장: 여름 실과의 환상, 말씀의 기근

사람들은 동서사방을 다녀도 하나님의 바른 말씀을 얻지 못하며, 이곳저곳을 부지런히 다니며 달려 왕래할지라도 얻지 못할 것이다. 아름다운 처녀들과 젊은 청년들이 다 갈하여 피곤할 것이다. 영적인 기근과 기갈은 하나님의 큰 심판이다. 사도 바울도 배교를 예언하였다. 데살로니가후서 2:3, "먼저 배도[배교]하는 일이 있고." 또 바울은 디모데후서 4:3-4에서 "때가 이르리니 사람이 바른 교훈을 받지 아니하며 귀가 가려워서 자기의 사욕을 좇을 스승을 많이 두고 또 그 귀를 진리에서 돌이켜 허탄한 이야기를 좇으리라"고 경고하였다. 말세에 거짓 목사들이 많이 일어날 것이며(마 24:11) 하나님의 뜻과 상관없는 단지 사람들의 귀를 즐겁게 하는 거짓된 설교들이 유행할 것이다. 그러나 하나님께서는 참 경건을 저버린 우상숭배자들이 결국 다 엎드러질 것이라고 선포하셨다. 그것은 하나님의 공의의 심판이다.

본장의 교훈은 무엇인가? <u>첫째로, 이스라엘 백성은 범죄하여 그 끝을 맞게 되었다.</u> 그들은 하나님을 경외하며 바르게 섬기지 않았고 서로에게 거짓말을 했고 가난한 자들에게 악을 행하였다. 그 결과, 그들은 하나님의 심판을 받아 멸망할 것이다. 그러나 구원받은 우리는 정직하게, 바르게 살아야 한다. 그것이 하나님의 뜻이다. 우리는 양심에 거리끼는 일을 하지 말고, 돈을 벌 때 정직하고 진실하게 벌어야 한다. 우리는 이웃에게 악을 행치 말고 가난한 자들을 학대하지 말아야 한다.

<u>둘째로, 하나님께서는 사람들에게 말씀의 기근을 주실 것이다.</u> 그것은 참으로 두려운 재앙이며 하나님의 심판이다. 이스라엘 백성은 참된 선지자들을 가질 수 없고 하나님의 바른 말씀을 들을 수 없을 것이다. 말세에도 그렇게 될 것이다. 많은 거짓 목사들이 나타날 것이며 이미 나타났다. 거짓말이 진리를 쫓아내며 사람의 귀를 즐겁게 하는 설교가 바른 설교를 쫓아내는 시대가 되었다. 우리는 성경을 주야로 읽고 듣고 묵상하며 바른 말씀을 붙듦으로써 말씀의 기근을 당하지 않아야 한다.

9장: 이스라엘의 멸망과 회복

〔1-4절〕 내가 보니 주께서 단 곁에 서서 이르시되 기둥머리를 쳐서 문지방이 움직이게 하며 그것으로[그것들이] 부숴져서[부서져서] 무리의 머리에 떨어지게 하라. 내가 그 남은 자를 칼로 살륙하리니 그 중에서 하나도 도망하지 못하며 그 중에서 하나도 피하지 못하리라. 저희가 파고 음부로 들어갈지라도 내 손이 거기서 취하여 낼 것이요 하늘로 올라갈지라도 내가 거기서 취하여 내리울 것이며 갈멜산 꼭대기에 숨을지라도 내가 거기서 찾아낼 것이요 내 눈을 디하여 바다 밑에 숨을지라도 내가 거기서 뱀을 명하여 물게 할 것이요 그 원수 앞에 사로잡혀 갈지라도 내가 거기서 칼을 명하여 살륙하게 할 것이라. 내가 저희에게 주목하여 화를 내리고 복을 내리지 아니하리라 하시니라.

아모스는 하나님께서 단 곁에 서셔서 "기둥머리를 쳐서 문지방이 움직이게 하며 그것들이 부서져서 무리의 머리에 떨어지게 하라"고 말씀하시는 환상을 보았다. '단'은 성전의 번제단을 말하고 '기둥머리'는 성전 낭실 앞의 두 기둥의 기둥머리를 말한다. 하나님께서는 그 기둥머리가 부서져서 형식적인 제사장과 예배자들의 머리에 떨어지게 하실 것이다. 그는 형식적으로 예배하는 악한 자들에게 진노하시고 징벌하실 것이다. 그들은 그것을 피할 수 없을 것이다. 그들은 땅 속 깊은 곳에 들어갈지라도, 하늘 높이 올라갈지라도, 갈멜산 꼭대기에 숨을지라도 다 칼로 죽임을 당하고 바다 밑에 숨을지라도 뱀에게 물려 죽을 것이며 원수 앞에 사로잡혀 갈지라도 잡혀간 그곳에서 칼에 죽임을 당할 것이다. 그들은 하나님의 심판과 징벌을 받을 것이다.

〔5-6절〕 주 만군의 여호와는 땅을 만져 녹게 하사 무릇 거기 거한 자로 애통하게 하시며 그 온 땅으로 하수[강]의 넘침같이 솟아오르며 애굽 강같이 낮아지게 하시는 자요 그 전(마알라 מַעֲלָה)[층들(BDB, KJV, 다락방들(NASB)]을 하늘에 세우시며 그 궁창(아굿다 אֲגֻדָּה)[무리, (하늘의) 궁창(BDB, NASB]의 기초를 땅에 두시며 바닷물을 불러 지면에 쏟으시는 자니 그 이름은 여

아모스 9장: 이스라엘의 멸망과 회복

호와시니라.

　천군 천사들의 찬송과 섬김을 받으시는 주 만군의 여호와, 곧 주권자 하나님께서는 심판자로서 능력과 위엄을 가지신 자이시다. 그가 우리가 사는 땅을 조금만 건드리셔도 땅은 녹을 것이다. 그는 온 땅에 거하는 자들로 애통하게 하실 것이다. 그는 그들에게 기쁨과 즐거움도 주실 수 있고, 슬픔과 고통도 주실 수 있다. 또 그는 온 땅으로 강의 넘침같이 솟아오르게 하시며 애굽 강같이 낮아지게 하실 것이다. 이것은 지진을 가리킨 것 같다. 그는 하늘에 층들을 세우시고 그 궁창의 기초를 땅에 두시고 바닷물을 불러 지면에 쏟으신다. 노아의 때에 하나님께서 홍수로 땅을 멸하셨듯이, 이제 그는 땅에 있는 모든 것을 다 쓸어버리실 것이다. 그 이름은 여호와 곧 영원자존하신 하나님이시다. 그는 친히 하늘을 주관하시고 또 땅과 바다도 주장하시는 섭리자, 통치자이시며 세상의 심판자이시다.

　〔7-10절〕여호와께서 가라사대 이스라엘 자손들아, 너희는 내게 구스 족속 같지 아니하냐? 내가 이스라엘을 애굽 땅에서, 블레셋 사람을 갑돌에서, 아람 사람을 길(성 이름)에서 올라오게 하지 아니하였느냐? 보라, 주 여호와 내가 범죄한 나라에 주목하여 지면에서 멸하리라. 그러나 야곱의 집은 온전히 멸하지는 아니하리라. 이는 여호와의 말씀이니라. 내가 명령하여 이스라엘 족속을 만국 중에 체질하기를 곡식을 체질함같이 하려니와 그 한 알갱이도 땅에 떨어지지 아니하리라. 내 백성 중에서 말하기를 화가 우리에게 미치지 아니하며 임하지 아니하리라 하는 모든 죄인은 칼에 죽으리라.

　구스 족속은 피부색이 검은 이방인이다. 하나님께서는 이스라엘 백성을 구스인에 비교하셨다. 하나님께서는 옛날에 이스라엘 백성을 애굽에서, 블레셋 족속을 갑돌에서, 아람 족속을 길이라는 곳에서 불러내셨다. 그것은 다 하나님께서 하신 일들이었다. 그들 중에서 이스라엘 백성은 하나님께 특별한 은혜를 입은 자들이었다. 그들에게는 하나님의 언약과 율법이 있었다. 그러나 그들이 범죄하였을 때 그것은 아무 소용이 없었다. 하나님께서는 범죄한 나라들에 주목하여 그들을 땅 위에서 멸망시키실 것이다.

그러나 하나님께서 이스라엘 백성을 징벌하시지만 온전히 멸하지는 않으실 것이다. 그는 그들을 체질함같이 하실 것이다. 체질은 곡식의 알갱이와 쭉정이를 구분하는 방법이다. 하나님께서는 이스라엘 백성 중에 한 달갱이라도 땅에 떨어지지 않게 하실 것이다. 그러나 쭉정이들 곧 완악하고 패역한 죄인들은 칼에 죽을 것이다.

〔11-12절〕 그 날에 내가 다윗의 무너진 천막을 일으키고 그 틈을 막으며 그 퇴락한 것을 일으켜서 옛적과 같이 세우고 저희로 에돔의 남은 자와 내 이름으로 일컫는 만국을 기업으로 얻게 하리라. 이는 이를 행하시는 여호와의 말씀이니라.

하나님께서는 다윗의 무너진 천막, 곧 멸망한 이스라엘 나라를 일으키실 것이며 또 그들로 모든 이방 나라를 기업으로 얻게 하실 것이다. 열국 중에서 하나님의 선택을 받고 하나님의 이름으로 불리는 자들이 많을 것이다. 이것은 이방인들의 구원에 대한 예언이다. 이것은 신약시대에 성취되었다. 사도행전 15:14-17에 보면, 야고보는 다음과 같이 말하였다. "하나님이 처음으로 이방인 중에서 자기 이름을 위할 백성을 취하시려고 저희를 권고하신 것을 시므온이 고하였으니 선지자들의 말씀이 이와 합하도다. 기록된 바 이 후에 내가 돌아와서 다윗의 무너진 장막을 다시 지으며 또 그 퇴락한 것을 다시 지어 일으키리니 이는 그 남은 사람들과 내 이름으로 일컬음을 받는 모든 이방인들로 주를 찾게 하려 함이라 하셨으니."

〔13-15절〕 여호와께서 가라사대 보라, 날이 이를지라. 그때에 밭 가는 자가 곡식 베는 자의 뒤를 이으며 포도를 밟는 자가 씨 뿌리는 자의 뒤를 이으며 산들은 단 포도주를 흘리며 작은 산들은 녹으리라. 내가 내 백성 이스라엘의 사로잡힌 것을 돌이키리니 저희가 황무한 성읍을 건축하고 거하며 포도원들을 심고 그 포도주를 마시며 과원들을 만들고 그 과실을 먹으리라. 내가 저희를 그 본토에 심으리니 저희가 나의 준 땅에서 다시 뽑히지

아모스 9장: 이스라엘의 멸망과 회복

아니하리라. 이는 네 하나님 여호와의 말씀이니라.

이스라엘 나라의 회복의 때에는 곡식과 포도주의 풍성함이 있을 것이다. 즉 그것은 물질적 풍요를 동반할 것이다. 하나님께서는 멸망하여 온 세계에 흩어졌던 이스라엘 백성을 그가 원래 주셨던 땅으로 돌아오게 하실 것이며, 그들은 거기에서 영구히 거주하며 평화로이 살게 될 것이다. 이 예언은 스룹바벨 때에 이스라엘 백성이 파사 왕 고레스의 칙령으로 고국으로 돌아왔을 때 예표적으로 이루어졌고(스 1장), 구주 예수 그리스도의 오심으로 시작되었고(행 15:15-18) 그의 재림으로 영광스럽게 이루어질 것이다(계 21-22장).

본장의 교훈은 무엇인가? 첫째로, <u>하나님께서는 사람의 죄에 대해 반드시 심판하실 것이다.</u> 그는 형식적 종교생활을 하는 자들을 벌하시며 다 죽이실 것이다. 하나님을 피하여 숨을 자가 없을 것이다. 땅 깊은 곳도, 하늘 높은 곳도, 산꼭대기도, 바다 깊은 곳도 하나님의 손이 미치지 않는 곳이 없을 것이다. 땅을 만져 녹이시며 바닷물을 불러 땅에 쏟으시는 권능의 하나님께서 그들을 심판하시며 징벌하실 것이다.

둘째로, <u>하나님께서는 택하신 자들을 하나도 남김 없이 다 구원하실 것이다.</u> 9절, "곡식을 체질함같이 하려니와 그 한 알갱이도 땅에 떨어지지 아니하리라." 요한복음 6:39, "나를 보내신 이의 뜻은 내게 주신 자 중에 내가 하나도 잃어버리지 아니하고 마지막 날에 다시 살리는 이것이니라." 하나님께서는 다윗의 무너진 천막을 일으키시고 자기의 이름으로 일컫는 만국을 기업으로 얻게 하실 것이다(11-12절). 신약교회가 바로 그 회복된 이스라엘 나라이다. 그것은 세계적 교회이다.

셋째로, <u>우리는 하나님의 은혜로 예수 그리스도로 말미암아 구원받은 백성으로서 하나님의 자녀의 표를 가진 자가 되어야 한다.</u> 우리는 몸의 죄성대로나 세상의 죄악된 풍조를 따라 살지 말고 또 형식적 교회생활에 떨어지지 말고, 하나님을 경외하고 의와 선을 행해야 한다.

오바댜

OBADIAH

서론

오바댜는 겨우 21절로서 구약성경에서 가장 짧은 책이다.

오바댜의 **저작 연대**에 대해서는 예루살렘 멸망 이후로 보는 견해가 있고, 아하스 시대(주전 743-728년)로 보는 견해가 있고, 여호람 시대(주전 848-841년)로 보는 견해가 있다. 대다수의 복음주의 학자들은 세 번째 견해를 취하는 것 같다.

본서의 11절은 열왕기하 8:20과 역대하 21:16-17과 조화되는 것 같다. 11절, "네가 멀리 섰던 날 곧 이방인이 그의 재물을 늑탈하며 외국인이 그의 성문에 들어가서 예루살렘을 얻기 위하여 제비 뽑던 날에 너도 그들 중 한 사람 같았었느니라." 열왕기하 8:20, "여호람 때에 에돔이 배반하여 유다의 수하에서 벗어나 자기 위에 왕을 세운 고로." 역대하 21:16-17, "여호와께서 블레셋 사람과 구스에서 가까운 아라비아 사람의 마음을 격동시키사 여호람을 치게 하셨으므로 그 무리가 올라와서 유다를 침노하여 왕궁의 모든 재물과 그 아들들과 아내들을 탈취하였으므로."

본서의 **주요 내용**은 에돔에 대한 심판이며 전체의 내용은 다음과 같다.

1- 9절, 에돔의 멸망이 다가옴.
10-14절, 멸망의 이유—이스라엘에게 악을 행하였으므로.
15-21절, 주의 날이 임할 것—에돔의 멸망, 메시아 왕국.

오바댜: 에돔에 대한 심판

〔1-4절〕 오바댜의 묵시[환상]라. 주 여호와께서 에돔에 대하여 이같이 말씀하시니라. 우리가 여호와께로 말미암아 소식을 들었나니 곧 사자가 열국 중에 보내심을 받고 이르기를 너희는 일어날지어다. 우리가 일어나서 그로 더불어 싸우자 하는 것이니라. 여호와께서 가라사대 내가 너를 열국 중에 미약하게 하였으므로 네가 크게 멸시를 받느니라. 바위틈에 거하며 높은 곳에 사는 자여, 네가 중심에 이르기를 누가 능히 나를 땅에 끌어내리겠느냐 하니 너의 중심의 교만이 너를 속였도다. 네가 독수리처럼 높이 오르며 별 사이에 깃들일지라도 내가 거기서 너를 끌어내리리라. 나 여호와가 말하였느니라.

에돔은 야곱의 형 에서의 자손들이었으나 이스라엘 자손들과는 항상 적대관계에 있었다. 하나님께서는 사해 남쪽 산악지대에 요새를 만들었던 에돔을 이방 나라를 일으켜 치게 하실 것이다. 세계 역사는 하나님의 섭리 역사이다. 전쟁과 평화는 하나님의 주권적 섭리의 손 안에 있다. 여호와께서는 에돔을 포함하여 모든 나라의 흥망성쇠를 주관하신다. 물론 그것은 백성의 경건성과 도덕성에 관계되어 있다. 개인의 생사화복도 하나님의 손에 있다. 에돔의 문제는 교만이었다. 에돔은 자신감과 자만심이 넘쳤다. 그러나 하나님께서는 그들이 별 사이에 깃들일지라도 거기서 그들을 끌어내리리라고 말씀하셨다.

〔5-9절〕 혹시 도적이 네게 이르렀으며 강도가 밤중에 네게 이르렀을지라도 그 마음에 만족하게 취하면 그치지 아니하였겠느냐? 혹시 포도를 따는 자가 네게 이르렀을지라도 그것을 얼마쯤 남기지 아니하였겠느냐? 네가 어찌 그리 망하였는고. 에서가 어찌 그리 수탐(搜探)되었으며 그 감춘 보물이 어찌 그리 수탐되었는고. 너와 약조한 자들이 다 너를 쫓아 변경에 이르게 하며 너와 화목하던 자들이 너를 속이고 이기며 네 식물을 먹는 자들이 네 아래 함정을 베푸니 네 다음에 지각[총명]이 없음이로다. 나 여호와가 말하노라. 그 날에 내가 에돔에서 지혜 있는 자를 멸하며 에서의 산에서 지각

오바댜: 에돔에 대한 심판

있는 자[총명](KJV, NASB)를 멸하지 아니하겠느냐? 드만아, 네 용사들이 놀랄 것이라. 이로 인하여 에서의 산의 거민이 살륙을 당하여 다 멸절되리라.

도적이나 강도가 와도 또 포도 따는 자가 와도 마음에 만족히 취하면 얼마쯤 남길 것이지만, 에돔은 샅샅이 뒤짐과 약탈을 당하고 완전히 멸망할 것이다. 하나님의 심판은 철저할 것이다. 에돔과 평화조약을 맺었던 나라들이 침략해 그들을 국경으로 쫓아낼 것이다. 에돔의 식물을 먹는 자들 곧 그들과 교역을 하거나 그들의 지원을 받던 자들이 그들에게 함정을 베풀 것이다. 국가 간에 맺었던 평화조약은 헛될 것이다. 에돔 나라에는 총명한 지도자들이 없을 것이다. 하나님께서는 에돔에서 지혜 있는 자들과 그들의 총명을 멸하실 것이다. 에돔의 용사들은 놀라고 거민들은 전쟁으로 인해 살륙을 당해 다 멸절할 것이다. 교만하고 자만했던 에돔 나라는 완전히 멸망할 것이다.

[10-14절] 네가 네 형제 야곱에게 행한 포학을 인하여 수욕을 입고 영원히 멸절되리라. 네가 멀리 섰던 날 곧 이방인이 그의 재물을 늑탈하며 외국인이 그의 성문에 들어가서 예루살렘을 얻기 위하여 제비 뽑던 날에 너도 그들 중 한 사람 같았었느니라. 네가 형제의 날 곧 그 재앙의 날에 방관할 것이 아니며 유다 자손의 패망하는 날에 기뻐할 것이 아니며 그 고난의 날에 네가 입을 크게 벌릴 것이 아니라. 내 백성이 환난을 당하는 날에 네가 그 성문에 들어가지 않을 것이며 환난을 당하는 날에 네가 그 고난을 방관하지 않을 것이며 환난을 당하는 날에 네가 그 재물에 손을 대지 않을 것이며 사거리에 서서 그 도망하는 자를 막지 않을 것이며 고난의 날에 그 남은 자를 대적에게 붙이지 않을 것이니라.

에돔 나라가 멸망하게 되는 까닭은 그가 그의 형제 야곱에게 행한 포학 때문이었다. 그들은 그 죄 때문에 수욕을 입고 영원히 멸망할 것이다. 의는 존귀와 평안을 가져오지만, 죄는 수욕과 멸망을 가져올 것이다. 에돔 사람들은 그 형제 이스라엘의 날, 곧 그들이 멸망하는 날에 멀리 서 있어 방관했고, 그들을 늑탈한 이방인들 중의 하나같이 처신하였고, 그들의 멸망을 기뻐하였다. 그러나 그들은 그렇게 처신해서는 안 되었다. 그들은 이스라엘 백성이 환난을 당하는 날에 그 성에 들어가지 말아야 하였고, 그 고난을 방관하지 말아야 했고, 그 재물에 손을 대지 말아야 했고, 사거리에 서서 그 도망하는 자들을 막지 말아야 했고, 그 남은 자들을 그 대적에게 붙이지 말아야 했다.

[15-16절] [이는] **여호와의 만국을 벌할 날이 가까왔나니**[가까웠음이니라.] **너의 행한 대로 너도 받을 것인즉 너의 행한 것이 네 머리로 돌아갈 것이라. 너희가 내 성산에서 마신 것같이 만국인이 항상 마시리니 곧 마시고 삼켜서 본래 없던 것같이 되리라.**

본문은 10절에 이어서 에돔의 멸망의 이유를 말한다. 여호와께서 만국을 벌하실 날이 올 것이다. 역사상 종종 하나님의 심판의 일들이 있었으나, 최종적으로 세상의 모든 나라들을 벌하실 날이 올 것이다. 그 날에는 에돔도 자기의 행위의 보응을 받을 것이다. 하나님의 심판과 징벌은 공의롭고 공정할 것이다. 하나님께서는 에돔의 악에 대해 공의로 보응하실 것이다. 모든 사람은 행한 대로 보응을 받을 것이다.

"너희가 내 성산에서 마신 것같이"라는 말은 문맥상 에돔을 가리킨다고 본다. '마시는 것'은 노략질한 후 술잔치를 벌이는 것을 가리킬 것이다. "만국인이 항상 마시리라"는 말씀은 모든 이방 나라들이 하나님의 진노와 재앙을 영원히 당할 것이라는 뜻이라고 본다. 또 "곧 마시고 삼켜서 본래 없던 것같이 되리라"는 말씀은 완전한 멸망을 가리킬 것이다. 세상 나라들은 결국 다 완전히 멸망할 것이다.

[17절] **오직**[그러나](KJV, NASB, NIV) **시온산에서 피할 자가 있으리니 그 산이 거룩할 것이요 야곱 족속은 자기 기업을 누릴 것이며.**

열국의 심판 중에 오직 시온산에서 피할 자가 있을 것이다. 시온산은 성전이 있고 하나님의 언약과 긍휼이 있는 곳이다. 그곳에서 환난을 피할 자들이 있을 것이다. 시온산에 구원받을 자들이 있을 것이다.

그 산은 거룩할 것이다. 이전에는 그 산이 종교적으로, 도덕적으로 부패하고 더러웠고 그래서 이방인들에 의해 짓밟히고 더럽혀졌으나 이제 하나님께서 그것을 회복시키실 것이다. 이제 시온산에 거하는 자들은 하나님께 참된 예배를 올리고 하나님의 말씀을 지킬 것이다. 하나님의 이름은 그들을 통해 거룩히 여김과 영광을 받으실 것이다.

또 야곱 족속은 자기 기업을 누릴 것이다. 야곱 족속은 이스라엘 백성 전체 즉 이스라엘과 유다를 가리킨다. 그들은 범죄함으로 하나님의 주셨던 기업의 땅 가나안을 잃어버렸었다. 그러나 그들은 장차 하나님의 은혜로 그 땅을 다시 회복할 것이다(19-20절).

시온산과 이스라엘의 얻을 기업은 신약교회를 가리킨다고 볼 수 있다. 시온산은 하나님의 긍휼과 속죄의 피뿌림이 있는 곳이며 구원받은 만국 백성이 그리로 올라올 것이다. 히브리서 12:22는, "너희가 이른 곳은 시온산과 살아계신 하나님의 도성인 하늘의 예루살렘"이라고 말했다. 요한계시록 14:1은, "보라, 어린양이 시온산에 섰고 그와 함께 14만 4천이 섰는데, 그 이마에 어린양의 이름과 그 아버지의 이름을 쓴 것이 있도다"라고 말했다. 그들은 땅에서 구원받은 자들이다. 예수 그리스도로 말미암은 구원이 온 땅에 이루어질 것이다.

하나님의 진노로부터의 구원이 있다. 그 구원은 예수 그리스도께서 하나님의 공의를 만족시키심으로써 가능했다. 로마서 5:9, "그러면 이제 우리가 그 피를 인하여 의롭다 하심을 얻었은즉 더욱 그로 말미암아 진노하심에서 구원을 얻을 것이니." 예수님 믿고 의롭다 하심을 얻은 자들은 하나님의 진노로부터 구원을 얻었다.

[18-21절] 야곱 족속은 불이 될 것이요 요셉 족속은 불꽃이 될 것이며 에서 족속은 초개가 될 것이라. 그들이 그의 위에 붙어서 그를 사를 것인즉 에서 족속에 남은 자가 없으리니 이는 여호와께서 말씀하셨음이니라. 남방 사람은 에서의 산을 얻을 것이며 평지 사람은 블레셋을 얻을 것이요 또 그들이 에브라임의 들과 사마리아의 들을 얻을 것이며 베냐민은 길르앗을 얻을 것이며 사로잡혔던 이스라엘의 뭇 자손은 가나안 사람에게 속한 땅을 사르밧까지 얻을 것이며 예루살렘의 사로잡혔던 자 곧 스바랏에 있는 자는 남

방의 성읍들을 얻을 것이니라. 구원자들이 시온산에 올라와서 에서의 산을 심판하리니 나라가 여호와께 속하리라.**

이스라엘 백성은 불과 불꽃이 되어 에서 족속을 사를 것이다. 에서 족속은 남은 자들이 없을 것이다. 이것은 복음의 정복을 상징한 것 같다. 회복된 이스라엘은 에서의 땅과 그 주위를 차지할 것이다. 온 세상은 본래 하나님의 세계이었지만 아담이 범죄한 후에 하나님 없는 세계, 하나님을 대항하는 세계, 하나님께 욕을 돌리는 세계가 되었다. 그러나 세상은 다시 하나님의 세계가 될 것이며, 경건한 사람들의 세계, 의인들의 세계가 될 것이다. '구원자들'은 예수 그리스도와 그의 종된 사도들과 신약시대의 복음 사역자들을 가리켰다고 본다. 그리스도의 복음은 믿지 않는 자들에게 심판이 된다. 마가복음 16:16, "믿고 세례를 받는 사람은 구원을 얻을 것이요 믿지 않는 사람은 정죄를 받으리라." 믿지 않는 자들은 이미 정죄를 받았다. 마침내 세상 나라들은 우리 주와 그 그리스도의 나라가 될 것이다(계 11:15).

오바댜서의 교훈은 무엇인가? **첫째로, 교만하면 망한다.** 에돔의 근본적 죄는 교만이었다. 사람은 교만하면 하나님을 대적하며 결국 망한다. 우리는 평안할 때 교만하지 말고 항상 온유하며 겸손해야 한다.

둘째로, 우리는 형제들과 이웃에게 포학을 행치 말아야 한다. 에돔은 유다의 멸망 때 그들을 긍휼히 여기지 않고 방관하였고 재물을 빼앗고 포학을 행했다. 우리는 고난 당하는 형제와 이웃을 긍휼히 여겨야 한다.

셋째로, 하나님께서는 마지막 심판 날에 만국을 벌하실 것이다. 그는 사람들의 행위대로 공의롭게 심판하실 것이다. 공의의 심판이 있다! 그것은 의인들에게는 큰 위로이지만, 악인들에게는 큰 두려움이 된다.

넷째로, 그러나 시온산에는 피할 자들이 있을 것이다. 그들은 하나님께서 세상에 보내신 구주 예수 그리스도의 대속 사역으로 구원받은 자들이다. 우리는 하나님의 구원의 은혜 안에 거해야 한다.

요나

JONAH

요나 서론

내용 목차

1장: 요나의 불순종과 고난 ·· 129
2장: 요나의 기도 ··· 133
3장: 니느웨 성의 회개 ·· 137
4장: 요나의 불평과 하나님의 대답 ······································ 141

서론

요나서의 **저작 연대**는 여로보암 2세(793-753년) 때인 주전 760년 경이라고 본다(왕하 14:25). 요나서의 내용이 우화가 아니고 **참된 것 인가**에 대해, 불신앙적인 비평가들은 요나가 앗수르 왕을 니느웨 왕으로 언급하지 않았을 것이라고 주장한다. 그러나 성경에는 '사마리아 왕'(왕상 21:1), '다메섹 왕'(대하 24:23)이라는 표현이 나온다. 또 니느웨가 큰 성이었다(3:3 원문)는 표현은 니느웨 성이 전부터 큰 성이었음을 강조한 것이라고 볼 수 있다. 그 성의 크기를 '3일 길'이라고 말한 것(3:3)도 전도하면서 그 성을 통과하는 데 사흘이 걸린다는 뜻일 것이다. 보통 남자는 3일에 100km를 걸으며 인류 역사상 직경이 100km인 도시는 없었다. 예수께서는 요나가 물고기 뱃속에 들어갔던 일과 니느웨 백성이 회개한 일을 말씀하심으로 요나서의 진실함을 증거하셨다. 마태복음 12:40-41, "요나가 밤낮 사흘을 큰 물고기 뱃속에 있었던 것같이 인자도 밤낮 사흘을 땅속에 있으리라. 심판 때에 니느웨 사람들이 일어나 이 세대 사람을 정죄하리니 이는 그들이 요나의 전도를 듣고 회개하였음이어니와."

본서의 **주요 내용**은 이방인들을 향하신 하나님의 긍휼이다. 또 본서의 **특징적 진리**는 하나님의 주권(1:4, 17; 2:9, 10; 3:10; 4:6-8)과 하나님의 긍휼(2:2; 3:10; 4:11)이다.

1장: 요나의 불순종과 고난

〔1-3절〕 여호와의 말씀이 아밋대의 아들 요나에게 임하니라. 이르시되 너는 일어나 저 큰 성읍 니느웨로 가서 그것을 쳐서 외치라. 그 악독이 내 앞에 상달하였음이니라 하시니라. 그러나 요나가 여호와의 낯을 피하려고 일어나 다시스로 도망하려 하여 욥바로 내려갔더니 마침 다시스로 가는 배를 만난지라. 여호와의 낯을 피하여 함께 다시스로 가려고 선가(船價)를 주고 배에 올랐더라.

하나님께서는 큰 성읍 니느웨 사람들의 매우 악함을 보시고 요나를 불러 그 성을 쳐서 외치게 하셨다. 그러나 요나는 하나님의 명령을 순종치 않았다. 그는 이방인들의 성읍이 회개하여 멸망하지 않는 것을 원치 않았던 것 같다(4:2). 그는 하나님의 낯을 피하여 다시스로 도망하려고 욥바로 내려갔고 다시스로 가는 배를 만나 배삯을 주고 배에 올랐다. 다시스는 스페인의 타르테수스(Tartessus)(알부라잇)나 이탈리아 서쪽 사디니아(Sardinia)섬(아하로니)을 가리킨다는 견해가 있으나, 아마 소아시아 동남부 길리기아 다소(요세푸스, 매튜 풀)를 가리킬 것이다. 그러나 요나는 하나님의 낯을 피할 수 없었다. 그의 앞길에는 하나님의 내리신 징벌과 고난이 기다리고 있었다.

〔4-6절〕 여호와께서 대풍(大風)을 바다 위에 내리시매 바다 가운데 폭풍이 대작하여[크게 일어나] 배가 거의 깨어지게 된지라. 사공이 두려워하여 각각 자기의 신을 부르고 또 배를 가볍게 하려고 그 가운데 물건을 바다에 던지니라. 그러나 요나는 배 밑층에 내려가서 누워 깊이 잠이 든지라. 선장이 나아가서 그에게 이르되 자는 자여, 어찜이뇨? 일어나서 네 하나님께 구하라. 혹시 하나님이 우리를 생각하사 망하지 않게 하시리라 하니라.

여호와께서는 큰바람을 바다 위에 내리셨고 바다 가운데 폭풍이 크게 일어나 배가 거의 깨어지게 되었다. 하나님께서는 바람과 풍랑도 주장하시는 분이시다. 그는 우주의 크고 작은 모든 일, 좋고 나쁜

요나 1장: 불순종과 고난

모든 일을 주관하신다. 예수께서는 참새 한 마리도 하나님께서 허락지 않으시면 땅에 떨어지지 않는다고 말씀하셨다(마 10:29). 하나님께서 큰바람을 내리신 것은 요나의 불순종에 대한 징벌이었고 그로 하여금 회개케 하시려는 뜻이 있었다.

뱃사공들은 두려워하여 각각 자기들의 신을 불렀고 또 배를 가볍게 하려고 배의 물건들을 바다에 던졌다. 사람은 연약한 존재이며 또 종교적 존재이다. 환난 때는 누구나 하나님을 찾는다. 이론적 무신론자는 있어도 실제적 무신론자는 없을 것이다. 그런데 큰 폭풍과 풍랑으로 인해 파선의 위험이 있었던 그때에 요나는 배 밑층에 내려가서 누워 깊이 잠이 들었다. 사람은 범죄할 때에 심령이 어두워지고 무디어진다. 선장은 나아가서 그를 깨웠다. 이런 위험한 때에 잠만 자고 있다니 선장은 그를 이해할 수 없었다. 선장은 일어나 그의 신에게 구원을 간구하라고 그에게 요청하였다.

[7-10절] 그들이 서로 이르되 자 우리가 제비를 뽑아 이 재앙이 누구로 인하여 우리에게 임하였나 알자 하고 곧 제비를 뽑으니 제비가 요나에게 당한지라. 무리가 그에게 이르되 청컨대 이 재앙이 무슨 연고로 우리에게 임하였는가 고하라. 네 생업이 무엇이며 어디서 왔으며 고국이 어디며 어느 민족에 속하였느냐? 그가 대답하되 나는 히브리 사람이요 바다와 육지를 지으신 하늘의 하나님 여호와를 경외하는 자로라 하고 자기가 여호와의 낯을 피함인 줄을 그들에게 고하였으므로 무리가 알고 심히 두려워하여 이르되 네가 어찌하여 이렇게 행하였느냐 하니라.

알기 어렵고 판단하기 어려운 사건에서 제비뽑기는 그것을 판단하는 한 방법으로 사용되었다. 그것은 신기한 방법이었다. 그 이방인들이 사용한 제비뽑기는 신기하게도 요나를 찾아내는 데 성공하였다. 요나는 제비에 뽑혔다. 요나가 그 풍랑의 원인이 자기가 여호와의 낯을 피함이라고 그들에게 고하자 무리는 알고 심히 두려워했다. 하나님의 낯을 피하려는 요나를 하나님께서는 찾아내셨다. 그는 큰바람

요나 1장: 불순종과 고난

을 보내셨고 선장으로 하여금 잠자는 요나를 깨우게 하셨고 제비가 그에게 뽑히게 하셨다. 사람은 하나님의 낯을 피할 수 없다.

[11-16절] 바다가 점점 흉용한지라. 무리가 그에게 이르되 우리가 너를 어떻게 하여야 바다가 우리를 위하여 잔잔하겠느냐? 그가 대답하되 나를 들어 바다에 던지라. 그리하면 바다가 너희를 위하여 잔잔하리라. 너희가 이 큰 폭풍을 만난 것이 나의 연고인 줄 내가 아노라 하니라. 그러나 그 사람들이 힘써 노를 저어 배를 육지에 돌리고자 하다가 바다가 그들을 향하여 점점 더 흉용하므로 능히 못한지라. 무리가 여호와께 부르짖어 가로되 여호와여, 구하고 구하오니 이 사람의 생명 까닭에 우리를 멸망시키지 마옵소서. 무죄한 피를 우리에게 돌리지 마옵소서. 주 여호와께서는 주의 뜻대로 행하심이니이다 하고 요나를 들어 바다에 던지매 바다의 뛰노는 것이 곧 그친지라. 그 사람들이 여호와를 크게 두려워하여 여호와께 제물을 드리고 서원을 하였더라.

요나가 자신의 죄를 시인하고 고백하였으나 바다는 점점 더 거칠게 일어났다. 죄는 시인하고 고백하는 것만으로는 부족하다. 죄는 벌을 받아야 한다. 요나는 그 위험한 상황이 자신의 불순종 때문인 줄을 알았으므로 그는 그들에게 자기를 바다에 던지라고 말했다. 죄의 값은 죽음이다. 그러나 그들은 힘써 노를 저어 배를 육지에 돌리고자 하였으나 바다가 그들을 향하여 점점 더 거칠게 일어나므로 할 수 없었고 부득이 요나를 들어 바다에 던졌다. 그러자 놀랍게도 성난 바다의 뛰노는 것이 곧 그쳤다. 참으로 놀라운 일이다. 하나님께서 살아계셔서 풍랑까지도 주관하심이 증거되었다. 그 선장과 선원들은 두려워하며 여호와 하나님께 제사를 드렸고 또 서원을 하였다.

[17절] 여호와께서 이미 큰 물고기를 예비하사 요나를 삼키게 하셨으므로 요나가 삼일(三日) 삼야(三夜)를 물고기 배에 있느니라.

하나님께서는 큰 물고기를 예비하셨다. 하나님께서는 예비하시는 하나님이시다(창 22:14). 그는 예비하신 그 큰 물고기로 하여금 요나를 삼키게 하셨다. 하나님께서는 천지만물의 주관자이시며 큰바람도

요나 1장: 불순종과 고난

물고기도 다스리신다. 큰 물고기가 요나를 삼킨 것은 하나님께서 그의 생명을 지키시고 건지신 일이었다. 하나님께서는 택한 종을 버려두지 않으시고 그냥 죽게 하지 않으셨다. 요나는 삼일간 물고기 뱃속에 있었다. 그 후에 요나는 거기에서 살아 나왔다(2:10). 이것은 예수 그리스도의 죽음과 부활의 예표가 되었다(마 12:39-40). 요나는 죽었다가 다시 살아난 것과 같았다. 그는 죽음과 부활을 경험한 셈이다.

본장의 교훈은 무엇인가? <u>첫째로, 우리는 하나님께 절대 순종하며 그의 낯을 피하지 말아야 한다.</u> 요나는 하나님의 명령을 거역하고 하나님의 낯을 피하여 다시스로 도망하려 했다. 그러나 하나님께서는 그를 피하여 도망가는 요나를 찾아내셨다. 그는 바다에 큰바람과 풍랑을 내리셨고 제비가 요나에게 뽑히게 하셨고 그를 바다에 던지게 하셨고 큰 물고기를 준비하셔서 그를 삼키게 하셨다. 하나님께서는 주권적 섭리자이시며 사람은 그의 낯을 피할 수 없다. 그러므로 우리는 하나님께 절대 순종하며 범사에 그를 인정하고 그를 피하지 말아야 한다.

<u>둘째로, 우리는 하나님의 징계를 달게 받아야 한다.</u> 하나님께서는 요나의 불순종에 대해 큰바람과 풍랑으로 징벌하셨고 요나는 그 재앙이 자기 때문인 것을 깨달았으나, 요나를 바다에 던지기 전까지는 그 바람과 풍랑이 잔잔케 되지 않았다. 우리는 오직 예수님의 대속(代贖)으로 죄씻음을 받았지만, 하나님의 징계가 있으면 그것을 달게 받아야 한다.

<u>셋째로, 우리는 구원이 오직 하나님의 긍휼에 있음을 알아야 한다.</u> 하나님께서는 그의 종 요나를 버리지 않으셨다. 그는 큰 물고기를 예비하셔서 그를 삼키게 하셨다. 그렇지 않으셨다면, 요나는 물에서 죽었을 것이고 물고기 밥이 되었을 것이다. 하나님께서는 자기 백성을 징계하기는 하시지만, 그들을 완전히 버리지는 않으신다. 하나님께서는 긍휼 가운데 그의 종 요나를 건져주셨고 다시 사명을 주셨고 그의 뜻을 다 이루셨다. 우리의 구원과 신앙생활은 오직 하나님의 긍휼에 있다.

2장: 요나의 기도

〔1-3절〕 요나가 물고기 뱃속에서 그 하나님 여호와께 기도하여 가로되 내가 받는 고난을 인하여 여호와께 불러 아뢰었삽더니 주께서 내게 대답하셨고 내가 스올의 뱃속에서 부르짖었삽더니 주께서 나의 음성을 들으셨나이다. 주께서 나를 깊음속 바다 가운데 던지셨으므로 큰 물이 나를 둘렀고 주의 파도와 큰 물결이 다 내 위에 넘쳤나이다.

요나는 물고기 뱃속에서 그의 하나님 여호와께 기도하였다. '스올의 뱃속'은 '깊은 바다 속'을 가리켰다. 그는 깊은 바다 속에 던지웠고 큰 물이 그를 둘렀고 파도와 큰 물결이 그의 위에 넘쳤었다. 그것은 다 하나님께서 하신 일이었다. 요나는 하나님께서 그를 깊은 바다 가운데 던지셨다고 말하며, 또 파도도 '주의 파도'라고 말한다. 요나는 하나님의 주권적 섭리를 고백한 것이다.

요나는 그런 그난 중에 하나님께 부르짖었었다. 그는 "내가 받는 고난을 인하여 여호와께 불러 아뢰었다"고 말한다. 하나님께서 요나에게 큰 고난을 주신 목적은 요나로 하여금 회개하고 하나님의 뜻에 순종하게 하신 것이었다. 요나는 회개하며 기도했을 것이다.

하나님께서는 요나의 부르짖음을 외면하지 않으시고 응답하셨다. 요나는 "주께서 내게 대답하셨고," "주께서 나의 음성을 들으셨나이다"라고 말한다. 물론, 요나는 평소에 하나님을 경외하는 자이었을 것이다. 하나님께서는 회개하며 부르짖는 그의 자녀들의 기도를 잘 들으신다. 그는 시편 50:15에서, "환난 날에 나를 부르라. 내가 너를 건지리니 네가 나를 영화롭게 하리로다"라고 말씀하셨다.

〔4-7절〕 내가 말하기를 내가 주의 목전에서 쫓겨났을지라도 다시 주의 성전을 바라보겠다 하였나이다. 물이 나를 둘렀으되 영혼까지 하였사오며 깊음이 나를 에웠고 바다 풀이 내 머리를 쌌나이다. 내가 산의 뿌리까지 내려갔사오며 땅이 그 빗장으로 나를 오래도록 막았사오나 나의 하나님 여호

요나 2장: 요나의 기도

와여, 주께서 내 생명을 구덩이에서 건지셨나이다. 내 영혼이 내 속에서 피곤할 때에 내가 여호와를 생각하였삽더니 내 기도가 주께 이르렀사오며 주의 성전에 미쳤나이다.

요나는 "내가 주의 목전에서 쫓겨났을지라도"라고 말한다. 그는 큰 고난 중에서 그가 하나님 앞에서 쫓겨났다고 느꼈다. 사람이 하나님과 교제하는 동안에는 평안과 기쁨을 누리지만, 하나님에게서 쫓겨나면 슬픔과 곤고함을 맛볼 것이다. 요나는 물이 그의 영혼까지 둘렀으며 깊음이 그를 에웠고 바다풀이 그의 머리를 쌌다고 말한다. 또 그는 산의 뿌리에까지 내려갔고 땅이 그 빗장으로 그를 오래도록 막았고 자신이 구덩이에 있었다고 말한다.

그러나 요나는 그 고난 중에 하나님을 생각했다. 그는 "내가 주의 목전에서 쫓겨났을지라도 다시 주의 성전을 바라보겠나이다"라고 말하였다. 성전에는 하나님의 임재와 언약, 그의 긍휼과 속죄가 있다. 요나는 그곳을 바라보았다. 또 그는 "내 영혼이 내 속에서 피곤할 때에 내가 여호와를 생각하였다"고 말한다. 이것이 믿음이요 생명의 줄이다. 그러나 사람이 그런 믿음을 가지는 것은 하나님의 은혜이다.

하나님께서는 그런 믿음으로 한 요나의 기도를 들으셨다. 그러므로 요나는 "내 기도가 주께 이르렀사오며 주의 성전에 미쳤나이다"라고 말했다. 그것은 그를 죽음의 바다에서 건져주신 것을 말한다. 그러므로 그는 "주께서 내 생명을 구덩이에서 건지셨나이다"라고 말한다. 하나님께서는 자기 백성의 회개하는 기도를 잘 들으신다.

[8-9절] **무릇 거짓되고 헛된 것을 숭상하는 자는 자기에게 베푸신 은혜를 버렸사오나 나는 감사하는 목소리로 주께 제사를 드리며 나의 서원을 주께 갚겠나이다. 구원은 여호와께로서 말미암나이다 하니라.**

'거짓되고 헛된 것을 숭상하는 자'는 우상숭배자를 가리킨다. 오늘날 그것은 사람을 높이고 돈이나 육신의 쾌락을 중시하는 자를 포함할 것이다. 요나는 "무릇 거짓되고 헛된 것을 숭상하는 자는 자기에게 베푸신 은혜를 버렸다"라고 말한다. '자기에게 베푸신 은혜'라는 원어(카스담 חַסְדָּם)는 '그들의 자비'라는 말인데, '그들에게 베푸신 하나님의 자비'를 가리키든지, 혹은 '그들이 다른 사람에 대해 가지는 자비'를 뜻할 것이다. 우상숭배자들은 하나님께서 그들에게 베푸신 자비를 감사치 않고 또 다른 사람에게 자비를 베풀지도 않을 것이다.

그러나 요나는 "나는 감사하는 목소리로 주께 제사를 드리며 나의 서원을 주께 갚겠나이다"라고 말한다. 그가 하나님께 감사하는 것은 하나님께서 그를 구원하신 은혜를 인정하는 것이다. 하나님을 인정하고 하나님께 감사하는 것은 하나님께서 기뻐하시는 제사이다(시 50:14). 또 요나는 "나의 서원을 주께 갚겠나이다"라고 말한다. 그는 바다 속에서 하나님께 구원을 간구하면서 하나님과 무슨 약속을 한 것 같다. 아마 그것은 하나님의 명령에 대한 순종의 각오이었을 것이다. 이제 그는 그 서원을 하나님께 갚겠다고 말하는 것이다.

요나는 또 "구원은 여호와께로서 말미암나이다"라고 고백하였다. '여호와께로서 말미암는다'는 원어(라호와 לַיהוָה)는 '여호와께 속한다'는 뜻이다(BDB). 구원은 하나님께 속한다. 하나님께서는 구주이시다. 그는 그의 기뻐하시는 자를 고난에서 건지실 수 있고 건지실 것이다. 그것은 전적으로 하나님의 긍휼과 능력에 따른 것이다. 오늘날 죄인들을 구원하시는 것도 전적으로 하나님께서 하시는 일이다.

[10절] 여호와께서 그 물고기에게 명하시매(아마르 אָמַר)[말씀하시매] **요나를 육지에 토하니라.**

하나님께서는 물고기에게 말씀하셨다. 그러자 물고기가 하나님의 말씀에 순종하였다. 하나님께서는 누구에게든지, 무엇에게든지 말씀하시고 명령하실 수 있는 주권자이시다. 태초에 하나님께서 "빛이 있으라"고 말씀하실 때에 빛이 생겼다(창 1:3). 우리는 하나님의 주권, 하나님의 권한과 능력을 깨닫고 오직 하나님만 바라고 의지해야 한다. 하나님께는 불가능한 일이 없으시다. 그러므로 아브라함에게 나타났던 여호와의 사자는 "여호와께 능치 못한 일이 있겠느냐?"고 말했고(창 18:14), 욥은 하나님께 "주께서는 무소불능하시오며[능치 못하심이 없사오며] 무슨 경영이든지 못 이루실 것이 없는 줄 아오니"라고 고백하였다(욥 41:2). 가브리엘 천사도 주의 모친 마리아에게 "대저 하나님의 모든 말씀은 능치 못하심이 없느니라"고 말하였다(눅 1:37). 하나님의 아들 예수께서는 말씀으로 많은 불치의 병자들을 고쳐주셨고 심지어 죽은 자들도 살려주셨다(마 4:23-24; 8:3, 13 등).

하나님의 명령에 그 물고기가 순종하였다. 천지만물을 말씀으로 창조하신 하나님께서는 천지만물을 친히 다스리신다. 그는 필요하시다면 자연만물에게 무엇을 명령하실 수 있다. 물고기가 순종했다는 것은 이 세상에 하나님의 명령에 순종치 않을 것이 없다는 것을 보인다. 모든 것이 순종할 것이다. 물고기가 하나님께 순종했다면, 하물며 하나님의 형상으로 창조된 사람은 얼마나 더 순종해야 하겠는가?

본장의 교훈은 무엇인가? <u>첫째로, 고난 중에 우리가 할 일은 기도뿐이다.</u> 요나는 죽음의 깊은 바다 속에서 회개하며 하나님께 간구하였다. 그는 하나님 앞에서 쫓겨났을지라도 하나님의 성전을 바라보았고 그의 영혼이 피곤할 때 하나님을 생각하였다. 우리는 어떤 고난 중에라도, 설령 우리의 부족 때문에 온 고난 중에라도 회개하고 간구해야 한다.

<u>둘째로, 구원은 하나님께 있다.</u> 9절, "구원은 여호와께로서 말미암나이다[여호와께 속하나이다]." 이 세상 사는 동안 직면한 고난이나 절망적인 상황 속에서 우리를 구원하실 이는 여호와 하나님뿐이시다. 우리의 구원과 소망과 참된 위로는 오직 긍휼과 능력의 하나님께 있다.

<u>셋째로, 하나님께서는 자연만물을 다스리신다.</u> 그는 큰 바람과 풍랑을 일으키셨고(1:4), 큰 물고기를 예비하셨고(1:17), 그 물고기에게 명령하셨다(2:10). 하나님께서는 온 우주에 주권적 통치자이시다. 자연만물도 그 앞에 복종한다. 우리의 생명과 소망과 평안은 하나님께만 있다.

3장: 니느웨 성의 회개

[1-2절] 여호와의 말씀이 두 번째 요나에게 임하니라. 이르시되 일어나 저 큰 성읍 니느웨로 가서 내가 네게 명한(도베르 דָּבַר)[명하는] 바를 그들에게 선포하라 하신지라.

하나님께서는 요나에게 두 번째 말씀하셨다. 하나님께서 사람에게 말씀하시는 것은 특별한 계시 사건이다. 하나님께서는 비인격체나 무인격체가 아니시다. 그는 사람에게 말씀으로 소통하실 수 있는 분이시다. 그는 자신의 생각과 감정과 의향과 결심을 말씀으로 표현하실 수 있는 분이시다. 그는 말씀을 통해 자신의 마음과 뜻을 분명하게 전달하셨다. 그는 불완전하게 보이는 사람의 언어를 사용하셔서 그의 완전하고 영원한 진리를 사람들에게 나타내셨고 전달하셨다.

하나님께서 요나에게 두 번째 말씀하신 것은 한번 더 기회를 주신 것이다. 첫 번째 기회에서 요나는 하나님께 불순종하였었다. 그러나 징계의 고난이 있은 후 하나님께서는 한번 더 기회를 주신 것이다. 그는 오늘 우리에게 성경을 통해 반복해 말씀하시고 여러 번 기회를 주신다. 그는 오래 참으시며 우리의 온전한 순종을 기다리신다.

하나님께서는 요나에게 "너는 저 큰 성읍 니느웨로 가서 내가 네게 명하는 바를 그들에게 선포하라"고 말씀하셨다. 하나님께서는 세상의 왕들보다 더 권위 있는 분이시다. 그러므로 하나님의 말씀은 사람들과 의논함이 없이 가감 없이, 권위 있게 선포해야 할 말씀이다.

[3-5절] 요나가 여호와의 말씀대로 일어나서 니느웨로 가니라. 니느웨는 극히 큰 성읍이므로 3일 길이라. 요나가 그 성에 들어가며 곧 하룻길을 행하며 외쳐 가로되 40일이 지나면 니느웨가 무너지리라 하였더니 니느웨 백성이 하나님을 믿고 금식을 선포하고 무론 대소하고 굵은 베를 입은지라.

하나님의 두 번째 말씀을 들은 요나는 그 말씀에 순종하여 니느웨

요나 3장: 니느웨 성의 회개

로 갔다. 큰 고난 후에라도 순종하였으니 다행이었다. 니느웨는 극히 큰 성읍이요 3일 길이라고 본문에 표현되었다. 발굴된 니느웨 성은 둘레가 15킬로미터 정도이지만[그러면 직경은 5킬로미터 정도이지만], 그 후 발굴들에 의하면, 니느웨 성에는 많은 외곽지역들이 있었다. 주후 1세기의 디오도루스 시쿨루스는 니느웨가 그 둘레가 약 96킬로미터인 사각형 도시이었다고 말했다. 또한, '삼일 길'이라는 표현은 전도하면서 지나가는 시간을 어림잡아 말한 표현일 것이다. 요나는 하룻길을 행하면서 "사십 일이 지나면 니느웨가 무너지리라"고 외쳤다. 그는 하나님의 명령대로 자기의 일 곧 전도하는 일을 행했다.

그런데 놀라운 일이 일어났다. 니느웨 백성들은 요나의 선포하는 그 선포 내용을 듣고 하나님을 두려워하고 금식을 선포했고, 어른들이나 아이들 할 것 없이 굵은 베를 입었다. 바다에 던지웠고 물고기 뱃속에 들어갔다가 나온 요나의 체험은 그들의 회개와 믿음에 도움이 되었을 것이다. 그들은 금식을 선포하였다. 금식은 비상한 기도의 방법이다. 하나님께서는 요나의 설교가 니느웨 사람들에게 구원이 되게 하셨다. 사람들은 그의 설교를 듣고 하나님을 믿었고 금식하며 하나님의 긍휼을 구하였다. 이것은 하나님의 은혜이었다.

〔6-9절〕 그 소문이 니느웨 왕에게 들리매 왕이 보좌에서 일어나 조복을 벗고 굵은 베를 입고 재에 앉으니라. 왕이 그 대신으로 더불어 조서를 내려 니느웨에 선포하여 가로되 사람이나 짐승이나 소떼나 양떼나 아무것도 입에 대지 말지니 곧 먹지도 말 것이요 물도 마시지 말 것이며 사람이든지 짐승이든지 다 굵은 베를 입을 것이요 힘써 여호와께[하나님께](원문) 부르짖을 것이며 각기 악한 길과 손으로 행한 강포에서 떠날 것이라. 하나님이 혹시 뜻을 돌이키시고 그 진노를 그치사 우리로 멸망치 않게 하시리라. 그렇지 않을 줄을 누가 알겠느냐 한지라.

비록 회개 운동이 백성들 가운데서 시작되었으나, 니느웨 왕은 그 소문을 듣고 보좌에서 일어나 조복을 벗고 굵은 베를 입고 재에 앉았

요나 3장: 니느웨 성의 회개

다. 정치 지도자들의 불경건과 불의는 나라를 멸망케 하고, 정치 지도자들의 경건과 의는 나라를 평안케 할 것이다. 니느웨 왕과 대신들은 바로 깨닫고 회개하였다. 또 왕은 그 대신과 함께 조서를 내려 사람이나 짐승이나 다 금식하고 굵은 베를 입고 하나님께 힘써 부르짖고 악한 길과 손으로 행한 강포에서 떠나라고 말하였다. 이방 나라의 왕이지만, 회개를 잘 했고 바른 조서를 잘 내렸다. 사람들이 하나님의 긍휼을 얻고 멸망을 피하는 길은 오직 회개하며 죄를 버리는 것뿐이다. 왕의 조서의 말대로, 하나님께서 혹시 뜻을 돌이키시고 그 진노를 그치셔서 그들로 멸망치 않게 하실지 누가 알겠는가?

오늘날 세상 나라들은 장망성(將亡城) 즉 멸망할 성과 같다. 정치인들이나 백성이나 간에, 진정한 나라 사랑은 무엇인가? 경제 부흥인가? 교육 개혁인가? 문화 진흥인가? 그 모든 것보다 더 중요한 것은 종교적, 도덕적 각성이다. 죄를 회개하는 것이 가장 중요하다.

[10절] 하나님이 그들의 행한 것 곧 그 악한 길에서 돌이켜 떠난 것을 감찰하시고 뜻을 돌이키사 그들에게 내리리라 말씀하신 재앙을 내리지 아니하시니라.

니느웨 사람들은 회개했고 악한 길에서 돌이켜 떠났다. 비록 그들의 회개가 불완전했겠지만, 그들은 하나님을 두려워함이 없는 불경건하고 불의하고 악하고 거짓된 생활에서 떠나 하나님을 두려워하고 선하고 진실한 생활을 구하는 길로 변화되었을 것이다.

하나님께서는 심히 교만하고 악한 자들을 미워하시고 재앙을 내리시지만, 회개하며 통회하는 자들을 감찰하시고 긍휼히 여기신다. 그는 니느웨 백성의 회개를 보시고 긍휼히 여기셨다. 다윗은 "하나님의 구하시는 제사는 상한 심령이라. 하나님이여, 상하고 통회하는 마음을 주께서 멸시치 아니하시리이다"라고 말하였고(시 51:17), 하나님께서는, "무릇 마음이 가난하고 심령에 통회하며 나의 말을 인하여 떠는 자 그 사람은 내가 권고하리라"고 말씀하셨다(사 66:2).

요나 3장: 니느웨 성의 회개

하나님께서는 니느웨 백성의 회개를 보셨고 기도를 들으셨고 뜻을 돌이키셔서 그들에게 내리리라 말씀하신 재앙을 내리지 아니하셨다. 40일 후에 니느웨가 멸망하리라고 선언되었지만, 하나님의 본심은 사람을 멸망시키는 것이 아니고 사람을 회개시키고 구원하는 것이었다. 예레미야는 "주께서 인생으로 고생하며 근심하게 하심이 본심이 아니시라"고 말했다(애 3:33). 예수께서 세상에 오신 목적도 세상을 심판하고 죄인들을 멸망시키기 위해서가 아니고 죄인들을 불러 회개시키고 구원하시기 위함이셨다. 그러므로 요한복음 3:17은, "하나님이 그 아들을 세상에 보내신 것은 세상을 심판하려 하심이 아니요 저로 말미암아 세상이 구원을 받게 하려 하심이라"고 말하였다.

본장의 교훈은 무엇인가? 첫째로, 하나님의 뜻은 사람들에게 회개하라고 전하는 것이다. 하나님께서 요나에게 니느웨에 멸망을 선언하라고 명령을 하셨듯이, 그는 오늘날도 사람들에게 회개하라고 명하신다. 사도행전 17:30, "이제는 어디든지 사람을 다 명하사 회개하라 하셨으니." 회개와 믿음은 사도 바울의 전도 내용의 요점이었다(행 20:21).

둘째로, 우리는 하나님의 말씀을 거절하거나 가감(加減)하지 말고 그대로 전해야 한다. 요나는 하나님의 명하신 대로 일어나 니느웨로 가서 하룻길을 행하며 40일 후 니느웨 성이 무너질 것이라고 외쳤다. 모세는 율법을 가감하지 말라고 강조하였다(신 4:3). 신약성경도 하나님의 계시의 말씀을 가감하지 말라는 엄숙한 경고로 끝난다(계 22:18-19). 우리는 하나님의 말씀을 성경에 기록된 대로 그대로 믿고 전해야 한다.

셋째로, 하나님의 재앙을 피하는 길은 회개밖에 없다. 니느웨 성의 왕과 백성은 요나의 설교를 듣고 회개하였고 하나님께서는 내리시려던 재앙을 거두셨다. 사람이 하나님의 재앙을 피하는 길은 회개밖에 없다. 이사야 48:18, "슬프다, 네가 나의 명령을 듣지 아니하였도다. 만일 들었더면 네 평강이 강과 같았겠고 네 의가 바다 물결 같았을 것이며."

4장: 요나의 불평과 하나님의 대답

〔1-4절〕요나가 심히 싫어하고 노하여 여호와께 기도하여 가로되 여호와여, 내가 고국에 있을 때에 이러하겠다고 말씀하지 아니하였나이까? 그러므로 내가 빨리 다시스로 도망하였사오니 주께서는 은혜로우시며 자비로우시며 노하기를 더디하시며 인애가 크시사 뜻을 돌이켜 재앙을 내리지 아니하시는 하나님이신 줄 내가 알았음이니이다. 여호와여, 원컨대 이제 내 생명을 취하소서. 사는 것보다 죽는 것이 내게 나음이니이다. 여호와께서 이르시되 너의 성냄이 어찌 합당하냐 하시니라.

요나는 하나님께서 니느웨를 향한 징벌의 뜻을 변하셨기 때문에 심히 싫어하고 노하였다. 그는 성낸 마음으로 하나님께 기도했다. 그것은 불평하고 항의하는 기도이었다. 요나는 고국에 있을 때 그들이 혹시 회개하면 하나님께서 용서하시리라는 것을 예측하였었다. 그래서 그는 다시스로 도망하였었다. 그는 이방 도시 니느웨의 구원을 원치 않았다. 그는 하나님께서 이스라엘 백성만 사랑하시고 이방 나라들을 사랑하지 않으신다는 편협한 선민의식을 가졌던 것 같다. 그는 하나님의 뜻보다 사람의 좁은 생각에 사로잡혀 있었다.

요나의 말대로, 하나님께서는 은혜로우시고 자비로우시며 노하기를 더디하시며 인애가 크시사 뜻을 돌이켜 재앙을 내리지 아니하시는 하나님이시다. 모세가 하나님께로부터 두 번째로 십계명 돌판을 받기 위해 시내산 꼭대기로 올라갔을 때 여호와께서는 구름 가운데 강림하셔서 그와 함께 거기 서셔서 자신의 이름을 반포하셨다. 그는 모세의 앞으로 지나시며 반포하시기를, "여호와로라, 여호와로라. 자비롭고 은혜롭고 노하기를 더디하고 인자(仁慈)와 진실이 많은 하나님이로라. 인자(仁慈)를 천대까지 베풀며 악과 과실과 죄를 용서하나 형벌 받을 자는 결단코 면죄하지 않고 아비의 악을 자여손 삼사 대까지 보응하리라"고 말씀하셨었다(출 34:1-7).

요나 4장: 요나의 불평과 하나님의 대답

요나는 하나님께 말했다. "여호와여, 원컨대 이제 내 생명을 취하소서. 사는 것보다 죽는 것이 내게 나음이니이다." 그는 죽기를 소원할 정도로 자기 생각이 너무 강했다. 여호와께서는 요나에게 "너의 성냄이 어찌 합당하냐?"고 말씀하셨다. 그는 하나님의 뜻에 겸손히 복종하는 법을 알지 못하고 있었다. 하나님께서는 이사야를 통하여 "하늘이 땅보다 높음같이 내 길은 너희 길보다 높으며 내 생각은 너희 생각보다 높으니라"고 말씀하셨다(사 55:9). 사람이 하나님의 하시는 일에 대해 불평스럽게 대항하며 말하는 것을 옳지 않다.

믿음의 사람들은 하나님께서 명하시는 일에 대해 불평하지 않고 순종하였다. 하나님께서 노아에게 거대한 배 방주를 지으라고 명령하셨을 때, 노아는 하나님의 명령에 겸손히 순종했고 묵묵히 인내하며 그 배를 완성하였다. 그의 아내도, 세 아들들도 그의 순종의 행위에 불평한 것 같지 않다. 그들은 다 하나님을 경외하고 그의 명령에 순종하였다고 보인다. 창세기 6:22는 "노아가 그와 같이 하되 하나님이 자기에게 명하신 대로 다 준행하였더라"고 증거하였다.

아브라함도 그의 나이 백세에 얻은 외아들 이삭을 번제로 드리라는 청천벽력 같은 하나님의 명령을 받았을 때 그의 뜻을 이해하지 못하였겠지만 불평하거나 원망하지 않았고 겸손히 순종하였다고 보인다. 그는 아침 일찍 일어나 나귀에 안장을 지우고 두 사환과 함께 그 아들 이삭을 데리고 번제에 쓸 나무를 쪼개어 가지고 떠나 하나님께서 자기에게 지시하시는 곳으로 3일 길을 갔고 그곳에서 단을 쌓고 나무를 벌여놓고 그 아들 이삭을 결박하여 제단 나무 위에 놓고 손을 내밀어 칼을 잡고 그 아들을 죽이려 하였다(창 22:1-10). 아브라함의 아들 이삭도 아버지의 순종 행위에 묵묵히 순응하였다고 보인다.

[5-9절] 요나가 성에서 나가서 그 성 동편에 앉되 거기서 자기를 위하여 초막[쉴 곳]을 짓고 그 그늘 아래 앉아서 성읍이 어떻게 되는 것을 보려 하니라. 하나님 여호와께서 박 넝쿨(키카욘 קִיקָיוֹן)[아주까리 즉 피마자유 나무

요나 4장: 요나의 불평과 하나님의 대답

(castor oil plant) 혹은 호리병박(bottle gourd) 혹은 덩굴 식물(vine)(NIV)(BDB)을 준비하사 요나 위에 가리우게 하셨으니 이는 그 머리를 위하여 그늘이 지게 하며 그 괴로움을 면케 하려 하심이었더라. 요나가 박 넝쿨을 인하여 심히 기뻐하였더니 하나님이 벌레를 준비하사 이튿날 새벽에 그 박 넝쿨을 씹게 하시매 곧 시드니라. 해가 뜰 때에 하나님이 뜨거운 동풍을 준비하셨고 해는 요나의 머리에 쬐매 요나가 혼곤(昏困)하여(알라프 עָלַף)[몹시 쇠약하여, 기절하여](BDB, NASB, NIV) 스스로 죽기를 구하여 가로되 사는 것보다 죽는 것이 내게 나으니이다. 하나님이 요나에게 이르시되 네가 이 박 넝쿨로 인하여 성냄이 어찌 합당하냐? 그가 대답하되 내가 성내어 죽기까지 할지라도 합당하니이다.

요나는 성에서 나가서 그 성 동편에 쉴 곳을 짓고 그 그늘 아래 앉아서 성읍이 어떻게 되는 것을 보려 했다. 그는 하나님께서 그 성을 용서하시는 것을 못마땅해했다. 하나님께서는 박 넝쿨, 벌레, 뜨거운 동풍 등을 준비하셨고 그것들을 사용하여 요나에게 교훈을 주셨다. 그는 박 넝쿨 교훈을 주신 것이다. 자연만물과 우리의 현실의 환경들은 때때로 하나님께서 우리에게 교훈을 주시는 도구이다. 하나님께서는 요나의 성냄이 합당치 않음을 깨우치고 교훈하기를 원하셨다.

〔10-11절〕여호와께서 가라사대 네가 수고도 아니하였고 배양도 아니하였고 하룻밤에 났다가 하룻밤에 망한 이 박 넝쿨을 네가 아꼈거든 하물며 이 큰 성읍, 니느웨에는 좌우를 분변치 못하는 자가 12만여 명이요 육축도 많이 있나니 내가 아끼는 것이 어찌 합당치 아니하냐?

요나는 박 넝쿨이 벌레에 물려 죽은 것을 아쉽게 생각하여 화를 내었지만, 그 박 넝쿨은 요나가 심은 것도 아니고 기른 것도 아니었다. 또 그것은 하룻밤에 났다가 하룻밤에 죽은 식물에 불과하였다. 그러나 니느웨 성의 백성들은 창조자 하나님께서 지으시고 기르신 자들이다. 더욱이, 그 성에는 좌우를 분별치 못하는 어린아이들이 12만여 명이 있었다. 또 하나님께서는 많은 육축들도 언급하셨다. 그는 가축들도 아끼셨다. 그러므로 요나가 박 넝쿨을 아꼈다면, 하나님께서 니

요나 4장: 요나의 불평과 하나님의 대답

느웨 성을 아끼신 것은 더욱 합당한 일이었다.

요나서는 "내가 아끼는 것이 어찌 합당치 아니하냐?"는 하나님의 추궁적 질문으로 끝났다. 요나의 대답은 무엇이었을까? 그것은 당연히 "합당하나이다"라는 것이었을 것이다. 하나님의 니느웨 성 용서는 합당하였다. 요나의 불평과 성냄은 정당하지 않았다. 요나는 고난 후 하나님의 명령에는 순종했지만, 하나님의 생각과 마음을 깨닫는 데는 시간이 걸렸다. 요나는 그 생각도 고쳐야 했다. 그는 이방인을 향한 하나님의 긍휼을 깨닫고 인정해야 했다. 그것은 우리가 원수 되었을 때 우리를 위해 독생자를 주신 바로 그 하나님의 사랑이다.

본장의 교훈은 무엇인가? <u>첫째로, 우리는 우리의 생각을 꺾고 하나님의 생각에 순종해야 한다.</u> 요나는 하나님께서 니느웨에 대한 그의 뜻을 변경하심에 대해 심히 싫어하며 노했으나 그것은 잘못이다. 하나님의 생각은 우리의 생각보다 언제나 더 낫고 더 지혜롭고 의롭고 선하시다. 그러므로 우리는 하나님의 뜻에 불평하지 말고, 노아처럼, 아브라함처럼, 이삭처럼 우리 자신을 항상 겸손히, 즐거이 복종시켜야 한다.

<u>둘째로, 우리는 하나님의 주권적 섭리를 항상 인정해야 한다.</u> 그는 박 넝쿨을 준비하셨고 벌레를 준비하셨고 뜨거운 동풍을 준비하셨다. 하나님께서는 모든 일들을 주권적으로 섭리하시는 하나님이시다. 우리는 그가 하시는 일들에 대해 묵묵히 인정하고 순복해야 한다.

<u>셋째로, 우리는 하나님의 크신 긍휼과 사랑을 깨달아야 한다.</u> 그것은 인류를 향하신 또 우리를 향하신 긍휼과 사랑이다. 하나님께서는 요나에게 이방인 구원의 가능성을 암시하셨다. 이것은 세계복음화에 대한 놀라운 암시이었다. 오늘날 우리는 모든 사람을 긍휼히 여기고 범죄하는 악인들에 대해서도 그러해야 한다. 하나님께서는 해를 악인과 의인에게 비취게 하시며 비를 의로운 자와 불의한 자에게 내리신다(마 5:45). 우리는 전도 대상을 제한하지 말고 모든 사람에게 전도해야 한다.

미가
MICAH

미가 서론

내용 목차

서론 ·· 146
1장: 하나님께서 심판하러 오심 ······································· 147
2장: 심판과 회복 ·· 152
3장: 치리자들과 선지자들의 죄악 ·································· 156
4장: 이스라엘의 회복 ·· 159
5장: 메시아의 오심, 남은 자들 ······································ 163
6장: 하나님께서 요구하시는 것 ····································· 167
7장: 하나님의 형벌과 긍휼 ··· 171

서론

   선지자 미가가 사역한 **연대**는 이사야의 사역 초기와 같은 때, 즉 아하스(주전 742-728년)와 히스기야(주전 728-697년)의 통치 시대이었다(미 1:1). 그것은 북방 이스라엘의 말기와 멸망 후 약 20-30년간이었다. 미가와 이사야에는 비슷한 부분이 있다. 그것은 말세에 메시아 왕국이 시온 산 중심으로 세워지고 온 세계가 그리로 올 것이며 온 세계에 평화가 임할 것이라는 예언이다(미 4:1-3; 사 2:2-4).
   미가의 **주요 내용**도 심판과 회복이다.

미가 1장: 하나님께서 심판하러 오심

1장: 하나님께서 심판하러 오심

〔1-2절〕 유다 열왕 요담과 아하스와 히스기야 시대에 모레셋 사람 미가에게 임한 여호와의 말씀 곧 사마리아와 예루살렘에 관한 묵시라[아쉐르 카자 אֲשֶׁר־חָזָה][그가 본 내용이라]. 백성들아, 너희는 다 들을지어다. 땅과 거기 있는 모든 것들아, 자세히 들을지어다. 주 여호와께서 너희에게 대하여[너희를 쳐서] 증거하시되 곧 주께서 [그의] 성전에서 그리하실 것이니라.

'여호와'는 영원자존하신 하나님의 이름이며(출 3:14) '주'(아도나이 אֲדֹנָי)라는 명칭은 그 하나님께서 온 우주의 주인이시며 전능하신 주권적 섭리자이심을 나타낸다. 선지자 미가가 받은 하나님의 말씀은 사마리아와 예루살렘에 관한 것, 곧 그들의 심판을 선언하신 것이다. 이 말씀은 성전에서 증거될 것이다. 구약시대의 성전은 신약교회를 예표하였다. 하나님의 백성은, 이제 성경에 기록되어 있고 교회들에서 선포되고 교훈되는 하나님의 말씀을 자세히 들어야 한다.

〔3-4절〕 [이는 보라,] 여호와께서 그 처소에서 나오시고 강림하사 땅의 높은 곳을 밟으실 것이라[것임이니라]. 그 아래서 산들이 녹고 골짜기들이 갈라지기를 불 앞의 밀[밀랍=초] 같고 비탈로 쏟아지는 물 같을 것이니.

하나님께서는 안 계신 곳이 없으시고 온 우주에 충만하시지만(렘 23:24), 천국에서 그의 영광을 나타내신다. 거기에 하나님께서 계시고 의인의 영들이 있다. 에녹과 엘리야가 그곳으로 올라갔고 예수 그리스도께서도 그곳으로 올라가셨다. 하나님께서는 심판하시기 위해 거기로부터 땅에 내려오실 것이다. 그는 오셔서 우상숭배의 산당들을 밟으실 것이다. 그때 산들이 밀랍같이 녹을 것이며 골짜기들이 비탈 위에 쏟아지는 물같이 갈라질 것이다. 온 땅이 심판자 하나님 앞에 부서질 것이다. 심판의 결과로 온 땅은 완전히 멸망할 것이다.

〔5-6절〕 이는 다 야곱의 허물을 인함이요 이스라엘 족속의 죄를 인함이라. 야곱의 허물이 무엇이뇨? 사마리아가 아니뇨? 유다의 산당이 무엇이

뇨? 예루살렘이 아니뇨? 이러므로 내가 사마리아로 들의 무더기 같게 하고 포도 심을 동산 같게 하며 또 그 돌들을 골짜기에 쏟아 내리고 그 지대를 드러내며.

하나님께서 심판하시는 이유는 이스라엘과 유다의 죄 때문이었다. 모든 불행의 근본 원인은 죄이다. 이스라엘과 유다의 죄는 우상숭배의 죄이었다. 현대인들의 우상은 지식, 과학, 돈, 육신의 쾌락 등이다(딤후 3:1-5). 하나님께서는 땅을 갈아엎듯이, 돌들을 쏟아 내리듯이 그 우상숭배의 땅을 황폐케 하시고 그 기초를 드러내실 것이다.

〔7절〕 **그 새긴 우상을 다 파쇄하고 그** 음행의 **값을 다 불사르며 그 목상을 다 훼파하리니 그가 기생의 값으로 모았은즉 그것이 기생의 값으로 돌아가리라.**

하나님께서는 이스라엘과 유다의 우상들을 다 멸하실 것이다. 그는 그 새긴 우상들과 목상들을 다 부수실 것이다. 그 새긴 우상들과 목상들은 참 신(神)이 아니다. 사람이 만든 우상, 돌이나 나무로 새기거나 깎아 만든 것들은 신(神)이 아니고 우상일 뿐이다. 현대인의 신(神)인 돈도 그렇다. 돈은 인생의 문제의 해결자가 아니다. 돈은 사람을 죽음에서 살리거나 영생을 주지 못한다. 돈은 사람의 죄 문제를 해결하지 못한다. 돈은 죄인을 의인으로 만들지 못한다. 우상을 섬기는 것은 영적 음행이다. 하나님께서는 그 음행으로 얻은 것들을 불사르실 것이다. 그들은 그 음행으로 돈을 벌었으나, 하나님께서는 그들이 벌어 모은 모든 재물을 다 불사르실 것이다.

〔8-9절〕 **이러므로 내가 애통하며 애곡하고 벌거벗은 몸으로 행하며 들개같이 애곡하고 타조같이 애통하리니 이는 그 상처는 고칠 수 없고 그것이 유다까지도 이르고 내 백성의 성문 곧 예루살렘에도 미쳤음이니라.**

이스라엘과 유다가 우상숭배 때문에 하나님의 심판을 받아 멸망할 것이므로 선지자는 애통하며 애곡할 것이다. 미가는 벌거벗은 몸으로 행하며 애통할 것이고 들개같이 애곡하고 타조같이 애통할 것이

미가 1장: 하나님께서 심판하러 오심

다. '들개'라는 원어(탄 תַן)는 '재칼'(jackal, 여우와 늑대의 중간) 이라는 뜻이다(BDB, KB). 선지자는 자신이 재칼이나 타조 같은 들짐승이 외로이 혹은 고통스레 우는 것처럼 울겠다고 말한다. 미가가 애곡하는 까닭은 이스라엘 백성의 고칠 수 없는 상처 때문이었다. 이스라엘 백성은 돌이킬 수 없는 멸망의 상황으로 들어가고 있었다.

〔10-12절〕 가드에 고하지 말며 도무지 호곡하지 말지어다. 베들레아브라에서 티끌에 굴지어다. 사빌 거민아, 너는 벗은 몸에 수치를 무릅쓰고 나갈지어다. 사아난 거민은 나오지 못하고 벧에셀이 애곡하여 너희로 의지할 곳이 없게 하리라. 마롯 거민이 근심 중에 복을 바라니 이는 재앙이 여호와께로 말미암아 예루살렘 성문에 임함이니라.

미가는 이스라엘 성읍들에 임할 재앙을 말한다. 그는 "가드에 고하지 말며 도무지 호곡하지 말지어다"라고 말한다. 가드는 블레셋 성이다. 가드에 고하지 말라는 말은 블레셋 사람들이 듣고 기뻐하지 못하도록 알리지 말라는 뜻이다. 그는 또 "베들레아브라에서 티끌에 굴지어다"라고 말한다. '베들레아브라'(베스 레아프라 בֵּית לְעַפְרָה)는 '티끌의 집'이라는 뜻이다. 그들은 그 성의 이름대로 티끌에 굴게 될 것이다. 그는 또 "사빌 거민아, 너는 벗은 몸에 수치를 무릅쓰고 나갈지어다"라고 말한다. '사빌'(쇠피르 שָׁפִיר)은 '아름다움'이라는 뜻이다. 그러나 그들이 하나님의 심판을 받을 때 수치를 당할 것이다.

그는 또 "사아난 거민은 나오지 못하고 벧에셀이 애곡하여 너희로 의지할 곳이 없게 하리라"고 말한다. 이 본문은 "사아난 거민은 벧에셀의 애곡함 때문에 나오지 못하리니, 그가 너희에게서 그 설 땅을 취하리라"일 것이다(KJV). 여기에 '그'는 이스라엘을 멸망시키려고 침략하는 앗수르 왕을 가리킬 것이다(Poole). 미가는 또 "마롯 거민이 근심 중에 복을 바라니 이는 재앙이 여호와께로 말미암아 예루살렘 성문에 임함이니라"고 말한다. '마롯'(마로스 מָרוֹת)은 '쓴, 괴로움'이라는 뜻이다. 재앙이 이미 예루살렘의 문앞에 임하였기 때문에 그들은 고통 중에 복을 바랄 것이다. 하나님께서 내리실 재앙이 이스라엘의 성들과 유다의 성들에게 임할 것이다. 재앙이 각 성의 이름대로 혹은 그 이름과 반대로 임할 것이다.

[13-15절] 라기스 거민아, 너는 준마에 병거를 메울지어다. 라기스는 딸 시온의 죄의 근본[시작]이니 이는 이스라엘의 허물이 네게서 보였음이니라. 이러므로 너는 가드모레셋에 작별하는 예물을 줄지어다. 악십의 집들이 이스라엘 열왕을 속이리라. 마레사 거민아, 내가 장차 너를 얻을 자로 네게 임하게 하리니 이스라엘의 영광이 아둘람까지 이를 것이라.

미가는 또 "라기스 거민아, 너는 준마에 병거를 메울지어다. 라기스는 딸 시온의 죄의 시작이니(KJV, NASB) 이는 이스라엘의 허물이 네게서 보였음이니라"고 말한다. '준마'라는 원어(레케쉬 רֶכֶשׁ)는 '라기스'(라키쉬 לָכִישׁ)라는 성 이름과 비슷하다. '병거를 메우라'는 말은 도망칠 준비를 하라는 뜻이다. 라기스는 딸 시온의 죄의 시작이었다. 그 성이 북방 이스라엘의 우상숭배의 죄를 처음 받아들였다는 뜻일 것이다. 그는 또 "이러므로 너는 가드모레셋에 작별하는 예물을 줄지어다"라고 말한다. 그것은 전쟁 포로로 잡혀감으로 서로 헤어질 것이기 때문일 것이다. 또 그는 "악십의 집들이 이스라엘 열왕을 속이리라"고 말한다. '악십'이라는 성 이름(아크지브 אַכְזִיב)은 '속인다'는 말(아크자브 אַכְזָב)과 발음이 비슷하다.

미가는 또 "마레사 거민아, 내가 장차 너를 얻을 자로 네게 임하게 하리라"고 말한다. '마레사'라는 성(마레쇼 מָרֵשָׁה)은 '너를 얻을 자'라는 말(요레쉬 יֹרֵשׁ)과 발음이 비슷하다. 선지자는 또 "이스라엘의 영광이 아둘람까지 이를 것이라"고 말한다(NASB, NIV). '이스라엘의 영광'은 하나님을 가리킨 것 같다. '이스라엘의 영광이 아둘람까지 이른다'는 말은 하나님의 심판이 그곳에 임한다는 뜻이며 하나님께서는 침략자 앗수르 왕을 사용해 그들을 심판하실 것이다. 라기스, 마레사 등은 다 유다와 베냐민 땅에 있는 견고한 성읍들이었다(대하 11:5-

10). 그런데 그 견고한 성들은 그들의 우상숭배의 죄 때문에 이방인들에게 다 멸망할 것이다. 침략자들은 북쪽에서 서남쪽으로 내려와 북동쪽으로 정복하며 예루살렘으로 향할 것이다.

〔16절〕 **너는 네 기뻐하는 자식으로 인하여 네 머리털을 깎아 대머리 같게 할지어다. 네 머리로 크게 무여지게[벗어지게] 하기를 독수리 같게 할지어다. 이는 그들이 사로잡혀 너를 떠났음이니라.**

미가가 머리를 밀라고 말하는 까닭은 그들이 기뻐하는 자식들이 사로잡혀 그들을 떠나갈 것이기 때문이다. 그것은 그들의 우상숭배와 죄에 대한 하나님의 징벌과 재앙이다. 순종과 의는 가정과 나라를 행복하게 만들지만, 불순종과 죄는 가정과 나라를 파괴시킬 것이다.

본장의 교훈은 무엇인가? <u>첫째로, 아무리 훌륭한 도시라도 범죄하는 도시는 망할 것이다.</u> 이스라엘과 유다의 많은 도시들은 우상숭배와 죄 때문에 결국 다 멸망할 것이다. 오늘날도 그러하다. 범죄하는 개인이나 도시나 국가나 세계는 결국 다 멸망할 것이다. 우리는 세상 나라들의 영광과 힘을 자랑할 것이 없다. 그것은 심판 날 다 불탈 것이다.

<u>둘째로, 죄인들은 하나님의 긍휼을 구하며 회개하고 바르게 살 것밖에 없다.</u> 우리는 은갖 우상숭배와 죄를 회개하며 특히 돈 사랑을 회개해야 한다. 고칠 수 없는 상황이 오기 전에 모든 죄를 회개해야 한다. 강퍅한 마음으로 고집을 피우면, 다시는 돌이킬 수 없는 때가 올 것이다. 또 우리는 멸망하는 가족과 이웃을 위해 애통하며 전도해야 한다.

<u>셋째로, 우리는 오직 영원자존하신 여호와 하나님만 경외하고 섬기며 사랑하고 그가 세상에 보내신 유일하신 구주 예수 그리스도의 십자가 대속(代贖)의 의(義)만 굳게 믿고 의지하며 성경말씀의 바른 교훈과 우리 안에 계신 성령의 감동과 인도하심 안에서 의롭고 선하게만 살아야 한다.</u> 그것이 이 세상 사는 동안에 평안의 길이며 영생의 길이다. 우리는 매일 성경 읽고 기도하며 죄를 멀리하고 말씀 순종하며 신앙생활을 바로 하고 우리의 자녀들을 믿음 안에서 바르게 인도해야 한다.

2장: 심판과 회복

〔1-3절〕 침상에서 악(아웬 אָוֶן)[불의]을 꾀하며 간사(라 רַע)[악]를 경영하고[행하는 자들에게 화 있을진저]. 날이 밝으면 그 손에 힘이 있으므로 그것을 행하는 자는 화 있을진저[행하는도다]. 밭들을 탐하여 빼앗고 집들을 탐하여 취하니 그들이 사람과 그 집, 사람과 그 산업을 학대하도다. 그러므로 여호와의 말씀에 내가 이 족속에게 재앙 내리기를 계획하나니 너희의 목이 이에서 벗어나지 못할 것이요 또한 교만히 다니지 못할 것이라. 이는 재앙의 때임이니라 하셨느니라.

사람들은 밤에 쉬는 시간에 침상에서 불의를 꾀하고 악을 행했다. 그들의 악은 계획적이었다. 그들은 날이 밝으면 그 손에 힘이 있으므로 그 악을 실행했다. 그들은 사람들을 학대했고 그들의 밭들과 집들과 유산을 강탈했다. 그러므로 하나님께서는 이스라엘 백성들에게 재앙을 내리시고 그들의 교만과 악에 대해 엄히 징벌하실 것이다.

〔4-5절〕 그때에 너희에게 대하여 풍사(마솰 מָשָׁל)[속담]를 지으며 슬픈 애가를 불러 이르기를 우리가 온전히 망하게 되었도다. 그가 내 백성의 산업을 옮겨 내게서 떠나게 하시며 우리 밭을 나누어 패역자[반역자들](NASB, NIV)에게 주시는도다 하리니 그러므로 여호와의 회중에서 제비를 뽑고 줄을 띨 자가 너희 중에 하나도 없으리라.

이스라엘 백성에게 작정된 징벌은 완전한 멸망이었다. 하나님께서는 그 기업의 땅에서 그들을 옮겨 떠나게 하시며 그들의 밭을 반역자들에게 주실 것이다. 그들은 이방 나라에 포로로 잡혀갈 것이다. 하나님의 택하신 백성 중에서 땅을 분배받아 그 경계선을 측량할 사람은 없을 것이다. 그 땅은 완전히 이방인들이 지배할 것이다.

〔6절〕 그들이 말하기를 너희는 예언하지 말라. 이것은 예언할 것이 아니어늘 욕하는 말을 그치지 아니한다 하는도다.

악한 자들은 하나님의 참된 종들에게 하나님의 말씀을 설교하지 말라고 말했다. 그들은 하나님의 책망과 회개의 말씀을 듣기를 싫어했다. 백성들은 거짓 선지자들을 앞세워 좋은 것만 말하게 하며 좋은 것만 듣기를 원하였다. 그러나 하나님의 재앙이 임하고 말 것이며 그 재앙 때문에 그들은 수치를 당하게 될 것이다.

[7절] 너희 야곱의 족속아, 어찌 이르기를 여호와의 신[영]이 편급[조급]하시다 하겠느냐? 그의 행위가 이러하시다 하겠느냐? 나의 말이 행위 정직한 자에게 유익되지 아니하냐?

이스라엘 백성은 하나님의 재앙 선포함이 조급한 처사라고 비난했고 하나님께서 그런 재앙을 내리실 이가 없다고도 했으나, 하나님께서는 결코 조급하지 않으셨고 오래 참으셨다. 이제 그가 심판하시고 징벌하시는 날이 된 것뿐이다. 세상에서도 악인들에 대한 벌이 있다. 그러나 하나님의 말씀이 정직한 자들에게는 유익하다(신 10:13).

[8-10절] 근래에 내 백성이 대적같이 일어나서 전쟁을 피하여 평안히 지나가는 자들의 의복 중 겉옷을 벗기며 내 백성의 부녀들을 너희가 그 즐거운 집에서 쫓아내고 그 어린 자녀에게서 나의 영광을 영영히 빼앗는도다. 이것이 너희의 쉴 곳이 아니니 일어나 떠날지어다. 이는 그것이 이미 더러워졌음이라. 그런즉 반드시 멸하리니 그 멸망이 크리라.

하나님의 심판과 재앙은 그들의 죄악됨을 볼 때 정당하시다. 하나님의 택한 이스라엘 백성은 악하였다. 그들은 이웃을 향해 대적같이 일어났다. 그들은 전쟁을 피해 평안히 지나가는 피난민들의 겉옷을 빼앗았다. 그들은 부녀들을 그 즐거운 집에서 쫓아내었고 어린 자녀들에게서 하나님의 영광을 빼앗았다. 그들은 참 악하였다. 그러므로 하나님께서는 그들에게 멸망을 선언하신 것이었다. 그들은 하나님께서 주신 안식의 땅 가나안에서 안식을 누리지 못할 것이다. 그 땅이 죄로 더러워졌기 때문에, 그들은 반드시 그 땅에서 멸망할 것이다.

[11절] 사람이 만일 허망히(루아크 와쉐케르 רוּחַ וָשֶׁקֶר)[허풍과 거짓으로] 행하며 거짓말로 이르기를 내가 포도주와 독주에 대하여 네게 예언하리

미가 2장: 심판과 회복

라 할 것 같으면 그 사람이 이 백성의 선지자가 되리로다.

미가는 거짓 선지자들에 대해 말한다. 그들은 허풍과 거짓으로 행하는 자들이다. 그들은 진실한 인격이 아니고 허풍과 거짓의 사람이다. 그들은 하나님께서 주신 말씀이 아닌, 자기 생각을 하나님의 말씀인 것처럼 말하였다(왕상 22:14; 렘 23:21). 또 그들은 포도주와 독주에 대해 예언했다. '포도주와 독주'는 세상적 쾌락을 가리킨다. 거짓 선지자는 죄에 대해, 심판에 대해, 회개에 대해 말하지 않는다. 거짓 선지자의 설교는 이 세상 중심적이고, 내세 중심적이지 않다. 그들의 관심은 세상 행복과 즐거움이고 의와 선과 영생이 아니다.

[12절] 야곱아, 내가 정녕히 너희 무리를 다 모으며 내가 정녕히 이스라엘의 남은 자를 모으고 그들을 한 처소에 두기를 보스라 양떼 같게 하며 초장의 양떼 같게 하리니 그들의 인수(人數)가 많으므로 소리가 크게 들릴[들렐](국한문판)(홈 המה)[시끄러울](BDB, KJV, NASB) 것이며.

하나님께서는 이스라엘의 회복에 대해서도 말씀하신다. 하나님의 심판도 있지만, 그의 긍휼과 회복도 있을 것이다. 하나님께서는 친히 이스라엘을 회복시키실 것이다. 그는 구주이시다(딤전 1:1). 구원의 능력이 그에게 있다. 본절은 '정녕히'라는 말을 두 번 말한다. 하나님께서는 그가 계획하시고 말씀하신 이스라엘의 회복을 정녕히, 반드시, 확실히 이루실 것이다(사 14:24, 27; 겔 17:24; 22:14; 24:14).

하나님께서는 이스라엘의 남은 자들을 모으실 것이다. '남은 자'라는 표현은 하나님의 긍휼과 은혜로 선택된 자들을 가리킨다. 그들은 참으로 구원받은 자들, 곧 중생하여 죄씻음 받고 거룩케 된 자들이다. 그들은 더러운 찌끼가 다 제거되고 겸손과 거룩의 인격으로 새로워진 자들이다. 그들은 영육으로 새로워진 자들이다. 하나님께서는 그들을 보스라 양떼같이, 초장의 양떼같이 한 처소에 두실 것이다. 그 '한 처소'는 신약교회이다. 또 그들의 인수(人數)가 많으므로 소리가 크게 시끄러울 것이다. 이스라엘 백성의 구원과 회복은 신약교회로 이어진다. 온 세상에서 셀 수 없는 큰 무리가 들어올 것이다(계 7:9).

〔13절〕길을 여는 자(포레츠 פֹּרֵץ)[뚫고 나가는 자](BDB)**가 그들의 앞서 올라가고 그들은 달려서**(프레추 פָּרְצוּ)[뚫고 나가며] **성문에 이르러서는 그리로 좇아 나갈 것이며 그들의 왕이 앞서 행하며 여호와께서 선두로 행하시리라.**

본문은 회복된 이스라엘 백성의 힘찬 행진을 증거한다. '길을 여는 자'는 포로생활의 속박을 뚫고 나가는 자이다. 참된 구원과 회복은 죄와 죽음의 속박을 뚫고 나가는 것이다. 길을 여는 자는 주 예수 그리스도이시다. 그가 우리들 앞서 올라가신다. 그는 십자가에 죽으셨고 부활하셨고 승천하셨다. 구원받은 성도들은 그를 따라 죄와 죽음의 속박을 뚫고 담대히 나갈 것이다. 구주 예수 그리스도께서는 우리의 주님, 우리의 목자, 우리의 인도자, 우리의 왕이시다.

본장의 교훈은 무엇인가? <u>첫째로, 악의 결과는 멸망이다.</u> 이스라엘 백성은 우상숭배와 불법과 학대 등의 악을 행했고 또 거짓 선지자들은 그 악을 책망치 않았다. 마침내 그들은 돌이킬 수 없는 멸망을 당했다. 그들은 자신들의 악을 깨닫고 하나님 앞에 철저히 회개했어야 했다.

<u>둘째로, 우리는 하나님의 참된 말씀을 싫어하지 말고 사모해야 한다.</u> 이스라엘 백성은 하나님의 바른 말씀, 곧 죄에 대한 책망과 심판 경고의 말씀을 싫어하였다. 그러나 하나님의 말씀은 정직한 자에게는 유익하다. 모든 성경은 하나님의 감동으로 된 것으로 교훈과 책망과 바르게 함과 의로 교육하기에 유익하다(딤후 3:16). 우리는 성경적 교리와 생활 교훈을 귀히 여기고 사모하며 그 말씀을 다 믿고 힘써 실천해야 한다.

<u>셋째로, 예수 그리스도를 믿음으로 구원받은 우리는 그의 뒤를 따라야 한다.</u> 우리는 우리의 행위로 구원받은 것이 아니고 하나님의 은혜와 주 예수 그리스도의 대속 공로로 구원을 받았음을 알고 항상 하나님께 감사하고 오직 예수 그리스도의 대속(代贖)의 의를 굳게 붙들고 자기를 부정하고 고난을 참고 천국만 바라보며 의와 선을 행해야 한다.

3장: 치리자들과 선지자들의 죄악

[1-4절] 내가 또 이르노니 야곱의 두령들[지도자들]과 이스라엘 족속의 치리자들[통치자들]아, 청컨대 들으라. 공의는 너희의 알 것이 아니냐?[너희는 공의를 알아야 하지 않느냐?] 너희가 선을 미워하고 악을 좋아하여 내 백성의 가죽을 벗기고 그 뼈에서 살을 뜯어 그들의 살을 먹으며 그 가죽을 벗기며 그 뼈를 꺾어 다지기를 남비와 솥 가운데 담은 고기처럼 하는도다. 그때에[그러면] 그들이 여호와께 부르짖을지라도 응답지 아니하시고 그들의 행위의 악하던 대로[그들이 악을 행했기 때문에] 그들 앞에 얼굴을 가리우시리라.

이스라엘의 지도자들과 통치자들의 죄는 공의를 저버린 것과 선을 미워하고 악을 좋아하여 백성을 핍박하고 착취한 것이었다. 통치자들의 첫 번째 의무는 공의의 확립이다. 다윗은 이스라엘 백성에게 공과 의를 행했었다(삼하 8:15). 공평한 기회와 공정한 평가는 백성들의 평안과 행복을 위한 기본적 요소이다. 의가 없는 사회에는 일부 계층의 평안과 행복만 있고 다수의 백성들은 고통을 당한다. 미가 시대에 이스라엘의 지도자들은 타락해 있었다. 그들에게는 의와 선이 없었고 불의와 악이 가득했다. 그들은 악하고 잔인했다. 그러므로 그들은 악을 행했기 때문에 여호와께 부르짖을지라도 응답을 얻지 못할 것이다. 하나님께서는 그들에게서 긍휼을 거두시고 그의 얼굴을 가리우실 것이다. 이것은 하나님의 벌 중에 매우 무서운 벌이다.

[5-7절] 내 백성을 유혹하는[곁길로 인도하는] 선지자는 이에 물면 평강을 외치나 그 입에 무엇을 채워 주지 아니하는 자에게는 전쟁을 준비하는도다. 이런 선지자에 대하여 여호와께서 가라사대 그러므로 너희가 밤을 만나리니 이상(異像)을 보지 못할 것이요 흑암을 만나리니 점치지 못하리라 하셨나니 이 선지자 위에는 해가 져서 낮이 캄캄할 것이라. 선견자가 부끄러워하며 술객이 수치를 당하여 다 입술을 가리울 것은 하나님이 응답지 아니하심이어니와.

미가 3장 치리자들과 선지자들의 죄악

이스라엘의 선지자들의 죄는 백성을 곁길로 인도하는 것이었다. 세상에는 인생의 바른 길이 있고 곁길이 있다. 거짓 선지자들은 사람을 바른 길로 인도하지 않고 곁길로 인도했다. 왜냐하면 그들은 이에 물면, 즉 대접이나 받고 사례물이나 받으면 평안을 외쳤고 그렇지 않으면 전쟁을 준비하듯이 말했기 때문이다. 즉 그들은 백성들의 죄를 지적하여 그들이 그 죄에서 떠나게 함으로 참 평안을 얻게 하지 않고 악인들에게 거짓된 평안을 전하며 잘못된 안심을 주었던 것이다. 죄를 지은 자들은 심판의 경고를 받고 불안해야 회개할 것인데, 회개하게 하는 대신에 안심만 시키니 잘못이었던 것이다. 그러나 그런 거짓 선지자들은 이상(異像)을 보지 못하고 점치지 못하는 재앙을 만날 것이다. 그들이 외친 평안은 헛된 약속에 불과함이 드러날 것이다. 하나님께서는 그들의 기도에 응답하지 않으실 것이다. 하나님의 재앙의 날에 그들은 더 이상 설교할 내용도, 설교할 힘도 없을 것이다.

[8절] 오직 나는 여호와의 신[영]으로 말미암아 권능(코아크 כֹּחַ)[power, 능력]과 공의[의]와 재능(게쿠라 גְּבוּרָה)[might, 힘]으로 채움을 얻고 야곱의 허물과 이스라엘의 죄를 그들에게 보이리라.

거짓 선지자들과 달리, 참 선지자인 미가는 여호와의 영으로 말미암아 능력과 의와 힘으로 충만해져서 이스라엘 백성의 죄와 허물을 지적하며 증거할 것이다. 이것이 참 선지자의 모습이며 참 선지자의 사명이다. 그러나 이것은 사람의 힘과 지혜로 되는 것이 아니고, 오직 하나님의 영, 성령의 능력과 의와 힘의 충만함으로써만 가능하다.

[9-11절] 야곱 족속의 두령과 이스라엘 족속의 치리자 곧 공의를 미워하고 정직한 것을 굽게 하는 자들아, 청컨대 이 말을 들을지어다. 시온을 피로, 예루살렘을 죄악(아윌라 עַוְלָה)[불의]으로 건축하는도다. 그 두령은 뇌물을 위하여 재판하며 그 제사장은 삯을 위하여 교훈하며 그 선지자는 돈을 위하여 점치면서 오히려 여호와를 의뢰하여 이르기를 여호와께서 우리 중에 계시지 아니하냐? 재앙이 우리에게 임하지 아니하리라 하는도다.

미가 3장: 치리자들과 선지자들의 죄악

미가가 지적한 이스라엘 백성의 죄는 무엇인가? 이스라엘의 지도자들과 통치자들은 공의를 미워했고 정직한 것을 굽게 했다. 그들은 예루살렘 성을 무고한 자들의 피를 흘림과 불의와 죄악으로 다스리고 있었다. 즉 그들은 무죄한 자들을 많이 죽였고 불의한 일들을 많이 행했던 것이다. 또 그들은 다 뇌물을 위해 재판하였다. 제사장들은 삯을 위해 교훈했고 선지자들은 돈을 위해 점을 치고 예언했다. 그러면서 그들은 여호와께서 그들 중에 계시며 그렇기 때문에 재앙이 그들에게 임하지 않을 것이라고 말했다. 그들이 하나님을 참으로 경외함이 없고 하나님의 뜻을 행함이 없으면서도 하나님을 의뢰하며 그런 말을 하니 그것은 듣기 좋은 말에 불과하고 심리적인 위로에 불과했다. 하나님께서는 그들과 함께하지 않으실 것이다. 모든 일이 잘 될 것이라는 그들의 말은 헛된 평안의 기대일 뿐이었다.

〔12절〕 이러므로 너희로 인하여 시온은 밭같이 갊을 당하고 예루살렘은 무더기가 되고 성전의 산은 수풀의 높은 곳과 같게 되리라.

그들의 불의와 악 때문에, 그 지도자들과 통치자들의 죄와 백성의 죄 때문에, 시온산과 예루살렘 성, 하나님의 성전이 세워진 그 언덕은 무더기가 될 것이다. 범죄한 유다는 결국 멸망할 것이다.

본문의 교훈은 무엇인가? <u>첫째로, 우리는 공의를 미워하거나 정직을 굽게 하지 말고 오직 모든 일에 있어서 의롭고 정직하게 행해야 한다.</u>

<u>둘째로, 지도자들이나 통치자들과 권력자들은 무고한 피를 흘리거나 죄악된 일들을 행치 말아야 한다.</u> 교회나 사회가 그런 지경이 되면 그런 교회, 그런 사회에는 소망이 없다. 그런 교회와 나라는 망할 것이다.

<u>셋째로, 우리는 뇌물이나 돈을 위해 일하지 말아야 한다.</u> 우리는 돈을 사랑하지 말고 불의하고 더러운 이익을 얻으려 하지 말아야 한다.

<u>넷째로, 우리는 거짓된 평안을 전하지 말고 기대하지도 말아야 한다.</u> 참된 평안은 죄를 버리고 믿음과 의와 선을 행할 때에 주어진다.

4장: 이스라엘의 회복

〔1-2절〕 말일에 이르러는 여호와의 전의 산이 산들의 꼭대기에 굳게 서며 작은 산들 위에 뛰어나고 민족들[백성들]이 그리로 몰려갈 것이라. 곧 많은 이방[민족들]이 가며 이르기를 오라, 우리가 여호와의 산에 올라가서 야곱의 하나님의 전에 이르자. 그가 그 도(道)로 우리에게 가르치실 것이라. 우리가 그 길로 행하리라 하리니 이는 율법이 시온에서부터 나올 것이요 여호와의 말씀이 예루살렘에서부터 나올 것임이라.

미가는 마지막 날에 이루어질 이스라엘의 회복을 예언한다. 그때에 여호와의 전의 산이 산들의 꼭대기에 굳게 설 것이다. 이스라엘 나라가 이방 나라들 위에 뛰어날 것이다. 이 예언은 메시아의 오심으로 성취되었다. 구주 예수 그리스도를 믿은 제자들은 영적 이스라엘이 되었다. 신약교회는 이스라엘의 참된 회복의 시작이며 예수 그리스도의 재림과 천국은 그것의 완전한 성취가 될 것이다. 이방 나라들이 신약교회로 나올 것이다. 이것은 세계복음화의 모습이다. 세계의 모든 나라들은 하나님께로 돌아올 것이다. 주께서는 이 일을 위하여 제자들을 온 세상에 보내셨다(마 28:19). 세계복음화는 하나님의 뜻이다. 회복된 이스라엘은 하나님의 말씀을 배우며 향할 것이다. 예수께서는 그의 제자들에게 "모든 족속으로 제자를 삼고 내가 너희에게 분부[명령]한 것을 가르쳐 지키게 하라"고 말씀하셨다(마 28:20). 온 세상은 신구약 성경말씀을 배울 것이다.

〔3-5절〕 그가 많은 민족 중에 심판하시며 먼 곳 강한 이방을 판결하시리니 무리가 그 칼을 쳐서 보습[갱기날]을 만들고 창을 쳐서 낫을 만들 것이며 이 나라와 저 나라가 다시는 칼을 들고 서로 치지 아니하며 다시는 전쟁을 연습하지 아니하고 각 사람이 자기 포도나무 아래와 자기 무화과나무 아래 앉을 것이라. 그들을 두렵게 할 자가 없으리니 이는 만군의 여호와의 입이 이같이 말씀하셨음이니라. 만민이 각각 자기 신의 이름을 빙자하여 행하

미가 4장: 이스라엘의 회복

되 오직 우리는 우리 하나님 여호와의 이름을 빙자하여 영원히 행하리로다.

하나님께서는 온 세상 모든 민족들의 심판자이시다. 그는 온 세상의 주인이시며 권세 있는 심판자이시다. 그는 심판의 결과로 온 세상에 평화를 주실 것이다. 마지막 심판 후에 평화의 시대가 올 것이다. 그 날에는 전쟁 무기가 필요치 않고 전쟁 훈련이 필요치 않고 많은 군대가 필요치 않을 것이다. 그들은 평안히 지내며 평안히 과일들을 먹고 즐거워할 것이다. 거기에는 침략자도, 독재정권도, 도둑도, 강도도, 폭력배도, 사기꾼도 없을 것이다. 한 마디로, 평화의 세계가 올 것이다. 세계의 마지막 심판과 평화의 삶의 회복은 헛된 꿈이 아니고 하나님께서 이루어 주실 복된 소망이다. 그는 전능하시고 신실하시므로 그가 친히 말씀하신 것을 반드시 이루실 것이다. 그는 국제연합(UN)의 회의와 중재나 나라들 간, 지역들 간의 평화 회담을 통하여 이룰 수 없었던 세계적 평화를 이루실 것이다. 그것이 천국이다.

〔6-8절〕 여호와께서 말씀하시되 그 날에는 내가 저는 자를 모으며 쫓겨난 자와 내가 환난 받게 한 자를 모아 그 저는 자로 남은 백성이 되게 하며 멀리 쫓겨났던 자로 강한 나라가 되게 하고 나 여호와가 시온산에서 이제부터 영원까지 그들을 치리하리라 하셨나니 너 양떼의 망대요 딸 시온의 산이여, 이전 권능[왕권] 곧 딸 예루살렘의 나라가 네게로 돌아오리라.

본문은 이스라엘 왕권의 회복을 예언한다. 본문에 '저는 자' '쫓겨난 자' '환난 받게 한 자'는 멸망하여 포로로 잡혀 온 땅에 흩어진 이스라엘 백성을 가리킨다. 그들은 하나님께서 내리신 환난의 징벌을 받은 자들이다. 하나님께서는 그들을 흩으셨으나, 장차 친히 그들을 모으시고 구원하실 것이다. 회복된 이스라엘은 다시 이웃 나라들의 침략을 받지 않는 강한 나라가 될 것이다. 다니엘 2:44는, "이 열왕의 때[로마 시대]에 하늘의 하나님이 한 나라를 세우시리니 이것은 영원히 망하지도 아니할 것이요 그 국권이 다른 백성에게로 돌아가지도 아니할 것이요 도리어 이 모든 나라를 쳐서 멸하고 영원히 설 것이

미가 4장: 이스라엘의 회복

라"고 예언했는데, 회복된 이스라엘이 그러할 것이다.

회복된 이스라엘은 하나님께서 친히 통치하시는 나라일 것이다. 예수 그리스도께서는 유대인의 왕이시며 교회의 머리이시고 세상의 모든 왕들 위의 왕이시다. 그러므로 사도 요한은 환상 중에 일곱째 천사가 나팔을 불 때 "세상 나라가 우리 주와 그 그리스도의 나라가 되어 그가 세세토록 왕노릇하시리로다"라는 하늘의 큰 음성을 들었다(계 11:15). 신약교회는 마귀의 시험과 핍박 속에서도 망하지 않고 지금까지 믿음과 인내로 유지되었고 온 세계에 크게 확장되었다.

[9-10절] 이제 네가 어찌하여 부르짖느냐? 너희 중에 왕이 없어졌고 네 모사가 죽었으므로 네가 해산하는 여인처럼 고통함이냐? 딸 시온이여, 해산하는 여인처럼 어써 구로하여 낳을지어다. 이제 네가 성읍에서 나가서 들에 거하며 또 바벨론까지 이르러 거기서 구원을 얻으리니 여호와께서 거기서 너를 너의 원수들의 손에서 속량하여 내시리라.

이스라엘 백성은 큰 고통이 있은 후 회복될 것이다. 여인의 해산하는 고통은 사람의 고통들 중에 가장 큰 고통일 것이다. 이스라엘은 현재 해산의 고통 같은 큰 고통 중에 있다. 그들의 고통은 멸망 당한 고통이었다. 그들은 왕이 없고 지혜로운 참모들도 죽었으므로 고통 중에 부르짖고 있다. 그러나 그들은 고통 중에도 소망이 있다. 이스라엘 나라의 고통은 여인의 해산 고통과 같다. 산모는 출산 직전에 큰 고통을 겪지만 얼마 후 아기 울음소리와 함께 기다리던 아기를 볼 때 위로를 얻는다. 이와 같이, 고난 중에 있는 이스라엘 나라는 얼마 후 메시아를 볼 것이다. 그들의 멸망은 절망적이지만, 미시아 곧 그리스도께서 오실 것이며 새 시대가 열릴 것이다. 과연 그렇게 되었다.

하나님께서는 절망의 땅에서 이스라엘 백성을 구원하실 것이다. 10절에 '거기서'(2번)라는 말은 '그 절망의 땅 바벨론에서'라는 뜻이다. 이스라엘 백성은 성읍에서 쫓겨나가서 들판에 거했고 또 먼 바벨론까지 포로로 끌려갔다. 그러나 사람으로서는 절대 불가능한 구원의 일을 하나님께서 친히 행하실 것이다. 하나님께서는 구원하시는 자이시다. 구원의 능력은 사람에게 있지 않고 오직 하나님께 있다.

[11-13절] 이제 많은 이방[민족들]이 모여서 너를 쳐 이르기를 시온이 더럽게 되며 그것을 우리 눈으로 바라보기를 원하노라 하거니와 그들이 여호와의 뜻을 알지 못하며 그 모략을 깨닫지 못한 것이라. 여호와께서 곡식단을 타작마당에 모음같이 그들을 모으셨나니 딸 시온이여, 일어나서 칠지어다. 내가 네 뿔을 철 같게 하며 네 굽을 놋 같게 하리니 네가 여러 백성을 쳐서 깨뜨릴 것이라. 내가 그들의 탈취물을 구별하여 여호와께 드리며 그들의 재물을 온 땅의 대주재께 돌리리라.

많은 나라들은 이스라엘 나라의 완전한 멸망을 원했다. 앗수르와 바벨론 나라들은 이스라엘과 유다 나라의 완전한 멸망을 소원하였다. 또 이스라엘 나라는 완전히 멸망한 것처럼 보였다. 그러나 하나님의 뜻은 그렇지 않았다. 하나님께서는 이스라엘을 징벌하신 후 회복시키실 것이다. 이스라엘의 회복이 아직 완전히 이루어진 것은 아니나, 하나님께서는 타작마당에 곡식단을 모음같이 이스라엘 백성을 모으실 것이다. 그들은 회복될 것이다. 회복된 그들은 열방을 쳐서 하나님께 바칠 것이다. 13절의 '내가'는 메시아를 가리켰다고 본다.

본장의 교훈은 무엇인가? 첫째로, 이스라엘의 회복은 예루살렘에서부터 시작될 것이다. 말일에 이스라엘은 세상 나라들 위에 설 것이며 민족들이 그리로 몰려갈 것이며, 하나님의 말씀이 예루살렘에서부터 나올 것이다. 예루살렘에서부터 건립되기 시작한 신약교회가 그렇다.

둘째로, 회복된 나라는 평안의 나라일 것이다. 전쟁이 없는 평화로운 날이 올 것이다. 이 날은 아직 완성되지는 않았으나 이미 시작되었다.

셋째로, 하나님의 통치가 회복될 것이다. 하나님께서 직접 통치하시는 강하고 영원한 나라가 세워질 것이다. 신약교회는 그 시작이다.

넷째로, 세계복음화가 이루어질 것이다. 신약교회는 온 세상에 복음을 전할 것이며 각 나라에서 택함 받은 자들이 구원을 얻을 것이다.

5장: 메시아의 오심, 남은 자들

〔1-3절〕 딸 군대여, 너는 떼를 모을지어다. 그들이 우리를 에워쌌으니 막대기로 이스라엘 재판자의 뺨을 치리로다. 베들레헴 에브라다야, 너는 유다 족속 중에 작을지라도 이스라엘을 다스릴 자가 네게서 내게로 나올 것이라. 그의 근본은 상고에, 태초에(미메 올람 מִימֵי עוֹלָם)[영원한 날들로부터]니라. 그러므로 임산한 여인이 해산하기까지 그들을 붙여 두시겠고 그 후에는 그 형제 남은 자가 이스라엘 자손에게로 돌아오리니.

이스라엘 나라는 메시아로 말미암아 회복될 것이다. 이스라엘이 이방 나라들의 군대들의 침입으로 포위 당하고 이스라엘의 통치자가 수욕을 당했으나 메시아께서 나타나실 것이다. '이스라엘을 다스릴 자' 곧 메시아께서 나실 장소는 베들레헴 에브라다이다. 그곳은 비록 유다 족속 중에 작은 마을일지라도 메시아께서 거기서 탄생하실 것이다. 과연, 예수 그리스도께서는 유대 베들레헴에서 나셨다. 또 본문은 메시아의 신성(神性)에 대해 "그의 근본은 상고에, 태초에[영원한 날들로부터]니라"고 예언했다. 예수 그리스도께서는 태초부터 계셨던 분이시다(요 1:1). 이스라엘 나라는 멸망하여 이방인들의 손 아래 있을 것이지만, 메시아의 탄생으로 택자들이 다 돌아올 것이다.

〔4절〕 그가 여호와의 능력과 그 하나님 여호와의 이름의 위엄을 의지하고 서서 그 떼에게 먹여서 그들로 안연히 거하게 할 것이라. 이제 그가 창대하여 땅끝까지 미치리라.

'그'는 메시아를 가리킬 것이다. 메시아께서는 목양(牧羊)의 능력과 권위를 가지실 것이다. 그는 큰 목자이실 것이다. 그의 목양의 능력과 권위는 하나님의 힘과 하나님의 이름의 권위이시다. 하나님의 능력은 부족함이 없고 쇠함이 없는 능력이며, 그의 권위는 신적, 절대적 권위이시다. 예수 그리스도께서는 은혜와 진리가 충만하신 자이시며(요 1:14) 우리는 그에게서 풍성한 은혜를 받는다(요 1:16; 3:34).

미가 5장: 메시야의 오심, 남은 자들

또 메시아의 목양의 결과는 평안이다. 그는 양떼들로 안연하게 즉 평안하고 안전하게 거하게 하실 것이다. 주께서는 "평안을 너희에게 끼치노니 곧 나의 평안을 너희에게 주노라"고 말씀하셨다(요 14:27). 사도 바울은 데살로니가후서 3:16에서 "평강의 주께서 친히 때마다 일마다 너희에게 평강을 주시기를 원하노라"고 기원하였다.

또 메시아의 목양의 범위는 온 세상이다. 신약교회는 창대하여 땅끝까지 미칠 것이다. 메시아의 위대하심이 땅끝까지 알려질 것이며 그의 구원의 은총이 모든 사람에게 임할 것이다. 그의 이름으로 말미암아 죄사함을 얻게 하는 회개와 구원의 복음은 예루살렘으로부터 시작해 모든 족속에게 전파될 것이다(눅 24:47; 행 1:8; 계 11:15).

[5-6절] 이 사람은 우리의 평강이 될 것이라. 앗수르 사람이 우리 땅에 들어와서 우리 궁들을 밟을 때에는 우리가 일곱 목자와 여덟 군왕을 일으켜 그를 치리니 그들이 칼로 앗수르 땅을 황무케 하며 니므롯 땅의 어귀를 황무케 하리라. 앗수르 사람이 우리 땅에 들어와서 우리 지경을 밟을 때에는 그가 우리를 그에게서 건져내리라.

메시아께서는 회복된 이스라엘로 원수를 이기게 하실 것이다. '이 사람'은 메시아를 가리킨다. 메시아께서는 우리의 평안이 되신다. 그는 우리의 마음의 불안과 두려움, 슬픔, 우울을 제하시고 평안을 주시며, 몸의 건강과 물질적 안정과 사회적 안정을 주실 것이다. 회복된 이스라엘 곧 신약교회에도 핍박자들이 있지만, 그 교회는 '일곱 목자와 여덟 군왕'을 일으켜 그를 칠 것이다. 신약교회에는 유능한 지도자들, 영적 전사들이 충분히 있을 것이다. 신약교회는 원수들을 충분히 물리칠 것이다. 신약교회 지도자들은 앗수르 땅을 복음의 칼로 정복하며 니므롯 땅의 어귀를 복음화시킬 것이다. 신약교회의 일꾼들로 인하여 온 세계는 하나님의 뜻 가운데 복음화될 것이다. 메시아께서는 교회의 원수들로부터 우리를 건져주신다. 예수 그리스도께서는 우리의 평안, 우리의 힘과 승리, 우리의 구원이시다.

미가 5장: 메시야의 오심, 남은 자들

〔7-9절〕 야곱의 남은 자는 많은 백성 중에 있으리니 그들은 여호와에게로서 내리는 이슬 같고 풀 위에 내리는 단비[소나기] 같아서 사람을 기다리지 아니하며 인생을 기다리지 아니할 것이며 야곱의 남은 자는 열국 중과 여러 백성 중에 있으리니 그들은 수풀의 짐승 중의 사자 같고 양떼 중의 젊은 사자 같아서 만일 지나간즉 밟고 찢으리니 능히 구원할 자가 없을 것이라. 네 손이 네 대적 위에 들려서[들리며] 네 모든 원수를 진멸하기를 바라노라[네 모든 원수가 끊어질 것이라].

'야곱의 남은 자들'은 회복된 이스라엘 곧 신약교회를 가리킨다고 본다. 야곱의 남은 자들, 곧 회복된 이스라엘 나라는 많은 백성 중에, 열국과 여러 백성 중에 있을 것이다. 신약교회는 각 민족, 각 나라에서 하나님의 은혜로 선택된 자들로 구성된 세계적 교회이다. 요한계시록 7:9, "각 나라와 족속과 백성과 방언에서 아무라도 능히 셀 수 없는 큰 무리가 흰옷을 입고 손에 종려가지를 들고 보좌 앞과 어린양 앞에 서서." 우리는 그 세계적 교회의 일원이 되었다.

또 야곱의 남은 자들 곧 회복된 이스라엘 나라는 "여호와에게로서 내리는 이슬 같고 풀 위에 내리는 단비 같아서 사람을 기다리지 아니하며 인생을 기다리지 아니할 것이다." 이슬과 단비는 나무와 풀들에게 유익을 준다. 교회는 세상에 구원의 복을 전하는 도구가 된다. 그 이슬과 단비는 하나님께로부터 내린다. 신약교회의 건립과 확장, 곧 죄인들의 구원사역은 하나님께서 행하시는 일이다. 신약교회는 수풀의 사자같이, 양떼 중의 사자같이 힘있고 용맹스러울 것이며 원수들과 싸워 이길 것이다 (히 11:36-38; 요일 5:4-5; 계 7:9).

〔10-15절〕 여호와께서 가라사대 그 날에 이르러는 내가 너의 말을 너의 중에서 멸절하며 너의 병거를 훼파하며 너의 땅의 성읍들을 멸하며 너의 모든 견고한 성을 무너뜨릴 것이며 내가 또 복술을 너의 손에서 끊으리니 네게 다시는 점장이[점쟁이]가 없게 될 것이며 내가 너의 새긴 우상과 주상을 너의 중에서 멸절하리니 네가 네 손으로 만든 것을 다시는 섬기지 아니하리라. 내가 또 너의 아세라 목상을 너의 중에서 빼어 버리고 너의 성읍들을

멸할 것이며 내가 또 진노와 분한으로 청종치 아니한 나라에 갚으리라 하셨느니라.

　이스라엘의 회복 시대의 한 특징은 말과 병거가 없어지는 것이다. 하나님께서는 그 전쟁 무기들을 없애실 것이다. 왜냐하면 전쟁이 없을 것이기 때문이다. 하나님께서는 또 성읍들과 모든 견고한 성들 즉 방어 기지들도 없애실 것이다. 왜냐하면 전쟁이 없을 것이기 때문이다. 이스라엘의 회복의 시대는 전쟁이 없고 오직 평화만 있을 것이다.

　회복 시대의 다른 한 특징은 참된 경건의 회복이다. 하나님께서는 이스라엘 가운데서 잘못된 종교사상과 행위들, 미신들, 우상들을 다 제거하실 것이다. 우상의 도시들도 다 파괴될 것이다. 모든 사람들은 여호와 하나님만 섬길 것이다. 회복의 시대에는 하나님께 순종치 않는 나라들, 곧 불경건하고 부도덕한 나라들이 하나님의 진노를 당하고 다 멸망할 것이다. 불경건한 세상 나라들은 다 멸망할 것이다.

　본장의 교훈은 무엇인가? 첫째로, 우리는 하나님께서 주신 우리의 크신 구주와 주 예수 그리스도를 감사하자. 예수께서는 영원하신 신적 구주이시다. 예수 그리스도께서는 하나님의 능력과 권위로 죄인들을 구원하시고 인도하신다. 그는 유능한 종들을 일으켜 핍박자들을 물리치실 것이다. 우리는 신적 구주를 주신 하나님께 감사해야 한다.

　둘째로, 우리는 주 예수 그리스도께서 주시는 참된 평안을 누리자. 요한복음 14:27, "평안을 너희에게 끼치노니 곧 나의 평안을 너희에게 주노라. 내가 너희에게 주는 것은 세상이 주는 것 같지 아니하니라. 너희는 마음에 근심도 말고 두려워하지도 말라." 구원의 결과는 평안이다.

　셋째로, 우리는 예수 그리스도께서 주신 구원의 열매인 참된 회복을 나타내어야 한다. 그것은 경건과 도덕성의 삶을 가리킨다. 우리는 우상들을 버리고 하나님의 말씀 곧 성경말씀을 순종해야 한다. 우리는 범사에 경건하고 참되고 옳으며 깨끗하고 칭찬할 만해야 한다(빌 4:8-9).

6장: 하나님께서 요구하시는 것

[1-4절] 너희는 여호와의 말씀을 들을지어다. 내게 이르시기를 너는 일어나서 산 앞에서 쟁변하여 작은 산으로 네 목소리를 듣게 하라 하셨나니 너희 산들과 땅의 견고한 지대들아, 너희는 여호와의 쟁변을 들으라. 여호와께서 자기 백성과 쟁변하시며 이스라엘과 변론하실 것이라. 이르시기를 내 백성아, 내가 무엇을 네게 행하였으며 무엇에 너를 괴롭게 하였느냐? 너는 내게 증거하라. [이는](키 יכִ) 내가 너를 애굽 땅에서 인도하여 내어 종노릇하는 집에서 속량하였고 모세와 아론과 미리암을 보내어 네 앞에 행하게 하였었느니라[하였음이니라].

하나님께서는 산들을 증인으로 세워 이스라엘 백성과 변론하셨다. 산은 옛날부터 지금까지 변함 없이 제자리에 서 있다. 그것은 신실한 증인과 같다. 이것은 이스라엘 백성이 하나님께서 옛날에 그들에게 행하신 일들을 잊어버리고 배은망덕하였기 때문에 비유적으로 하신 말씀이다. 하나님께서는 내가 너희에게 잘못한 일이 무엇인가라고 물으신다. 그는 애굽 땅에서 종노릇하였던 이스라엘 백성을 구원하셨고 모세 같은 좋은 지도자를 주셨다. 그런데 너희는 왜 내게 배은망덕하느냐, 왜 나를 대적하고 불순종하느냐고 물으시는 것이다.

[5절] 내 백성아, 너는 모압 왕 발락의 꾀한 것과 브올의 아들 발람이 그에게 대답한 것을 추억하며 싯딤에서부터 길갈까지의 일을 추억하라. 그리하면 나 여호와의 의롭게 행한 것을 알리라 하실 것이니라.

하나님의 백성인 이스라엘은 하나님께서 과거에 그들에게 무슨 일들을 행하셨는지 기억하는 것이 유익할 것이다. 하나님의 긍휼의 일들은 그들에게 위로와 힘이 되며 징벌의 일들은 그들에게 두려움과 조심함을 줄 것이다. 모압 왕 발락이 이방 선지자 발람을 불러 이스라엘을 저주하게 하려 하였을 때, 하나님께서는 그를 막으셔서 이스라엘 백성을 저주하는 대신에 축복하게 하셨다. 그러나 싯딤에서는

미가 6장: 하나님께서 요구하시는 것

하나님께서 공의로 이스라엘 백성을 징벌하셨다. 그 징벌은 그들이 모압 여자들과 함께 이방신들에게 절하고 그들과 음행하였기 때문이다. 그러나 이스라엘 백성이 광야 40년 생활을 마치고 가나안 땅으로 들어갈 때에는 제사장들이 요단강에 들어서자 강물이 멀리서 그쳤고 그들은 요단강을 마른 땅처럼 기적적으로 건너가 길갈에 도착하였다. 그것은 하나님께서 약속대로 행하신 기이한 인도하심이었다.

[6-8절] 내가 무엇을 가지고 여호와 앞에 나아가며 높으신 하나님께 경배할까? 내가 번제물 1년된 송아지를 가지고 그 앞에 나아갈까? 여호와께서 천천의 수양[숫양]이나 만만의 강수 같은 기름을 기뻐하실까? 내 허물을 위하여 내 맏아들을, 내 영혼의 죄를 인하여 내 몸의 열매를 드릴까? 사람아, 주께서 선한 것이 무엇임을 네게 보이셨나니 여호와께서 네게 구하시는 것이 오직 공의를 행하며 인자(仁慈)를 사랑하며 겸손히 네 하나님과 함께 행하는 것이 아니냐?

미가는 하나님께서 단지 짐승 제사와 제물을 원하시는 것이 아님을 강조한다. 하나님께서는 천천의 숫양이나 만만의 강수 같은 기름을 기뻐하시는 것이 아니다. 그는 심지어 우리의 맏아들을 원하시는 것도 아니다. 하나님께서 원하시는 바는 다른 데 있었다. "사람아, 주께서 선한 것이 무엇임을 네게 보이셨나니 여호와께서 네게 구하시는 것이 오직 공의를 행하며 인자(仁慈)를 사랑하며 겸손히 네 하나님과 함께 행하는 것이 아니냐?" 하나님께서 요구하시는 것은 첫째로 공의를 행하는 것이다. 공의는 하나님의 계명에 일치하는 것이다. 하나님의 교훈과 계명대로 사는 것이 의롭게 행하는 것이다. 둘째로 인자(仁慈)를 사랑하는 것이다. 십계명의 내용은 하나님을 마음을 다해 사랑하고 이웃을 우리 몸같이 사랑하는 것이다. 인간 관계에 있어서 가장 중요한 것은 사랑으로 행하는 것이다. 셋째로 겸손히 하나님과 함께 행하는 것이다. 사람이 교만하면 하나님을 무시하고 대항하고 거역하고 불순종하며 우상숭배와 세상 사랑, 돈 사랑에 떨어지나,

미가 6장: 하나님께서 요구하시는 것

사람이 겸손하면 하나님을 인정하고 높이고 두려워하며 그의 계명에 순종할 것이다. 그는 에녹처럼, 노아처럼 하나님과 동행할 것이다.

[9절] 여호와께서 성읍을 향하여 외쳐 부르시나니 완전한 지혜는 주의 이름을 경외함이니라[지혜(혹은 지혜자)는 주의 이름을 보리로다(이르에 הָרְאָה)](KJV). **너희는 매를 순히 받고 그것을 정하신 자를 순종할지니라.**

본문은 하나님께서 성읍을 향하여 외쳐 부르시거 완전한 지혜 혹은 지혜자가 하나님의 외치는 소리에서 주의 이름을 보라는 뜻 같다. '본다'는 말은 '안다, 깨닫는다'는 뜻이다. 지혜 없는 자는 하나님을 알지 못한다. 매를 맞을 때도 그것이 하나님의 것인 줄 알지 못한다. 그러나 지혜 있는 자는 현실 속에서 하나님을 알고 그의 이름을 본다. 우리는 하나님의 매를 순히 받고 그것을 정하신 자 곧 하나님을 순종해야 한다. 사람은 매를 맞기 전에 회개하고 매를 맞지 않도록 조심하면 더 좋을 것이나, 매를 맞는 중에라도 하나님께 순종해야 한다. 그는 겸손히, 상한 심령으로 하나님의 매를 달게 받아야 된다.

[10-12절] 악인의 집에 오히려[아직도] 불의한 재물이 있느냐? 축소시킨 가증한 에바가 있느냐? 내가 만일 부정한 저울을 썼거나 주머니에 거짓 저울추를 두었으면 깨끗하겠느냐?[내가 부정한 저울과 거짓 저울추 주머니를 깨끗하다 하겠느냐?](NASB) **그 부자들은 강포가 가득하였고 그 거민들은 거짓을 말하니 그 혀가 입에서 궤사하도다.**

이스라엘 백성이 하나님의 매를 맞는 까닭은 죄 때문이었다. 선지자는 하나님의 미워하시는 죄들을 몇 가지 열거한다. 첫째는 불의한 재물이다. 이스라엘 사회에는 부피를 축소시킨 가증한 에바와 부정한 저울과 거짓 저울추가 있었다. 그들은 상거래에서 속임수를 통해 이득을 취하였고 재물을 모았다. 둘째는 강포이다. 부자들은 강포가 가득했다. 그들은 특히 가난한 자들을 향해 그러했다. 셋째는 거짓이다. 거짓은 하나님의 형상의 모습이 아니고 또 천국 백성의 모습이 아니다. 그것은 마귀의 형상이며 지옥 갈 자들의 모습이다.

미가 6장: 하나님께서 요구하시는 것

〔13-16절〕 그러므로 나도 너를 쳐서 중히 상하게 하였으며 네 죄를 인하여 너를 적막하게 하였나니 네가 먹으나 배부르지 못하고 속이 항상 빌 것이며 네가 감추나 보존되지 못하겠고 보존된 것은 내가 칼에 붙일 것이며 네가 씨를 뿌리나 추수하지 못할 것이며 감람을 밟으나 기름을 네 몸에 바르지 못할 것이며 포도를 밟으나 술을 마시지 못하리라. 너희가 오므리의 율례와 아합 집의 모든 행위를 지키고 그들의 꾀를 좇으니 이는 나로 너희를 황무케 하며 그 거민으로 사람의 치솟거리를 만들게 하려 함이라. 너희가 내 백성의 수욕을 담당하리라.

하나님께서는 이스라엘 백성의 죄악 때문에 그 땅을 공의로 심판하시며 재앙을 내리실 것이며 그들은 심각하게 상함과 땅의 황폐함과 양식의 궁핍을 겪을 것이다. 그들은 먹으나 배부르지 못하며 속이 항상 빌 것이며 감추어 둔 양식이나 보화를 다 빼앗길 것이다. 그들은 씨를 뿌리지만 추수하지 못하며 감람을 밟으나 기름을 몸에 바르지 못하며 포도를 밟으나 술을 마시지 못할 것이다. 그들은 전쟁으로 인하여 양식이 부족하고 악한 자들에게 곡식과 기름과 포도주를 다 빼앗기게 될 것이다. 특히, 그들은 '오므리의 율례와 아합 집의 모든 행위' 즉 바알과 아세라 숭배를 인하여 이방 나라의 침공을 받을 것이며 그 전쟁으로 그 땅은 가난과 질병, 죽음, 슬픔과 고통이 가득할 것이며 그들은 이방인들에게 놀림과 부끄러움을 당할 것이다.

본장은 하나님께서 요구하시는 것을 셋으로 요약해 교훈한다. <u>첫째로, 우리는 공의를 행해야 한다.</u> 공의는 계명에 일치하는 것이다. 우리는 모든 불의를 버리고 정당하게, 절제 있게, 인내하며 살아야 한다.
<u>둘째로, 우리는 인자(仁慈)함을 사랑해야 한다.</u> 우리는 이웃을 사랑하고 악한 마음과 강포함을 버리고 가난한 자를 불쌍히 여겨야 한다.
<u>셋째로, 우리는 겸손히 하나님과 함께 행해야 한다.</u> 우리는 세상의 모든 우상들을 다 버리고 하나님의 구원과 그 외의 모든 은혜를 감사하며 오직 겸손히 성경 읽기와 기도, 믿음과 순종으로 행해야 한다.

7장: 하나님의 형벌과 긍휼

〔1-4절〕 재앙이로다, 나여. 나는 여름 실과를 딴 후와 포도를 거둔 후 갈아서 먹을 송이가 없으며 내 마음에 사모하는 처음 익은 무화과가 없도다. 이와 같이 **선인(善人)**이 세상에서 끊쳤고 정직자가 인간에 없도다. 무리가 다 피를 흘리려고 매복하며 각기 그물로 형제를 잡으려 하고 두 손으로 악을 부지런히 행하도다. 그 군장(君長)[방백]과 재판자는 뇌물을 구하며 대인(大人)은 마음의 악한 사욕을 발하며 서로 연락을 취하니 그들의 가장 선한 자라도 가시 같고 가장 정직한 자라도 찔레 울타리보다 더하도다. 그들의 파수꾼들의 날 곧 그들의 형벌의 날이 임하였으니 이제는 그들이 요란하리로다.

이스라엘 사회에는 선하고 정직한 자를 찾아보기 어려웠다. 무리들은 서로 해치고 죽이려 하였다. 그들은 두 손으로 악을 부지런히 행했다. 나라의 지도자들은 뇌물을 구하고 물질적 욕심을 품고 있었다. 악한 자들은 말할 것도 없고 비교적 선하게 보이는 자들도 남에게 가시같이 해를 끼쳤다. 그러므로 미가는 하나님의 형벌을 선언하였다. '파수꾼들의 날'은 전쟁의 날을 가리킨다. 그 날은 곧 하나님의 형벌의 날이며 그들에게 요란함, 당황함, 혼란함이 있는 날이다.

〔5-6절〕 너희는 이웃을 믿지 말며 친구를 의지하지 말며 네 품에 누운 여인에게라도 네 입의 문을 지킬어다. 아들이 아비를 멸시하며 딸이 어미를 대적하며 며느리가 시어미를 대적하리니 사람의 원수가 곧 자기의 집안 사람이리로다.

평소에는 우리가 이웃과 친구를 믿고 살지만, 도덕이 땅에 떨어진 악한 시대에는 그렇지 못할 것이다. 사람들은 자기 이익이나 목숨이 걸려 있을 때는 이웃과 친구를 쉽게 배신한다. 그러므로 악한 시대에는 이웃과 친구를 의지하지 말고 가족들도 대적이 될 것을 각오해야 한다. 마태복음 10:35-36에 보면, 주 예수 그리스도께서는 본문 6절과 거의 비슷한 내용의 말씀을 제자들에게 주셨다.

미가 7장: 하나님의 형벌과 긍휼

〔7-8절〕 오직 나는 여호와를 우러러보며 나를 구원하시는 하나님을 바라보나니 나의 하나님이 나를 들으시리로다. 나의 대적이여, 나로 인하여 기뻐하지 말지어다. 나는 엎드러질지라도 일어날 것이요 어두운 데 앉을지라도 여호와께서 나의 빛이 되실 것임이로다.

미가는 하나님을 우러러 보며 하나님의 구원만 소망하며 하나님께 기도하며 응답을 기대했다. 그는 비록 엎드러질지라도 다시 일어나며 어두운 데 앉을지라도 여호와께서 그의 빛이 되실 것이라고 말했다. '어두운 데'는 고난의 상황을 가리키고 '빛'은 위로와 소망을 가리킨다. 의인은 일곱 번 넘어져도 다시 일어난다(잠 24:16).

〔9-10절〕 내가 여호와께 범죄하였으니 주께서 나를 위하여 심판하사 신원(伸寃)하시기까지는 그의 노를 당하려니와 주께서 나를 인도하사 광명에 이르게 하시리니 내가 그의 의를 보리로다. 나의 대적이 이것을 보고 부끄러워하리니 그는 전에 내게 말하기를 네 하나님 여호와가 어디 있느냐 하던 자라. 그가 거리의 진흙같이 밟히리니 그것을 내가 목도하리로다.

미가는 하나님께 범한 죄를 고백하며 그 죄로 인해 하나님의 노를 당할 것이지만, 하나님의 의로우신 신원(伸寃)하심이 있다고 말한다. 하나님께서는 그의 잘못에 대해 징책하시지만, 그를 모욕하고 학대하는 자들에 대한 공의의 보응도 내리실 것이다. 그들은 더 악한 자들이기 때문이다. 또 미가는 하나님께서 그를 인도하셔서 광명, 곧 위로와 회복에 이르게 하실 것이며 하나님의 의, 곧 악인들의 악에 대해 내리시는 엄한 심판을 보게 될 것이며, 또 하나님께서 공의의 심판을 하실 때 대적자들이 부끄러워하며 진흙같이 밟힐 것이라고 말한다.

〔11-13절〕 네 성벽을 건축하는 날 곧 그 날에는 지경이 넓혀질 것이라. 그 날에는 앗수르에서 애굽 성읍들에까지, 애굽에서 하수까지, 이 바다에서 저 바다까지, 이 산에서 저 산까지의 사람들이 네게로 돌아올 것이나 그 땅은 그 거민의 행위의 열매로 인하여 황무하리로다.

앗수르와 바벨론의 침입으로 허물어졌던 이스라엘 나라의 성벽들을 재건하는 날에 이스라엘 지경은 넓혀질 것이다. 그 날에 동서남북

미가 7장: 하나님의 형벌과 긍휼

온 세상에 흩어졌던 이스라엘 백성들은 다시 돌아올 것이다. 이것은 일차적으로 이스라엘 백성의 포로귀환을 예언한 것일 것이지만, 또한 신약교회를 암시한다고 본다. 신약시대에 하나님의 택한 백성은 온 세상의 각 민족, 각 나라, 각 방언, 각 족속에 있어 구원을 받아 신약교회를 이룰 것이다(계 7:9). 그러나 이스라엘 땅은 그 거민들의 죄악으로 인해 먼저 황폐케 될 것이다. 이스라엘 나라의 회복은 그들의 죄로 인해 그 땅이 멸망한 후, 여러 해 후에 이루어질 것이다.

〔14-15절〕 **원컨대 주는 주의 지팡이로 주의 백성 곧 갈멜 속 삼림에 홀로 거하는 주의 기업의 떼를 먹이시되 그들을 옛날같이 바산과 길르앗에서 먹이옵소서.** 가라사대 **네가 애굽 땅에서 나오던 날과 같이 내가 그들에게 기사를 보이리라.**

하나님께서는 그의 지팡이로 자기 백성을 인도하실 것이다. 이스라엘 백성은 갈멜의 삼림에 뿔뿔이 흩어져 들짐승의 위험 속에 외로이 거하는 자들과 같았으나, 미가는 그들이 하나님의 백성이고 기업임을 고하며 하나님께서 그들을 옛날같이 비옥한 초원 바산과 길르앗에서 먹이시기를 간구한다. 즉 하나님의 능력의 손으로, 이스라엘의 남은 자들 혹은 돌아올 자들을 인도하시고 풍성한 양식으로 먹이시기를 기도한 것이다. 또 미가는 즉시 하나님의 응답도 선언한다. 하나님께서는 옛날에 이스라엘 백성이 애굽 땅에서 나오던 날과 같이 그들에게 특별한 방식으로 기적들을 보이실 것을 약속하셨다. 과연, 약속된 메시아이신 하나님의 아들 예수 그리스도께서 오심으로 이 예언은 성취되었다. 주께서는 모세보다 많은 권능과 기사와 표적들을 행하셨다(마 11:4-5; 행 2:22). 또 그 시대에는 사도들과 심지어 집사들도 많은 기사와 표적을 행하였다(행 2:43; 행 6:8; 8:6-7).

〔16-17절〕 가로되 **열방이 보고 자기의 세력을 부끄러서 손으로 그 입을 막을 것이요 귀는 막힐 것이오며 그들이 뱀처럼 티끌을 핥으며 땅에 기는 벌레처럼 떨며 그 좁은 구멍에서 나와서 두려워하며 우리 하나님 여호와께**

로 돌아와서 주로 인하여 두려워하리이다.

이스라엘 나라의 회복의 때, 곧 신약교회시대에, 이방인들은 부끄러워서 자신들의 입을 막을 것이다. 예수 그리스도와 사도들을 통해 이루어진 기적들을 성경에서 읽고 또 들을 때에 이방인들은 할 말을 잃고 그 손으로 입을 막을 것이며 그 귀도 먹먹하여 귀를 막을 것이다. 또 하나님을 무시하고 교만했던 이방인들은 하나님 앞에 굴복하고 티끌을 핥는 뱀처럼, 땅에 기는 벌레처럼 땅에 엎드려 회개할 것이다. 이 일들은 이루어졌다. 하나님의 복음은 예루살렘과 온 유대와 사마리아와 땅끝까지 전파되었고 많은 이방인들이 하나님 앞에 굴복하고 돌아왔고 지금도 그 일이 계속되고 있다(롬 11:25; 15:19). 바로 우리 모두가 그들 중에 속한다. 하나님께서는 우리를 복음 앞에 굴복케 하셨고 이방 나라들과 백성들로 하나님을 두려워하게 하셨다.

[18-20절] 주와 같은 신이 어디 있으리이까? 주께서는 죄악을 사유하시며[치워 내버리시며] **그 기업의 남은 자의 허물을 넘기시며**[못 본 척하시며] **인애를 기뻐하심으로 노를 항상 품지 아니하시나이다. 다시 우리를 긍휼히 여기셔서 우리의 죄악을 발로 밟으시고**[죄악의 권세를 파하시고] **우리의 모든 죄를 깊은 바다에 던지시리이다. 주께서 옛적에 우리 열조에게 맹세하신 대로 야곱에게 성실을 베푸시며 아브라함에게 인애를 더하시리이다.**

이스라엘 나라의 회복의 근거는 하나님께서 이스라엘 백성의 죄를 사하심이다. 하나님께서는 남은 자들의 죄를 사유하시며 그 기업의 남은 자들의 허물을 넘기실 것이며 그들의 죄악을 발로 밟으시고 그들의 모든 죄를 깊은 바다에 던지실 것이다. 그것은 모든 죄의 완전한 제거를 의미한다. 죄가 개인과 온 세계의 불행의 근본 원인이므로, 죄를 사하심은 모든 행복의 시작이다. 거기에서 평안도, 기쁨도, 영생도 나온다. 또 이러한 사죄(赦罪)는 하나님의 자비와 긍휼에서 나온다. 하나님께서는 잠시 자기 백성을 진노하셨지만, 영원히 그러하지는 않으시고 그들을 긍휼히 여기실 것이다. 이것은 이스라엘 백성의

미가 7장: 하나님의 형벌과 긍휼

조상들인 아브라함과 야곱에게 하신 맹세의 성취이다. 하나님께서는 맹세하시고 약속하신 대로 이루셨다. 그 약속대로 땅의 모든 족속들은 아브라함의 자손 구주 예수 그리스도로 말미암아 복을 얻었다.

본장의 교훈은 무엇인가? 첫째로, <u>하나님께서는 사람의 죄에 대해 엄하게 징벌하신다</u>. 하나님께서는 이스라엘 백성이라 하더라도 범죄할 때 징벌하셨다. 의롭고 선한 자가 없어졌다. 사람들은 남을 죽이고 악을 행하며 지도자들은 뇌물을 구하며 악을 공모했다. 그러므로 하나님께서는 그들에게 저앙을 내리시고 전쟁과 요란함과 당황함을 주실 것이다. 그것은 하나님의 공의의 징벌이다. 우리는 경건하고 정직하고 선하며 이웃에게 해를 끼치지 말아야 하고 돈 욕심을 버리고 자족하며 살아야 하고 불경건하고 부도덕한 세상에서 빛이 되어야 한다.

둘째로, <u>우리는 사람들을 의지하지 말고 하나님만 의지하며 순종해야 한다</u>. 신앙은 절대적 차원의 문제이다. 우리는 신앙의 문제에 있어서 이웃이나 친구나 심지어 가족들도 의지하지 말아야 한다. 우리는 이웃 관계나 가족 관계를 초월하여 하나님을 믿고 따라야 한다. 때때로 집안 식구들이나 우리와 친한 사람들이 우리의 원수가 될 수도 있다. 그러므로 우리는 인간 관계에만 마음을 써서는 안 되고, 먼저 하나님을 바르게 섬기며 고난과 핍박 중에도 대적자로 인해 낙망하지 말고 하나님만 믿고 바라며 성경말씀만 순종해야 한다. 구원은 오직 하나님께 있다.

셋째로, <u>이스라엘 나라의 회복은 하나님의 긍휼과 자비와 죄사함에 근거한다</u>. 우리는 하나님의 회복시키시는 때, 곧 그 백성을 긍휼히 여기시는 때를 믿고 기다려야 한다. 하나님께서는 온 세상에 흩어져 있는 그의 택한 백성들을 빠짐 없이 다 구원하실 것이다. 그는 신약교회의 지경을 넓히실 것이다. 그는 우리의 참 목자가 되셨다. 예수 그리스도께서는 우리의 참 목자이시며 능력의 구주요 주님이시다. 우리는 하나님의 은혜로 예수 그리스도 안에서 모든 죄의 용서함을 받았다. 우리는 우리에게 의와 영생과 평안을 주신 하나님께 항상 감사해야 한다.

나훔

NAHUM

내용 목차

서론 ·· 178
1장: 하나님의 진노하심 ················· 179
2장: 니느웨의 파멸 ······················· 183
3장: 니느웨의 죄악과 황폐 ·············· 187

서론

나훔의 **기록 연대**는 주전 661년과 612년 어간이라고 본다. 왜냐하면 본서는 주전 661년경에 앗수르의 앗술바니팔 군대에게 애굽의 노아몬(애굽의 옛 수도 더베)이 멸망한 것을 과거의 사건으로 언급하며(3:8), 또 주전 612년의 니느웨의 멸망을 미래의 사건으로 예언하고 있기 때문이다.

나훔의 **주요 내용**은 앗수르의 수도 니느웨에 대한 심판의 선언이다. 본서는 무자비하고 잔인한 니느웨 곧 앗수르 제국에 대해 하나님께서 어떻게 그의 거룩하고 공의로운 심판을 시행하시는지 증거한다. 나훔의 **특징적 진리**는 하나님의 진노이다.

나훔 1장: 하나님의 진노하심

1장: 하나님의 진노하심

〔1-5절〕 니느웨에 대한 중한 경고 곧 엘고스[7] 사람 나훔의 묵시의 글이라. 여호와는 투기하시며 보복하시는 하나님이시니라 여호와는 보복하시며 진노하시되 자기를 거스리는[거스르는] 자에게 보복하시며 자기를 대적하는 자에게 진노를 품으시며 여호와는 노하기를 더디 하시며 권능이 크시며 죄인을 결코 사하지 아니하시느니라. 여호와의 길은 회리바람과 광풍에 있고 구름은 그 발의 티끌이로다. 그는 바다를 꾸짖어 그것을 말리우시며 모든 강을 말리우시나니 바산과 갈멜이 쇠하며 레바논의 꽃이 이우는도다[시드는도다]. 그로 인하여 산들이 진동하며 작은 산들이 녹고 그의 앞에서는 땅 곧 세계와 그 가운데 거하는 자들이 솟아 오르는도다.

나훔은 앗수르 나라의 수도 니느웨의 멸망을 선언한다. 하나님께서는 사람이 하나님을 대적하고 거역하는 자들을 미워하시고 진노하시고 보복하신다. 그는 노하기를 더디 하시지만, 죄인을 결코 징벌치 않은 채 내버려두지 않으신다. 그의 진노는 심판에서 나타난다. 그는 한번 노하시면 심히 두렵다. 그는 회리바람과 광풍을 사용하시며 비구름을 주장하신다. 그는 바다를 꾸짖어 그것을 말리우시며 모든 강을 말리우신다. 그는 푸른 초장과 삼림과 초목을 시들게 하신다. 그는 지진을 주장하여 땅이 꺼져 내리게도 하시고 솟아오르게도 하신다.

〔6-8절〕 누가 능히 그 분노하신 앞에 서며 누가 능히 그 진노를 감당하랴. 그 진노를 불처럼 쏟으시니 그를 인하여 바위들이 깨어지는도다. 여호와는 선하시며 환난 날에 산성이시라. 그는 자기에게 의뢰하는 자들을 아시느니라. [그러나](KJV, NASB, NIV) 그가 범람한 물로 그곳을 진멸하시고 자기 대적들을 흑암으로 쫓아내시리라.

하나님의 진노는 불을 쏟는 것 같으며 그 앞에서는 바위들도 깨어진다. 그 진노가 얼마나 두렵고 무서운지 피조물인 인생은 그 앞에

---

7) 갈릴리의 한 가을(Poole, JFB). '가버나움'은 '나훔의 마을'이라는 뜻.

나훔 1장: 하나님의 진노하심

설 자가 없고 하나님의 그 두려운 진노를 감당할 자가 없다. 하나님의 진노 앞에 모든 악인들은 다 멸망할 것이다. 하나님께서는 선하시며 환난 날에 산성이시며 그를 의뢰하는 자들을 아시지만, 범람한 물로 니느웨를 진멸하시고 앗수르 사람들을 흑암으로 쫓아내실 것이다.

〔9-10절〕 너희가 여호와를 대하여 무엇을 꾀하느냐? 그가 온전히 멸하시리니 재난이 다시 일어나지 아니하리라. 가시덤불같이 엉크러졌고 술을 마신 것같이 취한 그들이 마른 지푸라기같이 다 탈 것이어늘.

니느웨 사람들은 하나님을 거슬러 악한 일을 꾀하지만, 그런 계획과 생각은 헛될 것이다. 진노의 하나님, 전능하신 심판자 하나님께서는 악한 자들을 멸하실 때에 더 이상의 재난이 불필요할 정도로 완전히 멸하실 것이다. 그들은 가시덤불같이 엉크러지고 마른 지푸라기같이 태워질 것이다. 악인들에 대한 하나님의 심판은 무서울 것이다.

〔11-13절〕 여호와께 악을 꾀하는 한 사람이 너희 중에서 나와서 사특한 [악한] 것을 권하는도다. 여호와께서 말씀하시기를 그들이 비록 강장(强壯)하고[강하고] 중다(衆多)할지라도 반드시 멸절을 당하리니 그가 없어지리라. 내가 전에는 너를 괴롭게 하였으나 다시는 너를 괴롭게 하지 아니할 것이라. 이제 네게 지운 그의 멍에를 내가 깨뜨리고 너의 결박을 끊으리라.

니느웨에서는 하나님을 대항하여 악을 꾀하는 매우 악한 한 사람이 나타날 것이다. 그는 아마 매우 불경건했던 산헤립 왕을 가리켰을 것이다. 그는 여호와 하나님을 모독하였다(사 36:18, 20). 그러나 그들이 지금 강하고 수가 많을지라도 하나님께서 진노하실 때 그들은 다 반드시 멸망할 것이며 죽고 없어질 것이다. 니느웨의 멸망과 더불어, 하나님께서는 장차 이스라엘 백성의 멍에를 깨뜨리시고 그들의 결박을 풀어주실 것도 예언하셨다. 12절 하반절과 13절의 '너'는 이스라엘 백성을 가리켰다고 본다. 하나님께서 전에 그들을 그들의 죄 때문에 징벌하셨고 고통을 주셨고 그들에게 멍에를 지우셨으나, 때가 되면 그 고통과 멍에를 제거하실 것이다. 회복의 예언이다.

[14절] 나 여호와가 네게 대하여 명하였나니 네 이름이 다시는 전파되지 않을 것이라. 내가 네 신들의 집에서 새긴 우상과 부은 우상을 멸절하며 네 무덤을 예비하리니 이는 니가 비루함[부도덕함]이니라.

본절의 '너'는 니느웨에서 나올 심히 불경건하고 여호와를 대항하여 악을 꾀할 왕을 가리켰다고 보인다. 그의 이름은 다시 전파되지 않을 것이다. 한때 그의 이름과 권세가 온 천하에 알려질 것이지만, 그의 이름은 사람들의 기억에서 사라질 것이다. 그 악한 자를 멸하시는 이는 하나님이시다. 그는 온 우주의 주권자이시다. 이 세상의 모든 일이 그의 주권적 섭리 안에 있다. 그 악인이 멸망하는 이유는 우상숭배와 부도덕 때문이다. 그 악인은 그의 신들의 집에서 새긴 우상과 부은 우상을 섬긴 우상숭배자이며 참 하나님을 알지 못하는 자이었다. 또 그는 '비루한' 자, 곧 몹시 악하고 부도덕한 자이었다. 그러므로 하나님께서는 그를 징벌하시고 죽게 하실 것이다.

[15절] 볼지어다. 아름다운 소식을 보하고 화평을 전하는 자의 발이 산 위에 있도다. 유다야, 네 절기를 지키고 네 서원을 갚을지어다. [이는] 악인이 진멸되었으니 그가 다시는 네 가운데로 통행하지 아니하리로다.

유다에게는 평안의 소식이 전파될 때가 올 것이다. 유다에게 슬픔과 재앙의 소식만 있지 않고 아름답고 좋은 소식이 올 때가 있다. 그러나 그 날이 저절로 오는 것은 아니다. 온 우주를 통치하시고 세계 역사를 주관하시는 긍휼하신 하나님의 섭리 가운데 올 것이다. 심히 불경건하여 하나님을 대적하고 심히 악하여 이스라엘 백성을 괴롭히고 학대하였던 자를 하나님께서 멸하시고 제거하실 것이며, 그것이 유다에게는 자유와 평안이 될 것이다. 이스라엘 백성이 포로생활 중에는 하나님의 명하신 절기들을 마음대로 지키지 못했으나, 이제 그들은 신앙의 자유를 누릴 것이다. 그들은 자유로이 하나님의 명하신 절기들을 지키며 하나님을 섬길 수 있을 것이다. 또 그들은 하나님 앞에 약속했던 서원을 갚을 수 있을 것이다.

나훔 1장: 하나님의 진노하심

본장의 교훈은 무엇인가? <u>첫째로, 하나님께서는 진노하시는 하나님이시다.</u> 그는 선하시고 은혜와 긍휼과 자비와 사랑이 많으시지만, 또한 공의로우시고 악을 미워하시고 악에 대해 진노하시고 보복하신다. 그는 진노를 불처럼 쏟으신다. 우리는 그것을 하나님의 형벌적 공의라고 부른다. 하나님을 모르는 자들은 하나님의 형벌적 공의를 알지 못하고 함부로 행하지만, 우리는 하나님을 바로 알고 그를 두려워해야 한다.

<u>둘째로, 하나님께서는 악한 자들을 진멸하실 것이다.</u> 그는 그를 대적하는 악한 죄인들을 미워하시고 진노하신다. 그는 악한 니느웨를 진멸하시고 온전히 멸하실 것이다(8, 9절). 그들은 하나님께 대해 악을 꾀하였고 부도덕하였다(11, 14절). 그는 그들을 반드시 멸절시키실 것이다(12절). 그들의 죄는 이방신들과 우상들을 섬긴 것이었다(14절). 하나님께서는 마지막 대심판 때에도 악인들에게 진노하시고 그들의 악들에 상응하는 벌을 내리실 것이다. 로마서 2:5, "다만 네 고집과 회개치 아니한 마음을 따라 진노의 날 곧 하나님의 의로우신 판단이 나타나는 그 날에 임할 진노를 네게 쌓는도다." 죄의 값은 죽음이며 지옥 형벌이다. 우리는 하나님의 진노를 두려워하고 작은 죄라도 회개해야 한다.

<u>셋째로, 하나님께서는 자기 백성에게 평안을 주실 것이다.</u> 그는 선하시며 환난 날에 산성이시며 그를 의지하는 자들을 아신다(7절). 그는 이스라엘 백성이 범죄할 때 징벌하셨지만, 때가 되면 그들을 긍휼로 구원하실 것이다(12절). 그는 그들의 멍에를 푸시고 결박을 끊으실 것이다(13절). 그는 그들에게 평안의 소식을 주셔서 평안 가운데서 하나님을 섬기며 절기를 지키게 하실 것이다(15절). 하나님께서는 만세 전에 택하신 자기 백성에게 크신 긍휼과 예수 그리스도의 대속(代贖)의 은혜를 주셨고 하나님의 진노를 피하게 하셨고 죄사함과 의롭다 하심과 영생과 하나님의 자녀 됨과 천국 기업의 약속을 얻게 하셨다. 또 이 놀라운 구원으로 말미암아 우리는 주 안에서 항상 기뻐하게 되었고 주께서 주시는 평안을 항상 누리게 되었다. 이 평안이 늘 넘치기를 바란다.

2장: 니느웨의 파멸

〔1-2절〕 파괴하는 자가 너를 처서 올라왔나니 너는 산성을 지키며 길을 파수하며 네 허리를 견고히 묶고 네 힘을 크게 굳게 할지어다. [이는](원문) 여호와께서 야곱의 영광을 회복하시되 이스라엘의 영광 같게 하시나니[하실 것임이니] 이는 약탈자들이 약탈하였고 또 그 포도나무 가지를 없이 하였음이라.

본문은 앗수르의 수도인 니느웨 성 즉 앗수르 나라가 멸망할 것을 예언한다. 파괴하는 자는 니느웨 성 곧 앗수르 나라를 치러 올라올 것이다. 그들은 니느웨 성과 앗수르 나라를 멸망시키는 바벨론 군대들을 가리킨다고 본다. 세상의 나라들은 영원하지 않다. 그 나라들은 멸망할 날이 있다. 그것들을 파괴하는 자가 올 것이다.

그들을 막는 것은 헛된 수고일 것이다. "너는 산성을 지키며 길을 파수하며 네 허리를 견고히 묶고 네 힘을 크게 굳게 할지어다"라는 말은, 파괴하는 자를 막아낼 수 있다는 말이 아니고, "네 힘껏 막아보아라. 그래도 소용이 없다"는 뜻이라고 보인다. 악한 세상 나라의 멸망은 하나님의 작정된 일이다. 역사상, 세상에 영원한 나라는 없었다. 앗수르 제국도, 바벨론 제국도 영원하지 않았다. 메대 파사 제국도 그러하였고 헬라 제국도, 로마 제국도 그러하였다.

2절의 '이스라엘의 영광'은 이스라엘 백성이 예전에 하나님의 택한 백성으로서 누렸던 영광을 가리킬 것이다. 그때에 그들에게는 힘과 평안이 있었다. 하나님께서는 이스라엘 나라의 영광을 회복시키실 것이다. 과거에 앗수르 군대는 이스라엘 나라를 약탈하고 멸망시켰지만, 이제 하나님께서는 이스라엘 나라의 영광을 회복시키시기 위해 앗수르를 멸망케 하실 것이다. 세계사는 하나님의 섭리의 역사이다.

〔3-4절〕 그의 용사들의 방패는 붉고 그의 무사들의 옷도 붉으며 그 항오를 벌이는 날에 병거의 철이 번쩍이고 노송나무 창이 요동하는도다. 그 병

나훔 2장: 니느웨의 파멸

거는 거리에 미치게 달리며 대로(大路)에서 이리 저리 빨리 가니 그 모양이 횃불 같고 빠르기 번개 같도다.

본문은 니느웨를 멸망시킬 침략군 곧 바벨론 군대의 공격을 묘사한다고 본다. 바벨론 군대는 방패와 옷 색깔이 붉을 것이다. 붉은 색은 죽음의 위협과 두려움을 주는 색깔이다. 또 바벨론 군대는 주로 병거들을 많이 사용할 것이다. 그것들은 번개같이 빠를 것이다.

[5-7절] 그가 그 존귀한 재[자들]를 생각해 내니 그들이 엎드러질듯이 달려서 급히 성에 이르러 막을 것을 예비하도다. 강들의 수문(水門)이 열리고 왕궁이 소멸되며 정명(定命)대로 왕후가 벌거벗은 몸으로 끌려가며 그 모든 시녀가 가슴을 치며 비둘기같이 슬피 우는도다.

5절의 '그는' 니느웨 왕을 가리킬 것이다. 니느웨 왕은 존귀한 자들, 아마 그의 친위부대를 급히 동원하여 성을 방어할 것이다. 그러나 그가 급하게 성을 방어하지만, 그 방어는 실패로 돌아갈 것이다. 니느웨 성은 티그리스 강변에 위치하였는데 강들의 수문(水門)이 열림으로 궁궐들이 파괴될 것이다. 역사 기록에 의하면, 니느웨는 강물의 범람으로 멸망했다고 한다(Poole). 많은 병사들이 죽임을 당했을 것이다. '정명(定命)대로'라는 원어(훗차브 הֻצַּב)는 '작정되었다'(NASB, NIV)는 뜻이든지 '훗차브'라는 사람의 이름(KJV)일 것이다(BDB). 하나님의 작정하신 대로, 니느웨의 왕후는 벌거벗은 몸으로 끌려가며 수치를 당할 것이고 그의 모든 시녀들은 가슴을 치며 비둘기같이 슬피 울 것이다. 니느웨 성은 멸망할 것이다.

[8-10절] 니느웨는 예로부터 물이 모인 못 같더니 이제 모두 도망하니 서라, 서라 하나 돌아보는 자가 없도다. 은을 노략하라. 금을 늑탈하라. 그 저축한 것이 무한하고 아름다운 기구가 풍부함이니라. 니느웨가 공허하였고 황무하였도다. 거민이 낙담하여 그 무릎이 서로 부딪히며 모든 허리가 아프게 되며 모든 낯이 빛을 잃도다.

니느웨는 본래 열국의 많은 사람들이 모여들었고 은금의 저축한 것이 무한하고 아름다운 기구가 풍부하였고 거민들이 건강하고 용사들은 용맹스러웠다. 그러나 사람들은 뿔뿔이 다 흩어질 것이며 은금보화는 다 약탈당할 것이다. 니느웨는 공허하고 황폐하게 될 것이다. 그 거민들은 낙심하고 낙담하며 두려워 떨 것이다.

〔11-12절〕 이제 사자의 굴이 어디뇨? 젊은 사자의 먹는 곳이 어디뇨? 전에는 수사자 암사자가 그 새끼 사자와 함께 거기서 다니되 그것들을 두렵게 할 자가 없었으며 수사자가 그 새끼를 위하여 식물을 충분히 찢고 그 암사자를 위하여 무엇을 움켜서는 취한 것으로 그 굴에 채웠고 찢은 것으로 그 구멍에 채웠었도다.

전에는 니느웨 성에 사자같이 용맹스러운 왕족들과 용사들이 있었다. 그들을 두렵게 할 자들이 아무도 없었다. 그들은 자기 자녀들과 아내를 위해 많은 것을 취하였고 집에 채웠었다. 그러나 이제는 더 이상 그런 일이 없을 것이다. 이제는 그런 용맹한 자들이나 그들의 집을 찾아볼 수 없을 것이다. 그들이 다 죽을 것이기 때문이다.

〔13절〕 만군의 여호와의 말씀에 내가 네 대적이 되어 너의 병거들을 살라 연기가 되게 하고 너의 젊은 사자들을 칼로 멸할 것이며 내가 또 너의 노략한 것을 땅에서 끊으리니 너의 파견자의 목소리가 다시는 들리지 아니하리라 하셨느니라.

니느웨 성과 앗수르 나라의 멸망은 하나님께서 하시는 일이다. 그는 하늘의 천군 천사들을 거느리시는 전능하신 주권자 하나님이시다. 그는 "내가 네 대적이 되어 너의 병거들을 살라 연기가 되게 하리라"고 말씀하시며 또 "내가 너의 노략한 것을 땅에서 끊으리라"고 말씀하셨다. 하나님께서는 그들이 멸망하는 날에 그들의 용사들이 죽임을 당하고 전쟁 장비들이 불태워지게 하시고 그들의 노략물들을 다 잃어버리고 국가의 기능이 마비되게 하실 것이다.

본장의 교훈은 무엇인가? 첫째로, 세상 나라는 영원하지 않고 그것의 부귀와 영광과 권세도 영원하지 않다. 니느웨 성의 부귀와 영광, 곧

나훔 2장: 니느웨의 파멸

앗수르 나라의 영광은 한 동안은 찬란하였겠지만, 바벨론의 침공을 받았을 때 순식간에 파괴되고 무너지고 사라지고 말았다. 모든 육체는 풀과 같고 그 영광은 풀의 꽃과 같다. 시편 39:5-7, "주께서 나의 날을 손 넓이만큼 되게 하시매 나의 일생이 주 앞에는 없는 것 같사오니 사람마다 그 든든히 선 때도 진실로 허사이니이다. 진실로 각 사람은 그림자같이 다니고 헛된 일에 분요하며 재물을 쌓으나 누가 취할는지 알지 못하나이다. 주여, 내가 무엇을 바라리요? 나의 소망은 주께 있나이다." 베드로전서 1:24-25, "모든 육체는 풀과 같고 그 모든 영광이 풀의 꽃과 같으니 풀은 마르고 꽃은 떨어지되 오직 주의 말씀은 세세토록 있도다 하였으니 너희에게 전한 복음이 곧 이 말씀이니라." 우리는 이 세상의 부귀와 영광과 권세의 헛됨을 알고 거기에 큰 가치를 두지 말아야 한다.

<u>둘째로, 우리는 세상의 창조자와 주권적 통치자이신 하나님만 의지하며 그 명령을 순종해야 한다.</u> 하나님께서는 이스라엘 나라를 멸망시킨 자들을 멸망시키실 것이며 이스라엘 나라의 영광을 회복시키실 것이다. 이스라엘 나라를 다시 회복시키실 자는 오직 하나님이시다(2절). 하나님께서는 니느웨 성과 앗수르 나라의 대적이 되실 것이다(13절). 그는 세상의 부귀, 영광, 권세를 기뻐하지 않으신다. 신명기 10:12-13, "이스라엘아, 네 하나님 여호와께서 네게 요구하시는 것이 무엇이냐? 곧 네 하나님 여호와를 경외하여 그 모든 도를 행하고 그를 사랑하며 마음을 다하고 성품을 다하여 네 하나님 여호와를 섬기고 내가 오늘날 네 행복을 위하여 네게 명하는 여호와의 명령과 규례를 지킬 것이 아니냐?" 이사야 48:17-18, "너희의 구속자시요 이스라엘의 거룩하신 자이신 여호와께서 가라사대 나는 네게 유익하도록 가르치고 너를 마땅히 행할 길로 인도하는 너희 하나님 여호와라. 슬프다, 네가 나의 명령을 듣지 아니하였도다. 만일 들었더면 네 평강이 강과 같았겠고 네 의가 바다 물결 같았을 것이며." 우리는 세상 것들이 아무것도 아님을 고백하고 오직 하나님만 높이고 사랑하며 섬기고 계명을 순종해야 한다.

3장: 니느웨의 죄악과 황폐

〔1-4절〕 화 있을진저, 피 성이여. 그 속에서는 궤휼[거짓말]과 강포[페레크 פֶּרֶק][약탈](BDB, NASB, NIV)가 가득하며 늑탈[테레프 טֶרֶף][약탈물](BDB, KJV, NASB)이 떠나지 아니하는도다. 휙휙하는 채찍 소리, 굉굉하는 병거바퀴 소리, 뛰는 말, 달리는 병거, 충돌하는 기병, 번쩍이는 칼, 번개같은 창, 살륙 당한 떼, 큰 무더기 주검, 무수한 시체여. 사람이 그 시체에 걸려 넘어지니 이는 마술의 주인된 아리따운 기생이 음행을 많이 함을 인함이라. 그가 그 음행으로 열국을 미혹하고 그 마술로 여러 족속을 미혹하느니라.

나훔은 니느웨 성의 멸망의 이유를 말한다. 그것은 살인과 거짓말과 약탈의 죄 때문이다. 니느웨 성은 살인과 거짓말과 약탈이 많은 매우 부도덕한 성이었다. 또 나훔은 니느웨를 침략하는 침략군들의 요란스런 모습, 곧 니느웨를 멸망시킬 전쟁과 그 결과로 많은 사람이 죽을 것을 묘사한다. 셀 수 없이 많은 사람들이 죽고 죽은 자의 시체들이 큰 무더기를 이룰 것이다. 또 니느웨는 마술과 음행의 도시이었고 그 마술과 음행으로 많은 나라들을 미혹했다. 옛부터 우상숭배와 음행은 밀접하였고, 그것이 니느웨의 멸망의 다른 한 이유이었다.

〔5-7절〕 만군의 여호와의 말씀에 내가 네 대적이 되어서 네 치마를 걷어쳐 네 얼굴에 이르게 하고 네 벌거벗은 것을 열국에 보이며 네 부끄러운 곳을 열방에 보일 것이요 내가 또 가증하고 더러운 것을 네 위에 던져 능욕하여 너로 구경거리가 되게 하리니 그때에 너를 보는 자가 다 네게서 도망하며 이르기를 니느웨가 황무하였도다. 누가 위하여 애곡하며 내가 어디서 너를 위로할 자를 구하리요 하리라 하시도다.

하나님께서는 니느웨의 대적이 되셨다. 이것은 니느웨의 멸망의 근원적인 이유이다. 하나님께서는 세상의 통치자이시며 주권자이시므로 그가 일어나 누구를 대적하시면 막을 자가 없고 피할 길이 없다. 그러므로 하나님께서 대적하시는 자는 가장 불행한 자이다. 또 하나님께서는 니느웨의 가리어졌던 수치스런 일들을 나타내실 것이다. 니느웨는 더러워지고 모욕을 당하고 구경거리가 될 것이다. 니느웨의 위엄과 권세와 영광은 땅에 떨어지고 부끄러운 일들이 드러나고 모욕과 조롱을 받게 될 것이다. 니느웨가 멸망하는 날에 사람들은 다 니느웨에서 도망칠 것이다. 니느웨를 위해 애곡할 자가 없을 것이며 니느웨를 위로할 자도 없을 것이다.

[8-11절] 네가 어찌 노아몬보다 낫겠느냐? 그는 강들 사이에 있으므로 물이 둘렸으니 바다가 성루가 되었고 바다가 성벽이 되었으며 구스와 애굽이 그 힘이 되어 한이 없었고 붓과 루빔이 그의 돕는 자가 되었으나 그가 포로가 되어 사로잡혀 갔고 그 어린아이들은 길모퉁이 모퉁이에 메어침을 당하여 부서졌으며 그 존귀한 자들은 제비 뽑혀 나뉘었고 그 모든 대인은 사슬에 결박되었나니 너도 취한 바 되어 숨으리라. 너도 대적을 인하여 피난처를 찾아보리라.

노아몬은 고대에 애굽 남부의 수도이었던 더베를 가리킨다(NIV). 나훔은 노아몬에 비교하며 니느웨의 멸망을 예언한다. 노아몬은 강들 사이에 있으므로 물이 둘렸고 바다가 성루가 되었고 바다가 성벽이 되었다. '바다'라는 원어(얌 םַי)는 구약성경에서 보통 지중해나 홍해나 사해 같은 '바다'를 가리키지만, 나일강이나 유브라데 강 같은 거대한 강을 가리키는 경우도 몇 번 있다(사 19:5; 21:1; 렘 51:36; 겔 32:2)(BDB). 또 노아몬은 주위에 그를 지원하는 자들이 많이 있었다. 구스와 애굽이 그를 위하였고 붓과 루빔이 그를 위하였다. '루빔'은 애굽 서쪽에 인접한 리비아를 가리킨다. 붓도 같은 지역을 가리키는 것 같다. 노아몬은 주위의 사람들과 협력적 관계를 가지고 있었다. 그러나 그런 성이 망하고 말았고 포로가 되어 사로잡혀갔고 어린아이들은 길모퉁이 모퉁이에 메어침을 당해 부서졌었다. 또 그 존귀한 자들은 제비 뽑혀 나뉘었고 그 모든 대인(大人)들은 사슬에 결박되었다. 이와 같이, 니느웨 성도 하나님의 진노의 잔을 마시고 취한 바 되고 숨을 것이며 대적을 인해 피난처를 찾을 것이다.

〔12-17절〕 너의 모든 산성은 무화과나무의 처음 익은 열매가 흔들기만 하면 먹는 자의 입에 떨어짐과 같으리라. 너의 중 장정들은 여인 같고 너의 땅의 성문들은 너의 대적 앞에 넓게 열리고 빗장들은 불에 타도다. 너는 물을 길어 에워싸일 것을 예비하며 너의 산성들을 견고케 하며 진흙에 들어가서 흙을 밟아 벽돌 가마를 수리하라. 거기서 불이 너를 삼키며 칼이 너를 베기를 늣의 먹는 것같이 하리라. 네가 늣같이 스스로 많게 할지어다. 네가 메뚜기같이 스스로 많게 할지어다. 네가 네 상고를 하늘의 별보다 많게 하였으나 황충이 날개를 펴서[벌거숭이로 만들고](NASB, NIV) 날아감과 같고 너의 방백은 메뚜기 같고 너의 대장은 큰 메뚜기 떼가 추운 날에는 울타리에 깃들였다가 해가 뜨면 날아감과 같으니 그 있는 곳을 알 수 없도다.

나훔은 앗수르의 멸망을 묘사한다. 앗수르의 모든 산성들 곧 요새들은 정복을 당할 것이다. 그것들은 무화과나무의 처음 익은 열매가 흔들기만 하면 먹는 자의 입에 떨어짐과 같이 힘없이 점령될 것이다. 또 앗수르의 군대들도 헛될 것이다. 그들 중 장정들 곧 전쟁을 수행할 수 있는 연령의 남자들, 오늘날 말로 하면 현역병과 예비역 군인들은 여인들과 같이 마음이 떨리고 약할 것이다. 그것은 그들을 침공하는 적군들의 힘이 월등히 강함을 인식하기 때문일 것이다. 앗수르 군대의 힘과 병사들의 정신력은 매우 약해질 것이다.

또 앗수르의 성문들은 대적들 앞에 넓게 열리고 문빗장들은 불에 탈 것이다. 성문들과 그 문빗장들은 아무 역할을 못할 것이다. 또 그들은 포위공격을 대비하여 물을 긷고 산성들을 견고케 하며 진흙에 들어가서 흙을 밟아 벽돌 가마(말벤 מַלְבֵּן)[벽돌 찍는 틀]을 견고케 하고 성을 보수할지라도 그 모든 방어 준비들이 헛될 것이다. 그런 방어 준비를 하는 중에 불이 그들을 삼키며, 칼이 그들을 베기를 늣[메뚜기 종류]의 먹는 것같이 할 것이다.

앗수르는 메뚜기같이 인구가 많을지라도 결국 망하고 말 것이다. 또 그 상인들, 즉 사업가들, 투자자들이 하늘의 별들보다 많을지라도

나훔 3장: 니느웨의 죄악과 황폐

소용이 없을 것이다. 인구의 많음도, 물질적 부요함도 헛될 것이다. 사람들은 메뚜기들이 먹어버리고 날아감같이 가버릴 것이다. 방백들과 대장들은 큰 메뚜기 떼가 추운 날에 울타리에 깃들였다가 해가 뜨면 날아감같이 가버릴 것이며 그 있는 곳을 알 수 없을 것이다.

〔18-19절〕 앗수르 왕이여, 네 목자가 자고 네 귀족은 누워 쉬며 네 백성은 산들에 흩어지나 그들을 모을 사람이 없도다. 너의 다친 것은 고칠 수 없고 네 상처는 중하도다. 네 소식을 듣는 자가 다 너를 인하여 손뼉을 치나니 이는 네 악행을 늘 받지 않은 자가 없음이 아니냐?

앗수르의 목자들과 귀족들, 곧 그 나라의 지도자들은 다 죽고 없어질 것이다. 또 백성들은 뿔뿔이 흩어질 것이다. 그들을 다시 모을 자가 없고 그 상처를 고칠 자가 없을 것이다. 앗수르는 완전히 망할 것이다. 그들의 멸망의 소식을 듣는 주위의 사람들은 그들을 인해 오히려 손뼉을 칠 것이다. 왜냐하면 그들은 앗수르 나라로 인해 항상 해를 받았기 때문이다.

본장의 교훈은 무엇인가? 첫째로, 우리는 범죄치 말아야 한다. 니느웨는 살인, 강포, 거짓말, 약탈, 마술, 우상숭배, 음행의 죄가 많았고 그 때문에 멸망하였다. 개인이나 도시나 나라도 죄가 가득하면 망한다. 우리는 범죄치 말고 경건과 도덕성을 저버리지 말아야 한다.

둘째로, 우리는 하나님의 심판을 두려워해야 한다. 하나님께서는 니느웨 성에 전쟁과 죽음, 수치와 황폐함, 병사들의 심령의 연약함과 백성의 흩어짐, 회복 불가능함의 벌을 주셨다. 하나님의 심판은 무섭다.

셋째로, 우리는 오직 하나님 중심으로만 살자. 5절, "만군의 여호와의 말씀에 내가 네 대적이 되어서." 하나님께서는 니느웨의 대적이 되셨다. 하나님께서는 홀로 온 세상의 주권적 섭리자이시다. 그는 만복의 근원이시지만, 또한 공의의 심판자이시다. 그와 대적이 되는 자들에게는 화가 있다. 그러므로 우리는 오직 하나님을 경외하고 그를 사랑하며 섬기고 그의 계명들에 순종하며 살아야 한다. 그것이 평안과 영생의 길이다.

하박국

HABAKKUK

내용 목차

서론 ··· 192
1장: 하박국의 질문 ······························· 193
2장: 하나님의 대답 ······························· 197
3장: 하박국의 기도 ······························· 202

서론

하박국은 유다 왕 요시야의 아들 여호야김 시대에 사역한 것으로 보인다. 왜냐하면 하박국 1:6에 갈대아 사람들에 대해 언급하고 있기 때문이다. 갈대아 사람들의 존재는 유다 왕 여호야김 때에 이미 무서운 존재로 알려져 있었다. 그러면 그의 선지 사역의 연대는 주전 606년 혹은 607년경이었을 것이다.

하박국의 **주요 내용**도, 다른 선지서들과 같이, 심판과 회복이다.

하박국 1장: 하박국의 질문

1장: 하박국의 질문

〔1-4절〕 선지자 하박국의 묵시로 받은 경고(oracle)(NASB, NIV)[하나님의 말씀]라. 여호와여, 내가 부르짖어도 주께서 듣지 아니하시니 어느 때까지리이까? 내가 강포를 인하여 외쳐도 주께서 구원치 아니하시나이다. 어찌하여 나로 간악(아웬 אָוֶן)[사악]을 보게 하시며 패역(아말 עָמָל)[학대, 고통]을 목도하게 하시나이까? 대저 겁탈(쇼드 שֹׁד)[강포, 파괴]과 강포가 내 앞에 있고 변론과 분쟁이 일어났나이다. 이러므로 율법이 하이하고 공의가 아주 시행되지 못하오니 이는 악인이 의인을 에워쌌으므로 공의가 굽게 행함[굽게 나타남]이니이다.

본문은 유다 나라의 심각한 죄악과 부패의 현실에 대한 하박국의 탄원의 내용이다. 하박국 선지자의 시대에 유다 사회는 강포, 사악, 학대, 파괴, 분쟁 등 죄악이 가득하였고 그럼으로써 율법이 해이해졌고 공의가 바로 시행되지 못하였으며 악인들의 수효가 훨씬 더 많아 의인들을 에워쌌고 공의가 굽게 나타났다. 이런 현실은 선지자에게 마음으로 큰 고통이 되었다. 선지자는 하나님께서 이런 상황을 어느 때까지 내버려두시겠나이까 하고 아뢰며 그의 공의의 징벌을 호소하였으나, 하나님께서는 그의 간구를 듣지 않으시는 것 같았다. 하나님께서는 얼마 동안 악인들을 내버려두신다. 그러나 하나님께서 정하신 때가 되면 그는 그들을 공의로 징벌하실 것이다.

〔5-11절〕 여호와께서 가라사대 너희는 열국을 보고 또 보고 놀라고 또 놀랄지어다. 너희 생전에 내가 한 일을 행할 것이라. 혹이 너희에게 고할지라도 너희가 믿지 아니하리라. 보라, 내가 사납고 성급한 백성 곧 땅의 넓은 곳으로 다니며 자기의 소유 아닌 거할 곳들을 점령하는 갈대아 사람을 일으켰나니 그들은 두렵고 무서우며 심판과 위령(威令)[위엄]이 자기로 말미암으며 그 말은 표범보다 빠르고 저녁 이리보다 사나우며 그 기병은 원방에서부터 빨리 달려오는 기병이라. 마치 식물을 움키려 하는 독수리의 날음과 같으니라. 그들은 다 강포를 행하러 오는데 앞을 향하여(NASB)[동풍처럼

(KJV), 사막 바람처럼(NIV] **나아가며** 사람을 **사로잡아 모으기를 모래같이** 많이 **할 것이요 열왕을 멸시하며 방백을 치소하며**[비웃으며] **모든 견고한 성을 비웃고 흉벽을 쌓아 그것을 취할 것이라. 그들은 그 힘으로 자기 신(神)을 삼는 자라. 이에 바람같이 급히 몰아 지나치게 행하여 득죄(得罪)하리라.**

하나님께서는 갈대아 사람을 일으키실 것이다. 그것은 유다 사람들이 전혀 예상치 못한 일이며 그 소식을 듣고 놀라고 놀랄 것이다. 갈대아 사람들은 사납고 성급한 백성이며 땅의 넓은 곳으로 다니며 자기 소유가 아닌 거주지들을 점령하는 자들이었다. 그들은 두렵고 무서울 것이며 표범보다 빠르고 독수리처럼 날세며 이리보다 사나울 것이다. 그들은 수없이 많은 사람들을 사로잡고 열왕들과 방백들을 멸시하고 모든 견고한 성들과 요새들을 취할 것이다. 그들은 자기 힘으로 신(神)을 삼고 지나친 학대와 탈취로 죄를 범할 것이다.

[12절] 선지가 가로되 **여호와 나의 하나님, 나의 거룩한 자시여, 주께서는 만세 전부터**(미케뎀 מִקֶּדֶם)[옛날부터] **계시지 아니하시니이까? 우리가 사망에 이르지 아니하리이다**[죽지 아니하리이다]. **여호와여, 주께서 심판하기 위하여 그를**[그들을] **두셨나이다. 반석이시여, 주께서 경계하기 위하여** (레호키아크 לְהוֹכִיחַ)[징계하기 위해, 교정하기 위해] **그를**[그들을] **세우셨나이다.**

하박국은 하나님에 대한 자신의 신앙을 고백한다. 그는 하나님을 "여호와 나의 하나님, 나의 거룩한 자시여, 주께서는 옛날부터 계시지 아니하시니이까?"라고 말한다. 하나님께서는 여호와 하나님이시며 만세 전부터, 옛날부터 계신 하나님, 태초부터, 영원 전부터 계신 하나님이시다. 창세기 1:1은 "태초에 하나님이 천지를 창조하시니라"고 말한다. 이 말씀은 창조자 하나님께서 태초에 천지를 창조하실 때에 이미 계셨다는 뜻이다. 그는 창조 이전부터 계신 자이시다. 시편 90:1-2는 "주여, 주는 대대에 우리의 거처가 되셨나이다. 산이 생기기 전, 땅과 세계도 주께서 조성하시기 전 곧 영원부터 영원까지 주는 하나님이시니이다"라고 말한다. '여호와'라는 하나님의 명칭은 '스스로 계신 자'(출 3:14)라는 뜻이라고 이해되며 그것은 하나님께서 영원 자존하신 자이심을 가리킨다고 본다. 그는 영원하신 하나님이시다.

하박국은 또 하나님을 '거룩하신 하나님'이라고 고백한다. 하나님 께서는 모든 피조 세계와 구별되신다는 점에서 거룩하시다. 또 그는 모든 죄악된 것들로부터 구별되신다는 점에서도 거룩하시다.

하박국은 또 하나님을 '나의 하나님'이라고 말한다. 그것은 하나님 과 밀접히 교제하고 그를 섬기고 있음을 나타낸다. 사도 바울도 하나 님을 '내 심령으로 섬기는 하나님'이라고 표현하였다(롬 1:9).

하박국은 또 하나님을 '반석'이라고 말한다. 그것은 하나님께서 그 의 백성의 피난처가 되시며 구원이 되심을 고백한 것이다.

하박국은 또 "우리가 죽지 아니하리이다"라고 말한다. 그는 하나님 의 백성이 멸망치 않을 것을 확신한다. 성경은 하나님을 '사시는 하나 님'(신 5:26; 수 3:10; 삼상 17:26; 왕하 19:4; 렘 10:10; 단 6:26), '생존 하시는 하나님'(시 42:2; 시 84:2), '살아계신 하나님'(딤전 4:10)이라고 증거한다. 하나님의 백성의 영생은 하나님의 살아계심과 영원하심에 근거한다. 하나님의 백성은 하나님 안에서 영생을 누릴 것이다. 그들 은 하나님의 심판과 징벌 중에서도 죽지 않을 것이다. 영생은 하나님 께서 그의 택한 백성에게 주시는 선물이다. 그것은 그가 독생자를 이 세상에 보내신 목적이다(요 3:16). 이것이 복음이다.

하박국은 하나님께서 갈대아 군대를 사용하여 유다 백성을 공의로 징벌하시지만 그것은 그들을 교정하는 것이며 그들을 완전히 없애시 려는 것은 아님을 확신한다. 그들은 완전히 멸망하지는 않을 것이다.

〔13-17절〕 주께서는 눈이 정결하시므로 악을 참아 보지 못하시며 패역 을 참아 보지 못하시거늘 어찌하여 궤휼한 자들을 방관하시며 악인이 자기 보다 의로운 사람을 삼키되 잠잠하시나이까? 주께서 어찌하여 사람으로 바 다의 어족 같게 하시며 주권자 없는 곤충 같게 하시나이까? 그가[그들이] 낚시로 모두 취하며 그물로 잡으며 초망으로 모으고 인하여 기뻐하고 즐거

위하여 그물에 제사하며 초망 앞에 분향하오니 이는 그것을 힘입어 소득이 풍부하고 식물이 풍성케 됨이니이다. 그가[그들이] **그물을 떨고는 연하여 늘 열국을 살륙함이 옳으니이까?**

하나님께서는 눈이 정결하셔서 사물을 정확하게 보신다. 더러운 눈은 사물을 정확히 볼 수 없다. 무지하고 더러운 자는 악을 분간치 못하고 혼동하고 포용한다. 그러나 지식이 있고 거룩하신 하나님께서는 악을 분별하시고 그것을 정죄하신다. 하박국은 하나님께 질문하기를 "어찌하여 궤휼한 자들을 방관하시며 악인이 자기보다 의로운 사람을 삼키되 잠잠하시나이까?"라고 말한다. 이것은 이웃 나라들을 무자비하게 정복하는 강포하고 우상숭배적인 갈대아인들의 왕과 군사들을 가리킨 말씀이다. 그의 질문은 타당해 보인다. 그러나 우리는 하나님께서 갈대아인들을 심판의 도구로 잠시 사용하신 것뿐이며 그들의 악과 강포와 우상숭배에 대해 징벌하실 것도 알아야 한다.

본장의 교훈은 무엇인가? 첫째로, <u>하나님께서는 사람의 불의와 악을 벌하실 것이다.</u> 유다 백성이든지 이방 나라 백성이든지 구별이 없다. 이것이 하나님의 공의이다. 하나님께서는 공의의 심판자이시다. 그러므로 우리는 강포, 학대, 파괴, 분쟁 등 모든 죄악을 다 버려야 한다.

둘째로, <u>하나님께서는 이방 나라를 사용하여 하나님의 백성을 징벌하실 것이다.</u> 국가의 흥망성쇠와 국제 정세의 변화는 하나님의 손 안에 있다. 전쟁은 하나님의 손 안에 있다. 그것은 하나님의 징벌의 도구이며 그것을 통해 하나님의 백성은 죄악된 행습을 고치고 거룩하게 된다.

셋째로, <u>영원자존하신 하나님 안에 영생이 있다.</u> 하나님께서는 천지 만물과 모든 생명들을 창조하셨다. 영생은 하나님 안에 있다. 하나님께서 독생자 예수 그리스도를 세상 죄를 지고 가는 어린양으로 우리에게 주신 목적은 우리가 죄 가운데서 멸망치 않고 그의 십자가 대속을 통해 그를 믿음으로 영생을 얻게 하려 하심이다. 그러므로 우리는 오직 하나님을 믿고 그의 계명대로 정직하고 선하고 진실하게 살아야 한다.

2장: 하나님의 대답

〔1-3절〕 내가 내 파수하는 곳에 서며 성루에 서리라. 그가 내게 무엇이라 **말씀하실는지**[내가 비난을 받을 때 내가 무어라 대답할지](KJV, NASB) **기다리고 바라보며 나의 질문에 대하여 어떻게 대답하실는지 보리라 그리하였더니 여호와께서 내게 대답하여 가라사대 너는** 이 **묵시를 기록하여 판에 명백히 새기되 달려가면서도 읽을 수 있게 하라. 이 묵시는 정한 때가 있나니 그 종말이 속히 이르겠고 결코 거짓되지 아니하리라. 비록 더딜지라도 기다리라. 지체되지 않고 정녕 응하리라.**

하나님께서는 그의 말씀의 성격에 대해서 몇 가지를 증거하셨다. 첫째로, 하나님의 말씀은 달려가면서도 읽을 수 있도록 판에 명백히 새겨져야 하였다. 성경은 명료한 하나님 말씀이다. 둘째로, 하나님의 말씀은 정한 때에 반드시 이루어질 것이다. 그것은 결코 거짓되지 아니하다. 바벨론 제국의 뜰망은 이루어졌다. 예수 그리스도의 재림도 그러할 것이다(계 1:7). 셋째로, 그러나 하나님의 말씀은 사람 보기에 더딜 수 있다. 바벨론의 멸망은 하박국의 예언 후 약 70년 후에 이루어졌고, 주의 재림 약속은 주께서 승천하신 지 벌써 2천년이 흘렀다.

〔4절〕 **보라, 그의 마음은 교만하며 그의 속에서 정직하지 못하니라. 그러나 의인은 그 믿음으로 말미암아 살리라.**

'그'는 갈대아 사람들의 왕을 가리켰다고 본다. 갈대아 사람들 즉 바벨론 제국의 왕은 마음이 교만한 자이다. 교만은 사람의 가장 근본적 죄악이다. 그것은 마귀의 죄이다(딤전 3:6). 또 바벨론 제국의 왕은 그 속에서 즉 그의 마음이 정직하지 못하다. 교만한 자는 자기중심적으로 생각하며 하나님의 법에 복종치 않기 때문에 바른 길을 가기가 어렵다. 그러나 의인은 믿음으로 말미암아 살 것이다. '믿음'이라는 원어(에무나 אֱמוּנָה)는 '믿음, 신실함, 정직함'이라는 뜻이 있다. 악인은 교만하고 정직하지 못하지만, 의인은 겸손히 하나님을 믿고 그의

하박국 2장: 하나님의 대답

뜻에 순종하여 신실하고 정직하게 사는 자들이다. 의인은 믿음으로 말미암아 살 것이다. 그는 현세에서도 믿음으로 평안의 삶을 살 것이며 장차 천국에서 영광스럽고 복된 영생을 누릴 것이다. 이 말씀은 신약시대에 구원과 영생의 복음에 적용되었다(롬 1:17).

[5-8절] 그는 술을 즐기며 궤휼하며[술이 그를 속이므로](NASB, NIV) 교만하여 가만히 있지 아니하고 그 욕심을 음부[무덤 혹은 지옥]처럼 넓히며 또 그는 사망 같아서 족한 줄을 모르고 자기에게로 만국을 모으며 만민을 모으나니 그 무리가 다 속담으로 그를 평론하며 조롱하는 시로 그를 풍자하지 않겠느냐? 곧 이르기를 화 있을진저, 자기 소유 아닌 것을 모으는 자여, 언제까지 이르겠느냐? 볼모잡은 것으로 무겁게 짐진 자여, 너를 물 자들이 홀연히 일어나지 않겠느냐? 너를 괴롭게 할 자들이 깨지 않겠느냐? 네가 그들에게 노략을 당하지 않겠느냐? 네가 여러 나라를 노략하였으므로 그 모든 민족의 남은 자가 너를 노략하리니 이는 네가 사람의 피를 흘렸음이요 또 땅에, 성읍에, 그 안의 모든 거민에게 강포를 행하였음이니라 하리라.

하나님께서는 악인들의 특징을 말씀하신다. 악인들은 술을 즐기며 교만하며 집에 있지 않고 안정이 없으며 욕심을 무덤이나 지옥처럼 넓히며 사망처럼 족한 줄 모르는 자들이다. 많은 사람은 그에게 저주하며 그의 형통한 날이 언제까지 지속되겠는가고 조롱하며 말할 것이다. 그를 물 자들이 홀연히 일어나고 그를 괴롭게 할 자들이 깨어서 그를 노략할 것이다. 갈대아인들의 왕과 군사들이 사람들의 피를 많이 흘렸기 때문에 또 그 나라의 모든 거민들에게 강포를 행하였기 때문에, 하나님께서는 그들이 노략을 당하게 하실 것이다.

[9-11절] 재앙을 피하기 위하여 높은 데 깃들이려 하며 자기 집을 위하여 불의의 이(利)를 취하는 자에게 화 있을진저. 네가 여러 민족을 멸한 것이 네 집에 욕을 부르며 너로 네 영혼에게 죄를 범하게 하는 것이 되었도다. 담에서 돌이 부르짖고 집에서 들보가 응답하리라.

갈대아인의 왕은 여러 민족을 멸하며 불의의 이익을 취하는 자이었다. 이웃 나라들을 고의로 침략하고 정복하고 불의의 이익을 취하는 자는 하나님 앞에서 결코 복을 얻지 못할 것이다. 그것은 이웃의 것을 도적질하고 강도질하는 것과 다를 바가 없었기 때문이다. 그는 하나님의 저주를 받을 것이다. 그가 불의의 이익을 취한 것은 "재앙을 피하기 위하여 높은 데 깃들이려" 했기 때문이다. 그는 모든 위험으로부터 자신을 튼튼히 지키려 하였고, 또 자기 집 곧 자기 왕실을 튼튼히 지키려 했다. 그것들은 다 이기적인 동기들이었다.

그러나 그런 일들은 죄악되었고 화를 받을 만한 일들이었다. 그가 여러 민족을 멸한 것은 그의 집 곧 그의 왕실에 욕을 부르는 것이 되고, 그 자신이 죄를 범하게 하는 일이 될 것이다. 이기적 동기의 침략 행위는 하나님 앞에서 죄악이다. "담에서 돌이 부르짖고 집에서 들보가 응답하리라"는 말씀은 그 건축물들이 그 건축자의 죄악됨을 지적하고 그에게 화가 있을 것을 말한다는 뜻일 것이다. 과연 그에게 화가 있을 것이다. 불의의 이익으로 집을 지은 자는 하나님의 심판을 받을 것이다. 개인도, 국가도 그러할 것이다.

[12-14절] 피로 읍(邑)을 건설하며 불의로 성을 건축하는 자에게 화 있을진저. 민족들이 불 탈 것으로(베데 에쉬 שׁ֔אֵ־יֵדְּב)[불탈 것을 위해] **수고하는 것과 열국이 헛된 일로 곤비하게 되는 것이 만군의 여호와께로서 말미암음이 아니냐? 대저 물이 바다를 덮음같이 여호와의 영광을 인정하는 것이 세상에 가득하리라.**

갈대아 사람들의 왕은 바벨론 성과 제국을 건설함에 있어서 많은 피를 흘렸다. 그는 많은 정적(政敵)들을 죽이고 바른 말 하는 의인들을 죽이고 자기를 따르지 않거나 협조하지 않는 자들을 죽였을 것이다. 그것이 강포한 독재자들이 하는 일이다. 그러나 그에게 화가 있을 것이다. 악한 왕을 위한 열국들의 많은 수고는 헛될 것이다. 그들은 헛된 일을 위해 수고했다. 그들은 불탈 것을 위해 수고하고 헛된 일을 위해 곤비했다. 그들이 수고한 모든 일은 다 불타 버릴 것이다. 이 모든 일은 다 여호와께서 하시는 일이다. 세상의 악한 자들이 멸망하고 그의 모든 수고가 헛되게 될 때 사람들은 하나님의 공의를 알게 될 것이다. 이 진리는 에스겔 선지자가 에스겔서에서 반복하여 강조한 바이기도 하다(에스겔서에는 '안다'는 말이 98회나 사용되었음).

[15-17절] 이웃에게 술을 마시우되 자기의 분노를 더하여 그로 취케 하고 그 하체를 드러내려 하는 자에게 화 있을진저. 네게 영광이 아니요 수치가 가득한즉 너도 마시고 너의 할례 아니한 것을 드러내라. 여호와의 오른손의 잔이 네게로 돌아올 것이라. 더러운 욕이 네 영광을 가리우리라. 대저 네가 레바논에 강포를 행한 것과 짐승을 두렵게 하여 잔해한 것 곧 사람의 피를 흘리며 땅과 성읍과 그 모든 거민에게 강포를 행한 것이 네게로 돌아오리라.

바벨론 왕과 그 백성은 이웃에게 술을 마시게 하되 자기의 분노를 품고 마시게 하여 그로 취하게 하고 그의 하체를 드러내려 하였다. 그것은 죄악된 일이었다. 하나님께서는 바벨론 왕과 그 백성의 죄악에 대해 징벌하실 것이다. 하나님께서는 그들의 악에 대해 그들에게 보복하실 것이다. 그들에게 화가 있을 것이다. 그들에게 영광이 아니고 수치가 가득할 것이다. 그들은 술취하여 그의 할례 받지 않은 벌거벗음을 드러낼 것이다. 여호와의 오른손의 잔, 곧 그의 두려운 진노의 잔이 그들에게 주어질 것이다. 더러운 욕이 바벨론 왕과 그 나라의 영광을 가리울 것이다. 그들이 레바논, 곧 이스라엘 백성에게 강포를 행했고 그 짐승들도 두렵게 하여 그곳에 해를 끼치고 사람들의 피를 흘리고 땅과 성읍과 그 모든 거민들에게 강포를 행했기 때문에, 하나님께서는 그들이 행한 대로 그들에게 징벌하실 것이다.

[18-20절] 새긴 우상은 그 새겨 만든 자에게 무엇이 유익하겠느냐? 부어 만든 우상은 거짓 스승이라. 만든 자가 이 말하지 못하는 우상을 의지하니 무엇이 유익하겠느냐? 나무더러 깨라 하며 말하지 못하는 돌더러 일어나라 하는 자에게 화 있을진저. 그것이 교훈을 베풀겠느냐? 보라, 이는 금과 은으로 입힌 것인즉 그 속에는 생기가 도무지 없느니라. 오직 여호와는 그 성전에 계시니 온 천하는 그 앞에서 잠잠할지니라.

우상은 헛되다. 그것은 아무 유익을 주지 못한다. 새긴 우상과 부어 만든 우상은 나무와 돌에 금과 은을 입힌 것이며 그 속에 생기가 없다. 그것은 말하지 못하고 걷지 못한다. 그것은 그에게 구하는 사람에게 아무런 교훈이나 도움을 주지 못한다. 그것은 거짓 스승이다. 그러므로 우상을 의지하는 자에게 화가 있을 것이다.

하나님께서는 도덕의 원천과 기준이시다. 하나님을 무시하고 부정하는 것은 마귀의 속임수이며 모든 죄의 근원이다. 하나님을 버리고 우상을 섬기는 것은 그 자체가 큰 죄악이다. 참 하나님은 오직 여호와 하나님뿐이시다. 하박국은 "오직 여호와는 그 성전에 계시니 온 천하는 그 앞에서 잠잠할지니라"고 말한다. '그 성전'은 일차적으로 하늘에 있는 그의 거룩한 처소를 가리키며 또한 땅에 두신 성전 곧 교회를 가리킬 것이다. 온 천하는 하나님 앞에서 또 그의 참된 교회 앞에서 잠잠하고 그를 경외하고 그에게 복종해야 한다.

본장의 교훈은 무엇인가? 첫째로, 우상숭배와 술취함과 강포와 피흘림의 죄를 많이 범한 바벨론 제국은 반드시 망할 것이다. 비록 더딜지라도 반드시 망할 것이다. 이것은 하나님의 하시는 일이다. 13절, "만군의 여호와께로서 말미암은 것이 아니냐?" 16절, "여호와의 오른손의 잔이 네게로 돌아올 것이라." 우리는 죄악된 우상숭배에 빠지지 말고 술취하지 말고 이웃을 미워하거나 강포하거나 남을 죽이지 말아야 한다.

둘째로, 의인은 믿음으로 산다. 14절, "대저 물이 바다를 덮음같이 여호와의 영광을 인정하는 것이 세상에 가득하리라." 20절, "오직 여호와는 그 성전에 계시니 온 천하는 그 앞에서 잠잠할지니라." 죄인들은 오직 하나님을 믿고 예수 그리스도를 믿음으로 죄사함과 의롭다 하심을 얻는다. 우리는 이 믿음으로 의롭다 하심을 얻었으므로 이제는 살아계신 하나님만 경외하고 하나님의 뜻과 계명대로 믿음으로 살고, 겸손하게, 바르고 정직하게, 선하게, 신실하게, 자족하며 살아야 한다.

3장: 하박국의 기도

〔1-2절〕 시기오놋에 맞춘 바 선지자 하박국의 기도라. 여호와여, 내가 주께 대한 소문[주의 말씀](KJV)을 듣고 놀랐나이다. 여호와여, 주는 주의 일을 이 수년 내에 부흥케[revive(KJV, NASB), 힘있게 이루어지게] 하옵소서. 이 수년 내에 나타내시옵소서. 진노 중에라도 긍휼을 잊지 마옵소서.

'시기오놋'8)은 어떤 음악 형식이었던 것 같고 정확한 뜻을 잘 모른다고 한다. 권위 있는 한 영어성경(NASB)의 난외주는 '매우 감정적인 시적 형식'이라고 설명했다. 하박국은 하나님의 말씀을 듣고 놀랐다. 그가 들은 말씀은 하박국 1-2장에 나온 내용으로 하나님께서 갈대아인들을 불러 자기 백성의 죄악들을 징벌하실 것이라는 사실과 또 그 갈대아인들, 즉 바벨론 제국을 그들의 악 때문에 심판하실 것이라는 사실이다(렘 50-51장). 바벨론 제국에 대한 하나님의 심판은 하나님의 백성에게 구원이 될 것이다. 선지자 하박국은, "여호와여, 주는 주의 일을 이 수년 내에 힘있게 이루어지게 하옵소서"라고 기도한다. 그것은 바벨론 제국을 심판하시고 유다 백성을 구원하시는 일을 '수년 내에' 즉 속히 이루시기를 간구한 것이다. 하박국은 또 "진노 중에라도 긍휼을 잊지 마옵소서"라고 기도한다. 그는, 이스라엘 백성이 자기들의 죄로 인해 하나님의 진노를 받을 수밖에 없지만, 하나님께서 오직 그의 긍휼로 그들을 구원해주시기를 기도한 것이다.

〔3-4절〕 하나님이 데만에서부터 오시며 거룩한 자가 바란산에서부터 오시도다(셀라). 그 영광이 하늘을 덮었고 그 찬송이 세계에 가득하도다. 그 광명이 햇빛 같고 광선이 그 손에서 나오니 그 권능이 그 속에 감취었도다.

데만은 에돔 족속이 거주하는 지역인데 이스라엘 땅의 남쪽을 가리킨 것 같다. 바란산은 바란 광야에 있는 시내산을 가리켰다고 본다.

---

8) שִׁגְיֹנוֹת은 שִׁגָּיוֹן(빠른 리듬 변화를 가진 정열적 노래)(BDB)의 복수형.

그것은 하나님께서 옛날 출애굽 당시에 시내산에 나타나셨음을 말한 것일 것이다. 하나님께서 옛날 시내산에 나타나셨을 때 그의 영광이 온 산에 가득하였다(출 19:16-19). 이제 하나님께서 심판자로 오실 때에 그의 위엄과 권세와 영광이 그러할 것이다. 그의 영광은 눈부신 태양빛과 같을 것이다. 피조물들이 감히 그를 쳐다보지 못할 정도로 그는 그 영광의 광채 속에 계실 것이다. '광선'이라는 원어(카르나임 קַרְנַיִם)는 '뿔들'이라는 뜻이며(KJV) '광선'이라고 번역되기도 한다(NASB, NIV). '뿔'은 능력을 상징한다. 심판자로서 오실 하나님의 손에서는 능력의 빛이 나올 것이다.

〔5-7절〕 **온역이 그 앞에서 행하며 불덩이**[악성 유행병](NASB, NIV)**가 그 발밑에서 나오도다. 그가 서신즉 땅이 진동하며**[그가 서시고 땅을 측량하셨고](KJV) **그가 보신즉 열국이 전률하며 영원한 산이 무너지며 무궁한 작은 산이 엎드러지나니 그 행하심이 예로부터 그러하시도다. 내가 본즉 구산의 장막이 환난을 당하고 미디안 땅의 휘장이 흔들리도다.**

하나님의 심판은 무서운 전염병, 불같은 유행병으로 나타날 것이다. 영원해 보이는 크고 작은 산들은 하나님의 심판 때에 큰 지진 같은 것들로 인해 무너질 것이다. 하나님께서 오실 때 그는 열국들을 떨게 하실 것이다. '구산'은 구스인들을 가리키는 것 같다. 하나님께서는 강대한 열국들을 환난과 떨림 가운데 던지실 것이다.

〔8-11절〕 **여호와여, 주께서 말을 타시며 구원의 병거를** 모시오니 **하수(河水)를 분히 여기심이니이까? 강을 노여워하심이니이까? 바다를 대하여 성내심이니이까? 주께서 활을 꺼내시고 살을 바로 발하셨나이다**(쉐부오스 맛토스 오메르 שְׁבֻעוֹת מַטּוֹת אֹמֶר)[지파들의 맹세 즉 주의 말씀대로(KJV), (징계의) 약속의 매가 맹세되었다(BDB, NASB)](**셀라**). **주께서 하수들로 땅을 쪼개셨나이다. 산들이 주를 보고 흔들리며 창수가 넘치고 바다가 소리를 지르며 손을 높이 들었나이다. 주의 날으는 살의 빛과 주의 번쩍이는 창의 광채로 인하여 해와 달이 그 처소에 멈추었나이다.**

하나님께서는 말을 타시며 병거를 모시고 오실 것이다. 열국들의

- 203 -

말과 병거는 그의 심판의 도구들이다. 하나님의 군대는 강들과 바다들을 무시하며 달려올 것이다. 하나님께서는 활을 꺼내시고 살을 바로 발하신다. 그는 물들을 넘치게 주시거나 물들을 가르실 것이다. 주의 살의 빛과 번쩍이는 창의 광채로 인하여 해와 달은 그 처소에 멈출 것이다. 여호수아가 아모리 다섯 왕들과 싸울 때처럼, 하나님께서는 자연만물을 심판의 도구로 사용하실 것이다.

〔12-15절〕 **주께서 노를 발하사 땅에 둘리셨으며**[그 땅을 통과해 걸으시며](KJV, NASB, NIV) **분을 내사 열국을 밟으셨나이다. 주께서 주의 백성을 구원하시려고, 기름 받은 자를 구원하시려고 나오사 악인의 집머리를 치시며 그 기초를 끝까지 드러내셨나이다(셀라). 그들이 회리바람처럼 이르러 나를 흩으려 하며 가만히 가난한 자 삼키기를 즐거워하나 오직 주께서 그들의 전사의 머리**[그 무리의 우두머리](NASB)**를 그들의 창으로**[그의 창으로] **찌르셨나이다. 주께서 말을** 타시고 **바다 곧 큰물의 파도를 밟으셨나이다.**

하나님의 분노는 땅을 통과해 걸으시고 열국을 밟으시며 바다와 큰물의 파도를 밟으시는 것으로 나타날 것이다. 그의 심판의 분노는 하나님의 백성의 구원을 위한 것이다. 열국에 대한 하나님의 공의의 심판은 하나님의 백성에게는 구원을 주는 일이 된다. 갈대아인들 곧 바벨론 제국의 멸망은 이스라엘 백성에게 구원이 될 것이다. 하나님께서는 악인들의 우두머리를 치시며 찌르실 것이다. 그는 악인들의 나라 곧 바벨론 제국을 완전히 멸망시키실 것이다.

〔16-19절〕 **내가 들었으므로 내 창자가 흔들렸고 그 목소리로 인하여 내 입술이 떨렸도다. 무리가 우리를 치러 올라오는 환난 날을 내가 기다리므로 내 뼈에 썩이는 것이 들어왔으며 내 몸은 내 처소에서 떨리는도다. 비록 무화과나무가 무성치 못하며 포도나무에 열매가 없으며 감람나무에 소출이 없으며 밭에 식물이 없으며 우리에 양이 없으며 외양간에 소가 없을지라도 나는 여호와를 인하여 즐거워하며 나의 구원의 하나님을 인하여 기뻐하리로다. 주 여호와는 나의 힘이시라. 나의 발을 사슴과 같게 하사 나로 나의 높은 곳에 다니게 하시리로다. 이 노래는 영장**[찬양대 지휘자]**을 위하여 내**

하박국 3장: 하박국의 기도

수금에 맞춘 것이니라.

　선지자는 바벨론 침공의 소식을 듣고 몹시 떨었다. 그는 경제적으로 부족하여 먹을것이 적고 물질적 여유가 없었던 것 같다. 그러나 그의 기쁨은 오직 하나님이었다. 하나님께서는 자기 백성을 구원하시고 회복시키시는 자이시다. 하나님께서 창조하신 피조 세계의 그 무엇보다 창조자 하나님 자신은 우리에게 더 큰 보배이시다. 하나님께서는 우리에게 가장 큰 복이시다. 그는 만복의 근원이시다. 하나님께서 우리와 함께하시면, 우리는 모든 것을 다 소유한 행복자들이다.

　본장의 교훈은 무엇인가? 첫째로, 하나님께서는 심판자로 오실 것이다(3, 12절). 그는 자기 백성의 죄악을 징벌하실 것이다. 그것은 바벨론 군대의 침공으로 이루어질 것이다. 그러나 우상숭배적인 바벨론 제국도 그들의 죄악 때문에 하나님의 심판을 받고 멸망할 것이다. 하나님께서는 공의로 세상을 심판하실 것이다. 세상에 마지막 심판의 날이 있을 것이다(계 20:11-15). 세상 나라들과 악인들은 멸망할 것이다.

　둘째로, 하나님께서는 자기 백성을 긍휼로 구원하실 것이다. 2절, "여호와여, 주는 주의 일을 이 수년 내에 부흥케 하옵소서. . . . 진노 중에라도 긍휼을 잊지 마옵소서." 8절, "여호와여, 주께서 말을 타시며 구원의 병거를 모시오니." 13절. "주께서 주의 백성을 구원하시려고, 기름 받은 자를 구원하시려고 나오사 악인의 집머리를 치시며 그 기초를 끝까지 드러내셨나이다." 구원은 하나님의 전적인 은혜이다(엡 2:4-5, 8-9).

　셋째로, 우리는 오직 하나님의 구원을 바라며 구원의 하나님 때문에 기뻐하고 힘을 얻자. 비록 우리가 지금 고난을 당하고 물질적 풍족함과 여유가 없을지라도, 구원의 하나님만 바라고 의지하며 기뻐해야 한다. 18-19절, "나는 여호와를 인하여 즐거워하며 나의 구원의 하나님을 인하여 기뻐하리로다. 주 여호와는 나의 힘이시라." 우리는 예수 그리스도의 재림과 천국을 믿고 기쁨과 위로와 힘을 잃지 말아야 한다.

스바냐

ZEPHANIAH

내 용 목차

서론 ··· 208
1장: 땅을 완전히 멸하심 ························ 209
2장: 열방이 황폐케 될 것 ······················· 212
3장: 이스라엘의 회복 ···························· 215

서론

선지자 스바냐는 유다 왕 므낫세와 아몬의 영향으로 매우 부패되었던 요시야 왕의 통치 초반, 즉 주전 621년 부흥운동 이전에 사역했을 것으로 추측된다.

스바냐의 **주요 내용**도 심판과 회복이다.

1장: 땅을 완전히 멸하심

〔1-6절〕 **아몬의 아들 유다 왕 요시야의 시대에 스바냐에게 임한 여호와의 말씀이라. 스바냐는 히스기야의 현손이요 아마랴의 증손이요 그다랴의 손자요 구시의 아들이었더라. 여호와께서 가라사대 내가 지면에서 모든 것을 진멸하리라. 내가 사람과 짐승을 진멸하고 공중의 새와 바다의 고기와 거치게 하는 것과 악인들을 아울러 진멸할 것이라. 내가 사람을 지면에서 멸절하리라. 나 여호와의 말이니라. 내가 유다와 예루살렘 모든 거민 위에 손을 펴서 바알의 남아 있는 것을 그곳에서 멸절하며 그마림**(כְּמָרִים)[우상 제사장들]**이란 이름과 및 그 제사장들을 아울러** 멸절하며 **무릇 지붕에서 하늘의 일월성신**[해와 달과 별들]**에게 경배하는 자와 경배하며 여호와께 맹세하면서 말감**(=몰렉)**을 가리켜 맹세하는 자와 여호와를 배반하고 좇지 아니한 자와 여호와를 찾지도 아니하며 구하지도 아니한 자를** 멸절하리라.

아몬(므낫세의 아들)의 아들 유다 왕 요시야(주전 640-609년) 시대에 하나님께서는 선지자 스바냐에게 말씀을 주셨다. 하나님께서는 "내가 지면[땅 위]에서 모든 것을 진멸[완전히 멸]하리라"고 말씀하셨다. 그는 심판자이시다. 그는 옛날에 노아 시대에 홍수로 온 세상을 멸망시키셨듯이, 다시 땅 위의 모든 것을 완전히 멸하실 것이다. 그는 사람과 짐승과 공중의 새와 바다의 고기까지 다 멸하실 것이다. 그는 특히 악인들과 거치게 하는 것들, 즉 우상들을 다 멸하실 것이다. 그의 심판의 이유는 사람들의 우상숭배와 부도덕, 곧 죄 때문이다. 그는 특히 공공연한 우상숭배자들과, 또 하나님을 이방신들이나 우상들과 함께 섬기고자 하는 소위 혼합주의자들, 종교다원주의자들과, 배교자들, 불경건한 자들을 다 결하실 것이다.

〔7-13절〕 **주 여호와 앞에서 잠잠할지어다. 이는 여호와의 날이 가까왔으므로 여호와가 희생을 준비하고 그 청할 자를 구별하였음이니라. 여호와의 희생의 날에 내가 방백들과 왕자들과 이방의 의복을 입은 자들을 벌할 것이며 그 날에 문턱을 뛰어 넘어서 강포와 궤휼**[거짓]**로 자기 주인의 집에**

채운 자들을 내가 벌하리라. 나 여호와가 말하노라. 그 날에 어문(魚門)[예루살렘의 아마 열두 문 중 하나](느 3:3; 12:39)에서는 곡성이, 제2구역에서는 부르짖는 소리가, 작은 산들[언덕들]에서는 무너지는 소리가 일어나리라. 막데스 거민들아, 너희는 애곡하라. 가나안 백성[상인들]이 다 패망하고 은을 수운(輸運)하는 자가 끊어졌음이니라. 그때에 내가 등불로 예루살렘에 두루 찾아 무릇 찌끼같이 가라앉아서 심중에 스스로 이르기를 여호와께서는 복도 내리지 아니하시며 화도 내리지 아니하시리라 하는 자를 벌하리니 그들의 재물이 노략되며 그들의 집이 황무할 것이라. 그들이 집을 건축하나 거기 거하지 못하며 포도원을 심으나 그 포도주를 마시지 못하리라.

  스바냐는 하나님의 심판의 날이 가까웠으므로 잠잠하라고 말한다. 그 날 곧 여호와의 날에 많은 희생자가 생길 것이다. 하나님께서는 악한 자들을 벌할 것이다. '이방의 의복'은 불경건하고 음란한 세상 사람의 복장을 가리키며, 또 '문턱을 뛰어 넘어서'라는 말은 이웃집을 불법하게 넘나드는 것을 말하는 것 같다. 하나님께서는 이방의 의복을 입은 방백들과 왕자들과 모든 사람들, 즉 모든 불경건하고 음란한 자들과, 또 강포하고 거짓되고 탐욕적인 사람들을 다 벌하실 것이다. 하나님의 심판으로 예루살렘과 유다 땅 곳곳에 통곡 소리가 있을 것이다. 하나님께서는 등불로 예루살렘에 두루 찾아 특히 찌끼같이 그 마음이 무디어져 심중에 말하기를 여호와께서는 복도 내리지 않으시고 화도 내리지 않으시리라는 자들, 즉 하나님을 부정하는 불경건한 자들을 벌하실 것이다. 그들의 재물이 노략되며 그들의 집이 파괴되거나 불타 황폐해지고 그들의 포도원의 소출도 빼앗길 것이다.

  〔14-18절〕여호와의 큰 날이 가깝도다. 가깝고도 심히 빠르도다. 여호와의 날의 소리로다. 용사가 거기서 심히 애곡하는도다. 그 날은 분노의 날이요 환난과 고통의 날이요 황무와 패괴[황폐]의 날이요 캄캄하고 어두운 날이요 구름과 흑암의 날이요 나팔을 불어 경고하며 견고한 성읍을 치며 높은 망대를 치는 날이로다. 내가 사람들에게 고난[고통]을 내려 소경같이 행하게 하리니 이는 그들이 나 여호와께 범죄하였음이라. 또 그들의 피는 흘리

스바냐 1장: 땅을 완전히 멸하심

워서 티끌같이 되며 그들의 살은 분토(겔랄림 גְּלָלִים)[똥]같이 될지라. 그들의 은과 금이 여호와의 분노의 날에 능히 그들을 건지지 못할 것이며 이 온 땅이 여호와의 질투의 불에 삼키우리니 이는 여호와가 이 땅 모든 거민을 멸절하되 놀랍게 멸절할 것임이니라[모든 거민에게 참으로 두려운 완전한 멸망을 행하실 것임이니라](원문 직역).

여호와의 큰 날 곧 그가 분노하시는 날은 가깝고 심히 빠르게 임할 것이다. 하나님의 심판의 날은 환난과 고통의 날이며 황무와 황폐의 날이며 캄캄하고 어두운 날이며 나팔소리와 견고한 성읍들을 치며 높은 망대를 치는 전쟁의 날이다. 하나님께서는 사람들에게 고난과 고통을 내리실 것이다. 하나님께서 사람들을 심판하시는 까닭은 그들의 죄 때문이다. 그들이 하나님 대신에 이방신들을 섬겼고 하나님의 계명을 어겼기 때문이다. 그러므로 그들은 하나님의 질투의 불에 삼키울 것이다. 그들은 소경같이 헤매며 피를 티끌같이 흘리며 살이 분토[똥]같이 버려질 것이다. 그들이 가치 있게 여기고 의지하던 은과 금은 그 날에 그들을 그 환난에서 건지지 못할 것이다. 세상 사람들은 보통 하나님 대신에 돈과 재물을 의지하고 사랑하지만, 하나님의 심판의 날에 그것들이 무익하고 헛되다는 것을 알게 될 것이다.

본장의 교훈은 무엇인가? <u>첫째로, 하나님께서는 심판자이시며 세상에서 그의 심판을 피할 자는 없다.</u> 그는 이방종교인들, 우상숭배자들, 종교다원주의자들, 배교자들, 불경건한 자들을 다 멸망시키실 것이며 또 음란하고 강포하며 거짓되고 탐욕적인 자들을 다 멸하실 것이다.

<u>둘째로, 우리는 모든 이방신들과 우상들을 버리고 살아계시고 참되신 창조자, 섭리자, 심판자 하나님만 믿고 순종하며 그 앞에서 경건하고 정직하고 선하고 진실하게만 살아야 한다.</u> 이것이 성도의 바른 길이며 이 세상에서 평안과 형통과 승리의 길이며 또한 영생의 길이다.

<u>셋째로, 우리는 돈을 의지하거나 사랑하지 말아야 한다.</u> 돈은 세상에서 약간의 유익이 있으나, 하나님의 심판과 재앙을 면하게 하지 못한다.

2장: 열방이 황폐케 될 것

[1-3절] 수치를 모르는(로 니크사프 נִכְסָף לֹא)[사모함을 받지 않는(KJV, NKJV, 수치를 당치 않는(NASB)] 백성아, 모일지어다. 모일지어다. 명령이 시행되기 전, 광음(욤 יוֹם)[날]이 겨같이 날아 지나가기 전, 여호와의 진노가 너희에게 임하기 전, 여호와의 분노의 날이 너희에게 이르기 전에 그리할지어다. 여호와의 규례를 지키는 세상의 모든 겸손한 자들아, 너희는 여호와를 찾으며 공의와 겸손을 구하라. 너희가 혹시 여호와의 분노의 날에 숨김을 얻으리라.

본문은 하나님의 진노의 날이 이르기 전에, 때가 너무 늦기 전에 이스라엘 백성이 깨닫고 하나님께 돌아와야 한다는 뜻이라고 본다. 교만한 자는 끝까지 하나님을 무시하겠지만, 겸손한 자는 하나님을 인정하고 그의 말씀을 지킬 것이다. 여호와의 규례를 지키는 세상의 모든 겸손한 자들은 여호와를 찾고 공의와 겸손을 구해야 한다. 그러면 그들은 여호와의 분노의 날에 혹시 숨김을 얻을 것이다.

[4-7절] 가사가 버리우며 아스글론이 황폐되며 아스돗이 백주에 쫓겨나며 에그론이 뽑히우리라. 해변 거민 그렛 족속에게 화 있을진저. 블레셋 사람의 땅 가나안아, 여호와의 말이 너희를 치나니 내가 너를 멸하여 거민이 없게 하리라. 해변은 초장이 되어 목자의 움과 양떼의 우리가 거기 있을 것이며 그 지경은 유다 족속의 남은 자에게로 돌아갈지라. 그들이 거기서 양떼를 먹이고 저녁에는 아스글론 집들에 누우리니 이는 그들의 하나님 여호와가 그들을 권고하여 그 사로잡힘을 돌이킬 것임이니라.

하나님께서는 이스라엘 땅 서남쪽 해변의 블레셋 사람들, 곧 가사, 아스글론, 아스돗, 에그론 등의 거민들을 치시고 멸하실 것이다. 그 땅은 쓸쓸하고 적막한 땅이 될 것이다. 그 땅은 양떼의 초장, 목자들의 움, 양떼의 우리처럼 황폐하게 될 것이다. 또 하나님께서는 유다 족속의 남은 자들을 돌아보셔서 그 사로잡힘을 돌이키시며 그 땅을

스바냐 2장: 열방이 황폐케 될 것

그들에게 주실 것이다. 그들은 하나님의 긍휼로 구원받은 자들이다.

〔8-11절〕 내가 모압의 훼방과 암몬 자손의 후욕을 들었나니 그들이 내 백성을 훼방하고 스스로 커서 그 경계를 침범하였느니라. 그러므로 만군의 여호와 이스라엘의 하나님이 말하노라. 내가 나의 삶을 두고 맹세하노니 장차 모압은 소돔 같으며 암몬 자손은 고모라 같을 것이라. 찔레가 나며 소금 구덩이가 되어 영원히 황무하리니 나의 끼친[남겨둔] 백성이 그들을 노략하며 나의 남은 국민이 그것을 기업으로 얻을 것이라. 그들이 이런 일을 당할 것은 교만하여 스스로 커서 만군의 여호와의 백성을 훼방함이니라. 여호와가 그들에게 두렵게 되어서 세상의 모든 신을 쇠진(衰盡)케 하리니 이방의 모든 해변 사람들이 각각 자기 처소에서 여호와께 경배하리라.

하나님께서는 요단강 동쪽의 모압 자손들의 땅과 암몬 자손들의 땅들도 황폐케 되게 하실 것이다. 그것은 그들이 교만하여 하나님의 백성을 비방했기 때문이다. 장차 모압 자손들은 소돔같이 되고 암몬 자손들은 고모라같이 될 것이다. 그 땅에는 찔레가 나며 소금 구덩이가 되어 영원히 황무할 것이다. 또 하나님께서는 그 땅을 하나님의 남은 백성에게 기업으로 주실 것이다. 하나님께서는 이방 사람들을 두렵게 하실 것이며 세상의 모든 신들을 쇠진(衰盡)케 하시고 멸하실 것이다. 그때 이방의 모든 해변 사람들이 각각 자기 처소에서 여호와께 경배할 것이다. 이방 나라들의 멸망의 때는 이스라엘 나라의 회복의 때가 될 것이다. 세상 사람들은 이방신들의 헛됨을 깨닫고 하나님께로 돌아와 하나님을 두려워하며 자기들의 처소에서 하나님께 경배할 것이다. 참 신앙의 부흥이 이방 세계에서도 일어날 것이다.

〔12-15절〕 구스 사람아, 너희도 내 칼에 살륙을 당하리라. 여호와가 북방을 향하여 손을 펴서 앗수르를 멸하며 니느웨로 황무케 하여 사막같이 메마르게 하리니 각양 짐승이 그 가운데 떼로 누울 것이며 당아(카앗 קָאַת)[사다새](BDB, NASB)와 고슴도치[킵포드 קִפֹּד][호저(BDB), 고슴도치(NASB)]가 그 기둥 꼭대기에 깃들일 것이며 창에서 울 것이며 문턱이 적막하리니 백향목으로 지은 것이 벗겨졌음이라. 이는 기쁜 성이라. 염려 없이 거하며 심중에

스바냐 2장: 열방이 황폐케 될 것

이르기를 오직 나만 있고 나 외에는 다른 이가 없다 하더니 어찌 이같이 황무하여 들짐승의 엎드릴 곳이 되었는고. 지나가는 자마다 치소하여[비웃으며] 손을 흔들리로다.

하나님께서는 남방의 구스 사람들과 북방의 앗수르 사람들도 심판하시며 멸망시키실 것이다. 그들은 하나님의 칼에 살륙을 당할 것이다. 하나님께서는 심판자이시다. 세상의 열국들은 다 그의 심판 아래 있다. 앗수르의 수도 니느웨는 한 때 기쁨이 있고 염려 없이 거하던 성이었고 교만한 성이었으나, 그 성이 황무하게 되고 사막같이 메마르게 되고 각양 짐승이 그 중에 떼로 누우며 사다새(펠리컨)와 고슴도치 같은 것이 그 기둥 꼭대기에 깃들이고 창에서 울고 문턱이 적막할 것이다. 그 성을 지나가는 자마다 그들을 비웃을 것이다. 교만한 자들의 기쁨과 평안은 일시적이다. 하나님께서 일어나 심판하실 때에 그들의 거처는 황폐하게 될 것이다.

본장의 교훈은 무엇인가? <u>첫째로, 온 세상은 멸망할 것이다.</u> 블레셋도, 모압과 암몬도, 구스와 앗수르도 그러할 것이다. 하나님께서는 온 세상을 멸하시고 황폐하실 것이다. 세상의 모든 신들은 쇠진할 것이다. 세상의 멸망은 그들의 교만과 헛된 종교 때문일 것이다(10-11절).

<u>둘째로, 그러나 남은 백성이 있을 것이다.</u> 멸망할 세상은 유다 족속의 남은 자들에게 돌아가며 그들이 기업으로 얻을 것이다(7, 9절). 이방 세계에도 하나님의 규례를 지키고 겸손한 자들이 있을 것이다(3절). 그들은 더 이상 이방 신들을 섬기지 않고 각각 자기 처소에서 여호와께 경배할 것이다(11절). 그들은 혹시 하나님의 진노를 피할 것이다(3절).

<u>셋째로, 우리는 하나님을 찾고 공의와 겸손을 구해야 한다.</u> 3절, "여호와의 규례를 지키는 세상의 모든 겸손한 자들아, 너희는 여호와를 찾으며 공의와 겸손을 구하라. 너희가 혹시 여호와의 분노의 날에 숨김을 얻으리라." 교만한 자는 하나님을 찾지 않지만, 겸손한 자는 하나님을 찾고 그의 계명을 지켜 의를 행한다. 우리는 경건과 의를 구해야 한다.

스바냐 3장: 이스라엘의 회복

3장: 이스라엘의 회복

1-8절, 유다 나라의 죄악과 하나님의 진노

[1-2절] 패역하고(모레0- מֹרְאָה)[반항적이고](BDB, NASB, NIV) 더러운 곳, 포학한 그 성읍이 화 있을진저. 그가 명령(콜 קוֹל)[목소리]을 듣지 아니하며 교훈을 받지 아니하며 여호와를 의뢰하지 아니하며 자기 하나님에게 가까이 나아가지 아니하였도다.

유다 백성은 하나님께 반항적이었고 또 더러웠다. 의는 깨끗하지만 죄는 더럽고 또 사람의 심신을 더럽힌다. 또 그들은 포학하였다. 하나님의 백성은 하나님의 성품을 본받아서 선하고 온유해야 하지만, 그들은 그렇지 못했고 오히려 거칠고 포학하였다. 또 그들은 하나님의 말씀을 듣지 않았다. 하나님을 경외하고 순종하는 것은 하나님의 말씀 곧 성경말씀을 가장 귀하게 여기며 그 말씀을 듣고 순종하는 것이다. 그런 자들은 밤낮으로 성경말씀을 읽고 듣고 묵상하기를 좋아하고 사모할 것이다. 그러나 유다 백성은 그렇지 않았다. 그들은 하나님의 음성과 교훈을 좋아하지 않았고 듣지 않았다. 또 그들은 하나님을 믿고 의지하고 기도와 말씀 묵상으로 그에게 가까이 나아가야 했으나 그렇게 하지도 않았다. 그들에게는 이런 온갖 죄악이 가득했다.

[3-4절] 그 가운데 방백들은 부르짖는 사자요 그 재판장들은 이튿날까지 남겨 두는 것이 없는 저녁 이리요 그 선지자들은 위인이 경솔하고(포카짐 פֹּחֲזִים)[경박하다(Langenscheidt, KJV), 무모하다(BDB, NASB), 거만하다(KB, NIV)] 간사한(보게도스 בֹּגְדוֹת)[배신적이게 행한, 불신실하게 행한] 자요 그 제사장들은 성소를 더럽히고 율법을 범하였도다.

유다의 방백들 즉 고위 관리들은 부르짖는 사자와 같았다. 그들은 백성에게서 불의하고 부당한 재물을 취하였다. 또 유다의 재판관들은 이튿날까지 남겨두는 것이 없는 저녁 이리와 같았다. 그들은 불의

스바냐 3장: 이스라엘의 회복

의 이익들에 대한 욕심을 품고 닥치는 대로 그것들을 취하였다. 또 유다의 선지자들은 인격이 경박하고 무모하고 거만하고 불신실했다. 또 유다의 제사장들은 성소를 더럽히고 율법을 범했다. 그들은 하나님의 율법의 규례대로 제사하지 않으므로 성전예배를 더럽혔다.

[5절] 그 중에 거하신 여호와는 의로우사 불의를 행치 아니하시고 아침마다 간단 없이 자기의 공의를 나타내시거늘 불의한 자는 수치를 알지 못하는도다.

의로우신 하나님께서는 이스라엘 백성 중에 거하신다. 그는 이스라엘 백성 중에 거하셔서 항상 의를 나타내시고 행하신다. 그는 불의를 행치 않으신다. 그는 아침마다 중단 없이, 실패함 없이, 시종일관하게 자기의 공의를 나타내시고 시행하신다. 시편 7:11, "하나님은 의로우신 재판장이심이여, 매일 분노하시는 하나님이시로다."

그러나 불의한 자들은 수치를 알지 못했다. 이것이 무지하고 죄악된 사람의 모습이다. 죄인은 공의의 심판자 하나님을 알지 못하고 자신이 부족한 죄인임을 알지 못하고 죄의 결과인 수치와 불행도 알지 못한다. 만일 그가 그것들을 알았더라면 그는 아마 회개하고 하나님의 긍휼을 간구하고 구원을 받고 심판과 멸망을 피했을 것이다.

[6-7절] 내가 열국을 끊어 버렸으므로 그 망대가 황무하였고 내가 그 거리를 비게 하여 지나는 자가 없게 하였으므로 그 모든 성읍이 황폐되며 사람이 없으며 거할 자가 없게 되었느니라. 내가 이르기를 네[유다 백성]는 오직 나를 경외하고 교훈을 받으라. 그리하면 내가 형벌을 내리기로 정하기는 하였거니와[내가 그에게 내린 형벌이 무엇이든지 간에](KJV) 너의 거처가 끊어지지 아니하리라 하였으나 그들이 부지런히 그 모든 행위를 더럽게 하였느니라.

하나님께서는 열국을 심판하셨다. 그 결과, 그 나라들의 망대들과 성읍들과 거리들이 황폐케 되었다. 그러므로 거기에 거하는 자들이 없고 그곳을 지나는 자들도 없게 되었다. 그러나 하나님께서는 유다 백성들만이라도 하나님을 경외하고 그의 교훈을 받기를 원하셨다. 그것이 하나님의 뜻이었다. 그러면 하나님께서 비록 형벌을 내리실지라도 그들을 완전히 털망시키지는 않으실 것이다.

그러나 그들은 죄악되어서 하나님의 말씀을 듣지 않았다. 그들은 부지런히 그 모든 행위를 더럽게 하였다. 선지자 이사야는 이스라엘 백성의 죄악에 대해, "슬프다, 범죄한 나라요 허물진 백성이요 행악의 종자요 행위가 부패한 자식이로다. 그들이 여호와를 버리며 이스라엘의 거룩한 자를 만홀히 여겨 멀리하고 물러갔도다"라고 지적했었다(사 1:4). 부패된 종교인들은 양심적인 세상 사람들보다 때때로 더 악하게 행한다. 오늘날에 부패된 교인들도 비슷할 것이다.

[8절] 나 여호와가 말하노라. 그러므로 내가 일어나 벌할(레아드 לָעַד)[약탈할] 날까지 너희는 나를 기다리라. [이는] 내가 뜻을 정하고 나의 분한과 모든 진노를 쏟으려고 나라들을 소집하며 열국을 모으리라. [이는] 온 땅이 나의 질투의 불에 소멸되리라[소멸될 것임이니라].

본문은 하나님께서 유다 나라의 멸망의 날을 선언하신 것이라고 보인다. 하나님께서 정하신 진노의 날이 있다. 그 날에 그는 일어나 악한 자들로 약탈을 당하게 하실 것이다. 그는 심판하시기 위해 뜻을 정하셨다. 그는 그의 분한과 모든 진노를 유다 땅에 쏟으시려고 나라들을 소집하며 열국을 모으실 것이다. 이것은 바벨론 연합군을 가리켰다고 보인다. 온 유다 땅에 하나님의 질투의 불이 쏟아질 것이다.

그러나 악한 유다 나라뿐 아니라, 온 세상 나라들이 악을 행하다가 마침내 하나님의 심판을 받을 것이다. 사도 바울은 회개치 않는 사람들에 대해 "다만 네 고집과 회개치 아니한 마음을 따라 진노의 날 곧 하나님의 의로우신 판단이 나타나는 그 날에 임할 진노를 네게 쌓는도다"라고 말하였다(롬 2:5). 요한계시록 20:11-15에 보면, 사도 요한은 크고 흰 보좌와 그 위에 앉으신 자를 보았고 모든 죽은 자들이 그 보좌 앞에 서서 자기들의 행위를 따라 심판을 받고 누구든지 생명책에 기록되지 못한 자는 지옥 불못에 던지우는 광경을 보았다. 여기에 회개와 구원의 필요성이 있고 전도의 필요성이 있다. 오직 구주 예수 그리스도를 믿는 믿음 안에만 하나님의 진노를 피할 길이 있다.

본문의 교훈을 정리해보자. <u>첫째로, 우리는 유다의 죄악을 반복하지 말아야 한다.</u> 유다 백성은 하나님 앞에서 반역적이었고 더러웠고 거칠고 포학하였다. 그들은 하나님의 음성과 명령을 듣지 않았고 교훈을 받지 않았고 하나님을 믿고 의지하지 않았고 가까이 하지도 않았다. 그들의 방백들과 재판관들은 물질적 욕심을 가지고 불의의 이익을 취하였고 그들의 선지자들은 경박하고 불신실하였고 그들의 제사장들은 성소를 더럽혔다. 유다 백성은 다 불의하였고 수치를 알지 못했고 부지런히 그들의 행위를 더럽혔다. 우리는 이런 죄악들에서 떠나야 한다.

<u>둘째로, 우리는 하나님의 마지막 진노를 두려워해야 한다.</u> 하나님께서는 앞장에서 예언하신 대로 열국을 황폐케 하시고 망대들을 황무케 하시고 거리에 사람들이 없게 하시고 성읍들을 황폐케 하실 것이며 또 역사상 그렇게 하셨다. 마지막으로 온 세상의 심판의 날이 작정되었다. 그 날은 하나님의 진노의 날이다. 하나님께서는 또다시 열국을 소집하실 것이다. 온 땅이 하나님의 심판대 앞에 설 것이며 지옥불의 심판을 받을 것이다. 우리는 그 하나님의 심판과 진노의 불을 두려워해야 한다.

<u>셋째로, 하나님의 뜻은 우리가 하나님을 경외하고 그의 교훈을 받는 것이다.</u> 우리는 모든 죄를 회개했고 하나님께로 돌아와 이제는 하나님 중심으로 살게 되었다. 우리는 하나님께서 보내주신 주 예수 그리스도만 믿었고 그의 속죄의 피로 죄씻음을 받았고 그를 믿음으로 의롭다 하심을 얻었다. 우리는 이제 하나님 앞에서 늘 성경 읽고 기도함으로써 하나님께 가까이 나아가고 하나님과 친밀히 교제하고 하나님만 의지하고 또 그의 음성인 성경말씀을 다 믿고 소망하며 순종하여 거룩하고 의롭고 정직하고 온유하고 선하고 진실한 사람들이 되어야 한다.

스바냐 3장: 이스라엘의 회복

9-20절, 이스라엘의 회복

〔9-10절〕 [이는](원문) **그때에 내가 열방**(암밈 עַמִּים)[백성들]**의 입술을 깨끗케 하여 그들로 다 나 여호와의 이름을 부르며 일심으로 섬기게 하리니** [할 것임이니] **내게 구하는 백성들**[나의 예배자들](NASB, NIV) **곧 내가 흩은 자의 딸이 구스 강수 건너편에서부터 예물을 가지고 와서 내게 드릴지라.**

본문은 하나님께서 이스라엘의 회복의 때에 구원하실 이방인들과 이스라엘 백성의 모습을 증거하였다고 보인다.

첫째로, 그들은 깨끗한 입술로 하나님을 섬길 것이다. 하나님께서는 이방 나라 사람들의 입술을 깨끗케 하셔서 그들로 다 여호와의 이름을 부르게 하실 것이다. 그것은 순수한 신앙고백과 순수한 찬송과 순수한 기도를 가리킬 것이다. 그것은 참된 종교의 회복과 부흥이다.

둘째로, 그들은 일심(一心)으로 하나님을 섬길 것이다. '일심으로'라는 원어(쉐켐 에카드 שְׁכֶם אֶחָד)는 '한 어깨로'라는 뜻으로 많은 사람들이 합심함을 나타낸다. 구원받은 백성들은 서로 분쟁하거나 분열하지 않고 합심하여 하나님을 섬길 것이다. 사도 바울은 빌립보 교인들이 일심으로 서서 한 뜻으로 복음의 신앙을 위해 협력하는 것을 듣기를 원하였다(빌 1:27-28). 그래서 그는 그들에게 "마음을 같이 [하고] . . . 뜻을 합하며 한 마음을 품으라"고 교훈하였다(빌 2:2).

셋째로, 그들은 예물을 하나님께 드릴 것이다. 하나님께 예배하는 자들은 그에게 예물을 드릴 것이다. 시편 96:8은 "예물을 가지고 그 궁정에 들어가라"고 말한다. 잠언 3:9-10도 "네 재물과 네 소산물의 처음 익은 열매로 여호와를 공경하라. 그리하면 네 창고가 가득히 차고 네 즙틀에 새 포도즙이 넘치리라"고 말한다.

〔11-13절〕 **그 날에 네가 내게 범죄한 모든 행위를 인하여 수치를 당하지 아니할 것은 그때에 내가 너의 중에서 교만하여 자랑하는 자를 제하여 너로 나의 성산에서 다시는 교만하지 않게 할 것임이니라. 내가 곤고하고** (아니 עָנִי)[겸손하고](BDB, NASB) **가난한 백성을 너의 중에 남겨 두리니 그들**

스바냐 3장: 이스라엘의 회복

이 여호와의 이름을 의탁하여 보호를 받을지라[여호와의 이름을 의지하리라(KJV), 피난처로 삼으리라(NASB)]. **이스라엘의 남은 자는 악을 행치 아니하며 거짓을 말하지 아니하며 입에 궤휼한**[거짓된] **혀가 없으며 먹으며 누우나 놀라게 할 자가 없으리라**[이는 그들이 먹으며 누울 것이며 그들을 놀라게 할 자가 없을 것임이니라(원문)].

하나님께서는 이스라엘 백성에게 남은 자들을 두실 것을 말씀하신다. 이스라엘의 남은 자들은 몇 가지 특징을 가질 것이다.

첫째로, 그들은 교만치 않고 겸손할 것이다. 그 나라에서는 교만한 자들이 다 제거되고 온유하고 겸손한 자들만 남을 것이다.

둘째로, 그들은 하나님의 이름을 의지할 것이다. 전에는 그들이 우상을 의지했고 돈이나 세상 권세 같은 것을 의지했을 것이나 이제 그들은 오직 하나님만 의지하고 오직 그를 피난처로 삼을 것이다.

셋째로, 그들은 악과 거짓을 행치 않을 것이다. 이스라엘의 남은 자들은 악을 행치 아니하며 거짓을 말하지 아니하며 입에 거짓된 혀가 없을 것이다. 선과 진실은 하나님의 백성의 특징이다.

넷째로, 그들은 평안을 누릴 것이다. 그들은 먹으며 누우나 놀라게 할 자가 없을 것이다. 평안은 하나님의 백성이 누리는 큰복이다.

[14-15절] 시온의 딸아, 노래할지어다. 이스라엘아, 기쁘게 부를지어다. 예루살렘 딸아, 전심으로 기뻐하며 즐거워할지어다. 여호와가 너의 형벌을 제하였고 너의 원수를 쫓아내었으며 이스라엘 왕 여호와가 너의 중에 있으니 네가 다시는 화를 당할까 두려워하지 아니할 것이라.

선지자 스바냐는 이스라엘 백성에게 전심으로 기뻐하며 노래하라고 말한다. 그들이 기뻐 노래해야 할 이유는 무엇인가?

첫째로, 여호와께서 그들의 형벌을 없이해주셨기 때문이다. '너의 형벌'이라는 원어(미쉬파타이크 מִשְׁפָּטַיִךְ)는 '너의 심판들'(KJV)이라는 말인데, '너에 대한 그의 심판들'(NASB), 곧 '너의 형벌'(NIV)을 뜻할 것이다. 하나님께서는 그들의 죄악 때문에 전쟁, 기근, 질병 등의 재앙을 내리셨었다. 그러나 장차 이스라엘이 회복될 때에 하나님께서는 죄악의 결과인 그 모든 재앙과 불행을 다 제거하실 것이다.

둘째로, 여호와께서 그들의 원수를 쫓아내셨기 때문이다. 이스라엘의 원수들은 앗수르, 바벨론, 블레셋, 모압, 암몬, 에돔 등의 이웃 나라들이었다. 그러나 하나님께서는 그 원수들을 다 쫓아내실 것이다. 또 그는 보다 깊은 의미에서 인류의 원수인 죄와 죽음과 사탄과 악령들도 쫓아내실 것이다. 신약교회는 그런 영적 은혜를 받았다.

셋째로, 이스라엘 왕 여호와께서 그들 중에 계시므로 그들이 다시는 재앙을 당할까 두려워하지 않을 것이기 때문이다. 이스라엘의 왕 여호와께서는 전능하시고 의로우시고 선하신 왕이시다. 그가 그들 가운데 계심은 매우 큰복이다. 그는 그들이 위험할 때 그들을 보호하시고 그들이 어려울 때 그들을 도우시며 공급하실 것이다.

〔16-17절〕 그 날에 사람이 **예루살렘에게 이르기를 두려워하지 말라. 시온아, 네 손을 늘어뜨리지 말라. 너의 하나님 여호와가 너의 가운데 계시니 그는 구원을 베푸실 전능자**(깁보르 요쉬아 גִּבּוֹר יוֹשִׁיעַ)[구원하시는 용사 (KJV), 승리하시는 용사(NASB)]**시라. 그가 너로 인하여 기쁨을 이기지 못하여 하시며 너를 잠잠히 사랑하시며 너로 인하여 즐거이 부르며**(베린나 בְּרִנָּה) [노래하며(KJV, NIV), 외치며(NASB)] **기뻐하시리라 하리라.**

그 날에 예루살렘과 시온의 거민들은 이방 나라 원수들이나 재앙들을 두려워할 것이 없고 두려워 낙심할 것이 없고 손이 힘을 잃어 늘어뜨릴 것이 없다. 그들이 두려워하지 말아야 할 이유는 능력의 주 하나님께서 그들과 함께 계시고 그들을 구원하실 것이기 때문이다. 능력의 주께서 함께하시면 아무것도 두려워할 것이 없다. 그가 도우시고 지키시고 건지실 것이기 때문이다. 그들이 두려워하지 말아야 할 또 하나의 이유는 그가 그들을 사랑하시며 기뻐하시기 때문이다. 그는 그들을 인해 기쁨을 이기지 못하여 하시며 그들을 잠잠히 사랑하시며 그들로 인해 즐거이 부르며 기뻐하실 것이다. 이 구절(17절)

스바냐 3장: 이스라엘의 회복

은 성경에서 하나님께서 기뻐 외치시고 노래하신다고 표현된 유일한 구절이다. 하나님께서 그들을 사랑하시고 외치며 노래하실 정도로 기뻐하시기 때문에 그들은 두려워할 필요가 없다는 뜻이다.

[18-20절] 내가 대회(大會)로 인하여 근심하는 자를 모으리니 그들은 네게 속한 자라. 너의 치욕이 그들에게 무거운 짐이 되었느니라. 그때에 내가 너를 괴롭게 하는 자를 다 벌하고 저는 자를 구원하며 쫓겨난 자를 모으며 온 세상에서 수욕 받는 자로 칭찬과 명성을 얻게 하리라. 내가 그때에 너희를 이끌고 그때에 너희를 모을지라. 내가 너희 목전에서 너희 사로잡힘을 돌이킬 때에 너희로 천하 만민 중에서 명성과 칭찬을 얻게 하리라. 나 여호와의 말이니라.

하나님께서는 온 세상에 뿔뿔이 흩어졌던 이스라엘 백성을 다시 모으실 것이다. 그에게 구원하시는 능력과 모으시는 능력이 있다. 또 그는 그 백성의 근심과 치욕과 고통을 제거하실 것이다. 그들은 나라의 멸망과 온 세계에 흩어짐과 포로 됨 때문에 마음에 큰 고통의 짐을 가졌었다. 그러나 하나님께서는 그들을 괴롭혔던 자들을 다 벌하시고 그들로 돌아오게 하시고 그들에게 나라의 회복을 주실 것이다. 그는 그들로 세상에서 다시 명성과 칭찬을 얻게 하실 것이다.

본문의 교훈을 정리해보자. 첫째로, 이방인으로서 구원받은 우리는 이제 깨끗한 입술로 하나님을 고백하고 찬송하고 기도하며 섬겨야 한다. 이스라엘의 회복은 이방인의 구원 즉 세계복음화를 포함할 것이다.

둘째로, 구원받은 우리는 새 생활을 해야 한다. 우리는 교만치 말고 겸손하며 하나님만 의지하며 악과 거짓을 버리고 평안을 누려야 한다. 우리는 구원받은 성도답게 경건하고 겸손하고 선하고 진실해야 한다.

셋째로, 우리는 하나님의 구원을 전심으로 기뻐해야 한다. 왜냐하면 하나님께서 우리의 형벌을 제하셨고 우리의 원수들, 죄와 마귀와 죽음을 이기셨기 때문이다. 하나님께서는 우리를 사랑하시고 기뻐 노래하신다. 그는 우리를 회복시키시고 우리에게 영원한 영광을 주실 것이다.

학개

HAGGAI

학개 서론

내용 목차

서론 ·· 224
1장: 책망과 명령 ···································· 225
2장: 격려와 약속 ···································· 229

서론

    구약의 모든 책들 중에서 이 책만 비평가들의 비평에서 자유롭다. 선지자 학개가 사역한 때는 다리오 왕 2년 즉 주전 520년이다. 에스라서에 의하면, 바벨론에서 포로생활을 하던 이스라엘 백성은 바사 왕 고레스 원년 곧 주전 537년에 하나님의 은혜와 바사 왕의 배려로 총독 스룹바벨과 대제사장 여호수아의 인도 하에 고국으로 돌아오게 되었다. 스룹바벨은 여호야긴 곧 여고냐의 손자이었고 스알디엘의 아들이었다(스 3:2; 학 1:1; 눅 3:27). 그러나 스알디엘은 친아버지가 아니고 양부이었던 것 같다(대상 3:19).

    학개서의 **주요 내용**은 성전 건축이다. 이스라엘 백성이 고국으로 돌아와 맨 처음한 것은 성전을 건축하기 위해 터를 닦은 것이었는데, 대적자들의 방해 때문에 약 15년간 성전 공사가 중단되었었다. 그러나 그들은 하나님의 은혜와 선지자 학개와 선지자 스가랴의 사역으로 성전 건축의 일을 다시 하게 되었고 마침내 완성하였다. 에스라 6:14는, "선지자 학개와 잇도의 손자 스가랴의 권면함으로 인하여 전(殿) 건축할 일이 형통한지라"고 기록하였다.

1장: 책망과 명령

〔1-6절〕 다리오 왕 2년 6월 곧 그 달 초하루에 여호와의 말씀이 선지자 학개로 말미암아 스알디엘의 아들 유다 총독 스룹바벨과 여호사닥의 아들 대제사장 여호수아에게 임하니라. 가라사대 만군의 여호와가 말하여 이르노라. 이 백성이 말하기를 여호와의 전을 건축할 시기가 이르지 아니하였다 하느니라. 여호와의 말씀이 선지자 학개에게 임하여 가라사대 이 전이 황무하였거늘 너희가 이때에 판벽한[벽에 나무를 댄] 집에 거하는 것이 가하냐? 그러므로 이제 나 만군의 여호와가 말하노니 너희는 자기의 소위(所爲)[행한 바]를 살펴볼지니라. 너희가 많이 뿌릴지라도 수입이 적으며 먹을지라도 배부르지 못하며 마실지라도 흡족하지 못하며 입어도 따뜻하지 못하며 일군이 삯을 받아도 그것을 구멍 뚫어진 전대에 넣음이 되느니라.

에스라서를 보면, 바벨론 포로생활을 했던 이스라엘 백성은 파사 왕 고레스의 칙령으로 고국에 돌아와 성전 건축을 시작했으나(주전 536년경)(스 3:8) 그 땅에 거하던 대적자들의 방해로 그 일이 약 15년 간 중단되었었다(주전 521년까지)(스 4:24). 사람들은 아마 마음이 위축되어 아직 성전을 건축할 때가 되지 않았다고 생각했던 것 같다.

그때 여호와의 말씀이 선지자 학개에게 임하였다. 하나님께서는 이스라엘 백성이 하나님의 성전보다는 자기 집을, 하나님의 일보다 자기 일을 앞세우기 때문에 자신의 수고의 대가를 복으로 누리지 못하였으며 돈을 구멍 뚫어진 전대에 넣은 것같이 되었다고 지적하시면서 먼저 하나님의 전을 세워야 할 것을 말씀하셨다.

〔7-11절〕 나 만군의 여호와가 말하노니 너희는 자기의 소위[행한 바를] 살펴볼지니라. 너희는 산에 올라가서 나무를 가져다가 전을 건축하라. 그리하면 내가 그로 인하여 기뻐하고 또 영광을 얻으리라. 나 여호와가 말하였느니라. 너희가 많은 것을 바랐으나 도리어 적었고 너희가 그것을 집으로 가져갔으나 내가 불어버렸느니라. 나 만군의 여호와가 말하노라. 이것이 무슨 연고뇨? 내 집은 황무하였으되 너희는 각각 자기의 집에 빨랐음이니라.

그러므로 너희로 인하여 하늘은 이슬을 그쳤고 땅은 산물을 그쳤으며 내가 한재(旱災)[가뭄]를 불러 이 땅에, 산에, 곡물에, 새 포도주에, 기름에, 땅의 모든 소산에, 사람에게, 육축에게, 손으로 수고하는 모든 일에 임하게 하였느니라.

하나님께서는 그들이 산에 올라가 나무를 가져다가 성전을 건축하라고 말씀하셨다. 그는 금과 은으로 호화로이 성전을 지으라고 말씀하지 않으시고, 그들이 구할 수 있는 자재를 가지고 그들이 수고하면 할 수 있는 정도로 성전을 지으라고 말씀하셨다. 그들이 성전을 건축하면 그는 그 일로 인해 영광을 얻으실 것이다.

성전은 이스라엘 백성이 하나님께 예배드리기 위해 꼭 필요하였다. 또 구약의 성전은 모든 죄인을 위한 중보자 예수 그리스도의 필요성을 암시하기 때문에 꼭 필요하였다. 구약성도들은 성전을 짓고 성전 중심으로 살아야 하였다. 그러나 그들은 하나님의 성전보다 자기 집을 만들고 자기 집을 꾸미는 데 손이 빨랐다. 하나님의 뜻은 우리가 먼저 하나님을 경외하고 마음을 다하고 성품을 다하고 힘을 다해 그를 사랑하고 섬기며 그의 모든 계명에 순종하는 것이다(신 6:4-5).

그러므로 하나님께서는 하나님을 먼저 섬기지 않았던 그들이 많은 것을 바랐으나 적었고 그것을 집으로 가져갔으나 불어버리셨다. 또 그들로 인해 하늘은 이슬을 그쳤고 땅은 산물을 그쳤고 그는 가뭄을 불러 온 땅에, 모든 곡물과 사람과 가축과 그들이 수고하는 모든 일에 임하게 하셨다. 하나님을 먼저 섬기지 않은 것은 큰 죄이었다. 그러므로 하나님께서는 "너희는 자기의 소위를 살펴볼지니라"고 두 번이나 말씀하셨다(5, 7절). 그들은 그들에게 왜 그런 고난이 왔는지를 생각하고 자기들의 불경건과 세속적임을 반성하고 회개해야 했다.

[12-15절] 스알디엘의 아들 스룹바벨과 여호사닥의 아들 대제사장 여호수아와 남은 바 모든 백성이 그 하나님 여호와의 목소리와 선지자 학개의 말을 청종하였으니 이는 그들의 하나님 여호와께서 그를 보내셨음을 인함

학개 1장: 책망과 명령

이라[그들의 하나님 여호와께서 그를 보내주신 대로](KJV, NASB). **백성이 다 여호와를 경외하매 때에 여호와의 사자 학개가 여호와의 명을 의지하여 백성에게 고하여 가로되 나 여호와가 말하노니 내가 너희와 함께하노라 하셨느니라 하니라. 여호와께서 스알디엘의 아들 유다 총독 스룹바벨의 마음**(루아크 רוח)[영, 심령]**과 여호사닥의 아들 대제사장 여호수아의 마음**[영, 심령]**과 남은 바 모든 백성의 마음**[영, 심령]**을 흥분시키시매**(우르 עור의 사역형)[분발시키시매, 북돋우시매](stirred up)(KJV, NASB, NIV) **그들이 와서 만군의 여호와 그들의 하나님의 전 역사를 하였으니 때는 다리오 왕 2년 6월 24일이었더라.**

총독 스룹바벨과 대제사장 여호수아와 남은 모든 백성은 하나님께서 그 선지자를 보내주신 대로 그 하나님 여호와의 목소리와 선지자 학개의 말을 청종했다. 그때에 여호와의 사자 학개는 여호와의 명을 의지하여 백성에게 고했다. "나 여호와가 말하노니 내가 너희와 함께 하노라." 하나님께서 함께 하심은 인생에게 매우 큰 복이다. 그것은 모든 일들을 보장하는 것이며 참된 기쁨과 평안의 원천이 된다. 그것은 그들이 하나님과 그가 보내주신 선지자를 믿고 하나님의 음성에 순종했을 때 주신 하나님의 복이었다.

또 여호와께서는 유다 총독 스룹바벨의 심령과 대제사장 여호수아의 심령과 남은 바 모든 백성들의 심령을 감동시키셔서 하나님의 전 건립의 일을 다시 시작케 하셨다. 그때는 다리오 왕 2년, 즉 주전 521년 6월 24일이었다. 사람은 무지하고 교만하고 무능력하다. 사람은 하나님의 은혜가 아니고서는 이런 자신의 심령을 스스로 변화시킬 수 없다. 사람의 심령을 변화시킬 수 있는 분은 오직 주권자 하나님뿐이시다. 하나님께서는 이스라엘 백성의 지도자들의 심령과 백성의 심령을 변화시켜주셨고 그들의 생각과 감정과 의지를 새롭게 해주셨다. 모든 백성의 심령이 분발하게 되었다. 그들의 생각의 각성, 감정의 각성, 의지의 각성이 일어났다. 그래서 그들은 다시 힘을 내어 그 중단되었던 하나님의 성전 건축의 일을 다시 시작하였다.

학개 1장: 책망과 명령

에스라 5:1-2, "선지자들 곧 선지자 학개와 잇도의 손자 스가랴가 이스라엘 하나님의 이름을 받들어 유다와 예루살렘에 거하는 유다 사람들에게 예언하였더니 이에 스알디엘의 아들 스룹바벨과 요사닥의 아들 예수아가 일어나 예루살렘 하나님의 전 건축하기를 시작하매 하나님의 선지자들이 함께하여 돕더니." 하나님의 전 건축의 일은 형통하여 다리오 왕 6년에 준공했다(스 6:14-15). 이와 같이 그 성전은 주전 536년경에 기초를 놓았으나 원수들의 방해로 약 15년간 중단되었고 주전 521년에 다시 시작하여 주전 517년에, 즉 기초를 놓은 지 약 19년 만에, 그리고 다시 시작한 지 약 4년 만에 준공한 것이다.

본장의 교훈을 정리해보자. 첫째로, 우리는 먼저 하나님의 나라와 그의 의를 구해야 한다. 주께서는 "너희는 먼저 그의[하나님의] 나라와 그의 의를 구하라. 그리하면 이 모든 것을 너희에게 더하시리라"고 말씀하셨고(마 6:33), 또 가족보다, 자기 자신보다 주님을 더 사랑하지 않으면 합당치 않다고 하셨고(마 10:37-38), 심지어 자기 모든 소유를 버려야 주의 제자가 된다고 표현하셨다(눅 14:33). 우리는 나보다 하나님을, 나의 일보다 하나님의 일을 더 앞세워야 한다. 우리는 하나님 중심으로, 믿음 중심으로, 말씀 중심으로, 교회 중심으로 살아야 한다.

둘째로, 우리는 우리의 전대가 구멍 뚫어진 전대가 되지 않도록(6절) 우리의 행위를 살펴보아야 한다(5, 7절). 믿음 없는 삶은 무슨 복을 얻은 것 같아도 지나고 보면 구멍 뚫어진 전대에 넣은 돈처럼 없어지고 또 각종 육체적, 가정적, 경제적, 사회적 재앙을 피할 수 없는 헛된 삶이다.

셋째로, 우리는 세상 끝날까지 우리와 함께하시겠다고 약속하신 주님과 영원토록 우리와 함께하시는 성령의 도우심으로 일해야 한다(마 28:20; 요 14:16). 우리는 오직 믿음과 순종으로 살아가야 하고 말씀과 기도로 살아가야 한다. 개인의 신앙의 건립도 그러하고 또 교회 봉사의 일들도 그러하다. 하나님의 교회는 주께서 친히 세우시고 지키신다.

학개 2장: 격려와 약속

2장: 격려와 약속

〔1-4절〕 7월 곧 그 달 21일에 여호와의 말씀이 선지자 학개에게 임하니라. 가라사대 너는 스알디엘의 아들 유다 총독 스룹바벨과 여호사닥의 아들 대제사장 여호수아와 남은 백성에게 고하여 이르라. 너희 중에 남아 있는 자 곧 이 전(殿)의 이전 영광을 본 자가 누구냐? 이제 이것이 너희에게 어떻게 보이느냐? 이것이 너희 눈에 보잘 것이 없지 아니하냐? 그러나 나 여호와가 이르노라. 스룹바벨아, 스스로 굳세게 할지어다. 여호사닥의 아들 대제사장 여호수아야, 스스로 굳세게 할지어다. 나 여호와의 말이니라. 이 땅 모든 백성아, 스스로 굳세게 하여 일할지어다. 내가 너희와 함께하노라. 만군의 여호와의 말이니라.

하나님께서는 유다의 지도자들과 모든 백성에게 스스로 굳세게 하고 담대히 하라고 말씀하셨다. 그는 옛날에 여호수아에게도 "마음을 강하게 하고 담대히 하라"고 명하셨었다(수 1:6, 7, 9). 우리가 하나님의 일을 하려면 강하고 담대해야 한다. 또 하나님께서는 "일하라"고 말씀하셨다. 당시의 일은 성전 건축이지만, 오늘날에는 하나님의 명하신 전도와 교회 건립의 모든 일을 포함한다. 또 그들이 담대하게 일할 수 있는 것은 하나님께서 그들과 함께하시기 때문이다. 전능하신 하나님께서 우리와 함께하시는 것은 확실히 큰복이다.

〔5-9절〕 너희가 애굽에서 나올 때에 내가 너희와 언약한 말과[말과 같이](KJV) 나의 신[영]이 오히려 너희 중에 머물러 있나니 너희는 두려워하지 말지어다. 나 만군의 여호와가 말하노라. 조금 있으면 내가 하늘과 땅과 바다와 육지를 진동시킬 것이요 또한 만국을 진동시킬 것이며 만국의 보배(케므다 חֶמְדָּה)[사모하는 것, 귀한 것](BDB, KJV, NIV)가 이르리니 내가 영광으로 이 전(殿)에 충만키 하리라. 만군의 여호와의 말이니라. 은도 내 것이요 금도 내 것이니라. 만군의 여호와의 말이니라. 이 전(殿)의 나중 영광[이 나중 전(殿)의 영광](KJV, NIV)이 이전[이전 것의] 영광보다 크리라. 만군의 여호와의 말이니라. 내가 이곳에 평강[평안]을 주리라. 만군의 여호와의 말이니라.

학개 2장: 격려와 약속

하나님께서는 그가 시내산에서 주신 언약의 말씀대로 그의 영이 그들 가운데 머물러 계시므로 두려워 말라고 말씀하시고, 또 "조금 있으면 내가 하늘과 땅과 바다와 육지를 진동시킬 것이요 또한 만국을 진동시킬 것이며 만국의 보배가 이르리니 내가 영광으로 이 전에 충만케 하리라"고 하신다. '만국의 보배 혹은 사모하는 것'은 메시아를 가리킨다고 본다. 택자들은 메시아를 사모하며 그를 믿고 죄사함을 얻는다. 학개 선지자 때로부터 보면, 약 520년 후에 메시아이신 주 예수 그리스도께서 오셨다. 주 예수 그리스도의 강림과 구원 운동은 천지와 만국을 진동시키는 사건, 곧 역사상 가장 놀라운 사건이었다.

하나님께서는 또 "은도 내 것이요 금도 내 것이니라," "이 나중 전(殿)의 영광이 이전 것의 영광보다 크리라," "내가 이곳에 평안을 주리라"고 말씀하신다. 메시아의 영광이 하나님의 전에 충만할 것이다. 그 영광은 금이나 은보다 더 나은 영광이다. 솔로몬 왕은 금은으로 성전을 꾸몄으나(대상 29:7), 신약교회는 메시아의 은혜와 영광으로 단장되었다. 또 그 영광은 장차 주 예수의 재림으로 임할 천국에서 더욱 영광스럽게 완성될 것이다. 천국은 지극히 귀한 보석같이 영광스러울 것이다(계 21:10-11). 또 거기에 기쁨과 평안이 넘칠 것이다.

[10-14절] 다리오 왕 2년 9월 24일에 여호와의 말씀이 선지자 학개에게 임하니라. 가라사대 나 만군의 여호와가 말하노니 너는 제사장에게 율법에 대하여 물어 이르기를 사람이 옷자락에 거룩한 고기를 쌌는데 그 옷자락이 만일 떡에나 국에나 포도주에나 기름에나 다른 식물에 닿았으면 그것이 성물(聖物)이 되겠느냐 하라. 학개가 물으매 제사장들이 대답하여 가로되 아니니라. 학개가 가로되 시체를 만져서 부정(不淨)하여진 자가 만일 그것들 중에 하나를 만지면 그것이 부정(不淨)하겠느냐? 제사장들이 대답하여 가로되 부정(不淨)하겠느니라. 이에 학개가 대답하여 가로되 여호와의 말씀에 내 앞에서 이 백성이 그러하고 이 나라가 그러하고 그 손의 모든 일도 그러하고 그들이 거기서 드리는 것도 부정(不淨)하니라.

학개는 이스라엘의 부정(不淨)에 대해 증거하였다. 그들의 불경건은 그들이 하나님의 성전을 짓지 않은 채 자신들의 집만 가꾼 행위에서 드러났다. 그들은 성전 건축은 방치한 채 하나님께 제물을 드리고 그를 섬기는 행위를 했으나, 하나님을 사랑함이 없는 예배와 기도와 헌금과 봉사는 부정한 일이었고 그들의 삶에 복이 되지 못하였다.

〔15-19절〕이제 청컨대 너희는 오늘부터 이전 곧 여호와의 전에 돌이 돌 위에 첩 놓이지 않았던 때를 추억하라. 그때에는 20석 곡식더미에 이른즉 10석뿐이었고 포도즙 틀에 50그릇을 길으려 이른즉 20그릇뿐이었었느니라. 나 만군의 여호와가 말하노라. 내가 너희 손으로 지은 모든 일에 폭풍과 곰팡과 우박으로 쳤으나 너희가 내게로 돌이키지 아니하였었느니라. 너희는 오늘부터 이전을 추억하여 보라. 9월 24일 곧 여호와의 전 지대를 쌓던 날부터 추억하여 보라. 곡식 종자가 오히려 창고에 있느냐? 포도나무, 무화과나무, 석류나무, 감람나무에 열매가 맺지 못하였었느니라. 그러나 오늘부터는 내가 너희에게 복을 주리라.

하나님께서는 그들이 하나님의 전을 짓기 시작한 이후와 그 전을 짓지 않고 내버려두었던 때를 비교하고 이전의 형편을 기억하게 하신다. 구원받은 성도는 때때로 구원받기 전의 상태를 기억할 필요가 있다. 현재의 상태와 과거의 상태를 비교하고 하나님께서 우리에게 얼마나 큰 변화를 주셨는지 또 얼마나 큰복을 주셨는지 생각할 필요가 있는 것이다. 이스라엘 백성은 이전에 물질적 궁핍과 여러 가지 자연적 재해 가운데 있었음을 기억해야 하였다. 그러나 성전을 다시 짓기 시작한 오늘날 하나님께서는 복을 선언하셨다.

〔20-23절〕그 달 24일에 여호와의 말씀이 다시 학개에게 임하니라. 가라사대 너는 유다 총독 스룹바벨에게 고하여 이르라. 내가 하늘과 땅을 진동시킬 것이요 열국의 보좌를 엎을 것이요 열방의 세력을 멸할 것이요 그 병거들과 그 탄 자를 엎드러뜨리리니 말과 그 탄 자가 각각 그 동무의 칼에 엎드러지리라. 나 만군의 여호와가 말하노라. 스알디엘의 아들 내 종 스룹바벨아, 나 여호와가 말하노라. 그 날에 내가 너를 취하고 너로 인(印)을 삼으리니 이는 내가 너를 택하였음이니라. 만군의 여호와의 말이니라.

학개 2장: 격려와 약속

스룹바벨 때 이스라엘 백성의 포로귀환은 메시아 시대를 예표했다. 예수 그리스도께서 오실 때 하늘과 땅이 진동할 것이다. 예수 그리스도께서 탄생하실 때 천사들이 합창했고, 그가 세례를 받으실 때나 그가 변화산 산에 계실 때 하나님께서 친 음성을 주셨고, 그가 십자가에 못박혀 죽으실 때 하늘은 캄캄해졌고 땅은 진동했고 바위가 터졌다(마 27:51). 장차 그는 천사장의 소리와 하나님의 나팔소리와 함께 영광과 능력으로 다시 오실 것이다(살전 4:16). 스룹바벨은 메시아의 예표라고 본다. 세상 나라들은 다 멸망하지만 예수 그리스도의 나라인 신약교회는 온 세계에 영광스럽게 세워질 것이다.

본장의 교훈을 정리해보자. 첫째로, 우리는 주께서 명하시고 맡기신 전도와 교회 건립의 선한 일을 가장 귀하게 여기고 담대히 일해야 한다. 우리는 하나님의 일을 작게 여기지 말아야 한다. 비록 그것이 보잘것없이 시작된다 할지라도 우리는 그 작은 일에 충성하는 자가 되어야 한다. 하나님께서는, 또 주 예수 그리스도께서는, 그리고 성령께서는, 우리와 늘 함께하신다. 그는 우리에게 지혜와 능력을 주실 것이다.

둘째로, 우리는 주 예수 그리스도의 신성(神性)의 영광을 보며 기뻐하고 감사해야 한다. 솔로몬의 성전은 금은 보화로 건립된, 외형적으로 영광스런 집이었다. 거기에 비하면 스룹바벨이 짓고 있는 성전은 보잘것없어 보였다. 그러나 이 성전은 메시아를 상징하는 집이었다. 하나님의 아들께서 친히 오실 것이다. 성전은 그를 예표했다. 신약교회는 예수 그리스도의 신적 영광을 보았고 믿었고 온 세계 만민에게 증거한다.

셋째로, 우리는 구원받기 전에 죄 가운데 살 때의 형편과 구원받은 후의 형편을 비교하며 특히 하나님의 모든 복과 평안을 생각하며 하나님께 감사해야 한다. 우리는 주 예수 그리스도의 속죄의 피로 죄씻음을 받았고 그를 믿음으로 의롭다 하심과 영생을 얻었고 하나님의 자녀와 천국 백성의 특권을 얻었고 평안을 얻었고 또 기도의 응답을 얻는다.

스가랴

ZECHARIAH

스가랴 서론

내용 목차

서론 ·· 234
  1장: 말들의 환상 ·· 235
  2장: 측량줄 환상 ·· 239
  3장: 메시아의 단번 속죄 ·· 243
  4장: 순금 등대의 환상 ·· 246
  5장: 날아가는 두루마리와 에바의 환상 ····················· 249
  6장: 네 병거의 환상, 순이라는 사람 ························ 253
  7장: 순종이 금식보다 중요함 ·································· 256
  8장: 예루살렘의 미래의 모습 ·································· 259
  9장: 구원하시는 왕이 오심 ····································· 267
  10장: 이스라엘의 회복 ··· 273
  11장: 목자들에 대한 예언 ······································ 277
  12장: 유다의 구원 ··· 281
  13장: 죄와 더러움을 씻는 샘 ·································· 285
  14장: 하나님께서 오셔서 다스리심 ·························· 289

서론

스가랴의 **주요 내용**도 심판과 회복이다. 본서에는 '만군의 여호와'라는 말이 49회나 나온다. 12장부터 14장까지에는 '그 날에'라는 말이 18번이나 나온다(12:3, 4, 6, 8, 8, 9, 11; 13:1, 2, 4; 14:1, 4, 6, 8, 9, 13, 20, 21). 그 날은 하나님의 심판과 회복의 날이다. 본서의 **특징적 진리**는 자기 백성을 위한 하나님의 열심이다. 특히, 본서는 메시아를 순(3:8), 왕과 제사장(6:13)으로 표현하며, 그가 나귀를 타시고 예루살렘 성에 들어가시고(9:9-10) 배척 당하시고(11:12-13) 못박히시고(12:10) 고난 당하시고(13:7) 재림하심(14장)에 대해 예언한다.

1장: 말들의 환상

〔1-3절〕 다리오 왕 2년 8월에 여호와의 말씀이 잇도의 손자 베레갸의 아들 선지자 스가랴에게 임하니라. 가라사대 나 여호와가 무리의 열조에게 심히 진노하였느니라. 그러므로 너는 무리에게 고하기를 만군의 여호와께서 이처럼 이르시되 너희는 내게로 돌아오라. 나 만군의 여호와의 말이니라. 그리하면 내가 너희에게로 돌아가리라. 나 만군의 여호와의 말이니라.

하나님께서는 "나 여호와가 무리의 열조에게 심히 진노하였느니라"고 말씀하셨다. 하나님께서 이스라엘 열조에게 심히 진노하신 것은 그들이 하나님을 떠나 우상숭배하고 악을 행했기 때문이다. 그러므로 하나님께서는 "너희는 내게로 돌아오라"고 말씀하셨다. 비록 그들의 선조들이 우상숭배와 부도덕에 빠졌었으나 이제 그 후손들이라도 하나님께로 돌아와 하나님 말씀에 복종하고 의와 선을 행해야 한다. 회개 곧 죄악된 삶으로부터 돌이키는 것은 하나님의 뜻이다.

하나님께서는 또 "그리 하면 내가 너희에게로 돌아가리라"고 말씀하셨다. 사람이 죄를 지으면 하나님께서 그를 떠나시고 하나님께서 주시는 평안과 행복도 그를 떠나간다. 이전에는 하나님께서 범죄했던 이스라엘 백성을 떠나셨고, 그들은 전쟁, 기근, 질병 등의 재난을 당하였다. 그러나 이제 그들이 하나님께로 돌아온다면 그는 그들의 선조들과 그들의 많은 죄를 용서하시고 친히 그들에게로 돌아오실 것이다. 그 결과, 그들은 평안과 행복을 누리게 될 것이다.

본서에 49회 사용된 '만군의 여호와'라는 표현은 하나님께서 모든 천사들의 무리를 주관하시고 그들을 사용하여 그의 계획하신 일들을 이루시고 영광을 받으시는 능력의 하나님이심을 나타낸다.

〔4-6절〕 너희 열조를 본받지 말라. 옛적 선지자들이 그들에게 외쳐 가로되 만군의 여호와께서 말씀하시기를 너희가 악한 길, 악한 행실을 떠나서 돌아오라 하셨다 하나 그들이 듣지 않고 내게 귀를 기울이지 아니하였느니

스가랴 1장: 말들의 환상

라. 나 여호와의 말이니라. 너희 열조가 어디 있느냐? [그] 선지자들이 영원히 살겠느냐? 내가 종 선지자들에게 명한 내 말과 내 전례[규례]들이 어찌 네 열조에게 임하지 아니하였느냐? 그러므로 그들이 돌쳐[돌이켜] 이르기를 만군의 여호와께서 우리 길대로, 우리 행위대로 우리에게 행하시려고 뜻하신 것을 우리에게 행하셨도다 하였다 하셨느니라 하라.

하나님께서는 "너희 열조를 본받지 말라"고 말씀하셨다. 이스라엘의 열조는 악한 길과 악한 행실을 떠나 돌아오라는 말씀을 선지자들을 통해 들었었다. 옛날이나 지금이나 죄가 사람의 근본적 문제이며 회개는 그 문제의 해결책이다. 그러나 이스라엘의 열조들은 선지자들이 전한 그 하나님의 말씀을 듣지 않았고 귀를 기울이지 않았다. 그들은 무지하고 교만하고 완악했다. 그런데 그들의 열조들은 지금 어디에 있는가? 그들은 하나님의 징벌을 받아서 다 포로로 잡혀갔고 전쟁과 기근과 질병으로 죽지 않았는가? 또 "[그] 선지자들이 영원히 살겠느냐?"는 말씀은 그 선지자들이 그들의 그 후손들에게 경고하기 위해 계속 살아 있을 수 없다는 뜻이다. 그 선지자들도 죽었다. 그러나 감사하게도 우리는 그들의 글들인 성경을 통해 하나님께서 그들에게 주셨던 말씀과 그가 행하셨던 사건들의 교훈을 받는다.

[7-17절] 다리오 왕 2년 11월 곧 스밧월 24일에 잇도의 손자 베레갸의 아들 선지자 스가랴에게 여호와의 말씀이 임하여 이르시니라. 내가 밤에 보니 사람이 홍마[붉은 말]를 타고 골짜기 속 화석류나무(myrtle tree, 도금양) 사이에 섰고 그 뒤에는 홍마[들]와 자마[자색말들]와 백마[흰말들]가 있기로 내가 가로되 내 주여, 이들이 무엇이니이까? 내게 말하는 천사가 내게 이르되 이들이 무엇인지 내가 네게 보이리라 하매 화석류나무 사이에 선 자가 대답하여 가로되 이는 여호와께서 땅에 두루 다니라고 보내신 자들이니라. 그들이 화석류나무 사이에 선 여호와의 사자에게 고하되 우리가 땅에 두루 다녀보니 온 땅이 평안하여 정온(靜穩)하더이다. 여호와의 사자가 응하여 가로되 만군의 여호와여, 여호와께서 언제까지 예루살렘과 유다 성읍들을 긍휼히 여기지 아니하시려나이까? 이를 노하신 지 70년이 되었나이다 하매 여호와께서 내게 말하는 천사에게 선한 말씀, 위로하는 말씀으로 대답하

스가랴 1장: 말들의 환상

시더라. 내게 말하는 천사가 내게 이르되 너는 외쳐 이르기를 만군의 여호와의 말씀에 내가 예루살렘을 위하며 시온을 위하여 크게 질투하며 안일한 열국을 심히 진노하나니 나는 조금만 노하였거늘 그들은 힘을 내어 고난을 더하였음이라. 그러므로 여호와가 이처럼 말하노라. 내가 긍휼히 여기므로 예루살렘에 돌아왔은즉 내 집이 그 가운데 건축되리니 예루살렘 위에 먹줄이 치어지리라. 나 만군의 여호와의 말이니라 하셨다 하라. 다시 외쳐 이르기를 만군의 여호와의 말씀에 나의 성읍들이 넘치도록 다시 풍부할 것이라. 여호와가 다시 시온을 안위하며 다시 예루살렘을 택하리라 하셨다 하라.

골짜기 속 화석류나무는 고난 중에 있는 이스라엘 백성을 가리키는 것 같다. 붉은 말을 타고 골짜기 속 화석류나무 사이에 선 사람은 메시아를 가리켰고, 그 뒤에 붉은 말들과 자색 말들과 흰말들을 타고 따르는 자들은 천사들을 가리켰다고 본다. 붉은 말은 전쟁을, 자색 말은 죽음을, 흰말은 승리를 상징하는 것 같다. 스가랴 시대는 예루살렘 성이 멸망한 지 70년이 되어 가고 있었다. 그러나 아직 예루살렘 성의 재건이 이루어지지 않고 있었다. 이스라엘 백성이 바벨론에서 돌아오기는 했으나 아직 성전도 재건하지 못했고 성곽은 더더욱 재건하지 못한 상태에 있었다. 그러나 하나님께서는 스가랴를 통해 이스라엘 백성에게 예루살렘 성이 재건될 것을 증거하여 주신 것이다.

[18-21절] 내가 눈을 들어 본즉 네 뿔이 보이기로 이에 내게 말하는 천사에게 묻되 이들이 무엇이니이까? 내게 대답하되 이들은 유다와 이스라엘과 예루살렘을 헤친[흩어버릴] 뿔이니라. 때에 여호와께서 공장(工匠)(카라쉼 חָרָשִׁים)[(목공, 석공, 철공 등의) 장인들(craftsmen) 곧 기술자들] 네 명을 내게 보이시기로 내가 가로되 그들이 무엇하러 왔나이까 하매 대답하여 가라사대 그 뿔들이 유다를 헤쳐서[흩어버려서] 사람으로 능히 머리를 들지 못하게 하매 이 공장들이 와서 그것들을 두렵게 하고 이전에 뿔들을 들어 유다 땅을 헤친 열국의 뿔을 떨어치려[던져버리려] 하느니라 하시더라.

뿔은 힘과 세력을 상징한다. '네 뿔'은 유다와 이스라엘 나라 사방에 있는 이방나라의 세력을 가리킨다고 본다. 유다와 이스라엘 나라

스가랴 1장: 말들의 환상

주위에 북으로는 수리아와 앗수르와 바벨론, 동으로는 모압과 암몬, 남으로는 에돔과 애굽, 서(西)로는 블레셋 등의 적대 세력들이 있었다. 이 중에 특히 앗수르와 바벨론 나라는 이스라엘과 유다 나라를 멸망시키고 그들을 온 세계에 흩어지게 한 적대 세력들이었다.

네 뿔들, 곧 이스라엘과 유다 나라의 적대 세력들이 강하며 이스라엘과 유다 나라가 자기 힘으로는 그것들을 이길 수 없지만, 하나님께서는 네 장인들을 준비하셨고 정하신 때 그 뿔들을 파하게 하셨다. '네 장인'은 하나님께서 이스라엘의 적대 세력을 꺾고 그 나라를 회복시키기 위해 동서사방에서 자유로이 사용하시는 나라들을 상징하였다고 본다. 하나님께서는 역사적으로 바벨론을 들어 앗수르의 뿔을 꺾으셨고 또 메대와 파사를 들어 바벨론의 뿔을 꺾으셨다.

본장의 교훈을 정리해보자. <u>첫째로, 우리는 하나님께서 과거에 행하신 역사를 통해 교훈을 받고 모든 죄를 회개하고 성경적 설교와 교훈에 겸손히 순종해야 한다.</u> 우리는 이스라엘의 열조처럼 되지 말아야 한다. 그들은 선지자들을 통해 전해진 하나님의 뜻을 거역하고 끝까지 회개치 않다가 멸망했고 온 세계에 뿔뿔이 흩어졌다. 우리는 모든 종류의 죄악들, 불경건과 우상숭배, 미움과 시기, 음란과 불결, 거짓과 탐욕 등을 다 버리고 경건하고 의롭고 선하게 살아야 하고 그러면 하나님께서는 우리와 함께하시고 우리에게 평안과 복을 주실 것이다.

<u>둘째로, 우리의 구원과 회복은 오직 하나님의 긍휼로 이루어질 것이다.</u> 우리의 구원은 그 시작도, 그 진행도, 그 완성도 하나님의 긍휼로 된다. 그 시작은 중생이며 그 진행은 성화이며 그 완성은 영화이다. 우리는 이미 하나님의 긍휼과 은혜로 하나님께 돌아왔고 구주 예수 그리스도를 믿었고 죄사함과 의롭다 하심과 영생과 하나님 자녀의 권세를 얻었다. 죄와 사망과 사탄의 권세가 우리 주위에 아직 있어도 우리는 승리할 것이다. 우리는 개인의 성화와 참 교회 건립을 완수할 것이다.

스가랴 2장: 측량줄 환상

2장: 측량줄 환상

〔1-5절〕 내가 또 눈을 들어 본즉 한 사람이 척량줄[측량줄]을 그 손에 잡았기로 네가 어디로 가느냐 물은즉 내게 대답하되 예루살렘을 척량[측량]하여 그 장광(長廣)을 보고자 하노라 할 때에 내게 말하는 천사가 나가매 다른 천사가 나와서 그를 맞으며 이르되 너는 달려가서 그 소년에게 고하여 이르기를 예루살렘에 사람이 거하리니 그 가운데 사람과 육축이 많으므로 그것이 성곽 없는 촌락과 같으리라. 여호와의 말씀에 내가 그 사면에서 불성곽이 되며 그 가운데서 영광이 되리라.

스가랴는 한 사람이 측량줄을 가지고 예루살렘 성의 길이와 너비를 측량하러 가는 광경을 보았다. 예루살렘 성은 전에 파괴되고 황폐했었다(왕하 25:9-10; 느 1:3). 그 성은 아직 소수의 사람들만 돌아와 살고 있고 미약하기 그지없었다. 그러나 그 성은 장차 많은 사람들이 거주하므로 성곽 없는 촌락처럼 될 것이다. 그 성에 살려고 모이는 사람들이 많아서 성안의 집들로는 부족하기 때문이다.

이것은 신약교회시대를 가리킨다고 본다. 우리는 본문의 예언이 신약교회에서 성취되었다고 본다. 신약교회는 예수 그리스도를 믿는 유대인들과 이방인들로 차고 넘친다. 요한계시록 7:9-10, "이 일 후에 내가 보니 각 나라와 족속과 백성과 방언에서 아무라도 능히 셀 수 없는 큰 무리가 흰옷을 입고 손에 종려 가지를 들고 보좌 앞과 어린양 앞에 서서 큰 소리로 외쳐 가로되 구원하심이 보좌에 앉으신 우리 하나님과 어린양에게 있도다 하니." 하나님께서는 그 성의 사면에서 불성곽이 되시며 그 가운데서 영광이 되실 것이다. 불성곽은 하나님의 특별한 보호하심을 나타낸다. 그것은 마치 선지자 엘리사 때에 그를 잡으려고 성을 포위한 아람 군대로부터 선지자 엘리사를 불말과 불병거로 둘러싸 보호하심과 같은(왕하 6:17) 특별한 보호하심이다.

〔6-9절〕 여호와의 말씀에 내가 너를 하늘의 사방 바람같이 흩어지게 하

였거니와 이제 너희는 북방 땅에서 도망할지니라. 나 여호와의 말이니라. 바벨론 성에 거하는 시온아, 이제 너는 피할지니라. 만군의 여호와께서 이 같이 말씀하시되 너희를 노략한 열국으로 영광을 위하여(아카르 카보드 אַחַר כָּבוֹד)[그가 영광 후에, 영화롭게 한 후에](KJV, NASB, NIV) **나를 보내셨나니 무릇 너희를 범하는 자는 그의 눈동자를 범하는 것이라. 내가 손을 그들 위에 움직인즉 그들이 자기를 섬기던 자에게 노략거리가 되리라 하셨나니 너희가 만군의 여호와께서 나를 보내신 줄 알리라.**

이스라엘 백성이 범죄함으로 북방의 앗수르 나라와 바벨론 나라에 포로로 잡혀갔고 온 세상에 흩어짐을 당하였었으나, 이제 하나님께서는 그들을 자유케 하시고 북방 땅에서 도피하라고 말씀하신다. 본문은 메시아의 사역을 보이는 것 같다. 하나님께서는, 이스라엘 백성을 노략한 열국으로 메시아를 보내실 것이며 그들을 구원하실 것이다.

그는 메시아께서 영광을 받은 신 후 즉 그가 죽으셨으나 부활하시고 승천하신 후 그를 보내실 것이다. "나를 보내셨다"는 말씀에서 '나'는 여호와의 사자, 곧 메시아를 가리켰다고 본다. 온 세상에 메시아를 보내신다는 말은 메시아께서 그의 제자들을 복음 전파자로 온 세상에 보내심을 가리킬 것이다. 마태복음 28:19, "그러므로 너희는 가서 모든 족속으로 제자를 삼아 아버지와 아들과 성령의 이름으로 세례를 주고[주라]." 마가복음 16:15, "또 가라사대 너희는 온 천하에 다니며 만민에게 복음을 전파하라." 누가복음 24:47-48, "그의 이름으로 죄사함을 얻게 하는 회개가 예루살렘으로부터 시작하여 모든 족속에게 전파될 것이 기록되었으니 너희는 이 모든 일의 증인이라." 요한복음 20:21, "예수께서 또 가라사대 너희에게 평강이 있을지어다. 아버지께서 나를 보내신 것같이 나도 너희를 보내노라." 사도행전 1:8, "오직 성령이 너희에게 임하시면 너희가 권능을 받고 예루살렘과 온 유대와 사마리아와 땅끝까지 이르러 내 증인이 되리라 하시니라."

메시아께서 노략자들 위에 손을 움직이시면 그들은 자기를 섬기던 자들에게 복종할 것이다. 이것은 메시아의 구원사역을 가리켰다고 본다. 예수 그리스도로 말미암은 구원사역은 온 세상에 충만히 이루어질 것이다. 또 하나님께서는 자기 백성을 자기 눈동자같이 여기실 것이다(신 32:10). 이스라엘 백성을 범하는 자들은 하나님의 눈동자를 범한 자들로 간주되어 하나님의 보응을 받을 것이다. 하나님께서는 이 세상 끝날까지 그들과 함께하시며 그들을 지켜주실 것이다.

[10-13절] 여호와의 말씀에 시온의 딸아, 노래하고 기뻐하라. 이는 내가 임하여 네 가운데 거할 것임이니라. 그 날에 많은 나라가 여호와께 속하여 내 백성이 될 것이요 나는 네 가운데 거하리라. 네가 만군의 여호와께서 나를 네게 보내신 줄 알리라. 여호와께서 장차 유다를 취하여 거룩한 땅에서 자기 소유를 삼으시고 다시 예루살렘을 택하시리니 무릇 혈기 있는 자들이 여호와 앞에서 잠잠할 것은 여호와께서 그 성소에서 일어나심이니라 하라 하더라.

하나님께서는 구원받은 백성들에게 "노래하고 기뻐하라"고 말씀하신다. 성령께서는 우리 속에 계셔서 역사하심으로 기쁨의 열매를 맺게 하신다(갈 5:22). 또 하나님께서는 우리로 찬송케 하신다. 에베소서 1장의 증거대로, 하나님의 구원의 목적은 우리로 하나님의 은혜의 영광을 찬송하게 하려 함이다(엡 1:6, 12, 14). 그러므로 사도 바울은 "시와 찬미와 신령한 노래들로 서로 화답하며 너희의 마음으로 주께 노래하며 찬송하라"고 교훈하였다(엡 5:19).

우리가 기뻐하며 하나님께 찬송하고 노래해야 할 이유는 하나님께서 우리를 구원하셨고 친히 우리 가운데 거하시기 때문이다. 하나님의 아들 예수께서는 사람으로 오셔서 그들 가운데 거하셨고(요 1:14), 승천하신 후 그의 약속대로(요 14:16-18, 23) 성령께서는 오셔서 신약교회 가운데 거하신다. 로마서 8:9, 14, "만일 너희 속에 하나님의 영이 거하시면 너희가 육신에 있지 아니하고 영에 있나니 누구든지 그리스도의 영이 없으면 그리스도의 사람이 아니라," "무릇 하나님의 영으로 인도함을 받는 그들은 곧 하나님의 아들이라."

하나님께서는 유다 나라와 예루살렘 성을 다시 택하시고 자기의 소유로 삼으셨다. 이전에는 그들이 범죄함으로 버림을 받았었으나, 이제 하나님께서는 그들을 다시 특별한 소유로 삼으셨다. 신약교회는 영적 이스라엘이며 하나님의 특별한 소유가 되었다. 베드로전서 2:9, "너희는 택하신 족속이요 왕 같은 제사장들이요 거룩한 나라요 그의 소유된 백성이니." 그러므로 우리는 하나님의 구원을 기뻐하며 찬송해야 한다. 스가랴는 또 많은 나라들이 하나님의 백성이 될 것이라고 말한다. 그것은 세계복음화를 가리킨다고 본다. 세상의 각 나라에서 셀 수 없이 많은 무리가 구원을 얻을 것이다(계 7:9).

본장의 교훈을 정리해보자. <u>첫째로, 우리는 하나님의 교회의 수효와 그 견고함과 영광을 보아야 한다.</u> 신약교회는 성곽 없는 성처럼 확장되었다. 하나님께서는 그 교회를 불성곽으로 보호하신다. 그러므로 비록 지교회나 지역 교회의 현재의 작고 미미함이나 연약함 때문에 낙심하지 말고, 우리는 우리의 눈을 들어 온 세계교회와 구원받은 셀 수 없이 많은 성도들을 보고 또 미래의 새 예루살렘 성의 영광을 보아야 한다.

<u>둘째로, 하나님께서는 메시아를 통해 이스라엘 나라를 회복시키셨고 세계 복음화를 이루심을 깨닫고 감사해야 한다.</u> 주께서는 신약교회에 세계 복음화의 사명을 주셨다. 그러므로 신약교회는 때를 얻든지 못얻든지 하나님의 복음, 곧 주 예수 그리스도의 속죄의 복음을 전파해야 한다. 또 우리는 하나님께서 성도들을 자기의 특별한 소유로 삼으시고 자기 눈동자같이 귀중히 여기심을 깨닫고 감사해야 한다.

<u>셋째로, 하나님께서 우리를 그의 특별한 소유로 삼으셨고 성령으로 영원히 우리와 함께 계시기 때문에, 우리는 주 안에서 항상 기뻐하고 찬송하며 평안 가운데 거해야 한다.</u> 우리는 하나님께서 모든 일을 합력해 우리의 성화를 이루심을 알고 어떤 상황에서도 낙심치 말아야 한다.

스가랴 3장: 대제사장의 환상

3장: 메시아의 단번 속죄

[1-3절] 대제사장 여호수아는 여호와의 사자 앞에 섰고 사단은 그의 우편에 서서 그를 대적하는 것을 여호와께서 내게 보이시니라. 여호와께서 사단에게 이르시되 사단아, 여호와가 너를 책망하노라. 예루살렘을 택한 여호와가 너를 책망하노라. 이는 불에서 꺼낸 그슬린 나무가 아니냐 하실 때에 여호수아가 더러운 옷을 입고 천사 앞에 섰는지라.

대제사장 여호수아는 이스라엘 백성을 상징했다고 보인다. 여호와께서는 대제사장 여호수아가 여호와의 사자 앞에 섰고 사탄이 그의 우편에 서서 그를 대적하는 것을 스가랴에게 보이셨다. 사탄과 악령들은 타락한 천사들인데 실제로 존재한다. 사탄은 하나님의 백성을 대적하고 비난하는 자이다. 여호와께서는 사탄에게, "사탄아, 여호와가 너를 책망하노라. 예루살렘을 택한 여호와가 너를 책망하노라"고 말씀하셨다. 하나님께서는 그가 사랑하셔서 택한 백성을 위하시고, 또 그 백성을 대적하고 비난하는 사탄을 책망하신다.

하나님께서는 또 "이는 불에서 꺼낸 그슬린 나무가 아니냐?"라고 말씀하셨다. 그때에 여호스아는 더러운 옷을 입고 천사 앞에 서 있었다. '불에서 꺼낸 그슬린 나무'는 죄의 징벌로 인한 바벨론 포로생활에서 구출된 이스라엘 백성을 묘사하고, '더러운 옷'은 이스라엘 백성에게 행위의 의로움이 없음을 보인다. 인생의 의는 더러운 옷과 같다. 이사야 64:6, "대저 우리는 다 부정(不淨)한 자 같아서 우리의 의(義)는 다 더러운 옷 같으며 우리는 다 쇠패함이 잎사귀 같으므로 우리의 죄악이 바람같이 우리를 몰아 가나이다."

[4-5절] 여호오께서[그가] 자기 앞에 선 자들에게 명하사 그 더러운 옷을 벗기라 하시고 또 여호수아에게 이르시되 내가 네 죄과(罪過)를 제하여 버렸으니 네게 아름다운 옷을 입히리라 하시기로 내가 말하되 정한 관을 그 머리에 씌우소서 하매 곧 정(淨)한 관을 그 머리에 씌우며 옷을 입히고 여

스가랴 3장: 대제사장의 환상

호와의 사자는 곁에 섰더라.

여호수아의 더러운 옷을 벗기고 그의 죄과를 제하여 버리시고 그에게 아름다운 옷을 입히시는 것은 이스라엘 백성이 장차 받을 사죄(赦罪)와 칭의(稱義)의 복을 의미한다. 그것은 신약시대에 성취되었다. 예수 그리스도를 믿는 자들은 사죄와 칭의의 복을 얻었다. 고린도전서 6:11, "너희 중에 이와 같은 자들이 있더니 주 예수 그리스도의 이름과 우리 하나님의 성령 안에서 씻음과 거룩함과 의롭다 하심을 얻었느니라." 로마서 3:24, "그리스도 예수 안에 있는 구속(救贖)으로 말미암아 하나님의 은혜로 값없이 의롭다 하심을 얻은 자 되었느니라." 또 하나님께서는 여호수아에게 정한 관도 그 머리에 씌우게 명하셨고 옷도 입히셨다. 깨끗한 관은 존귀한 신분을 뜻할 것이다.

〔6-7절〕여호와의 사자가 여호수아에게 증거하여 가로되 만군의 여호와의 말씀에 네가 만일 내 도를 준행하며 내 율례(미쉬메렛 מִשְׁמֶרֶת)[명령]**를 지키면 네가 내 집을 다스릴 것이요 내 뜰을 지킬 것이며 내가 또 너로 여기 섰는 자들 중에 왕래케 하리라.**

하나님께서는 여호수아에게 하나님의 도를 준행하며 그의 명령을 지키라고 말씀하시며 그럴 때 그가 하나님의 집을 다스리며 그 뜰을 지킬 것이라고 약속하셨다. 하나님의 집을 다스리고 성전 뜰을 지킬 자들, 곧 교회의 직분자들은 자신이 먼저 하나님의 도를 행하며 그의 명령을 지켜야 한다. 그래야 쓰임 받는 직분자가 될 수 있다.

〔8절〕대제사장 여호수아야, 너와 네 앞에 앉은 네 동료들은 내 말을 들을 것이니라. 이들은 예표(모페스 מוֹפֵת)[표적, 상징, 예표]**의 사람이라. 내가 내 종 순**(체마크 צֶמַח)[가지]**을 나게 하리라. 만군의 여호와가 말하노라.**

여호수아와 그의 동료들, 곧 제사장들은 예표의 사람들이었다. 그들은 메시아를 예표했다. 하나님께서는 또 메시아를 '내 종 순[가지]'이라고 부르셨다. 이사야도 이새의 뿌리에서 한 가지가 날 것이라고 예언했고(사 11:1), 예레미야도 하나님께서 다윗에게 한 의로운 가지

(체마크 צֶמַח)를 일으키실 것이라고 예언하였다(렘 23:5).

〔9-10절〕 내가 너 여호수아 앞에 세운 돌을 보라. 한 돌에 일곱 눈이 있느니라. 내가 새길 것을 새기며 이 땅의 죄악을 하루에 제하리라. 만군의 여호와가 말하노라. 그 날에 너희가 각각 포도나무와 무화과나무 아래로 서로 초대하리라 하셨느니라.

메시아께서는 또한 일곱 눈이 있는 한 돌로 표현되셨다. 그 일곱 눈은 그의 전지하심을 나타낸다. "내가 새길 것을 새긴다"는 말씀은 메시아께서 속죄사역을 위해 고난 받으실 것을 가리킨다고 본다. 주께서는 세상 죄를 지고 가는 하나님의 어린양으로 십자가에 못박혀 죽으셨다(요 1:29). 메시아의 대속 사역으로 이스라엘 백성과 세상의 모든 택자들의 죄악들이 하루에 제거되었다. 그것은 다니엘 9:24에 "죄악이 영속(永贖)된다"는 예언과 같다. 그 결과, 이스라엘 백성에게는 포도나무와 무화과나무 아래로 서로 초대하듯이 평안과 즐거움의 날이 올 것이다. 신약 성도들은 그런 복을 누리기 시작했다.

본장의 교훈을 정리해보자. <u>첫째로, 예수 그리스도께서는 구약시대에 예표된 메시아이시다.</u> 구약시대의 대제사장과 제사장들은 메시아를 예표하였다. 구주 예수께서는 하나님의 모든 택자들의 죄를 담당하실 속죄의 어린양으로 오셨고 십자가에 죽으심으로 그 일을 이루셨다.

<u>둘째로, 하나님께서는 예수 그리스도를 믿는 자들에게 사죄(赦罪)와 칭의(稱義)의 복을 주셨고 하나님의 자녀 되는 복을 주셨다.</u> 히브리서 10:10, "이 뜻을 좇아 예수 그리스도의 몸을 단번에 드리심으로 말미암아 우리가 거룩함을 얻었느라." 요한복음 1:12, "영접하는 자 곧 그 이름을 믿는 자들에게는 하나님의 자녀가 되는 권세를 주셨으니." 이제 우리는 주 예수 그리스도와 성경말씀만 믿고 힘써 행해야 한다.

<u>셋째로, 우리는 하나님의 평안과 즐거움을 누려야 한다.</u> 이것은 사죄와 칭의의 복된 결과이며 성령께서 우리 속에 주시는 열매이다. 우리는 주께서 주시는 참 평안을 누리며 또 주 안에서 항상 기뻐해야 한다.

스가랴 4장: 순금 등대의 환상

4장: 순금 등대의 환상

〔1-6절〕 내게 말하던 천사가 다시 와서 나를 깨우니 마치 자는 사람이 깨우임 같더라. 그가 내게 묻되 네가 무엇을 보느냐? 내가 대답하되 내가 보니 순금 등대가 있는데 그 꼭대기에 주발 같은 것이 있고 또 그 등대에 일곱 등잔이 있으며 그 등대 꼭대기 등잔[등잔들]에는 일곱 관이 있고 그 등대 곁에 두 감람나무가 있는데 하나는 그 주발 우편에 있고 하나는 그 좌편에 있나이다 하고 내게 말하는 천사에게 물어 가로되 내 주여, 이것들이 무엇이니이까? 내게 말하는 천사가 대답하여 가로되 네가 이것들이 무엇인지 알지 못하느냐? 내가 대답하되 내 주여, 내가 알지 못하나이다. 그가 내게 일러 가로되 여호와께서 스룹바벨에게 하신 말씀이 이러하니라. 만군의 여호와께서 말씀하시되 이는 힘으로 되지 아니하며 능으로 되지 아니하고 오직 나의 신[영]으로 되느니라.

스가랴는 순금 등대를 보았다. 그 꼭대기에 주발 같은 것이 있고 그 등대에 일곱 등잔들이 있고 그 일곱 등잔들에는 일곱 관이 있고 그 등대 곁에 그 주발 좌우편에 두 감람나무가 있었다. 순금 등대와 일곱 등잔들은 의와 진리를 밝히 증거하는 존귀하신 예수 그리스도와 그의 몸된 교회 즉 그가 피흘려 사신 성도들을 예표한다고 본다. 두 감람나무와 일곱 관은 성령께서 은혜와 힘을 중단 없이, 풍부하게 공급하심을 상징한다고 본다. 하나님께서 스룹바벨에게 "이는 힘으로 되지 아니하며 능으로 되지 아니하고 오직 나의 신[영]으로 되느니라"고 말씀하신 것은 성전 건립이 사람의 힘이나 능력으로 되지 않고 하나님의 영 곧 성령으로 됨을 보인다. 이것은 구약시대의 성전뿐 아니라, 신약교회도 그러하다. 개인의 구원과 성화도 그러하고, 영혼들의 구원과 교회의 건립과 양육과 성장, 그리고 완성도 그러하다.

〔7-10절〕 큰 산아, 네가 무엇이냐? 네가 스룹바벨 앞에서 평지가 되리라. 그가 머릿돌을 내어놓을 때에 무리가 외치기를 은총, 은총이 그에게 있을지어다 하리라 하셨고 여호와의 말씀이 또 내게 임하여 가라사대 스룹바

스가랴 4장: 순금 등대의 환상

벨의 손이 이 전의 지대를 놓았은즉 그 손이 또한 그것을 마치리라 하셨나니 만군의 여호와께서 나를 너희에게 보내신 줄을 네가 알리라 하셨느니라. 작은 일의 날이라고 멸시하는 자가 누구냐? 이 일곱은 온 세상에 두루 행하는 여호와의 눈이라. 다림줄이 스룹바벨의 손에 있음을 보고 기뻐하리라.

'큰 산'은 성전 재건을 방해하는 자들을 가리킨 것 같다. 방해자들은 큰 산과 같은 장애물이다. 그러나 그들은 스룹바벨 앞에서 평지가 될 것이다. 하나님께서는 스룹바벨의 손을 통해 성전의 기초와 머릿돌을 놓게 하셨다. 사람들은 "은총, 은총이 그[그것]에게(라흐 לָהּ) (KJV, NASB) 있을지어다"라고 외칠 것이다. 그것은 성전 건축의 일이 하나님의 은혜로 시작되고 완성됨을 기원하는 뜻이 있다고 본다. 오늘날도 개인의 구원이나 교회의 건립은 하나님의 은혜로 시작되고 진행되고 완성된다. 하나님의 은혜가 아니면 아무것도 이루어질 수 없다. 고린도전서 3:7, "그런즉 심는 이나 물주는 이는 아무것도 아니로되 오직 자라나게 하시는 하나님뿐이니라." 10절의 '작은 일들'은 전의 솔로몬 성전에 비교해 보잘것없어 보이는 스룹바벨 때의 성전 재건 공사를 가리킨다. 그 일곱은 일곱 등잔을 가리키는 것 같다. 일곱 등잔은 온 세상에 두루 행하는 여호와의 눈 곧 일곱 영을 가리킬 것이다. 요한계시록 5:6은, "일곱 눈이 있으니 이 눈은 온 땅에 보내심을 입은 하나님의 일곱 영이더라"고 말한다. 성령께서는 하나님의 영이시며 전지(全知)하신 영이시다. 성령께서는 온 땅에 두루 행하시며 모든 일을 보시고 행하시며 이루신다.

〔11-14절〕 내가 그에게 물어 가로되 등대 좌우의 두 감람나무는 무슨 뜻이니이까 하고 다시 그에게 물어 가로되 금 기름을 흘려내는 두 금관 옆에 있는 이 감람나무 두 가지는 무슨 뜻이니이까? 그가 내게 대답하여 가로되 네가 이것이 무엇인지 알지 못하느냐? 대답하되 내 주여, 알지 못하나이다. 가로되 이는 기름 발리운 자 둘이니 온 세상의 주 앞에 모셔 섰는 자니라 하더라.

순금 등대 좌우의 두 감람나무 두 가지는 같은 것을 상징한다고

스가랴 4장: 순금 등대의 환상

본다. 두 감람나무의 두 가지에서 금 기름이 두 금관을 통하여 흘러 등대의 일곱 등잔에 공급되고 그 등잔은 빛을 내는 것이다. 두 감람나무에서 나오는 기름을 금 기름이라 부른 것은 그것의 고귀한 가치를 표현한 것일 것이다. 그 기름은 분명히 성령을 상징했다. 천사는 그 두 감람나무를 온 세상의 주, 곧 하나님 앞에 모셔 섰는 기름 발리운 자 둘이라고 설명했다. 구약시대에 기름 발리운 사람은 선지자와 제사장과 왕이었다. 여기에서는 대제사장 여호수아와 총독 스룹바벨을 가리켰다고 본다. 그러나 단지 그들 자신을 가리켰다기보다 그들의 직분과 사역이 예표하는 자를 가리켰다고 본다. 그들은 메시아를 예표한 자들이었다. 대제사장과 제사장들은 예표의 사람들이었다(슥 3:8). 메시아께서는 제사장과 왕으로 오실 것이다. 그는 일곱 눈을 가진 돌로 오셔서 친히 고난을 받으시고 죄악을 하루에 제하실 것이다(슥 3:9). 회복된 이스라엘 곧 신약교회는 주 예수 그리스도를 통해 성령의 충만한 공급하심을 받아 세상에 빛을 발할 것이다.

본장의 교훈은 무엇인가? 첫째로, 구약 성전이 예표하는 예수 그리스도의 교회는 진리와 의를 비추는 순금 등대와 같다. 성전 건립의 일, 곧 성도 개인의 구원과 온전함, 그리고 교회의 건립과 성장과 완성은 참으로 귀하고 가치 있는 일이다. 그러므로 우리는 하나님의 작게 보이는 일을 멸시하지 말고 개인의 성화와 교회 건립에 힘써야 한다.

둘째로, 성전 건립의 일은 사람의 힘으로나 능으로 되지 않고 오직 성령의 도우심으로 이루어진다. 사도 바울은 씨를 심는 이나 물을 주는 이가 아무것도 아니고 기르시는 이는 오직 하나님뿐이시라고 말했다(고전 3:7). 성전 건축은 전적으로 하나님의 은혜로 된다. 주께서는 "내가 내 교회를 세우리라"고 말씀하셨다(마 16:18). 우리는 구주 예수 그리스도와 성령의 충만한 은혜만 의지하며 개인의 성화를 조금씩이라도 이루어가고 참된 교회의 건립과 성장과 완성을 위해 힘써야 한다.

5장: 날아가는 두루마리와 에바의 환상

〔1-4절〕 내가 다시 눈을 든즉 날아가는 두루마리가 보이더라. 그가 내게 묻되 네가 무엇을 보느냐 하기로 내가 대답하되 날아가는 두루마리를 보나이다. 그 장이 20규빗이요 광이 10규빗이니이다. 그가 내게 이르되 이는 온 지면에 두루 행하는 저주라. 무릇 도적질하는 자는 그 이편 글대로 끊쳐지고 무릇 맹세하는 자는 그 저편 글대로 끊쳐지리라. 만군의 여호와께서 가라사대 내가 이것을 발하였나니 도적의 집에도 들어가며 내 이름을 가리켜 망령되이 맹세하는 자의 집에도 들어가서 그 집에 머무르며 그 집을 그 나무와 그 돌을 아울러 사르리라 하셨느니라.

　스가랴는 두 개의 환상을 보았다. 그는 먼저 날아가는 두루마리를 보았다. 그 크기는 길이가 20규빗, 약 9미터이고 너비가 10규빗, 약 4.5미터이었다. 두루마리는 소나 양의 가죽으로 만든 옛 시대의 종이이다. 그것은 책으로 사용되었다. 옛날에 성경은 두루마리의 형태이었다. 스가랴가 본 두루마리에는 온 세상에 적용되는 저주의 말씀이 기록되어 있었다. 모세의 율법책은 복과 저주의 말씀이다.

　신명기 28:1-6, "네가 네 하나님 여호와의 말씀을 삼가 듣고 내가 오늘날 네게 명하는 그 모든 명령을 지켜 행하면 네 하나님 여호와께서 너를 세계 모든 민족 위에 뛰어나게 하실 것이라. 네가 네 하나님 여호와의 말씀을 순종하면 이 모든 복이 네게 임하며 네게 미치리니 성읍에서도 복을 받고 들에서도 복을 받을 것이며 네 몸의 소생과 네 토지의 소산과 네 짐승의 새끼와 우양의 새끼가 복을 받을 것이며 네 광주리와 떡반죽 그릇이 복을 받을 것이며 네가 들어와도 복을 받고 나가도 복을 받을 것이니라."

　신명기 28:15-19, "네가 만일 네 하나님 여호와의 말씀을 순종하지 아니하여 내가 오늘날 네게 명하는 그 모든 명령과 규례를 지켜 행하지 아니하면 이 모든 저주가 네게 임하고 네게 미칠 것이니 네가 성

스가랴 5장: 날아가는 두루마리와 에바의 환상

읍에서도 저주를 받으며 들에서도 저주를 받을 것이요 또 네 광주리와 떡반죽 그릇이 저주를 받을 것이요 네 몸의 소생과 네 토지의 소산과 네 우양의 새끼가 저주를 받을 것이며 네가 들어와도 저주를 받고 나가도 저주를 받으리라."

스가랴가 본 두루마리에 저주의 말씀이 쓰여 있는 것은 하나님께서 주신 내용이며 하나님의 공의를 증거한다. 하나님의 율법에 기록된 저주가 모든 죄인들에게 임할 것이다. 예를 들어, 도적질한 자는 그 율법의 저주대로 벌을 받을 것이며 거짓 맹세한 자도 그 율법의 저주대로 벌을 받을 것이다. 이 저주가 온 세상의 모든 죄인들의 집에 임할 것이다. 하나님의 저주는 악인들과 그 가족들과 그 재산들에 임할 것이며 그들을 다 멸망시킬 것이다. 죄의 값은 죽음이다.

〔5-11절〕 내게 말하던 천사가 나아와서 내게 이르되 너는 눈을 들어 나오는 이것이 무엇인가 보라 하기로 내가 묻되 이것이 무엇이니이까? 그가 가로되 나오는 이것이 에바니라. 또 가로되 온 땅에서 그들의 모양이 이러하니라. 이 에바 가운데에는 한 여인이 앉았느니라 하는 동시에 둥근 납 한 조각이 들리더라. 그가 가로되 이는 악이라 하고 그 여인을 에바 속으로 던져 넣고 납 조각을 에바 아구리 위에 던져 덮더라. 내가 또 눈을 들어 본즉 두 여인이 나왔는데 학(카시다 חֲסִידָה)[황새](KJV, NASB, NIV)의 날개 같은 날개가 있고 그 날개에 바람이 있더라. 그들이 그 에바를 천지 사이에 들었기로 내가 내게 말하는 천사에게 묻되 그들이 에바를 어디로 옮겨 가나이까 하매 내게 이르되 그들이 시날 땅으로 가서 그를 위하여 집을 지으려 함이니라. 준공되면 그가 제 처소에 머물게 되리라 하더라.

스가랴는 또 에바를 보았다. 에바는 곡식의 양을 재는 도구이며 또 그 단위이다. 1에바는 약 22리터이다. 이 환상은 상거래의 죄를 암시한다고 본다. 사람의 정직함의 여부는 상거래나 돈 거래에서 드러난다. 율법은 공평한 에바를 명하지만, 이스라엘 백성은 의 대신 불의한 이익을 구하였다. 한 여인이 에바 속에 앉아 있고 납 조각이 그 위에 덮인 것은 이스라엘 백성의 악을 상징했다고 보인다. 하나님께서는

스가랴 5장: 날아가는 두루마리와 에바의 환상

이스라엘 백성을 에바 속에 가둘 것이다. 스가랴는 또 황새의 날개를 가진 두 여인을 보았다. 그 두 여인은 그 에바를 천지(天地) 사이로 들었다. 그들은 그 에바를 시날 땅 곧 바벨론 땅으로 옮겨가서 그를 위해 집을 지으려 했다. 준공되면 그는 그의 처소에 머물게 될 것이다. 그것은 이스라엘 백성이 하나님의 징벌로 바벨론에 포로될 것을 보인다. 시날 땅은 우상숭배와 부도덕의 본거지이다. 그러나 그곳에 집을 짓고 머문다는 것은 이스라엘 백성의 악이 장차 메시아의 대속 사역으로 영원히 제거될 것을 암시하는 뜻도 있어 보인다.

본장의 교훈은 무엇인가? <u>첫째로, 하나님의 말씀은 우리에게 복과 저주의 말씀이다.</u> 하나님의 말씀을 믿고 지키는 자에게는 복이 되지만, 그 말씀을 거부하는 자에게는 멸망이 된다. 그것을 거부하는 것이 죄이며 죄의 값은 자신과 온 가족과 나라의 멸망이다. 율법이나 복음이나 비슷하다. 우리는 신명기 28장 말씀을 이미 읽어보았다. 신명기 30:15, 19-20, "내가 오늘날 생명과 복과 사망과 화를 네 앞에 두었나니," "내가 오늘날 천지를 불러서 너희에게 증거를 삼노라. 내가 생명과 사망과 복과 저주를 네 앞에 두었은즉 너와 네 자손이 살기 위하여 생명을 택하고 네 하나님 여호와를 사랑하고 그 말씀을 순종하며 또 그에게 부종(附從)하라. 그는 네 생명이시요 네 장수시니 여호와께서 네 열조 아브라함과 이삭과 야곱에게 주리라고 맹세하신 땅에 네가 거하리라."

마태복음 7:21, "나더러 주여 주여 하는 자마다 천국에 다 들어갈 것이 아니요 다만 하늘에 계신 내 아버지의 뜻대로 행하는 자라야 들어가리라." 요한복음 3:36, "아들을 믿는 자는 영생이 있고 아들을 순종치 아니하는 자는 영생을 보지 못하고 도리어 하나님의 진노가 그 위에 머물러 있느니라." 로마서 8:13, "너희가 육신대로 살면 반드시 죽을 것이로되 영[성령]으로써 몸의 행실을 죽이면 살리니." 예수님 믿고 구원받아 영생에 이를 신약 성도들도 죄를 멀리하고 의와 선만 행해야 한다.

스가랴 5장: 날아가는 두루마리와 에바의 환상

둘째로, 하나님께서는 우리의 죄악을 멀리 옮기셨다. 이스라엘 나라와 유다 나라의 멸망은 그들의 우상숭배와 부도덕의 죄에 대한 하나님의 징벌이었지만, 또한 그 징벌을 통해 하나님께서는 그들의 죄를 멀리 옮기시고 제거하시는 뜻도 보이셨다고 본다. 구약 율법에는 그런 진리가 증거되어 있었다. 그것은 특히 1년에 한 번씩 속죄일에 속죄제물로 숫염소 두 마리를 드리되 한 마리는 죽여 드리고 다른 한 마리는 아사셀 염소로 광야에서 놓아보내는 규례에서 그러했다. 레위기 16:21-22, "아론은 두 손으로 산 염소의 머리에 안수하여 이스라엘 자손의 모든 불의와 그 범한 모든 죄를 고하고 그 죄를 염소의 머리에 두어 미리 정한 사람에게 맡겨 광야로 보낼지니 염소가 그들의 모든 불의를 지고 무인지경에 이르거든 그는 그 염소를 광야에 놓을지니라." 그것은 이스라엘 백성의 죄악의 완전한 제거를 상징하였다. 스가랴 3:9, "내가 너 여호수아 앞에 세운 돌을 보라. 한 돌에 일곱 눈이 있느니라. 내가 새길 것을 새기며 이 땅의 죄악을 하루에 제하리라." 다니엘 9:24, "네 백성과 네 거룩한 성을 위하여 칠십 이레로 기한을 정하였나니 허물이 마치며 죄가 끝나며 죄악이 영속(永贖)되며 영원한 의가 드러나며 이상과 예언이 응하며 또 지극히 거룩한 자가 기름부음을 받으리라." 속죄일의 규례와 스가랴와 다니엘의 예언들은 장차 오실 메시아의 대속사역을 상징했다.

예수 그리스도께서 오셔서 십자가의 구속(救贖)을 이루심으로 그를 믿는 우리는 의롭다 하심을 얻었다(롬 3:24). 예수 그리스도께서 그의 몸을 단번에 드리심으로 우리가 거룩함을 얻었고(히 10:10) 영원히 온전케 되었다(히 10:14). 우리는 하나님의 은혜로 구원을 얻었다(엡 2:8). 이제 그리스도 예수 안에 있는 자 곧 육신을 좇지 않고 성령을 좇아 행하는 자들에게는 정죄함이 없다(롬 8:1 전통사본). 우리는 하나님의 은혜와 주 예수 그리스도 안에서 얻은 죄사함과 의롭다 하심의 복을 깨닫고 항상 하나님께 감사해야 한다. 신자의 성화의 원동력은 의롭다 하심과 성령의 도우심이다. 이제 우리는 믿음 안에서 의와 선만 행해야 한다.

스가랴 6장: 네 병거의 환상, 순이라는 사람

6장: 네 병거의 환상, 순이라는 사람

〔1-8절〕 내가 또 눈을 들어본즉 네 병거가 두 산 사이에서 나왔는데 그 산은 놋산[청동 산]이더라. 첫째 병거는 홍마[붉은 말]들이, 둘째 병거는 흑마[검은 말]들이, 셋째 병거는 백마[흰말]들이, 넷째 병거는 어룽지고[바로드 בָּרֹד][얼룩지고](BDB) 건장한 말들이 메었는지라. 내가 내게 말하는 천사에게 물어 가로되 내 주여, 이것들이 무엇이니이까? 천사가 대답하여 가로되 이는 하늘의 네 바람[영들](KJV, NASB, NIV)인데 온 세상의 주 앞에 모셨다가 나가는 것이라 하더라. 흑마[검은 말]는 북편 땅으로 나가매 백마[흰말]가 그 뒤를 따르고 어룽진 말은 남편 땅으로 나가고 건장한 말은 나가서 땅에 두루 다니고자 하니 그가 이르되 너희는 여기서 나가서 땅에 두루 다니라 하매 곧 땅에 두루 다니더라. 그가 외쳐 내게 일러 가로되 북방[바벨론 지역]으로 나간 자들이 북방에서 내 마음을 시원케 하였느니라 하더라.

청동 산은 파괴될 수 없고 변경될 수 없는 하나님의 작정과 계획을 상징하며, 두 개의 청동 산 사이에서 네 병거들이 나오는 것은 하나님의 열국 심판의 섭리를 보이는 것 같다. 병거는 전쟁을 상징하며 네 병거의 말들은 하나님께서 온 세상에 보내신 천사들을 가리켰다고 보인다. 붉은 말은 전쟁으로 인한 피흘림을 상징하고, 검은 말은 전쟁으로 인한 기근과 죽음을 상징하고, 흰말은 심판의 승리를 상징하고, 얼룩지고 건장한 말은 그 외의 여러 가지 재앙들을 상징하는 것 같다. 천사들은 하나님의 뜻을 따라 열국 심판을 잘 수행하였다.

〔9-12절〕 여호와의 말씀이 내게 임하여 이르시되 사로잡힌 자[자들] 중 바벨론에서부터 돌아온 헬대와 도비야와 여다야가[여다야에게서 취하고] (스바냐의 아들 요시아의 집에 들었나니) 너는 이 날에 그 집에 들어가서 그들에게서 취하되[그 집에 들어가고 스바냐의 아들 요시아의 집에 들어가고](KJV, NASB, NIV) 은과 금을 취하여 면류관[면류관들]을 만들어 여호사닥의 아들 대제사장 여호수아 머리에 씌우고 고하여 이르기를 만군의 여호와께서 말씀하시되 보라, 순[체마크 צֶמַח][가지]이라 이름하는 사람이 자기

스가랴 6장: 네 병거의 환상, 순이라는 사람

곳에서 돋아나서 여호와의 전을 건축하리라.

대제사장 여호수아가 은금으로 만든 면류관들을 쓰는 것과 순[가지]이라고 이름한 사람에 대한 예언은 메시아를 가리켰다(사 53:2). 예수 그리스도께서는 연한 순같이 온유하고 겸손하셨고 많은 사람들에게 고난을 받으셨다. 그 순은 자기 곳에서 돋아났다. 메시아께서는 다윗의 자손으로 오셨다. 그는 다윗의 부친 이새의 줄기에서 나오신다고 예언되어 있었다(사 11:1). 또 그는 다윗의 동네인 베들레헴에서 탄생하셨다(미 5:2). 그는 사람의 아들(人子)로 세상에 탄생하셨다. 그는 낮은 곳에서 자라셨다. 그는 여호와의 전을 건축하실 것이다. 그는 신약교회를 세우실 것이다. 예수께서는 베드로의 바른 신앙고백의 터 위에 친히 자기 교회를 세우리라고 말씀하셨다(마 16:18). 그는 십자가 대속 사역과 그의 보내신 성령으로 그 일을 시작하셨다. 그는 지금도 복음을 전하며 영혼들을 구원하며 교회들을 세우고 그들을 온전케 하는 일을 진행하시고 있고 마침내 다 이루실 것이다.

〔13-15절〕 그가 여호와의 전을 건축하고 영광도 얻고 그 위(位)에[자기 보좌에] 앉아서 다스릴 것이요 또 제사장이 자기 위에 있으리니[자기 보좌에서 제사장이 되시리니](KJV, NASB, NIV) 이 두 사이에 평화의 의논이 있으리라 하셨다 하고 그 면류관은 헬렘과 도비야와 여다야와 스바냐의 아들 헨을 기념하기 위하여 여호와의 전 안에 두라 하시니라(NASB와 같음). 먼데 사람이 와서 여호와의 전을 건축하리니 만군의 여호와께서 나를 너희에게 보내신 줄을 너희가 알리라. 너희가 만일 너희 하나님 여호와의 말씀을 청종할진대 이같이 되리라.

메시아의 성전 건축은 그가 친히 죽으심으로 대속 사역을 이루시고 하나님의 택하신 모든 영혼들을 불러 구원하시고 이 구원의 복음이 예루살렘으로부터 온 세상에 전파되게 하셔서 신약교회를 건립하시고 하나님의 택한 백성의 충만한 수가 구원받게 하시는 것이다.

하나님께서는 또 "이 두 사이에[곧 왕의 직무와 제사장의 직무의

스가랴 6장: 네 병거의 환상, 순이라는 사람

사이에] 평화의 의논이 있으리라"고 말씀하셨다. '의논'이라는 원어 (에차 עֵצָה)는 '작정, 계획'이라는 뜻이다. 평화의 계획이란 하나님과 화목함으로써 심령의 평안과 환경적 평화를 얻게 하시는 계획이라는 뜻일 것이다. 메시아의 왕직과 제사장직의 결과는 평안이다. 여호수아에게 씌워질 금은 면류관들은 메시아의 강림에 대한 약속의 기념물로 여호와의 전 안에 두어 사람들에게 증거가 되게 하셨다.

"먼데 사람이 와서 여호와의 전을 건축하리라"는 말씀은 이방인들의 구원, 곧 세계복음화를 예언한 것이다. 예수 그리스도의 복음이 온 세상에 전파될 것이며 많은 이방인들이 구원을 얻을 것이며(눅 24:47; 롬 11:25), 그것은 하나님의 성전을 건립하는 일이 될 것이다. 선지자는 또 "너희가 만일 너희 하나님 여호와의 말씀을 [온전히](원문, NASB) 청종할진대 이같이 되리라"고 말한다. 성전 건축의 일은 하나님 말씀의 순종으로 이루어질 것이다. 구원은 죄로부터의 구원이며 죄인이 의인 되는 것이며 거역하던 자가 하나님 말씀을 순종하는 자가 되는 것이다. 그때 우리는 강건함과 충만한 평안을 누릴 것이다.

본문의 교훈을 정리해보자. 첫째로, 하나님의 열국 심판은 다 이루어질 것이다. 온 세상에 보내진 천사들은 하나님의 뜻을 다 이룰 것이다.
둘째로, 우리는 구약성경의 예언대로 순으로 오신 예수 그리스도께 감사하며 그를 믿고 구원을 받았고 또 하나님의 뜻과 성령의 능력으로 그의 교회의 건립과 세계복음화를 위해 쓰임 받는 자가 되어야 한다.
셋째로, 예수 그리스도께서는 우리를 위해 왕과 제사장이 되셨다. 우리는 말씀과 성령을 통해 주 예수 그리스도의 다스리심을 잘 받고 또 날마다 그의 은혜의 보좌 앞에 나아가 우리의 불결을 씻음 받아야 한다.
넷째로, 예수 그리스도께서 주신 구원의 복의 결과는 평안이다. 우리는 예수 그리스도 안에서 하나님과 화목함과 심령의 평안을 얻은 것을 감사하고 또 성경말씀을 온전히 순종함으로써 항상 평안해야 한다.

스가랴 7장: 순종이 금식보다 중요함

7장: 순종이 금식보다 중요함

  [1-7절] 다리오 왕 4년 9월 곧 기슬래 월 4일에 여호와의 말씀이 스가랴에게 임하니라. 때에 벧엘 사람이 사레셀과 레겜멜렉과 그 종자를 보내어 여호와께 은혜를 구하고 만군의 여호와의 전에 있는[속한] 제사장들과 선지자들에게 물어 가로되 우리가 여러 해 동안에 행한 대로 5월간에 울며 재계(齋戒)[(금식함으로 자신을) 성별]하리이까 하매 만군의 여호와의 말씀이 내게 임하여 이르시되 온 땅의 백성과 제사장들에게 이르라. 너희가 70년 동안 5월과 7월에 금식하고 애통하였거니와 그 금식이 나를 위하여, 나를 위하여 한 것이냐? 너희의 먹으며 마심이 전혀 자기를 위하여 먹으며 자기를 위하여 마심이 아니냐? 여호와가 이전 선지자로 외친 말을 너희가 청종할 것이 아니냐? 그때에는 예루살렘과 사면 읍에 백성이 거하여 형통하였고 남방과 평원에도 사람이 거하였었느니라.

  5월 금식은 예루살렘 멸망을 기억하면서 행한 금식이었던 것 같고(왕하 25:8), 7월 금식은 7월 10일 속죄일의 금식을 가리킨 것 같다. 하나님께서는 그들의 금식이 하나님을 위해, 하나님 때문에 한 것이 아니고 그들이 자기를 위해 살았음을 지적하셨다. 종교 의식보다 더 중요한 것은 순종의 행위이며 그것이 평안과 형통의 길이다.

  선지자 사무엘은 "순종이 제사보다 낫다"고 말하였고(삼상 15:22), 하나님께서는 선지자 호세아를 통해 "[나는] 번제보다 하나님을 아는 것을 원하노라"고 말씀하셨다(호 6:6). 선지자 이사야는 이렇게 말했다. "여호와께서 말씀하시되 너희의 무수한 제물이 내게 무엇이 유익하뇨? 나는 숫양의 번제와 살진 짐승의 기름에 배불렀고 나는 수송아지나 어린양이나 숫염소의 피를 기뻐하지 아니하노라. 너희가 내 앞에 보이러 오니 그것을 누가 너희에게 요구하였느뇨? 내 마당만 밟을 뿐이니라. 헛된 제물을 다시 가져오지 말라. 분향은 나의 가증히 여기는 바요 월삭과 안식일과 대회로 모이는 것도 그러하니 성회(聖會)와 아울러 악을 행하는 것을 내가 견디지 못하겠노라. 내 마음이 너희의 월삭과 정한 절기를 싫어하나니 그것이 내게 무거운 짐이라. 내가 지기에 곤비하였느니라. 너희가 손을 펼 때에 내가 눈을 가리우고 너희가 많이 기도할지라도 나가 듣지 아니하리니 이는 너희의 손에 피가 가득함이니라. 너희는 스스로 씻으며 스스로 깨끗케 하여 내 목전에서 너희 악업을 버리며 악행을 그치고 선행을 배우며 공의를 구하며 학대받는 자를 도와주며 고아를 위하여 신원(伸寃)하며 과부를 위하여 변호하라 하셨느니라. 여호와께서 말씀하시되 오라, 우리가 서로 변론하자. 너희 죄가 주홍 같을지라도 눈과 같이 희어질 것이요 진홍 같이 붉을지라도 양털같이 되리라. 너희가 즐겨 순종하면 땅의 아름다운 소산을 먹을 것이요 너희가 거절하여 배반하면 칼에 삼키우리라. 여호와의 입의 말씀이니라"(사 1:11-20).

〔8-14절〕 여호와의 말씀이 스가랴에게 임하여 이르시되 만군의 여호와가 이미 말하여 이르기를 너희는 진실한 재판을 행하며 피차에[각 사람은 그의 형제에게] 인애와 긍휼을 베풀며 과부와 고아와 나그네와 궁핍한 자를 압제하지 말며 남[그의 형제]을 해하려 하여 심중에 도모하지 말라 하였으나 그들이 청종하기를 싫어하여 등으로 향하며[반항적 어깨를 내밀며](원문) 듣지 아니하려고 귀를 막으며 그 마음을 금강석(솨미르 שָׁמִיר)[부싯돌](NASB)같게 하여 율법과 만군의 여호와가 신[영]으로 이전 선지자를 빙자하여[통해] 전한 말을 듣지 아니하므로 큰 노가 나 만군의 여호와께로서 나왔도다. 만군의 여호와가 말하였었노라. 내가[그가](원문) 불러도 그들이 듣지 아니하였은즉 그들이 불러도 내가 듣지 아니하고 회리바람으로 그들을 그 알지 못하던 모든 열국에 헤치리라 한 후로 이 땅이 황무하여 왕래하는 사람이 없었나니 이는 그들이 아름다운 땅으로 황무하게 하였음이니라 하시니라.

하나님께서 이스라엘 백성에게 명하신 내용은 첫째로 진실한 재판을 행하라는 것이었다. 판사는 불확실한 말이나 친분과 안면을 따라 치우쳐 판단하지 말고 공정하고 진실하게 해야 하였다. 레위기 19:15, 35-36, "너희는 재판할 때에 불의를 행치 말며 가난한 자의 편을 들

스가랴 7장: 순종이 금식보다 중요함

지 말며 세력 있는 자라고 두호하지 말고 공의로 사람을 재판할지 며," "너희는 재판에든지 도량형에든지 불의를 행치 말고 공평한 저울과 공평한 추와 공평한 에바와 공평한 힌을 사용하라." 둘째로 인애(仁愛)와 긍휼을 베풀라는 것이다. 특히, 과부나 고아나 나그네나 궁핍한 자를 압제하지 말고 남을 해하려고 마음에 계획하지 말아야 했다. 레위기 19:17-18, "너는 네 형제를 마음으로 미워하지 말며," "원수를 갚지 말며 동포를 원망하지 말며 이웃 사랑하기를 네 몸과 같이 하라." 한마디로, 의롭고 진실하고 선하게 살라는 것이다.

그러나 이스라엘 백성은 선지자들을 통해 주신 하나님의 말씀을 듣지 않았다. 그들의 마음은 매우 완고했고 반항적이었다. 그러므로 하나님께서는 그들에 대해 크게 노하셨다. 그는 "내가 불러도 그들이 듣지 아니하였은즉 그들이 불러도 내가 듣지 아니하고 회리바람으로 그들을 그 알지 못하던 모든 열국에 헤치리라"고 말씀하셨고, 그리하여 아름다운 유대 땅은 황폐하여져 왕래하는 사람이 없게 되었다.

본장의 교훈을 정리해보자. 첫째로, <u>금식보다 순종이 중요하다.</u> 종교의식보다 순종의 행위가 중요하다. 성경 읽고 기도하며 성수주일하고 십일조 헌금하며 교회 직분을 받아 봉사의 일을 하는 것이 귀하고 좋은 일이지만, 그것들보다 더 중요한 것은 말씀을 믿고 순종하는 것이다.

둘째로, <u>하나님의 뜻은 우리가 의롭고 진실하고 선하게 사는 것이다.</u> "너희는 진실한 재판을 행하며 피차에 인애와 긍휼을 베풀며." 미가 6:8, "사람아, 주께서 선한 것이 무엇임을 네게 보이셨나니 여호와께서 네게 구하시는 것이 오직 공의를 행하며 인자(仁慈)를 사랑하며."

셋째로, <u>우리는 이스라엘 백성의 실패를 거울삼아 실패치 말아야 한다.</u> 이스라엘 백성은 완고한 마음을 가지고 하나님의 말씀을 거역했고 하나님의 진노로 멸망했다. 우리는 그렇게 되지 말고 예수 그리스도의 의 안에서 말씀과 기도로 경건하게 살고 바르고 선하게 살아야 한다.

8장: 예루살렘의 미래의 모습

1-13절, 예루살렘의 회복

〔1-3절〕 만군의 여호와의 말씀이 임하여 이르시되 만군의 여호와가 말하노라. 내가 시온을 위하여 크게 질투하며 그를 위하여 크게 분노함으로 질투하노라. 나 여호와가 말하노라. 내가 시온에 돌아왔은즉 예루살렘 가운데 거하리니 예루살렘은 진리의 성읍이라 일컫겠고 만군의 여호와의 산은 성산(聖山)이라 일컫게 되리라.

하나님께서는 시온을 의해 크게 질투하시며 그를 위해 크게 분노하심으로 질투하셨다. 시온, 곧 예루살렘 성은 하나님께서 사랑하여 택하신 성이었다. 그가 시온을 위해 질투하시는 것은 그 성을 사랑하시기 때문이며 그 성이 지금 황폐되어 있기 때문이다. 하나님의 분노와 질투는 범죄한 시온 때문일 뿐만 아니라, 또한 그들을 황폐케 한 이방 나라들 때문일 것이다. 시온의 회복은 하나님의 거룩한 질투에서 시작된다. 그것은 자기 백성을 향하신 하나님의 긍휼이시다.

하나님께서는 시온에 돌아오셨고 예루살렘 가운데 거하실 것이다. 그는 구원자이시다. 그가 거기 거하시는 것은 시온을 사랑하시는 표이다. 그가 70년 동안 그 성을 황폐케 하셨지만, 다시 돌아오셔서 그 성으로부터 재앙을 거두시고 복을 주실 것이다. 하나님의 본심(本心)이 그러하시다. 그는 그의 긍휼로 시온을 회복시키실 것이다.

회복된 성, 예루살렘은 이 전과 다를 것이다. 전에는 그 성이 거짓으로 충만했으나, 후에는 진리로 충만하고 진리의 다스림에 순종하는 성읍이 될 것이다. 또 전에는 그 성이 죄악되고 불결했으나, 후에는 죄가 없고 거룩과 의와 선으로 충만한 거룩한 산이 될 것이다. 이와 같이, 회복된 이스라엘과 새 예루살렘 성은 하나님을 경외함 가운데 의롭고 선하고 진실한 사람들의 거주지가 될 것이다.

스가랴 8장: 예루살렘의 미래의 모습

[4-6절] 만군의 여호와가 말하노라. 예루살렘 길거리에 늙은 지아비와 늙은 지어미가 다시 앉을 것이라. 다 나이 많으므로 각기 손에 지팡이를 잡을 것이요 그 성읍 거리에 동남(童男)과 동녀(童女)가 가득하여 거기서 장난하리라. 만군의 여호와가 말하노라. 이 일이 그 날에 남은 백성의 눈에는 기이하려니와 내 눈에 어찌 기이하겠느냐? 만군의 여호와의 말이니라.

하나님께서 돌아와 거하심으로 진리의 성읍과 성산이 될 예루살렘 성은 거민이 많아질 것이다. 성읍 길거리에 늙은 남자들과 늙은 여자들이 다시 앉을 것이다. 그 노인들은 다 나이가 많으므로 각기 손에 지팡이를 잡을 것이다. 즉 예루살렘 거민들은 장수(長壽)의 복을 누릴 것이다. 또 성읍 거리에 소년들과 소녀들이 가득하여 거기서 장난할 것이다. 아이들이 가득한 것을 보면 젊은 부모들도 많을 것이다. 그 성은 다산(多産)의 복을 누릴 것이다. 이와 같이, 회복된 예루살렘 곧 신약교회에는 남녀노소의 사람들이 많을 것이다.

이것은 하나님께서 주신 기적이다. 이 일은 그 날에 남은 백성의 눈에 기이할 것이다. 이스라엘의 회복, 예루살렘의 회복은 하나님의 기적이다. 신약교회의 설립과 번창, 특히 이방인들의 구원은 우리가 보기에도 기이한 일이다. 그러나 하나님의 눈에는 그것들이 기이할 것이 없다. 인류의 구원은 그가 친히 뜻하신 일이기 때문이다.

[7-8절] 만군의 여호와가 말하노라. 내가 내 백성을 동방에서부터, 서방에서부터 구원하여 내고 인도하여다가 예루살렘 가운데 거하게 하리니 그들은 내 백성이 되고 나는 성실과 정의로(베에메스 우비체다카 בֶּאֱמֶת וּבִצְדָקָה)[진리와 의 안에서] 그들의 하나님이 되리라.

하나님께서는 그 백성을 동방에서부터, 서방에서부터 구원해 내시고 인도하셔서 예루살렘 가운데 거하게 하실 것이다. 구원자는 오직 하나님이시다. 구원은 오직 하나님께 있다. 구원은 하나님의 단독적 사역이다. 사람은 전적으로 부패되었고 영적으로 죽었었다. 우리의 구원은 우리의 행위로 얻은 것이 아니다. 그것은 우리의 믿음과 회개,

선행과 의 때문에 얻은 것도 아니다. 우리의 구원은 오직 하나님의 은혜와 하나님의 아들 구주 예수 그리스도의 의 때문에 얻은 것이다.

구원은 사람들이 하나님과 바른 관계를 맺는 것이다. 하나님께서는 자기 백성을 구원하여 내실 것이고 그들은 하나님의 백성이 되고 하나님께서는 그들의 하나님이 되실 것이다. 하나님의 백성은 이스라엘 사람들뿐 아니라 온 세상에 있는 하나님의 택한 이방인들도 다 포함한다. 그들은 하나님을 알고 경외하며 그를 믿고 섬기며 모든 죄를 회개하고 구주 예수 그리스도를 믿고 순종하는 자들이다.

이 일은 진리와 의 안에서 이루어질 것이다. 복음은 하나님에 대한 진리이며 또한 사람의 구원에 대한 진리이다(엡 1:13). 또 예수 그리스도의 십자가 대속 사역은 하나님의 공의를 만족시키신 사건이다. 로마서 10:4, "그리스도는 모든 믿는 자에게 의를 이루기 위하여 율법의 마침이 되시니라." 오직 그 의가 우리를 구원한다. 우리는 하나님의 진리 안에서와 예수께서 이루신 의 안에서 구원을 얻었다.

[9-13절] 만군의 여호와가 말하노라. 만군의 여호와의 집 곧 전을 건축하려고 그 지대를 쌓던 날에 일어난 선지자들의 입의 말을 이때에 듣는 너희는 손을 견고히 할지어다. 그 날 전에는 사람도 삯을 얻지 못하였고 짐승도 삯을 받지 못하였으며 사람이 대적을 인하여 출입에 평안치 못하였었나니 이는 내가 뭇 사람으로 서로 치게 하였음이어니와 만군의 여호와가 말하노니 이제는 내가 이 남은 백성을 대하기를 전일과 같이 아니할 것인즉 곧 평안한 추수를 얻을 것이라[씨를 위해 평안이 있으리라](NASB). 포도나무가 열매를 맺으며 땅이 산물을 내며 하늘은 이슬을 내리리니 내가 이 남은 백성으로 이 모든 것을 누리게 하리라. 유다 족속아, 이스라엘 족속아, 너희가 이방 가운데서 저주가 되었었으나 이제는 내가 너희를 구원하여 너희로 축복이 되게 하리니 두려워 말지니라. 손을 견고히 할지니라.

하나님의 성전 기초를 놓던 날에 선지자들을 통해 주신 하나님의 말씀을 듣는 그 '남은 백성'(11, 12절)에게, 하나님께서는 "손을 견고히 하라"고 말씀하신다(9, 13절). 그들은 두려워말고 강하고 담대한 마음을 가지고 성전을 짓고 하나님의 일을 받들어야 할 것이다. 선지자 학개도 총독 스룹바벨과 대제사장 여호수아와 백성들에게 "스스로 굳세게 하여 일하라"고 권면했었다(학 2:4). 하나님께서는 모세의 후계자 여호수아에게도 권면하시기를, "오직 너는 마음을 강하게 하고 극히 담대히 하여 나의 종 모세가 네게 명한 율법을 다 지켜 행하고 좌로나 우로나 치우치지 말라 그리하면 어디로 가든지 형통하리라"고 말씀하셨다(수 1:7). 사도 바울도 고린도 교인들에게 "남자답게 강건하라"고 권면하였다(고전 16:13). 전에는 그들에게 수고의 삶이 없었고 대적을 인해 평안이 없었으나 지금은 평안을 얻을 것이다. 그들은 양식의 풍성함도 누릴 것이며 또 이방 가운데서 복이 될 것이다.

본문의 교훈을 정리해보자. 첫째로, 예루살렘 성의 회복은 하나님의 긍휼로 이루어질 것이다. 하나님께서는 자기 백성을 위해 질투하시고 긍휼히 여겨 구원하신다. 우리의 구원은 하나님의 긍휼로 이루어졌다.

둘째로, 예루살렘 성은 진리의 성읍이 되고, 거룩한 산(聖山)이 될 것이며, 동서남북에서 사람들이 돌아올 것이며 남녀노소의 사람들이 그 성에 많이 거하게 될 것이며, 그들이 하나님과의 바른 관계가 회복되어 그들은 하나님의 백성이 되고 하나님께서는 그들의 하나님이 되실 것이며, 그 관계의 회복은 진리와 의 안에서 이루어질 것이며, 그 성에는 평안이 있을 것이며, 그 성은 이방 가운데서 복이 될 것이다. 이 모든 회복의 복은 예수 그리스도의 오심으로 신약교회에서 이루어졌다.

셋째로, 하나님께서는 그들에게 "너희는 손을 견고히 할지어다"(9절), "손을 견고히 할지니라"(13절)고 말씀하셨다. 마태복음 28:20, "볼지어다, 내가 세상 끝날까지 너희와 항상 함께 있으리라." 고린도전서 15:58, "내 사랑하는 형제들아, 견고하며 흔들리지 말며 항상 주의 일에 더욱 힘쓰는 자들이 되라. 이는 너희 수고가 주 안에서 헛되지 않은 줄을 앎이니라." 우리는 굳센 마음으로 예수님 믿고 순종하고 충성해야 한다.

스가랴 8장: 예루살렘의 미래의 모습

14-23절, 진실과 화평을 행하라

〔14-15〕 [이는] 만군의 여호와가 말하노라. 전에 너희 열조가 나의 노를 격발할[일으켰을] 때에 내가 그들에게 재앙을 내리기로 뜻하고 뉘우치지 아니하였었으나 이제 내가 예루살렘과 유다 족속에게 은혜를 베풀기로 뜻하였나니[뜻하였음이니] 너희는 두려워 말지니라.

이스라엘의 회복은 하나님의 은혜의 뜻에 근거했다. 그는 진노의 하나님이신 동시에 은혜의 하나님이시다. 그는 전에 이스라엘 백성이 그의 노를 일으켰을 때 그들에게 재앙을 내리기로 뜻하셨고 그것을 뉘우치지 않으셨다. 그 결과, 그들에게 전쟁과 멸망과 황폐가 임했다. 그러나 그는 "이제 내가 예루살렘과 유다 족속에게 은혜를 베풀기로 뜻하였나니 너희는 두려워 말지니라"고 말씀하신다. 은혜는 선을 베푸심과 긍휼과 자비이며 구원과 회복의 원인이다. 하나님께서는 진노와 은혜, 이 두 속성을 가지고 계신다. 그는 그의 기쁘신 뜻 가운데 주권적으로 그의 진노도 내리시고 그의 은혜도 베푸신다.

이스라엘의 회복은 하나님의 은혜에 근거한다. 2절, "내가 시온을 위하여 크게 질투하며 그를 위하여 크게 분노함으로 질투하노라." 3절, "내가 시온에 돌아왔은즉 예루살렘 가운데 거하리니 예루살렘은 진리의 성읍이라 일컫겠고 만군의 여호와의 산은 성산(聖山)이라 일컫게 되리라." 7-8절, "내가 내 백성을 동방에서부터, 서방에서부터 구원하여 내고 인도하여다가 예루살렘 가운데 거하게 하리니." 오늘날 우리의 구원도 하나님의 전적인 은혜로 된 것이다. 에베소서 2:8, "너희가 그 은혜를 인하여 믿음으로 말미암아 구원을 얻었나니 이것이 너희에게서 난 것이 아니요 하나님의 선물이라."

〔16-17절〕 너희가 행할 일은 이러하니라. 너희는 각기 이웃으로 더불어 진실을 말하며 너희 성문에서 진실하고 화평한 재판을 베풀고 심중에 서로 해하기를 도모하지 말며 거짓 맹세를 좋아하지 말라. 이 모든 일은 나의 미워하는 것임이니라. 나 여호와의 말이니라.

스가랴 8장: 예루살렘의 미래의 모습

하나님께서는 회복된 이스라엘 백성이 행할 일에 대해 말씀하셨다. 첫째로, 그는 그들이 각기 이웃에게 진실을 말하고 진실한 재판을 하고 거짓 맹세를 좋아하지 말라고 말씀하셨다. 진실한 재판은 사실에 근거하고 증인들의 진실한 증언에 근거한 재판이다. 또 맹세는 사람이 무엇을 말하거나 약속할 때 하나님 앞에서 하나님의 이름을 걸고 하는 말이다. 그러므로 거짓 맹세를 하는 것은 하나님 앞에서 거짓말 하는 것, 즉 하나님을 속이는 큰 죄악이다. 사도 바울은 에베소서 4:25에서, "거짓을 버리고 각각 그 이웃으로 더불어 참된 것을 말하라. 이는 우리가 서로 지체가 됨이니라"고 말했다. 거짓말은 마귀의 특징이며 천국에 들어가지 못할 자들의 죄악이며 지옥 갈 자들의 죄악이다(계 21:8, 27; 22:15). 요한계시록 21:8, "모든 거짓말하는 자들은 불과 유황으로 타는 못에 참여하리라." 우리는 거짓말하지 않고 진실한 말만 하는 훈련을 해야 한다. 우리는 진실만을 말해야 한다.

둘째로, 하나님께서는 그들이 화평한 재판을 베풀고 마음에 서로 해하기를 도모하지 말라고 말씀하셨다. 화평한 재판은 남을 해치려는 의도를 가지지 않고 가급적 서로 화목하게 하는 재판이다. 사람이 마음으로 다른 사람을 미워하고 그를 해치려고 계획하는 것은 살인하는 것과 같다. 요한일서 3:15는, "그 형제를 미워하는 자마다 살인하는 자니 살인하는 자마다 영생이 그 속에 거하지 아니하는 것을 너희가 아는 바라"고 말했다. 선은 남에게 유익을 주는 것이지만, 악은 남에게 해를 끼치는 것이다. 우리는 선과 화평을 행해야 한다.

요약하면, 하나님께서는 우리에게 진실과 화평을 교훈하신 것이다. 진실과 화평은 사람들의 인간관계에 매우 중요한 덕목이다.

〔18-19절〕만군의 여호와의 말씀이 내게 임하여 이르시되 만군의 여호와가 말하노라. 사월의 금식과 오월의 금식과 칠월의 금식과 시월의 금식이 변하여 유다 족속에게 기쁨과 즐거움과 희락의 절기가 되리니 오직 너희는 진실과 화평을 사랑할지니라.

스가랴 8장: 예루살렘의 미래의 모습

유다 사람들은 이제까지 4월과 5월과 7월과 10월에 금식했다. 4월의 금식은 예루살렘의 함락을 슬퍼한 것 같고, 5월의 금식은 예루살렘 성전과 궁궐이 불탄 것을 슬퍼한 것 같고(렘 52:6, 12), 7월의 금식은 속죄일의 금식을 가리킨 것 같고, 10월의 금식은 예루살렘이 포위된 것을 슬퍼한 것 같다(렘 52:4). 그들은 금식의 날에 슬픔과 회개의 심령으로 하나님의 긍휼과 이스라엘의 회복을 간구했을 것이다.

그런데 이제 그 금식이 변하여 기쁨과 즐거움과 희락의 절기가 될 것이다. 하나님께서는 그들에게 기쁨과 즐거움을 주실 것이다. 그들이 얻을 기쁨은 예루살렘의 회복 때문이다. 그것은 하나님의 진노가 그치고 그들이 포로 생활에서 고국으로 돌아오고 하나님께서 그들과 함께하시고 종교적 부흥이 있고 의식주의 필요를 풍성히 주심 등에 기인할 것이다(슥 8:3, 8, 12). 기쁨은 구원의 결과이다. 그것은 하나님 나라의 특징이다. 로마서 14:17은 하나님의 나라가 성령 안에서 의와 평안과 기쁨이라고 말한다. 또 기쁨은 성령의 열매이다(갈 5:22).

하나님께서는 또다시 유다 백성들에게 진실과 화평을 사랑하라고 강조하셨다. 이것은 그들에게 내면적, 도덕적 변화를 강조하신 것이다. 우리는 진실한 것만 말하고 믿고 무슨 일이든지 사실에 근거해서 판단해야 하며(엡 4:25), 또 남을 미워하거나 해하려 하지 말고 할 수 있는 대로 선과 화평을 실천해야 한다(롬 12:9-10; 14:19).

〔20-23절〕 만군의 여호와가 말하노라. 그 후에 여러 백성과 많은 성읍의 거민이 올 것이라. 이 성읍 거민이 저 성읍에 가서 이르기를 우리가 속히 가서 만군의 여호와를 찾고 여호와께 은혜를 구하자 할 것이면 나도 가겠노라 하겠으며 많은 백성과 강대한 나라들이 예루살렘으로 와서 만군의 여호와를 찾고 여호와께 은혜를 구하리라. 만군의 여호와가 말하노라. 그 날에는 방언이 다른 열국 백성 열 명이 유다 사람 하나의 옷자락을 잡을 것이라. 곧 잡고 말하기를 하나님이 너희와 함께하심을 들었나니 우리가 너희와 함께 가려 하노라 하리라 하시니라.

스가랴 8장: 예루살렘의 미래의 모습

그때에 '여러 백성들' '많은 백성들과 강대한 나라들' '언어가 다른 열국 백성들'이 하나님께로 나아올 것이며 하나님을 찾을 것이다. 그들은 이스라엘의 하나님을 찾을 것이다. "만군의 여호와를 찾고 여호와께 은혜를 구한다"는 말은 죄를 회개하고 하나님을 믿고 의지함을 뜻한다. 이것은 이방인들의 구원, 곧 세계복음화를 예언한 것이라고 본다. 스가랴 6:15도 "먼데 사람이 와서 여호와의 전을 건축하리라"고 말했고, 8:7도 "내가 내 백성을 동방에서부터, 서방에서부터 구원하여 내리라"고 말씀하셨다. 이것은 신약교회 시대에 이루어졌다.

이 많은 백성 가운데 우리도 포함되었다. 우리는 혈통적으로 이스라엘 민족이 아니고 이방 민족이었지만, 하나님의 은혜를 받아 하나님의 백성이 되었다(계 7:9). 온 세계의 여러 민족들 가운데서 택함 받은 영혼들이 구원을 받았다. 이제 우리는 이 구원의 복음을 땅끝까지 전해야 한다. 마가복음 16:15, "너희는 온 천하에 다니며 만민에게 복음을 전파하라." 누가복음 24:47, "그의 이름으로 죄사함을 얻게 하는 회개가 예루살렘으로부터 시작하여 모든 족속에게 전파될 것이 기록되었으니." 세계복음화는 신약교회의 가장 중요한 임무이다.

본문의 교훈을 정리해보자. 첫째로, 우리는 하나님의 공의의 진노와 심판을 두려워해야 하고 또 하나님의 은혜로 예수 그리스도를 믿음으로 구원받은 자들로서 하나님의 은혜의 구원을 항상 감사해야 하고, 또 우리의 구주와 주님이신 예수 그리스도 안에서 항상 기뻐해야 한다.

둘째로, 우리는 모든 거짓을 버리고 항상 진실하게 말하며 판단해야 하고 또 항상 선하게 살고 마음으로라도 남을 해하려 하지 말아야 한다. 우리는 온갖 종류의 악을 다 버리고 진실과 화평을 실천해야 한다.

셋째로, 우리는 세계복음화가 하나님의 인류 구원의 뜻임을 이해하고, 땅끝까지 세계 만민에게 하나님의 복음 곧 우리 주 예수 그리스도의 구원의 복음을 널리 전파하는 일을 위해 기도하며 힘써야 한다.

스가랴 9장: 구원하시는 왕이 오심

9장: 구원하시는 왕이 오심

1-8절, 이방 세계의 심판과 구원

[1-4절] 여호와의 말씀의 경고가 하드락 땅에 임하며 다메섹에 머물리니 세상 사람과 이스라엘 모든 지파의 눈이 여호와를 우러러 봄이니라. 그 접경된 하맛에도 임하겠고 두로와 시돈은 넓은 지혜가 있으니[비록 매우 지혜로울지라도] 그들에게도 임하리라. 두로는 자기를 위하여 보장[요새]을 건축하며 은을 티끌같이, 정금을 거리의 진흙같이 쌓았은즉[쌓았으나, 보라] 주께서 그를 쫓아내시며 그의 바다 권세를 치시리니 그가 불에 삼키울지라.

'경고'는 심판과 재앙을 암시한다. 하드락 땅과 다메섹은 바벨론의 서쪽 끝지역이다. 하나님께서는 단지 이스라엘의 하나님이 아니시고 이방 나라들도 다스리시는 하나님이시다. 그는 온 세상을 두루 살피시며 이방 나라들의 악행에 대해 공의로 심판하실 것이다. 세상 사람들과 이스라엘 모든 지파의 눈이 여호와를 우러러 본다는 말은 바벨론 사람들의 침공으로 해를 입은 자들이 하나님을 우러러 보며 그의 공의의 심판이 어떻게 이루어지는지 본다는 뜻일 것이다.

두로와 시돈은 인간적 지혜가 많아서 매우 번영하였고 부강하였고 자기를 위해 요새를 건축하였다. 두로는 항구로서 인접한 섬에 요새를 건축하였다고 한다. 또 그들은 은을 티끌같이, 정금을 거리의 진흙같이 쌓았다. 두로는 오늘날의 홍콩같이 주요 무역항으로서 물질적인 부요를 누렸다. 그러나 하나님께서 두로를 쫓아내시며 그의 바다 권세를 치실 것이다. 두로는 불에 삼키우듯 멸망할 것이다.

[5-7절] 아스글론이 보고 무서워하며 가사도 심히 아파할 것이며 에그론은 그 소망이 수치가 되므로 역시 그러하리라. 가사에는 임금이 끊칠 것이며 아스글론에는 거민이 없을 것이며 아스돗에는 잡족이 거하리라. 내가 블레셋 사람의 교만을 끊고 그 입에서 그 피를, 그 잇사이에서 그 가증한 것을 제하리니 [그러나] 그도[그는 또한] 남아서 우리 하나님께로 돌아와서

스가랴 9장: 구원하시는 왕이 오심

[속하며] **유다의 한 두목같이 되겠고 에그론은 여부스 사람같이 되리라.**

하나님께서는 또 서남쪽 해안지역인 블레셋에 대한 심판과 회복에 대해 말씀하신다. 아스글론, 에그론, 가사, 아스돗은 블레셋의 도시들이다. 하나님께서 두로와 시돈을 심판하실 때, 아스글론이 보고 무서워하며 가사도 심히 고통스러워 할 것이다. 또 에그론은 자기의 소망이 수치가 되므로 슬퍼할 것이다.

하나님께서는 또한 블레셋에도 심판을 내리실 것이다. 가사에는 임금이 끊어질 것이다. 아스글론에는 거민이 없을 것이다. 아스돗에는 잡족이 거할 것이다. 블레셋의 도시들이 이와 같이 멸망할 것이다. 블레셋 나라는 왕도 없고 백성도 없는 황폐한 나라가 되고 그 도시들은 황폐한 도시가 될 것이다. 이와 같이, 우상숭배적인 세상 나라들은 결국 다 멸망할 것이며 그 도시들은 다 황폐케 될 것이다.

하나님께서는 블레셋을 정결케 하실 것이다. 그는 블레셋 사람들의 교만을 끊으실 것이다. 또 그는 그 입에서 피, 그 잇사이에서 그 가증한 것, 즉 피 있는 우상제물을 제하실 것이다. 하나님의 심판은 블레셋의 교만과 우상숭배를 깨끗케 하실 것이다. 그러나 하나님께서는 또한 블레셋을 구원하시고 회복시키실 것이다. 그들은 남아서 우리 하나님께 속하며 유다의 한 우두머리(KJV, BDB)같이 존귀한 성도가 될 것이다. 에그론은 여부스 사람같이 유다 백성이 될 것이다.

〔8절〕**내가 내 집을 둘러 진을 쳐서 적군을 막아 거기 왕래하지 못하게 할 것이라. 포학한 자가 다시는 그 지경으로 지나지 못하리니 이는 내가 눈으로 친히 봄이니라.**

'내 집'은 하나님의 성전을 가리키며 이스라엘 전체와 신약교회에 적용할 수 있다. 회복된 예루살렘 성 사면에서 불 성곽이 되겠다고 말씀하신 것과 같이(슥 2:5), 또 천사들을 동원해 아람 군사들로부터 엘리사를 보호하셨던 것같이(왕하 6:17), 하나님께서는 친히 성전과 자기 백성 이스라엘과 신약교회를 천사들로 보호하실 것이다.

스가랴 9장: 구원하시는 왕이 오심

그는 포학한 적군들을 막아 그 안으로 지나다니지 못하게 하실 것이다. 이방 나라 원수들은 하나님을 두려워함도 없었고 선한 양심도 없었고 인정도 긍휼도 없었던 자들이지만, 하나님께서 그들을 막으시므로 그들은 다시 이스라엘 땅과 하나님의 성전을 짓밟지 못할 것이다. 하나님께서는 회복된 이스라엘 곧 신약교회를 보존하실 것이다. 그 어떤 세상 나라와 정권도 신약교회를 말살시키지 못하게 하실 것이다. 고대의 로마 제국도, 근대의 일본 제국이나 공산 정권도 성도들의 믿음과 심령과 양심을 주관하거나 짓밟지 못하였다.

이것은 하나님께서 눈으로 친히 보시기 때문이다. '보신다'는 말은 그가 '보호하시고 지키신다'는 뜻이다. 신약교회는 하나님께서 단지 보시는 정도가 아니고 친히 성령으로 오셔서 함께 하신다. 하나님의 영, 성령께서는 성도 개인 속에 또 교회 전체 속에 영원히 거하신다 (요 14:16). 예수께서는 "볼지어다, 내가 세상 끝날까지 너희와 항상 함께 있으리라"고 약속하셨다(마 28:20). 하나님의 영께서는 우리와 함께 계시며 우리를 도우시고 위로 격려하시고 또 지켜주신다.

본문의 교훈을 정리해보자. **첫째로,** 하나님께서는 이방 나라들의 악에 대해서도 공의로 심판하신다. 우리는 개인이나 국가나 자신의 지혜와 능력과 부를 의지하거나 자랑하지 말고 오직 살아 계신 참 하나님만 의지하고 하나님만 자랑해야 한다. 하나님께서는 악인을 심판하신다.

둘째로, 하나님께서는 이방 나라들을 심판하시면서도 그 가운데서 택자들을 구원하실 것이다. 그는 블레셋을 심판하시지만 그들을 정결케 하시고 회복시키실 것이다. 우리는 하나님의 크신 긍휼을 감사하자.

셋째로, 성도에게는 하나님의 특별한 보호하심이 있다. 시편 23:4, "내가 사망의 음침한 골짜기로 다닐지라도 해를 두려워하지 않을 것은 주께서 나와 함께하심이라. 주의 지팡이와 막대기가 나를 안위하시나이다." 그러므로 우리는 세상을 두려워 말고 항상 하나님만 의지하자.

스가랴 9장: 구원하시는 왕이 오심

9-17절, 메시아께서 나귀를 타고 오심

〔9-10절〕 시온의 딸아, 크게 기뻐할지어다. 예루살렘의 딸아, 즐거이 부를지어다. 보라, 네 왕이 네게 임하나니 그는 공의로우며 구원을 베풀며 겸손하여서 나귀를 타나니 나귀의 작은 것 곧 나귀새끼니라. 내가 에브라임의 병거와 예루살렘의 말을 끊겠고 전쟁하는 활도 끊으리니 그가 이방 사람에게 화평을 전할 것이요 그의 정권은 바다에서 바다까지 이르고 유브라데 강에서 땅끝까지 이르리라.

시온의 딸과 예루살렘의 딸로 불리는 이스라엘 백성은 크게 기뻐하고 즐거워해야 한다. 그 이유는 하나님께서 세상을 심판하시는 중에도 메시아이신 왕을 보내셔서 남은 자기 백성을 구원하실 것이기 때문이다. 스가랴는 왕으로 오실 메시아에 대해 좀더 증거한다.

첫째로, 그 왕은 의로우실 것이다. 그는 의로우시며 또 자기 백성을 위해 의를 이루실 것이다. 둘째로, 그는 구원을 베푸실 것이다. 그것이 메시아의 사명이다. 그는 죄와 불행, 죽음과 멸망으로부터 그 백성을 구원하실 것이다. 셋째로, 그는 겸손하실 것이다. 그는 겸손하시므로 나귀 새끼를 타실 것이다. 이 예언은 예수께서는 세상에 오셔서 마지막 유월절 전에 예루살렘으로 올라가시며 나귀새끼를 빌려 타고 가실 때 성취되었다(막 11:2; 눅 19:30; 요 12:14). 그는 자신을 낮추셔서 사람으로 태어나셨고 십자가에 죽기까지 낮아지셨다(빌 2:6-8).

넷째로, 그는 온 세상에, 땅끝까지 평안을 전하실 것이다. 구원은 하나님과의 화목이다. 죄는 하나님과 사람을 원수 되게 만들었으나, 죄사함의 구원은 하나님과 화목케 한다. 또 하나님과 화목케 된 자는 그 심령에 평안을 얻게 된다. 죄는 슬픔과 불안, 고통과 죽음을 가져왔지만, 죄씻음의 구원은 평안과 안정, 기쁨과 영생을 준다. 이 예언은 예수 그리스도 안에서 신약 성도들에게 이루어졌다.

〔11-12절〕 또 너로 말할진대 네 언약의 피를 인하여 내가 너의 갇힌 자들을 물 없는 구덩이에서 놓았나니 소망을 품은 갇혔던 자들아, 너희는 보

스가랴 9장: 구원하시는 왕이 오심

장(保障)[요새]으로 돌아올지니라. 내가 오늘날도 이르노라. 내가 배나 네게 갚을 것이라.

하나님께서는 이스라엘 백성을 포로생활로부터 돌아오게 하실 것이다. 그들은 언약의 피 때문에 돌아올 것이다. 이스라엘 백성이 모세를 통해 하나님과 맺은 언약은 율법인데, 율법에는 도덕법과 의식법이 있었다. 도덕법은 십계명에 나타나 있는데, 하나님의 의를 알려주고 사람의 죄를 깨닫게 허준다. 의식법은 성막 제도와 제사들의 법들에 나타나 있는데, 하나님의 긍휼과 그리스도의 대속사역을 보여준다. 의식법은 구원이 언약의 피, 곧 메시아의 대속사역 때문에 이루어질 것을 예표적으로 증거하였다(롬 3:25; 벧전 1:18-19).

이스라엘 백성은 절망의 상태에서 놓여날 것이다. 그들은 자신의 죄로 인해 처한 바벨론 포로생활로부터 스스로 놓여날 수 없었다. 그들에게는 절망밖에 없었다. 그러나 긍휼과 언약의 하나님께서 그들을 물 없는 구덩이 같은 그 절망의 상태에서 건져내어 주실 것이다. 그들의 소망은 오직 하나님이셨다. 그들은 "소망을 품은 갇혔던 자들"이었다. 절망적인 그들에게 오직 하나님께서만 소망이셨다. 그러므로 하나님께서는 "너희는 요새로 돌아오라"고 말씀하신다. 그는 그들의 요새가 되신다. 그는 또 그들에게 배나 갚으실 것이라고 말씀하신다. 이스라엘 나라의 회복과 번영은 오직 하나님의 손에 달려 있다.

[13-17절] 내가 유다로 당긴 활을 삼고 에브라임으로 먹인 살을 삼았으니 시온아, 내가 네 자식을 격동시켜 헬라 자식을 치게 하며 너로 용사의 칼과 같게 하리라. 여호와께서 그 위에 나타나서 그 살을 번개같이 쏘아내실 것이며 주 여호와께서 나팔을 불리시며[부시며] 남방 회리바람을 타고 행하실 것이라. 만군의 여호와께서 그들을 호위하시리니 그들이 원수를 삼키며 물맷돌을(NASB)[혹은 '물갯돌로'(KJV, NIV)] 밟을 것이며 그들이 피를 마시고 즐거이 부르기를 술 취한 것같이 할 것인즉 피가 가득한 동이[대접]와도 같고 피 묻은 제단 모퉁이와도 같을 것이라. 이 날에 그들의 하나님 여호와께서 그들을 자기 백성의 양떼같이 구원하시리니 그들이 면류관의 보석같

스가랴 9장: 구원하시는 왕이 오심

이 여호와의 땅에 빛나리로다. 그의 형통함[선하심]**과 그의 아름다움**[아름다우심]**이 어찌 그리 큰지**[크신지]**. 소년은 곡식으로 강건하며 처녀는 새 포도주로 그러하리로다.**

하나님께서는 이스라엘 백성을 강하게 하셔서 원수들을 이기게 하실 것이다. 그는 유다를 당긴 활로 삼으시고 에브라임을 먹인 화살로 삼으실 것이다. 이스라엘 백성은 용사의 칼과 같이 신흥제국 헬라를 칠 것이다. 하나님께서는 그 위에 나타나서 그 살을 번개같이 쏘아내시며 주 여호와께서 나팔을 부시며 남방 회리바람을 타고 행하실 것이다. 만군의 여호와께서는 이스라엘 백성을 호위하시고 원수를 삼키고 물매 돌을 밟게 하실 것이다. 그들은 원수들의 많은 피를 흘릴 것이다. 하나님께서는 죄악된 이스라엘 백성을 구원하시고 면류관의 보석같이 영화롭게 하실 것이며 또 그들을 곡식과 포도주로 강건케 하실 것이다. 하나님의 선하심과 아름다우심은 참으로 크시다.

본문의 교훈을 정리해보자. 첫째로, 우리는 왕으로 오신 구주 예수 그리스도의 구원을 기뻐하고 만방에 전해야 한다. 인류의 구원은 하나님께 있고 그가 보내신 구주에게 있다. 하나님께서 보내신 구주께서는 본문에 예언된 대로 겸손하셔서 나귀새끼를 타고 예루살렘으로 올라가셨다. 그는 의로우시며 의를 이루셨고 온 세계에 참 평안을 주신다. 그러므로 우리는 그의 구원을 기뻐하고 이 복음을 만방에 전해야 한다.

둘째로, 우리는 고난 많은 세상에서 오직 하나님만 소망하며 의지해야 한다. 세상은 죄와 죄의 결과로 인해 혼란스럽고 절망적이지만 하나님께서는 죄 문제의 해결과 의를 주시고 우리의 소망이 되시며, 세상에는 여전히 환난과 고난이 많지만 그는 우리의 요새가 되신다.

셋째로, 우리는 하나님 안에서 늘 강건함을 얻어야 한다. 하나님께서는 선하시며 영화로우시다. 그는 날마다 새 힘을 주셔서 우리로 살게 하시고 또 성령의 능력을 주셔서 우리로 세상을 구원하는 도구가 되게 하신다. 그는 장차 우리에게 영원한 천국과 영생의 영광을 주실 것이다.

10장: 이스라엘의 회복

〔1-3a절〕봄비 때에 여호와 곧 번개를 내는 여호와께 비를 구하라. 무리에게 소나비를 내려서 밭의 채소를 각 사람에게 주리라. 대저 드라빔들은 허탄한 것을 말하며 복술자는 진실치 않은 것을 보고 거짓 꿈을 말한즉 그 위로함이 헛되므로 백성이 양같이 유리하며 목자가 없으므로 곤고를 당하나니 내가 목자들에게 노를 발하며 내가 숫염소들을 벌하리라.

스가랴는 봄비 때에 하나님께 비를 구하라고 말한다. 유대 땅에서 가을에 내리는 비는 이른 비라고 불리며 곡식 파종에 필요한 비이지만, 오늘날 달력으로 3, 4월경에 내리는 봄비는 늦은 비라고 불리며 이삭을 여물게 하는 비이다. 하나님께서는 이스라엘 백성을 회복시키실 때에 소나비와 식물을 주실 것이다. 그는 그들에게 먹을 음식을 풍성하게 주실 것이다. 이것은 하나님의 복이다.

우상들은 헛된 것을 말했고 거짓된 신비주의자들은 진실치 않은 것을 보았고 거짓 꿈을 말했고 헛된 위로, 거짓된 위로를 말하였다. 이스라엘 백성은 우상을 섬겼을 때에 길 잃은 양같이 유리하며 방황하였다. 그들은 인도자가 없었고 보호자가 없었으므로 곤고한 일들을 당하였다. 이제 하나님께서는 우상숭배를 조장했던 악한 목자들에게 노하시며 그들을 징벌하실 것이며, 또 회중 가운데 있는 악한 숫염소들, 곧 순진한 양들을 밀쳤던 악한 교인들도 벌하실 것이다.

〔3b-5절〕만군의 여호와가 그 무리 곧 유다 족속을 권고(眷顧)하여[돌아보아] 그들로 전쟁의 준마(駿馬)와 같게 하리니 모퉁이 돌이 그[그들]에게로서, 말뚝이 그[그들]에게로서, 싸우는 활이 그[그들]에게로서, 권세 잡은 자(노게스 נֹגֵשׂ)[다스리는 자]가 다 일제히 그[그들]에게로서 나와서 싸울 때에 용사같이 거리의 진흙 중에 대적을 밟을 것이라. 여호와가 그들과 함께한즉 그들이 싸워 말 탄 자들로 부끄러워하게 하리라.

하나님께서는 이스라엘 백성을 긍휼히 여기심으로 회복시키실 것이다. 그는 이스라엘 백성을 전쟁의 준마(駿馬)와 같이 강하고 힘있게 하실 것이다. 또 그들에게서 모퉁이 돌이 나오고 말뚝이 나오고 싸우는 활이 나오고 다스리는 자가 나올 것이다. 모퉁이 돌은 두 벽을 연합시키는 돌이다. 모퉁이 돌과 말뚝은 견고함을 가리킬 것이다. 또 싸우는 활이나 다스리는 자는 용맹과 능력을 가리킬 것이다. 이 네 가지 비유는 메시아를 가리켰다고 본다. 이스라엘 나라는 메시아의 강림으로 회복되고 힘과 견고함을 얻을 것이다. 예수 그리스도께서는 오셔서 회복된 이스라엘 나라 곧 신약교회의 힘과 견고함이 되셨다. 메시아께서는 싸울 때 거리의 진흙 중에서 대적을 밟으실 용사 같으실 것이다. 여호와께서 그들과 함께하시므로 신약교회는 복음으로 온 세상을 정복하여 택자들을 다 구원할 것이다.

〔6-7절〕 **내가 유다 족속을 견고하게 하며 요셉 족속을 구원할지라. 내가 그들을 긍휼히 여김으로 그들로 돌아오게 하리니 그들이 내게 내어 버리움이 없었음같이 되리라. 나는 그들의 하나님 여호와라. 내가 그들을 들으리라. 에브라임이 용사 같아서 포도주를 마심같이 마음이 즐거울 것이요 그 자손은 보고 기뻐하며 여호와를 인하여 마음에 즐거워하리라.**

전에는 이스라엘 백성이 내어버림을 당했었고 약해졌고 이방인들에게 학대와 수치를 당했고 온 세계에 흩어졌다. 그러나 지금 하나님께서는 그들을 긍휼히 여기실 것이다. 그는 그들의 하나님 여호와이시며 그들의 음성, 그들의 기도와 간구의 음성을 들으실 것이다. 그들을 향한 하나님의 긍휼의 결과는 그들의 구원과 회복이다. 하나님께서는 바벨론 포로생활로부터 놓여나는 불가능한 일을 가능하게 하셨고 또 하실 것이다. 하나님의 구원은 사람의 영육의 완전한 회복이다. 하나님께서는 회복된 이스라엘 백성에게 능력과 용기와 담력을 주실 것이다. 신약교회는 성령의 능력과 마음의 즐거움을 얻었다.

〔8-10절〕 **내가 그들을 향하여 휘파람 불어**(쇠라크 שָׁרַק)[혹은 '호각을 불어'](BDB) **모을 것은 내가 그들을 구속**(救贖)**하였음이라. 그들이 전에 번**

스가랴 10장: 이스라엘의 회복

성하던 것같이 번성하리라. 내가 그들을 열방에 뿌리려니와(웨에즈라엠 םיִמַּעָבְ)[비록 내가 그들을 (열방에) 뿌렸거니와(혹은 '심었거니와')] 그들이 원방에서 나를 기억하고 그들의 자녀와 함께 다 생존하여 돌아올지라. 내가 그들을 애굽 땅에서 이끌어 돌아오며 그들을 앗수르에서부터 모으며 길르앗 땅과 레바논으로 그들을 이끌어 가리니 그 거할 곳이 부족하리라.

목자가 호각을 불어 양을 모으듯이, 하나님께서는 이스라엘 백성을 향해 호각을 불어 모으실 것이다. 그가 그들을 모으시는 까닭은 그가 그들을 구속(救贖)하셨기 때문이다. 주 예수 그리스도께서 오셔서 십자가에 죽으심으로 그들을 구속하셨고 그 결과로 그들은 회복될 것이다. 회복된 이스라엘 백성은 수적으로 많을 것이다. 온 세상에 흩어졌던 일은 온 세상에 심어진 것같이 되어 많은 영혼들이 살아서 돌아올 것이다. 그들은 남쪽 애굽 땅에서도 북쪽 앗수르에서도 올 것이다. 하나님께서는 그들을 요단 동편 길르앗 땅과 서편 레바논으로 이끌어 가실 것이며 그 거할 곳이 부족할 것이다.

〔11-12절〕 내가 그들로 **고해(苦海)를 지나게 하며**[그가 고난의 바다를 지나시며](KJV, NASB) **바다 물결을 치리니 나일의 깊은 곳이 다 마르겠고 앗수르의 교만이 낮아지겠고 애굽의 홀이 없어지리라. 내가 그들로 나 여호와를 의지하여**(바호와 הָוהיַּב)[여호와 안에서, 여호와로 인해] **견고케 하리니 그들이 내 이름을 받들어**(비쉐모 וֹמְשִׁב)[그의 이름으로] **왕래하리라. 나 여호와의 말이니라.**

하나님께서는 친히 고난의 바다를 지나실 것이다. 그 바다는 이스라엘 백성의 고난의 현실을 가리켰다고 본다. 옛날 이스라엘 백성을 애굽에서 건져내어 홍해를 기적으로 건넜듯이, 하나님께서는 그들이 멸망하여 바벨론 포로 생활을 하는 동안 그 고난의 현실 가운데서도 그들과 함께하셨고 이제 그들을 구원하시고 인도하실 것이다.

하나님께서 바다 물결을 치시니 나일강의 깊은 곳이 다 마를 것이며 앗수르의 교만이 낮아질 것이며 애굽의 홀이 없어질 것이다. 나일강은 이스라엘 백성이 고향 땅으로 돌아오는 길의 장애물을 상징한다. 교만한 앗수르 사람들도 이스라엘 백성을 놓아주려 하지 않을 것이지만, 그 교만이 낮아질 것이다. 애굽의 권세자들도 없어질 것이다. 하나님께서 그 장애물들을 다 꺾으시고 부수실 것이다. 그런 것들이 이스라엘 백성의 돌아옴과 회복에 장애거리가 되지 못할 것이다.

이스라엘 백성은 하나님 안에서 강건케 될 것이다. 하나님께서는 그들의 힘이 되실 것이다. 그들은 이제 하나님 안에서 견고해질 것이며 그의 이름으로 살아갈 것이다. 사람은 다 질그릇 같으나 우리의 능력은 우리 자신에게 있지 않고 오직 하나님께 있다(고전 4:7).

본장의 교훈을 정리해보자. 첫째로, 하나님께서는 봄비 때에 소낙비를 주실 것이다. 하나님께서는 그의 긍휼의 때에 그의 은혜와 구원을 주실 것이다. 그때 우리는 하나님께 비, 곧 소낙비를 구해야 한다. 구원은 하나님의 예정된 바이지만, 우리의 간구함으로 이루어질 것이다.

둘째로, 우리는 헛된 우상숭배를 다 버려야 한다. 세상의 근본적인 죄는 우상숭배이다. 세상은 우상숭배 때문에 멸망할 것이다. 이스라엘 백성의 멸망도 그러했다. 그들은 허탄한 드라빔들, 복술자들의 거짓된 예언들, 거짓된 꿈들 때문에 배교하였고 결국 멸망했다. 그러므로 우리는 오늘날에도 바른 교훈을 떠난 헛된 우상숭배를 조심해야 하고, 거짓된 목사들과 숫염소들 같은 거짓된 교인들을 조심해야 한다.

셋째로, 하나님께서는 이스라엘 백성을 전쟁의 준마같이 강건케 하실 것이다. 그는 그들에게서 모퉁이 돌과 말뚝과 싸우는 칼과 다스리는 자가 나오게 하실 것인데, 그것은 메시아를 가리켰다고 본다. 하나님께서는 메시아를 통해, 그의 죽음을 통해 그들을 구속(救贖)하실 것이다. 또 그는 그들을 휘파람 불듯이, 호각을 불듯이 부르실 것이며 그들은 온 세계로부터 돌아올 것이다. 또 하나님께서는 돌아온 그들을 번성케 하실 것이며 강건케 하실 것이다. 그들은 이제 하나님만 의지하며 견고케 되며 하나님의 이름으로 행할 것이다. 신약교회가 그렇다.

스가랴 11장: 목자들에 대한 예언

11장: 목자들에 대한 예언

〔1-3절〕 레바논아, 네 문을 열고 불이 네 백향목을 사르게 하라. 너 잣나무(베로쉬 ברוֹשׁ)[삼나무(LXX, Syr, NASB), 전나무(Vg, KJV, NIV)]여, 곡할지어다. 백향목이 넘어졌고 아름다운 나무가 훼멸되었도다. 바산의 상수리나무(알론 אַלּוֹן)[오크 나무]여, 곡할지어다. 무성한 삼림이 엎드러졌도다. 목자의 곡하는 소리가 남이여, 그 영화로운 것이 훼멸되었음이로다. 어린 사자의 부르짖는 소리가 남이여. 이는 요단의 자랑이 황무하였음이로다.

본문은 유다 백성의 멸망과 통곡을 묘사한다고 본다. 유다의 지도자들과 인재들과 백성들이 부르짖고 통곡하는 비극적인 일이 일어날 것이다. 이것은 메시아께서 오신 후에 주후 70년 로마 군대에 의한 예루살렘 성의 멸망을 예언한 것이라고 보인다(눅 21:5-6).

〔4-5절〕 여호와 나의 하나님이 가라사대 너는 잡힐[죽임을 당할] 양떼를 먹이라. 산 자들은 그들을 잡아도[죽여도] 죄가 없다 하고 판 자들은 말하기를 내가 부요케 되었은즉 여호와께 찬송하리라 하고 그 목자들은 그들을 불쌍히 여기지 아니하는도다.

죽임을 당할 양떼는 유다 백성을 가리킨다고 본다. 멸망할 자들에게 설교하는 것은 힘들고 고통스러운 일이다. 이것은 메시아의 사역을 암시하였다고 본다. 예수 그리스도께서는 거역하는 자들과 멸망할 자들에게 끝까지 설교하고 가르치셨다. 산 자들은 예루살렘 성을 짓밟은 로마 사람들을 가리키고, 판 자들은 세속적인 유다 지도자들을 가리킨 것 같다. 세상 권력과 결탁해 부요케 된 그들은 여호와께 찬송하겠다고 말한다. 그것은 악하고 불경건한 고백이다. 지도자들은 자기의 백성을 불쌍히 여기지 않는다. 그 가까운 원인은 그들의 죄 때문이지만, 근원적으로는 하나님께서 그들을 버리셨기 때문이다.

〔6-9절〕 여호와기 말하노라. 내가 다시는 이 땅 거민을 불쌍히 여기지 아니하고 그 사람을 각각 그 이웃의 손과 임금의 손에 붙이리니 그들이 이

스가랴 11장: 목자들에 대한 예언

땅을 칠지라도 내가 그 손에서 건져내지 아니하리라 하시기로 내가 이 잡힐 양떼를 먹이니 참으로 가련한 양이라. 내가 이에 막대기 둘을 취하여 하나는 은총(노암 נֹעַם)[호의(NASB)]이라 하며 하나는 연락(코블림 חֹבְלִים)[연합]이라 하고 양떼를 먹일새 한 달 동안에 내가 그 세 목자를 끊었으니 이는 내 마음에 그들을 싫어하였고 그들의 마음에도 나를 미워하였음이라. 내가 가로되 내가 너희를 먹이지 아니하고 죽는 자는 죽는 대로, 망할 자는 망할 대로, 그 나머지는 피차 살을 먹는 대로 두리라 하고.

하나님의 긍휼이 사람들의 평안의 원인이다. 하나님께서 긍휼히 여기실 때 그 백성은 평안을 누릴 수 있지만, 그가 긍휼히 여기지 아니하시면 그들은 불쌍한 양이 될 수밖에 없다. 선지자는 죽임을 당할 양떼를 먹이라는 하나님의 명령에 순종하였다. 그의 양들의 형편은 참으로 가련하였다. 그는 그들을 위하여 막대기 둘을 취하였다. 그는 그 하나를 호의라 부르고 다른 하나를 연합이라 불렀다. 양떼의 불쌍한 처지에 필요한 것은 오직 하나님의 호의뿐이었다. 또 그들은 비록 불쌍한 양떼일지라도 연합이 필요하였다.

스가랴는 메시아를 예표하는 것 같다. 그는 한 달 동안에 세 목자를 끊었다고 말한다. 그들은 예수 그리스도 당시의 악한 여러 지도자들을 가리킨 것 같다. 하나님께서는 거짓 목자들을 심판하실 것이다. 스가랴는 또 목양을 포기함에 대해 말한다. 이것은 유대의 지도자들이 메시아를 핍박하고 죽임으로써 그들의 불경건과 외식과 악함이 밝히 드러난 후, 하나님께서 유대 백성을 더 이상 양으로 인정하지 않으심을 보이는 것 같다. 그것은 양들에게 큰 불행일 것이다.

〔10-14절〕이에 은총[호의]이라 하는 막대기를 취하여 잘랐으니 이는 [내가](원문) 모든 백성과 세운 [나의](원문) 언약을 폐하려 하였음이라. 당일에 곧 폐하매 내게 청종하던[나를 주목하던](NASB, NIV) 가련한 양들은 이것이 여호와의 말씀이었던 줄 안지라. 내가 그들에게 이르되 너희가 좋게 여기거든 내 고가(雇價)[임금](wages)(NASB, NIV)를 내게 주고 그렇지 아니하거든 말라. 그들이 곧 은 삼십을 달아서 내 고가(雇價)[임금]를 삼은지라.

스가랴 11장: 목자들에 대한 예언

여호와께서 내게 이르시되 그들이 나를 헤아린 바 그 준가(準價)[몸값]를 토기장이에게 던지라 하시기로 내가 곧 그 은 삼십을 여호와의 전에서 토기장이에게 던지고 내가 또 연락[연합]이라 하는 둘째 막대기를 잘랐으니 이는 유다와 이스라엘 형제의 의를 끊으려 함이었느니라.

   호의라는 막대기를 취하여 자른 것은 하나님의 호의가 거두어짐을 상징한다. 그들이 하나님을 거절하고 그 언약을 파기했으므로 하나님께서도 그 언약을 폐하신다. 그 결과, 그들은 하나님의 백성이 되지 못할 것이다. 이 일은 예수 그리스도께서 십자가에 달리시던 날 이루어졌다고 본다. 유대 백성이 예수 그리스도를 십자가에 못박은 것은 메시아에 대한 민족적 거절이었고 이로써 옛 언약은 완전히 폐해졌다. 그러나 그런 어두운 상황 속에서도, 예수께서 하나님의 아들 그리스도이심을 알고 믿고 따랐던 '적은 무리들'(눅 12:32)이 있었다.

   사람들은 은 삼십을 그의 임금으로 주었다. 그것은 그가 양을 먹인 보수일 것이다. 은 삼십은 종의 몸값이었다. 스가랴는 메시아를 예표하였다고 보인다. 하나님께서는 그들이 그를 헤아린 그 몸값을 토기장이에게 던지라고 말씀하셨다. 이것은 가룟 유다가 예수님을 유대 지도자들에게 팔아 넘길 때 이루어졌다(마 27:3-10).

   스가랴가 '연합'이라는 막대기를 자르게 된 것은 유다와 이스라엘의 형제의 의, 곧 형제애를 끊어버리려 함이었다. 그러면 그들은 서로 오해하고 미워하게 될 것이며 서로 다투고 정죄하고 분열하고 분리하게 될 것이다. 그 막대기를 자른 스가랴는 메시아를 예표하였다고 보인다. 그가 그 막대기를 자른 것은 하나님께서 내리신 징계와 징벌이었다. 그것은 그들이 하나님을 버린 대가이었다.

   [15-17절] 여호와께서 내게 이르시되 너는 또 우매한 목자의 기구들을 취할지니라. 보라, 내가 한 목자를 이 땅에 일으키리니 그가 없어진 자(한니크카도스 הַנִּכְחָדוֹת)[멸망하는 자들]를 마음에 두지 아니하며 흩어진 자를 찾지 아니하며 상한 자를 고치지 아니하며 강건한 자(한닛차바 הַנִּצָּבָה)[견

스가랴 11장: 목자들에 대한 예언

고히 선 재]를 먹이지 아니하고 오히려 살찐 자의 고기를 먹으며 또 그 굽을 찢으리라. 화 있을진저, 양떼를 버린 못된[무가치한] 목자여, 칼이 그 팔에, 우편 눈에 임하리니 그 팔이 아주 마르고 그 우편 눈이 아주 어두우리라.

참된 목자를 거절한 벌로 하나님께서는 한 우매한 목자를 그 땅에 주실 것이다. 그 우매한 목자는 멸망하는 자들을 돌아보지 않고 흩어진 자를 찾지 않고 상한 자를 고치지 않고 견고히 선 자를 먹이지 않고 살찐 자의 고기를 먹으며 그 발굽을 찢을 것이다. 하나님께서는 그 우매한 목자에게 화를 선언하신다. 하나님께서는 그의 힘을 쇠약케 하실 것이며 그의 시력을 아주 어둡게 하실 것이다.

본장의 교훈을 정리해보자. 첫째로, 우리는 훌륭한 인물들이나 건물들이나 외적 영광들을 자랑치 말아야 한다. 하나님께서 그것들을 무(無)로 돌리실 때 사람들은 통곡할 수밖에 없다. 우리는 사람들과 세상의 영광이 다 허무함을 알아야 한다. 우리는 오직 하나님과 주 예수 그리스도만 자랑하고 하나님의 선물인 성경말씀만 귀히 여겨야 한다.

둘째로, 우리는 하나님의 은혜 안에 거해야 한다. 우리는 하나님의 은혜로 예수 그리스도를 믿음으로 구원받은 것을 하나님께 감사하며 그 은혜를 더 많이 사모하며 그 은혜 안에 거하며 하나님을 대항하지 말고 예수 그리스도만 믿고 따르며 의롭고 선하게 살아야 한다.

셋째로, 우리는 참 목자와 거짓 목자를 분별해야 한다. 그 방법은 그의 교리 사상과 인격과 삶을 살핌으로써이다. 참 목자는 교리 사상이 바르고 성경적이고 인격과 삶이 의롭고 거룩하고 선하고 진실할 것이다. 또 우리는 항상 진리편에, 즉 성경적 교훈의 편에 서야 한다.

넷째로, 우리는 참 교회의 모습을 간직해야 한다. 참 교회의 모습은, 첫째로 경건을 지키는 것이며, 둘째로 서로 사랑하는 것이다. 요한일서 3:23, "[그의 계명은] 그 아들 예수 그리스도의 이름을 믿고 그가 우리에게 주신 계명대로 서로 사랑할 것이니라." 또 양들이 바른 교훈을 사랑하고 따르면 하나님께서는 그들에게 선한 목자를 항상 주실 것이다.

12장: 유다의 구원

〔1-3절〕 이스라엘에 관한 여호와의 말씀의 경고라. 여호와 곧 하늘을 펴시며 땅의 터를 세우시며 사람 안에 심령[영]을 지으신[지으시는] 자가 가라사대 보라, 내가 예루살렘으로 그 사면 국민에게 혼취케 하는(라알 רַעַל)[비틀거리게 하는] 잔이 되게 할 것이라. 예루살렘이 에워싸일 때에 유다에까지 미치리라. 그 날에는 내가 예루살렘으로 모든 국민에게 무거운 돌이 되게 하리니 무릇 그것을 드는 자는 크게 상할 것이라. 천하 만국이 그것을 치려고 모이리라.

여호와 하나님께서는 창조자이시다. 그는 하늘을 펴신 자이시며 땅의 기초를 세우신 자이시다. 또 그는 사람 안에 심령을 지으신 자이시다. 사람의 영은 하나님의 창조물들 중에 가장 탁월한 것이다.

12장부터 14장에는 '그 날에는' 혹은 '그 날에'라는 말이 18번 나온다(12:3, 4, 6, 8, 8, 9, 11; 13:1, 2, 4; 14:1, 4, 6, 8, 9, 13, 20, 21). 그 날은 하나님의 열국 심판의 날이며 하나님의 구원과 회복의 날이다.

열국들이 예루살렘 성을 에워쌀 날이 올 것이다. 그것은 세상 나라들이 교회를 핍박할 것을 예언한 것 같다(계 20:7-9). 그러나 하나님께서는 예루살렘 성을 강하게 하셔서 그 사방 백성을 비틀거리게 하는 잔이 되게 하실 것이며 모든 백성에게 무거운 돌이 되게 하실 것이며, 그것을 드는 자들이 크게 상하게 하실 것이다. 교회를 핍박한 자들은 어지러워 비틀거리고 크게 상함을 입을 것이다.

〔4-5절〕 여호와가 말하노라. 그 날에 내가 모든 말을 쳐서 놀라게 하며 그 탄 자를 쳐서 미치게 하되 유다 족속은 내가 돌아보고 모든 국민의 말을 쳐서 눈이 멀게 하리니 유다의 두목들[관원들]이 심중에 이르기를 예루살렘 거민이 그들의 하나님 만군의 여호와로 말미암아 힘을 얻었다 할지라.

그 날에 하나님께서는 열국의 군대를 무능하고 무력하게 만드실 것이다. 그들이 탄 말들은 놀라서 이리저리 날뛸 것이며 또 말을 탄

스가랴 12장: 유다의 구원

군사들은 당황하며 미칠 것이다. 그러나 하나님께서는 유다 족속들을 돌아보실 것이다. 그는 그들을 돌아보시고 그들에게 힘을 주시고 마침내 그들로 승리케 하실 것이다.

[6절] 그 날에 내가 유다 두목들[관원들]로 나무 가운데 화로(火爐) 같게 하며 곡식단 사이에 횃불 같게 하리니 그들이 그 좌우에 에워싼 모든 국민을 사를 것이요 예루살렘 사람은 다시 그 본 곳 예루살렘에 거하게 되리라.

본문은 교회가 세상 나라들을 진리로 정복할 것을 보이는 말씀이든지(단 2:34, 44), 아니면 교회에 대한 마지막 대 핍박 때에 하나님께서 내리시는 심판과 징벌을 가리키는 말씀일 것이다. 에스겔서에나 요한계시록에도 비슷한 예언의 말씀이 있다(겔 38:16, 22; 계 20:9).

예루살렘 사람들은 다시 그 본 곳 예루살렘에 거하게 될 것이다. 스룹바벨 때는 단지 42,360명이 돌아왔고 에스라 때는 1,754명이 돌아왔다. 출애굽 때 장정 60만명과 비교하면 너무 적은 숫자이다. 그러나 메시아 시대에 유다 나라와 예루살렘 성의 회복은 전세계적일 것이다. 세계복음화를 통해 충만한 수의 택자들이 돌아올 것이다.

[7절] 여호와가 먼저 유다 장막을 구원하리니 이는 다윗의 집의 영광과 예루살렘 거민의 영광이 유다보다 더하지 못하게 하려 함이니라.

유다 백성은 심히 불순종적이며 심히 쇠약했으나, 메시아 시대 곧 신약시대에 하나님께서 그들을 구원하실 것이다. 유다 장막은 성곽이 없는 곳, 즉 안전의 보장이 없는 곳이다. 하나님께서 유다 장막을 먼저 구원하시는 목적은 사람의 구원이 외적 조건이나 환경에 의존하지 않고 오직 하나님의 은혜와 능력으로 됨을 증거하시기 위함인 것 같다. 또 하나님의 구원은 영광을 동반하는 것이다. 구원은 좋은 것, 영광스런 것이다. 그것은 사람의 본래의 영광의 회복이다.

[8-9절] 그 날에 여호와가 예루살렘 거민을 보호하리니 그 중에 약한 자가 그 날에는 다윗 같겠고 다윗의 족속은 하나님 같고 무리 앞에 있는 여호와의 사자 같을 것이라. 예루살렘을 치러 오는 열국을 그 날에 내가 멸하기

를 힘쓰리라.

메시아 시대 곧 신약시대에 하나님께서는 예루살렘 거민을 보호하실 것이며 또 그들을 강하게 하실 것이다. 신약교회의 성도들 중에 작은 자 하나가 신앙의 절개를 지킴이나 복음을 전함에 있어서 다윗같이 강할 것이다. '예루살렘을 치러 오는 열국'은 교회를 핍박하고 성도들을 핍박하는 원수들을 가리킬 것이다. 그들은 육신적으로는 이방나라들, 불경건한 세상 사람들, 세상의 권세자들을 가리키지만, 영적으로는 사탄과 악령들, 죄와 사망을 가리킬 것이다. 하나님께서는 사탄과 악령들, 또 적그리스도와 거짓 선지자를 다 지옥에 던지실 것이며(계 20:10; 19:20), 또 모든 핍박자들을 멸하실 것이다.

[10절] 내가 다윗의 집과 예루살렘 거민에게 은총과 간구하는 심령[영]을 부어주리니 그들이 그 찌른 바 그를(엘라이 אֵלַי)[나를](KJV, NASB, NIV) 바라보고 그를 위하여 애통하기를 독자(獨子)를 위하여 애통하듯 하며 그를 위하여 통곡하기를 장자(長子)를 위하여 통곡하듯 하리로다.

고난받으실 메시아께서는 하나님과 동일시되신다. 또 메시아께서는 독자(獨子)이시며 장자(長子)이심이 암시된다. 예수 그리스도께서는 하나님의 독생자이시며(요 1:14, 18; 3:16) 마리아의 맏아들이시며(마 1:25 전통본문; 눅 2:7) 또 '많은 형제 중 맏아들'이시다(롬 8:29). 또 메시아께서는 찔림을 받으실 것이 예언되었다. 사람들은 자기들이 찌른 자를 바라볼 것이다. 예수 그리스도께서는 십자가에 못박히셨고 창으로 옆구리에 찔림을 받으셨다(요 19:37). 하나님께서는 또 다윗의 집과 예루살렘 성 거민에게 은총과 간구의 영을 부어주실 것이다. 다윗 집과 예루살렘 성 거민은 메시아를 인해 애통할 것이다. 이것은, 예수 그리스도께서 승천하신 후 첫 오순절의 회개 사건으로 시작되었다. 사도 베드로의 설교를 들은 유대인들은 마음에 찔려서 사도들에게 "형제들아, 우리가 어찌할꼬"라고 물었었다(행 2:37).

[11-14절] 그 날에 예루살렘에 큰 애통이 있으리니 므깃도 골짜기 하다

스가랴 12장: 유다의 구원

드림몬에 있던 애통과 같을 것이라(왕하 23:29). 온 땅 각 족속이 따로 애통하되 다윗의 족속이 따로 하고 그 아내들이 따로 하며 나단의 족속이 따로 하고 그 아내들이 따로 하며 레위의 족속이 따로 하고 그 아내들이 따로 하며 시므이의 족속이 따로 하고 그 아내들이 따로 하며 모든 남은 족속도 각기 따로 하고 그 아내들이 따로 하리라.

'그 날' 곧 메시아께서 찔림을 받으시는 날에 '큰 애통' 곧 메시아를 찌른 죄의 회개를 비롯한 큰 회개의 운동이 일어날 것이다. 이것은 하나님께서 주시는 은혜이다. 그 회개의 운동은 온 땅의 각 족속에게서 따로 따로 일어날 것이다. '따로'라는 원어(레바드 לְבָד)는 '각자 개별적으로'라는 뜻으로 11번이나 사용되었다. 아버지도, 아들도 각자 개별적으로 회개해야 하고, 할아버지도, 손자도 각자 개별적으로 회개해야 한다는 뜻이다. 또 남편이 아내를 대신할 수도 없다. 회개는 누가 누구를 대신해 줄 수 없는 것이다. 모든 사람은 각자 개별적으로 회개해야 한다. 회개와 구원은 개인적인, 개별적인 문제이다.

본장의 교훈을 정리해보자. 첫째로, 사람의 불행으로부터의 구원과 회복, 곧 그 영광의 회복은 오직 하나님의 긍휼과 은혜와 능력으로, 또 하나님의 아들 구주 예수 그리스도의 대속사역으로만 된다. 그러므로 우리는 하나님의 긍휼과 은혜만 바라고 주 예수 그리스도의 대속사역만 의지하며 하나님의 은혜만 찬송하고 그 은혜만 더욱 사모해야 한다.

둘째로, 하나님께서는 자기 백성을 보호하시고 강하게 하시고 원수들을 멸하실 것이다. 그는 참으로 구원하시는 자이시다. 그러므로 우리는 오직 구주 하나님만 믿고 그의 보호와 그의 능력을 믿고 그의 원수들과 우리의 원수들인 사탄과 악령들과 악인들과 싸워 이겨야 한다.

셋째로, 우리는 하나님께서 보내신 독생자 구주 예수께서 우리 죄를 위해 고난받으셨음을 알고, 우리의 모든 죄들을 철저히 회개해야 한다. 모든 사람은 각자 자신의 죄를 회개해야 한다. 또 우리는 이제 모든 죄를 버리고 성경 교훈대로 바르고 선하고 진실하게만 살아야 한다.

13장: 죄와 더러움을 씻는 샘

〔1절〕 그 날에 죄와 더러음을 씻는 샘이 다윗의 족속과 예루살렘 거민을 위하여 열리리라.

메시아로 말미암은 구원과 회복의 날에, 죄와 더러움을 씻는 샘이 열릴 것이다. 죄가 사람과 세상의 불행의 근본 원인이었고 더러운 것이었으나, 죄를 씻는 샘이 열릴 것이다. 죄를 씻는 샘은 예수 그리스도의 대속의 피로 죄씻음 받음을 상징한다. 우리의 죄는 구주 예수 그리스도의 보배로운 피로간 씻어진다. 죄를 씻는 샘이 다윗의 족속과 예루살렘 거민을 위해 열릴 것이다. 죄를 씻으시는 하나님의 은혜는 오직 하나님의 택한 백성에게만 주어진다. 하나님께서는 창세 전에 택하신 자들을 예수 그리스도의 보배로운 피로 씻어주신다.

고린도전서 6:9-11, "불의한 자가 하나님의 나라를 유업으로 받지 못할 줄을 알지 못하느냐? 미혹을 받지 말라. 음란하는 자나 우상 숭배하는 자나 간음하는 자나 탐색하는 자나 남색하는 자나 도적이나 탐람하는 자나 술 취하는 자나 후욕하는 자나 토색하는 자들은 하나님의 나라를 유업으로 받지 못하리라. 너희 중에 이와 같은 자들이 있더니 주 예수 그리스도의 이름과 우리 하나님의 성령 안에서 씻음과 거룩함과 의롭다 하심을 얻었느니라." 에베소서 1:7, "우리가 그리스도 안에서 그의 은혜의 풍성함을 따라 그의 피로 말미암아 구속(救贖) 곧 죄사함을 받았으니." 요한일서 1:7, "저가 빛 가운데 계신 것같이 우리도 빛 가운데 행하면 우리가 서로 사귐이 있고 그 아들 예수의 피가 우리를 모든 죄에서 깨끗하게 하실 것이요." 요한계시록 1:5, "우리를 사랑하사 그의 피로 우리 죄를 씻으시고(전통사본)."

〔2절〕 만군의 여호와가 말하노라. 그 날에 내가 우상의 이름을 이 땅에서 끊어서 기억도 되지 못하게 할 것이며 거짓 선지자와 더러운 사귀(邪鬼)

스가랴 13장: 죄와 더러움을 씻는 샘

[영]를 이 땅에서 떠나게 할 것이라.

만군의 여호와께서는 그 땅에서 우상숭배를 제거하실 것이다. '이 땅' 곧 회복된 이스라엘 땅은 신약교회를 가리킨다고 보며 최종적으로는 천국을 가리킬 것이다(계 22:15). 하나님께서는 친히 우상숭배를 제거하실 것이다. 그는 우상들의 이름들을 끊어서 기억도 되지 못하게 하실 것이다. 참된 신약교회 안에서는 또 장차 천국에서는 이방 종교들이나 우상들과 온갖 이단 종파들이 없을 것이다. 하나님께서는 또 더러운 사귀(邪鬼), 곧 더러운 영들을 제거하실 것이다. 사탄과 악령들은 영원한 불못에 던지울 것이다(계 20:10). 또 그들이 전했던 잘못된 사상들과 주의들과 정신들은 마침내 다 제거될 것이다.

[3-6절] 사람이 오히려 예언할 것 같으면 그 낳은 부모가 그에게 이르기를 네가 여호와의 이름을 빙자하여 거짓말을 하니 살지 못하리라 하고 낳은 부모가 그 예언할 때에 칼로 찌르리라. 그 날에 선지자들이 예언할 때에 그 이상(異像)을 각기 부끄러워할 것이며 사람을 속이려고 털옷도 입지 아니할 것이며 말하기를 나는 선지자가 아니요 나는 농부라. 내가 어려서부터 사람의 종이 되었노라 할 것이요 혹이 그에게 묻기를 네 두 팔 사이에 상처는 어찜이냐 하면 대답하기를 이는 나의 친구의 집에서 받은 상처라 하리라.

신약시대에는 자기 자녀라도 거짓을 예언하면 그 부모가 나서서 제재할 것이다. 그의 부모는 그에게 네가 살지 못하리라고 경고하고 그를 찌를 것이다. 구약적으로는 사형이고(신 13장), 신약적으로는 제명 출교이다. 그 날에 선지자들은 과거의 잘못을 깨닫고 전에 말했던 이상(異像)들을 부끄러워할 것이며, 또 그들은 더 이상 위선적이지 않으므로 사람들을 속이려고 털옷을 입지 않을 것이다. 또 5-6절 본문은 그들이 본래의 직업으로 돌아가 "나는 선지자가 아니고 농부라"고 말하며 또 그들이 두 팔 사이의 상처가 우상을 섬기는 경건성과 열심을 나타낸 상처가 아니고 친구 집에서 받은 상처라고 솔직하

스가랴 13장: 죄와 더러움을 씻는 샘

게 자백할 것이라는 뜻 같다.

[7절] 만군의 여호와가 말하노라. 칼아, 깨어서 내 목자, 내 짝(아미스 עֲמִית)[동료]**된 자를 치라. 목자를 치면 양이 흩어지려니와 작은 자들**(핫초아림 הַצֹּעֲרִים)[보잘것없는 자들] **위에는 내가 내 손을 드리우리라.**

메시아께서는 하나님께서 세우신 목자이시며, 또 그의 짝이시다. 그것은 메시아의 신적 인격을 보인다. 또 메시아께서는 칼에 상함을 당하실 것이다. 그는 유대 지도자들이 파송한 종들에게 잡혀 십자가에 못박혀 죽으셨다. 마태복음 26:47, "[그가] 말씀하실 때에 열 둘 중에 하나인 유다가 왔는데 대제사장들과 백성의 장로들에게서 파송된 큰 무리가 검과 몽치를 가지고 그와 함께하였더라." 마태복음 27:35, "저희가 예수를 십자가에 못박은 후에 그 옷을 제비 뽑아 나누고."

또 메시아의 고난으로 양들은 흩어질 것이다. 목자를 치면 양들이 흩어질 것이다. 양들은 약하다. 목자를 위해 목숨을 내놓을 만큼 용기 있는 양이 하나도 없을 것이다. 이 예언은 주 예수께 그대로 성취되었다. 마태복음 26:56, "이렇게 된 것은 다 선지자들의 글을 이루려 함이니라 하시더라. 이에 제자들이 다 예수를 버리고 도망하니라."

그러나 하나님께서는 '보잘것없는 자들' 즉 그가 친히 택하신 양들 위에 그의 손을 펼치실 것이다. 그는 그의 흩어진 양들을 버려두지 않으시고 돌보실 것이다. 누가복음 12:32, "적은 무리여, 무서워 말라. 너희 아버지께서 그 나라를 너희에게 주시기를 기뻐하시느니라." 요한복음 10:27-28, "내 양은 내 음성을 들으며 나는 저희를 알며 저희는 나를 따르느니라. 내가 저희에게 영생을 주노니 영원히 멸망치 아니할 터이요 또 저희를 내 손에서 빼앗을 자가 없느니라."

[8-9절] 여호와가 말하노라. 이 온 땅에서 3분지 2는 멸절하고 3분지 1은 거기 남으리니 내가 그 3분지 1을 불 가운데 던져 은같이 연단하며 금같이 시험할 것이라. 그들이 내 이름을 부르리니 내가 들을 것이며 나는 말하기를 이는 내 백성이라 할 것이요 그들은 말하기를 여호와는 내 하나님이

스가랴 13장: 죄와 더러움을 씻는 샘

시라 하리라.

유다 땅에는 두 부류의 사람들이 있을 것이다. 한 부류는 멸망하는 자들인데, 3분의 2, 즉 다수의 사람들이다. 다른 한 부류는 남은 자들인데, 3분의 1, 즉 소수의 사람들이다. 이 사람들은 하나님의 은혜로 남은 자들이다. 신약시대에는 유대인들이나 이방인들이나 하나님의 은혜로 택하심을 따라 남은 자들이 있고 그들이 구원을 받을 것이다.

남은 자들은 불 시련을 받을 것이다. 그들은 고난을 통하여 더욱 순결하고 성숙해질 것이다. 그들은 하나님과 친밀한 관계를 가질 것이다. 그들은 하나님의 이름을 부르며 기도할 것이며 하나님께서는 그들의 기도를 들으실 것이다. 하나님께서는 그들을 그의 백성으로 삼으실 것이며 그들은 하나님을 그들의 하나님으로 섬길 것이다.

본장의 교훈을 정리해보자. 첫째로, 우리는 예수 그리스도의 보혈의 샘에서 우리의 더러운 죄를 이미 깨끗이 씻음 받았고 또 날마다 우리의 부족을 씻음 받아야 한다. 성도의 삶은 의롭고 정결한 삶이어야 한다.

둘째로, 우리는 특히 신앙의 순결성을 지켜야 한다. 우리는 과거에 잘못된 교리 사상과 종교적, 도덕적 행위들에 거하였을지라도, 이제는 오직 하나님의 말씀인 성경에 근거하여 바르게 알고 믿고 바르게 살아야 한다. 성경만 우리의 믿음과 행위의 정확무오한 유일의 법칙이다(딤후 3:16-17). 하나님께서는 순결한 교회와 순결한 성도들을 원하신다. 우리는 순결한 교리 지식과 믿음을 가져야 하며 순결한 인격이 되어야 하며 순결한 삶을 살기 위해 힘써야 한다. 우리는 특히 오늘날 사람의 이성과 경험을 중시하는 자유주의 신학 사상을 배격해야 하고 또 거짓 예언들을 말하며 기적들을 추구하는 은사주의도 경계해야 한다.

셋째로, 우리는 남은 자들 중에 속한 것을 하나님께 감사드려야 한다. 세상에는 마귀의 시험과 고난과 불 시련이 많이 있어도 우리는 낙망치 말고 남은 자들의 표인 바른 믿음과 온전한 순종의 삶을 지켜야 한다.

스가랴 14장: 하나님께서 오셔서 다스리심

14장: 하나님께서 오셔서 다스리심

1-11절, 유다 백성의 구원

〔1-2절〕 여호와의 날이 이르리라. (그 날에) 네 재물이 약탈되어 너의 중에서 나누이리라 (이는) 내가 열국을 모아 예루살렘과 싸우게 하리니 성읍이 함락되며 가옥이 약탈되며 부녀가 욕을 보며 성읍 백성이 절반이나 사로잡혀 가려니와 남은 백성은 성읍에서 끊쳐지지 아니하리라.

본문은 예루살렘의 멸망을 예언하신 것이라고 본다. 주후 70년 그 성이 로마 군대에 의해 멸망한 것은 메시아를 죽인 악행에 대한 하나님의 징벌이었고, 주의 재림 직전에 있을 예루살렘 멸망 사건의 예표이었다. 하나님께서는 예루살렘 성의 멸망의 일을 작정하셨고 이루실 것이다. 적군들은 쳐들어와 성의 거민들을 짓밟고 재물들을 약탈할 것이다. 그러나 남은 백성이 있을 것이다. 하나님께서는 징벌 중에도 남은 자들을 주실 것이다. 이것은 하나님의 긍휼과 은혜이다.

〔3절〕 그때에 여호와께서 나가사 그 열국을 치시되 이왕 전쟁 날에 싸운 것같이 하시리라.

예루살렘 성이 멸망하고 약탈을 당하는 그 위기의 때, 그 절망적 상황의 때, 하나님께서는 자기의 백성을 건지시고 도우실 것이다. 그는 나가셔서 그 열국들을 치실 것이다. 그는 예루살렘 성을 멸망시킨 열국들을 징벌하실 것이다. 성경에 거듭 증거된 대로, 온 세상 열국들을 심판하실 하나님의 마지막 대심판이 있을 것이다.

〔4-5절〕 그 날에 그의 발이 예루살렘 앞 곧 동편 감람산에 서실 것이요 감람산은 그 한가운데가 동서로 갈라져 매우 큰 골짜기가 되어서 산 절반은 북으로, 절반은 남으로 옮기고 그 산골짜기는 아셀까지 미칠지라. 너희가 그의 산골짜기로 도망하되 유다 왕 웃시야 때에 지진을 피하여 도망하던 것같이 하리라. 나의 하나님 여호와께서 임하실 것이요 모든 거룩한 자가 주

스가랴 14장: 하나님께서 오셔서 다스리심

와 함께하리라(원문, KJV; 그와 함께'—LXX, Syr, NASB, NIV).

예루살렘 성이 약탈을 당하는 날에 하나님께서 오실 것이며 그의 발이 예루살렘 앞 곧 동편 감람산에 서실 것이다. 그가 예루살렘에 가까이 오시는 것은 원수들을 파하며 남은 백성을 구원하기 위해서이다. 하나님께서 오셔서 감람산에 서실 때 그 산은 가운데가 동서로 갈라져 매우 큰 골짜기가 되어서 산 절반은 북으로, 산 절반은 남으로 옮기게 될 것이다. 그 골짜기는 아셀까지 미칠 것이다. 하나님께서는 그의 택하신 남은 백성이 다 피하게 하실 것이다.

〔6-7절〕 그 날에는 빛이 없겠고 광명한 자들(예카로스 יְקָרוֹת)[빛을 내는 것들]**이 떠날 것이라**(이크파운 יִקְפָּאוּן)[점점 작아질 것이라]. **여호와의 아시는 한 날이 있으리니 낮도 아니요 밤도 아니라. 어두워 갈 때에 빛이 있으리로다.**

'그 날'은 하나님의 열국 심판의 날이며 또한 이스라엘의 회복의 날, 그의 택한 백성을 구원하시는 날이다. 그 날은 주 예수 그리스도께서 재림하시는 날을 가리키는 것 같다. 그 날에 빛이 없을 것이며 해와 달과 별들이 어두워질 것이다. 주의 재림 직전 세상은 자연적으로나 사회적으로 어두움과 큰 환난이 있을 것이다. 그러나 어두워 갈 그때에 빛이 있을 것이다. 재림의 주께서는 빛으로 오실 것이다.

〔8절〕 그 날에 생수가 예루살렘에서 솟아나서 절반은 동해로, 절반은 서해로 흐를 것이라. 여름에도 겨울에도 그러하리라.

생수가 예루살렘 성에서 솟아날 것이라는 예언은 하나님의 복음과 성령의 역사로 말미암은 구원 운동, 생명 운동을 가리킨다고 본다. 그 생명 운동, 구원 운동은 예루살렘 성에서 시작될 것이다. 그것은 에스겔 47장에 기록된 에스겔이 본 예루살렘 성전 성소에서 흘러나오는 물이 온 땅에 넘치는 강물이 된 환상과 같다. 이 예언은 예수 그리스도로 말미암아 성취되었다. 누가복음 24:47, "또 그의[예수 그리스도의] 이름으로 죄사함을 얻게 하는 회개가 예루살렘으로부터 시작하

스가랴 14장: 하나님께서 오셔서 다스리심

여 모든 족속에게 전파될 것이 기록되었으니."

그 쏟아난 생수의 절반은 동해로, 절반은 서해로 흐를 것이며 여름에도 겨울에도 그러할 것이다. 동해는 염해와 동양 전체를 가리키고, 서해는 지중해와 서양 전체를 가리킨 것 같다. 즉 이 말씀은 복음이 온 세계에 전파될 것을 암시한다. 이 구원의 복음이 사시사철 중단됨이 없이 온 세상에 전파될 것이다.

〔9절〕여호와께서 천하의 왕이 되시리니 그 날에는 여호와께서 홀로 하나이실 것이요 그 이름이 홀로 하나이실 것이며.

하나님의 왕 되심은 지금 부분적으로 드러나고 인정되지만, 장차 충만히, 완전히 드러나고 모든 사람들에게 인정을 받을 것이다. 여호와 하나님께서는 참 왕이시다. 하나님께서는 천하의 왕 곧 온 세상의 왕이시다. 그는 동양 사람들과 서양 사람들을 막론하고 온 지구 전체, 아니 온 우주 전체의 왕이시다. 그는 세상의 유일하신 참 왕이시다.

〔10절〕온 땅이 아라바[들판]같이 되되 게바에서 예루살렘 남편 림몬까지 미칠 것이며 예루살렘이 높이 들려 그 본처에 있으리니 베냐민 문에서부터 첫 문 자리와 성 모퉁이 문까지 또 하나넬 망대에서부터 왕의 포도주 짜는 곳까지라.

하나님의 왕권이 드러날 때, 온 땅은 들판이 될 것이다. '게바'는 북쪽 갈멜산 동쪽, 갈릴리 지방 스불론 땅의 성을, '림몬'은 남쪽 끝의 브엘세바 북쪽의 성을 가리킬 것이다. 예루살렘 성은 높이 들릴 것이다. 영적인 의미로, 신약시대에 교회는 높여질 것이다.

〔11절〕사람이 그 가운데 거하며 다시는 저주가 있지 아니하리니 예루살렘이 안연히 서리로다[안전히 거하리로다].

사람들은 예루살렘 성 가운데 거할 것이다. 하나님의 관심은 사람이다. 예비된 새 예루살렘 성은 사람들이 거주할 성이다. 물론, 거기에 거주할 사람들은 심령이 새로워진 구원받은 자들이다. 그 복된 성은 죄인들이 거하는 곳이 아니고 의인들이 거하는 곳이다. 의인들은

스가랴 14장: 하나님께서 오셔서 다스리심

영원히 서로 사랑하며 살 것이다. 다시는 저주가 있지 않을 것이다. 저주는 죄의 결과이며 이 세상에서의 모든 불행의 원인이다. 그러나 죄가 없을 것이므로 저주도 없을 것이다. 하나님의 저주가 없는 곳이 참으로 행복한 곳이다. 또 예루살렘 성은 안전한 거주지가 될 것이며 평화의 성이 될 것이다. 그 성은 재앙이나 외부의 침입이 없을 것이다. 그 성에 사는 사람들은 평안하고 안전한 삶을 누릴 것이다.

본문의 교훈을 정리해보자. 첫째로, 하나님께서는 위기 때에 오셔서 자기 백성을 도우시고 구원하신다. 3절, "그때에 여호와께서 나가사 그 열국을 치시되 이왕 전쟁 날에 싸운 것같이 하시리라." 그는 예수 그리스도로 오셨고 신약교회를 죄와 죽음과 지옥 형벌로부터 건지셨고 또 늘 지켜주시고 또 마지막 날에 심판주로 다시 오실 것이다. 그러므로 하나님만 바라고 그 앞에 신실한 것이 승리의 길이다.

둘째로, 하나님께서는 우리에게 영생의 생수를 주신다. 8절, "그 날에 생수가 예루살렘에서 솟아나서 절반은 동해로, 절반은 서해로 흐를 것이라. 여름에도 겨울에도 그러하리라." 우리가 받은 영생은 복음 진리와 성령의 역사로 말미암은 것이다. 요한복음 4:14, "내가 주는 물을 먹는 자는 영원히 목마르지 아니하리니 나의 주는 물은 그 속에서 영생하도록 솟아나는 샘물이 되리라." 교회는 예수 그리스도의 재림 때까지 이 영생의 생수의 복음을 온 세상에 전하는 도구가 되어야 한다.

셋째로, 하나님께서는 온 세상의 유일하신 왕이시다. 9절, "여호와께서 천하의 왕이 되시리니 그 날에는 여호와께서 홀로 하나이실 것이요 그 이름이 홀로 하나이실 것이며." 세상은 하나님의 왕권을 알지 못하지만, 구원받은 우리는 알게 되었다. 우리는 그에게 절대복종해야 한다.

넷째로, 하나님 안에 참 평안과 행복이 있다. 11절, "사람이 그 가운데 거하며 다시는 저주가 있지 아니하리니 예루살렘이 안전히 거하리로다." 천국에서도 현세에서도 그러하다(롬 14:17; 요 14:27; 살후 3:16).

스가랴 14장 하나님께서 오셔서 다스리심

12-21절, 심판과 회복

〔12절〕예루살렘을 친 모든 백성에게 여호와께서 내리실 재앙이 이러하니 곧 섰을 때에 그 살이 썩으며 그 눈이 구멍 속에서 썩으며 그 혀가 입 속에서 썩을 것이요.

하나님께서는 예루살렘 성을 친 모든 백성에게 재앙을 내리실 것이다. 하나님께서는 사람의 생사화복을 주관하신다. 이사야 45:6-7, "해 뜨는 곳에서든지 지는 곳에서든지 나밖에 다른 이가 없는 줄을 무리로 알게 하리라. 나는 여호와라. 다른 이가 없느니라. 나는 빛도 짓고 어두움도 창조하며 나는 평안도 짓고 환난도 창조하나니 나는 여호와라. 이 모든 일을 행하는 자니라 하였노라."

예루살렘 성은 하나님의 사랑하시는 언약 백성이 거주하는 성이기 때문에, 하나님께서는 그 성을 치는 자들을 기뻐하지 않으시고 미워하신다. 창세기 12:3, [아브라함에게] "너를 축복하는 자에게는 내가 복을 내리고 너를 저주하는 자에게는 내가 저주하리니 땅의 모든 족속이 너를 인하여 복을 얻을 것이니라 하신지라." 시편 129:5, "무릇 시온을 미워하는 자는 수치를 당하여 물러갈지어다."

하나님께서는 예루살렘 성을 치는 자들에게 썩는 재앙을 내리실 것이다. 그들의 몸과 손발은 하나님을 대적하는 몸과 손발이었고 그들의 눈과 혀는 하나님을 향해 교만했던 눈이었고 하나님을 비방했던 혀이었을 것이다. 그러므로 하나님께서는 그 악한 자들을 벌하실 것이다. 그는 그들의 대적하는 몸과 손발을 썩게 하시고 그들의 교만한 눈을 썩게 하시고 그들의 비방하는 혀를 썩게 하실 것이다.

〔13-15절〕그 날에 여호와께서 그들로 크게 요란케 하시리니 피차 손으로 붙잡으며 피차 손을 들어 칠 것이며 유다도 예루살렘에서 싸우리니 이때에 사면에 있는 열국의 보화 곧 금은과 의복이 심히 많이 모여질 것이요 또 말과 노새와 약대와 나귀와 그 진에 있는 모든 육축에게 미칠 재앙도 그 재앙과 같으리라.

하나님께서는 예루살렘 성을 친 이방인들 가운데 큰 요란이 일어나게 하실 것이다. 그것은 서로간에 분쟁하고 치고 죽이는 요란이다. 옛날에 기드온 때나 요나단 때나 여호사밧 때에도 그런 비슷한 일들이 있었다. 사사기 7:22, "[기드온의 용사] 삼백명이 나팔을 불 때에 여호와께서 그 온 적군[미디안 군사들]으로 동무끼리 칼날로 치게 하시므로 적군이 도망하여." 사무엘상 14:20, "사울과 그와 함께한 모든 백성이 모여 전장에 가서 본즉 블레셋 사람이 각각 칼로 그 동무를 치므로 크게 혼란하였더라." 역대하 20:23, "암몬과 모압 자손이 일어나 세일산 거민을 쳐서 진멸하고 세일 거민을 멸한 후에는 저희가 피차에 살륙하였더라." 하나님께서는 예루살렘 성을 치는 대적자들이 타고 온 짐승들, 즉 말들과 노새들과 약대들과 나귀들에게도 재앙을 내리실 것이다. 그때에 유다인들은, 마치 출애굽 때처럼, 사면에 있는 열국의 보화 곧 금은과 의복을 심히 많이 취할 것이다. 이것은 그들이 당한 고난에 대한 보상인 셈이다.

[16절] 예루살렘을 치러 왔던 열국 중에 남은 자가 해마다 올라와서 그 왕 만군의 여호와께 숭배하며 초막절을 지킬 것이라.

열국 중에 남은 자들이 있을 것이다. 그들은 하나님의 왕 되심을 인정하고 그를 경배하는 자들이 될 것이다. 그 남은 자들은 하나님의 은혜로 회개하고 구원받은 자들이다. 하나님의 긍휼이 아니고서는 구원받을 자가 세상에 아무도 없다. 하나님의 긍휼로 구원받은 자들은 하나님을 경외하며 예배 드릴 것이다. 하나님을 경외하며 그 명령을 지키는 것이 사람의 본분이다(전 12:13).

또 남은 자들, 곧 구원받은 자들은 초막절을 지킬 것이라고 표현된다. 초막절은 이스라엘 백성이 종살이하던 애굽에서 나와서 40년 간 했던 광야의 생활을 기념하는 절기이다. 그것은 추수의 절기 즉 가을에 곡식과 열매와 기름과 포도주를 창고에 저장한 후 감사와 기쁨으로 지키는 절기인 동시에, 광야 생활 중에 하나님의 보호하심과 인도

하심과 공급하심을 기억하고 감사하는 절기이었다. 또 그것은 인생이 광야 같은 세상의 삶을 끝마치고 천국에 들어감을 상징한다.

[17-19절] 천하 만국 중에 그 왕 만군의 여호와께 숭배하러 예루살렘에 올라오지 아니하는 자에게는 비를 내리지 아니하실 것인즉 만일 애굽 족속이 올라오지 아니할 때에는 창일함이[비가](KJV, NASB, NIV) 있지 아니하리니 여호와께서 초막절을 지키러 올라오지 아니하는 열국 사람을 치시는 재앙을 그에게 내리실 것이라. 애굽 사람이나 열국 사람이나 초막절을 지키러 올라오지 아니하는 자의 받을 벌이 이러하니라.

천하 만민이 하나님을 왕으로 인정하며 구원의 은혜를 감사하며 그에게 경배하기 위하여 예루살렘 성으로 올라올 것이다. 예배하러 올라오지 않는 자들에게는 하나님께서 비를 내리지 않으실 것이다. 하나님께서는 천하 만국을 다스리신다. 온 세상의 모든 것이 다 하나님의 것이다(시 24:1). 그는 그를 성심으로 섬기지 않는 자들에게 비를 내리지 않으실 것이다. 비는 하나님의 복주심의 표이다. 비가 내려야 사람들이 살고 풍성한 복을 누린다. 열방의 허무한 우상들 중에 하늘에서 능히 비를 내리게 할 자는 아무것도 없다. 오직 천지 만물의 창조자이시며 섭리자이신 하나님께서만 비를 내려주실 수 있다.

[20-21절] 그 날에는 말방울에까지 여호와께 성결이라 기록될 것이라. 여호와의 전에 모든 솥이 제단 앞 주발과 다름이 없을 것이니 예루살렘과 유다의 모든 솥이 만군의 여호와의 성물(聖物)이 될 것인즉 제사 드리는 자가 와서 이 솥을 취하여 그 가운데 고기를 삶으리라. 그 날에는 만군의 여호와의 전에 가나안 사람이 다시 있지 아니하리라.

그 날에 말방울에까지 여호와께 성결이라고 기록될 것이다. '여호와께 성결'이라는 말(코데쉬 라호와 קֹדֶשׁ לַיהוָה)은 여호와 앞에서 거룩해졌고 여호와께 거룩하게 구별되고 바쳐졌다는 뜻이라고 본다. '말방울에까지'라는 말은 짐승들까지도 하나님께 구별되고 바쳐질 것이라는 뜻일 것이다. 또 여호와의 전에 모든 솥들이 제단 앞 주발들과 다름이 없을 것이며 예루살렘과 유다의 모든 솥들이 만군의 여호

스가랴 14장: 하나님께서 오셔서 다스리심

와의 성물이 될 것이므로 제사 드리는 자는 와서 이 솥들을 취해 그 가운데 고기를 삶을 것이다. 이 말씀은 일상생활의 모든 도구들까지도 하나님께 구별되게 사용될 수 있다는 뜻일 것이다. 구원받은 자들은 그들의 삶의 모든 것을 하나님을 위해 거룩하게 사용할 것이다. 로마서 12:1, "그러므로 형제들아, 내가 하나님의 모든 자비하심으로 너희를 권하노니 너희 몸을 하나님이 기뻐하시는 거룩한 산 제사로 드리라. 이는 너희의 드릴 영적 예배니라."

또 그 날에는 만군의 여호와의 전에 하나님을 알지 못하는 가나안 사람이 다시 있지 않을 것이다. 천국에서는 하나님을 경외하고 의와 선을 행하는 자들만 살 것이다. 이스라엘 회복의 예언들은 신약교회 시대와 장차 주의 재림으로 이루어질 천국에 관한 것이라고 본다.

본문의 교훈을 정리해보자. 첫째로, 하나님께서는 예루살렘 성을 치는 자들에게 큰 요란을 내리실 것이며 자기 백성들에게는 고난의 보상을 주실 것이다. 오늘날도 신약교회에는 대적자들이 있고 고난이 있지만, 하나님께서는 그 대적자들을 벌하실 것이며 자기 백성들에게 위로를 주실 것이다. 그러므로 우리는 주권자 하나님만 바라고 또 평안의 주께서 때마다 일마다 평안 주시기만을 기도하며 체험해야 한다.

둘째로, 우리는 하나님의 왕권을 인정하고 그의 구원과 보호를 감사하고 그에게 진심으로 예배드리고 영광을 돌려야 한다. 하나님께 예배드리는 것은 인생의 가장 중요한 본분이다. 우리는 예배를 가장 귀하게 여겨야 한다. 현세와 내세의 생명과 행복은 오직 하나님 안에 있다.

셋째로, 우리는 우리의 몸과 모든 소유물을 하나님께 거룩하게 바치며 오직 하나님의 영광을 위해 선하게 사용해야 한다. 고린도후서 5:15, "저가 모든 사람을 대신하여 죽으심은 산 자들로 하여금 다시는 저희 자신을 위하여 살지 않고 오직 저희를 대신하여 죽었다가 다시 사신 자를 위하여 살게 하려 함이니라." 우리는 오직 주를 위해 살아야 한다.

말라기

MALACHI

말라기 서론

내용 목차

서론 ·· 298
1장: 더러운 제물, 깨끗한 제물 ·· 299
2장: 불신실하게 행치 말라 ··· 303
3장: 언약의 사자께서 오심 ··· 307
4장: 주의 날 ··· 315

서론

'말라기'라는 말의 뜻은 '나의 사자'라는 뜻이다. 말라기의 **저자**는 말라기라는 이름의 선지자로 보는 것이 합당하다고 본다. 선지서들은 초두에 항상 저자가 언급된다. 말라기가 단지 '나의 사자'라는 뜻이라는 주장은 아무 근거가 없고 오히려 부자연스럽다.

본서의 **저작 연대**는 느헤미야의 두 번째 통치 때 즈음인 것 같다(주전 433-430년경). 이것은 본서에 제사장들의 방종(1:6), 십일조를 소홀히 함(3:7, 12), 그리고 이방인들과의 혼인과 자녀 출산(2:10-16) 등의 내용과 느헤미야 13장을 비교할 때 추측할 수 있다.

말라기의 **주요 내용**도 심판과 회복이다. 이스라엘 백성은 하나님의 이름과 예배를 멸시함으로 하나님의 심판과 저주를 받을 것이다. 그러나 하나님의 불변하신 사랑 때문에, 또 여호와의 언약의 사자로 인해, 그들은 회복될 것이며 정결함을 얻을 것이며 하나님을 경외하며 그 이름을 영화롭게 하는 자들이 될 것이다.

말라기 1장: 더러운 제물, 깨끗한 제물

1장: 더러운 제물, 깨끗한 제물

〔1-5절〕여호와께서 말라기로 이스라엘에게 말씀하신 경고라. 여호와께서 가라사대 내가 너희를 사랑하였노라 하나 너희는 이르기를 주께서 어떻게 우리를 사랑하셨나이까 하는도다. 나 여호와가 말하노라. 에서는 야곱의 형이 아니냐? 그러나 내가 야곱을 사랑하였고 에서는 미워하였으며 그의 산들을 황무케 하였고 그의 산업을 광야의 시랑[승냥이, 이리]에게 붙였느니라. 에돔은 말하기를 우리가 무너뜨림을 당하였으나 황폐된 곳을 다시 쌓으리라 하거니와 나 만군의 여호와는 이르노라. 그들은 쌓을지라도 나는 헐리라. 사람들이 그들을 일컬어 악한 지경이라 할 것이요 여호와의 영영한 진노를 받은 백성이라 할 것이며 너희는 목도하고 이르기를 여호와께서는 이스라엘 지경 밖에서 크시다 하리라.

하나님께서는 야곱을 사랑하셨고 에서를 미워하셨다. 이스라엘은 멸망한 후에도 회복되게 하셨으나, 에서의 산들은 훌무케 하셨고 그의 산업은 광야의 이리들에게 붙이셨다. 또 그들이 다시 쌓을지라도 하나님께서는 허물어뜨리실 것이다. 그들은 여호와의 영원한 진노를 받은 백성이라고 불릴 것이다. 하나님께서는 그의 뜻 가운데 야곱은 긍휼로 택하셨으나 에서는 공의로 버려두셨다(롬 9:10-16). 에서에게는 악한 일들이 많았고 하나님을 두려워함이나 회개함이 없었다.

〔6-7절〕내 이름을 멸시하는 제사장들아, 나 만군의 여호와가 너희에게 이르기를 아들은 그 아비를, 종은 그 주인을 공경하나니 내가 아비일진대 나를 공경함이 어디 있느냐, 내가 주인일진대 나를 두려워함이 어디 있느냐 하나 너희는 이르기를 우리가 어떻게 주의 이름을 멸시하였나이까 하는도다. 너희가 더러운 떡[음식]을 나의 단에 드리고도 말하기를 우리가 어떻게 주를 더럽게 하였나이까 하는도다. 이는 너희가 주의 상은 경멸히 여길 것이라 말함을 인함이니라.

하나님께서는 이스라엘의 제사장들이 하나님의 이름을 멸시했다고 지적하셨다. 구약교회의 성직자들은 부패하였다. 그들의 신앙고백

말라기 1장: 더러운 제물, 깨끗한 제물

은 형식적이었고 하나님께 대한 진심의 경배와 섬김이 없었다. 그들이 하나님의 이름을 멸시한 증거는 더러운 음식, 곧 더러운 제물을 드린 것이었다. 하나님 앞에 규례대로 흠 없는 제물들을 드리지 않은 것은 제사를 멸시한 것이며 곧 하나님을 멸시한 것이다.

〔8절〕 만군의 여호와가 이르노라. 너희가 눈먼 희생으로 드리는 것이 어찌 악하지 아니하며 저는 것, 병든 것으로 드리는 것이 어찌 악하지 아니하냐? 이제 그것을 너희 총독에게 드려 보라. 그가 너를 기뻐하겠느냐? 너를 가납(嘉納)하겠느냐?

하나님께서는 제사장들이 그에게 흠 있는 제물들을 드리는 악을 행하였다고 지적하셨다. 그들은 하나님께 눈먼 것, 저는 것, 병든 것을 드렸다. 그런 것들은 어차피 죽일 것이므로 그것들을 죽이는 것이 낫다고 생각했던 것 같다. 그러나 그것은 흠 없는 제물을 드리라는 (레 1:3, 10; 3:1; 4:3) 하나님의 법을 어긴 악한 행위이었다. 하나님께서는 세상의 총독도 그런 것을 받지 않을 것이라고 말씀하셨다. 창조자, 섭리자 하나님께서 이 세상의 총독보다 못하신 분이신가?

〔9-10절〕 만군의 여호와가 이르노라. 너희는 나 하나님께 은혜를 구하기를 우리를 긍휼히 여기소서 하여 보라. 너희가 이같이 행하였으니 내가 너희 중 하나인들 받겠느냐? 만군의 여호와가 이르노라. 너희가 내 단 위에 헛되이 불사르지 못하게 하기 위하여 너희 중에 성전 문을 닫을 자가 있었으면 좋겠도다. 내가 너희를 기뻐하지 아니하며 너희 손으로 드리는 것을 받지도 아니하리라.

하나님께서는 유대인들의 형식적인 제사를 책망하셨다. 그는 그들이 은혜를 구하여도 얻지 못할 것이라고 말씀하셨다. 그들은 더러운 음식을 단에 드렸고 눈먼 짐승, 저는 것, 병든 것을 제물로 드렸다. 그것은 정성이 없는 악하고 헛된 제사이었다. 하나님께서는 선지자 이사야를 통해서도 형식적 제사와 헛된 제물과 분향을 지적하셨었다 (사 1:11-13). 본문에서는 하나님께서 그들 중 어느 한 사람도 받지

말라기 1장: 더러운 제물, 깨끗한 제물

않으시고 그들을 기뻐하지 않으시며 그들의 손으로 드리는 것을 받지 않으실 것이라고 말씀하셨다. 또 그는 누가 그들의 헛된 제사를 막기 위해 성전 문을 닫았으면 좋겠다고 말씀하셨다.

〔11절〕만군의 여호와가 이르노라. 해 뜨는 곳에서부터 해 지는 곳까지의 이방 민족 중에서 내 이름이 크게 될 것이라. 각처에서 내 이름을 위하여 분향하며 깨끗한 제물을 드리리니 이는 내 이름이 이방 민족 중에서 크게 될 것임이니라.

온 세상에서 하나님의 이름이 크게 되실 것이다. 하나님께서는 이스라엘 민족만의 하나님이 아니시고 온 세상의 하나님이시다. 이방 민족들은 하나님에 대한 지식이 없고 경건도 없고 하나님과의 언약도 없고 의로움도 없고 소망도 없었다. 그러나 하나님께서는 은혜와 긍휼로 그들을 구원하실 것이고 그의 이름이 그들 가운데서 크게 되실 것이다. 이것은 신약시대에 놀랍게도 성취되었다. 그것은 그에게 분향하고 깨끗한 제물을 드림으로 증거될 것이다. 분향은 하나님께 대한 기도와 간구를 상징하고, 깨끗한 제물은 예수 그리스도의 대속에 근거한 진심과 정성의 예배를 가리킬 것이다.

〔12-13절〕그러나 너희는 말하기를 여호와의 상은 더러웠고 그 위에 있는 실과 곧 식물은 경멸히 여길 것이라 하여 내 이름을 더럽히는도다. 만군의 여호와가 이르노라. 너희가 또 말하기를 이 일이 얼마나 번폐스러운고 하며 코웃음하고 토색한(가줄 גָּזוּל)[찢긴(KJV) 혹은 강탈한(NASB)] 물건과 저는 것, 병든 것을 가져왔느니라 너희가 이같이 헌물을 가져오니 내가 그것을 너희 손에서 받겠느냐? 여호와의 말이니라.

제사장들은 떡상과 짐승 제물을 무시해도 된다고 생각했고 그 일이 번폐스럽고 귀찮고 피곤한 일로 여겼고 코웃음하며 찢긴 제물과 저는 것과 병든 것을 가져왔다. 제사와 제물을 규례대로 드리지 않고 멸시하고 번폐스럽고 귀찮게 생각한 것은 하나님을 멸시한 것이다. 하나님의 이름은 가장 거룩하고 높으시며 찬송과 경배를 받으시기에

말라기 1장: 더러운 제물, 깨끗한 제물

합당하신 이름이시다. 오늘날에도 예배드리며 기도하며 설교 듣기를 멸시하는 것은 하나님을 멸시하는 마음이다. 하나님께서는 율법의 규례대로 하지 않고 정성 없이 한 그런 예배는 받지 않으실 것이다. 그는 결코 사람에게 업신여김을 받지 않으실 것이다.

[14절] 떼 가운데 수컷이 있거늘 그 서원하는[서원한] 일에 흠 있는 것으로 사기하여 내게 드리는 자는 저주를 받으리니 나는 큰 임금이요 내 이름은 열방 중에서 두려워하는 것이 됨이니라. 만군의 여호와의 말이니라.

제사장들은 떼 가운데 수컷이 있고 또 그것을 드리겠다고 서원하고도 흠 있는 것으로 제사하였다. 그것은 하나님을 속인 행위이었다. 하나님께서는 그런 자들에게 저주를 선언하신다. 하나님의 법대로 살지 못한 것이 죄이며 죄인은 복의 대상이 아니고 저주의 대상이다. 하나님께서 저주를 선포하신 이유는 그가 큰 왕이시기 때문이며 또 그의 이름이 이방 나라들 중에서 두려워하는 것이 될 것이기 때문이다. 신약시대에 이방인들의 세계 속에서 참 경건이 회복되었다.

본장의 교훈을 정리해보자. 첫째로, 우리는 하나님을 경외함과 참된 정성이 없는 형식적 예배와 헌금을 하나님께 드리지 말아야 한다. 하나님께서는 그런 제사, 그런 예배와 헌금을 기뻐하지 않으시며 오늘날에도 그는 오히려 예배당 문을 닫았으면 좋겠다고 말씀하실 것이다. 우리는 하나님께 제사를 드리고도 정죄받은 가인처럼 되지 말아야 하고 또 많은 헌금을 드리고도 죽임을 당한 아나니아와 삽비라처럼 되지 말아야 한다. 우리는 정성 없는 형식적 예배를 드리지 말아야 한다.

둘째로, 우리는 하나님께 깨끗한 찬송과 기도, 설교 듣기와 헌금의 예배를 드려야 한다. 우리는 하나님께 예배드리는 일을 멸시하지 말고 하나님을 우리의 아버지와 주님으로 인정하고 진심으로 믿고 경외하고 마음과 성품과 힘을 다해 사랑하고(신 6:5; 10:12-13), 신령과 진정으로 예배해야 한다(요 4:23-24). 그런 예배자에게 복과 평안이 넘칠 것이다.

말라기 2장: 불신실하게 행치 말라

2장: 불신실하게 행치 말라

〔1-2절〕 너희 제사장들아, 이제 너희에게 이같이 명령하노라. 만군의 여호와가 이르노라. 너희가 만일 듣지 아니하며 마음에 두지 아니하여 내 이름을 영화롭게 하지 아니하면 내가 너희에게 저주를 내려 너희의 복을 저주하리라. 내가 이미 저주하였나니 이는 너희가 그것을 마음에 두지 아니하였음이니라.

제사장들은 성경말씀 곧 하나님의 말씀을 자기 마음에 두지 않고 그 말씀대로 흠 없는 제물을 정성껏 하나님께 드리지 않는다면 결코 하나님의 복을 받지 못하고 도리어 저주를 받을 것이다. 하나님께서는 이전에 이미 저주를 선포하셨었다. 하나님의 경고 속에는 하나님의 명확한 뜻 곧 우리가 성경말씀을 마음에 두고 그것을 믿고 힘써 행하지 않으면 저주 아래 있다는 뜻이 포함되어 있다.

〔3절〕 보라, 내가 너희의 종자(제라 זֶרַע)[자손](KJV, NASB, NIV)를 견책할 것이요 똥 곧 너희 절기의 희생[제물]의 똥을 너희 얼굴에 바를 것이라. 너희가 그것과 함께 제하여 버림을 당하리라.

하나님께서는 제사장들의 자손들을 책망하실 것이다. 그는 아비의 죄를 자손 3, 4대까지 갚으신다(출 20:5). "너희 절기의 제물의 똥을 너희 얼굴에 바를 것이라"는 모욕적인 말씀은 하나님과 제사를 심히 멸시한 그들의 행위에 대한 하나님의 엄위한 공의의 보응이다. 그것은 그들이 전쟁에서 이웃 나라에 패배할 때 그대로 이루어질 것이다. 하나님께서는 그들을 배설둘같이 무가치하게 여기시며 버리실 것이다. 시편 119:119, "주께서 세상의 모든 악인을 찌끼같이 버리시니." 악인들은 무가치하며 심판을 받아 영원한 멸망을 당할 것이다.

〔4-6절〕 만군의 여호와가 이르노라. 내가 이 명령을 너희에게 내린 것은 레위와 세운 나의 언약이 항상 있게 하려 함인 줄 너희가 알리라. 레위와 세운 나의 언약은 생명과 평강의 언약이라. 내가 이것으로 그에게 준 것은

말라기 2장: 불신실하게 행치 말라

그로 경외하게 하려 함이라. 그가 나를 경외하고 내 이름을 두려워하였으며 그 입에는 진리의 법이 있었고 그 입술에는 불의함이 없었으며 그가 화평과 정직한 중에서 나와 동행하며 많은 사람을 돌이켜 죄악에서 떠나게 하였느니라.

하나님께서는 생명과 평안의 언약을 레위와 맺으셨다. 구약시대의 의식법은 예수 그리스도와 그의 속죄사역을 예표했다. 제사들에서 예표된 속죄는 영생과 평안의 길이다. 하나님께서 레위 지파를 구별하신 것은 그들로 그를 경외하게 하려 함이었다. 레위 사람들은 성막 봉사에 전념함으로 하나님을 경외하고 그의 이름을 두려워했으며 그 입에는 진리의 법이 있고 그 입술에는 불의함이 없었고 화평과 정직한 중에서 하나님과 동행하며 많은 사람들로 하여금 돌이켜 죄에서 떠나게 하였다. 그들은 하나님의 일을 앞장서서 받들었다.

〔7-9절〕대저 제사장의 입술은 지식을 지켜야 하겠고 사람들이 그 입에서 율법을 구하게 되어야 할 것이니 제사장은 만군의 여호와의 사자가 됨이어늘 [그러나] 너희는 정도(正道)에서 떠나 많은 사람으로 율법에 거치게 하도다. 나 만군의 여호와가 이르노니 너희가 레위의 언약을 파하였느니라. 너희가 내 도를 지키지 아니하고 율법을 행할 때에 사람에게 편벽되이 하였으므로 나도 너희로 모든 백성 앞에 멸시와 천대를 당하게 하였느니라 하시니라.

제사장은 여호와 하나님의 사자로서 하나님의 뜻에 대한 지식을 지키고 그 입에는 항상 하나님의 율법이 있어야 했다. 그들은 율법 교사 곧 성경 교사이었다. 그러나 말라기 시대에 제사장들은 그렇지 못했다. 그들은 정로(正路)에서 떠났고 많은 사람들로 율법에 거치게 하였다. 그들은 자신만 잘못 행할 뿐 아니라, 많은 사람들을 잘못하게 하였다. 그들은 레위의 언약 곧 하나님께 드리는 제사의 언약을 어겼다. 또 그들은 하나님의 도를 지키지 않았고 율법을 행할 때 그것을 사람에게 공평하게 적용하지 않고 치우치게 적용하였다. 그러므로 하나님께서는 그들이 모든 백성 앞에서 멸시와 천대를 받게 하셨다.

〔10-12절〕우리는 한 아버지를 가지지 아니하였느냐? 한 하나님의 지

으신 바가 아니냐? 어찌하여 우리 각 사람이 자기 형제에게 궤사를[불신실하게] 행하여 우리 열조의 언약을 욕되게 하느냐? 유다는 궤사를[불신실하게] 행하였고 이스라엘과 예루살렘 중에서는 가증한 일을 행하였으며 유다는 여호와의 사랑하시는 그 성결(KJV)[성소(NASB, NIV), 거룩한 제도(NKJV)]을 욕되게 하여 이방 신의 딸과 결혼하였으니 이 일을 행하는 사람에게 속한 자[사람에 대해서](NASB)는 깨는 자나 응답하는 자[사람을 권하는 자나 권함을 받는 자]는 물론이요 만군의 여호와께 제사를 드리는 자도 여호와께서 야곱의 장막 가운데서 끊어버리시리라.

하나님께서 창조주시라는 뜻에서 인류는 다 하나님의 자녀들이며 서로 형제들이다. 그런데 유다 사람들은 범죄하여 형제에게 불신실하게 행했다. 또 그들은 이방 여인을 취하였고 우상숭배에 떨어졌다. 특히 이방인의 딸과 결혼하는 것은 우상숭배와 부도덕의 통로이었다. 그것은 모세의 율법을 어긴 일이었다(신 7:2-4). 그러므로 하나님께서는 범죄한 유다 사람들에 대해 진노하셨다. 악을 행하는 자는 누구든지 하나님의 백성의 집 곧 참 교회에서 제외될 것이다.

〔13-16절〕 너희가 이런 일도 행하나니 곧 눈물과 울음과 탄식으로 여호와의 단을 가리우게 하도다. (그러므로) 여호와께서 다시는 너희의 헌물을 돌아보지도 아니하시며 그것을 너희 손에서 기꺼이 받지도 아니하시거늘[하시므로](KJV, NASB) 너희는 이르기를 어찜이니까 하는도다. 이는 너와 너의 어려서 취한 아내 사이에 여호와께서 일찍이 증거하셨음을 인함이니라. 그는 네 짝이요 너와 맹약한 아내로되 네가 그에게 궤사를[불신실하게] 행하도다. 여호와는 영이 유여하실지라도 오직 하나를 짓지 아니하셨느냐? 어찌하여 하나만 지으셨느냐? 이는 경건한 자손을 얻고자 하심이니라. 그러므로 네 심령을 삼가 지켜 어려서 취한 아내에게 궤사를 행치 말지니라. 이스라엘의 하나님 여호와가 이르노니 나는 이혼하는 것과 학대로 옷을 가리우는[옷으로 학대를 가리우는](원문, KJV) 자를 미워하노라. 만군의 여호와의 말이니라. 그러므로 너희 심령을 삼가 지켜 궤사를 행치 말지니라.

본문은 문맥상 이혼을 당했거나 학대받은 아내들의 눈물의 호소와 탄식이 여호와의 단을 가리울 정도로 많다는 뜻인 것 같다. 그러므로

말라기 2장: 불신실하게 행치 말라

하나님께서는 그 남편들의 제사들을 받지 않으셨다. 그것은 그들이 하나님 앞에서 어릴 때 취한 아내, 곧 언약한 아내에게 불신실하게 행하였기 때문이었다. 결혼 서약은 하나님 앞에서 엄숙한 서약이다. 하나님께서는 이혼하는 것이나 배우자를 학대하는 것을 미워하신다.

〔17절〕 너희가 말로 여호와를 괴로우시게 하고도 이르기를 우리가 어떻게 여호와를 괴로우시게 하였나 하는도다. 이는 너희가 말하기를 모든 행악하는 자는 여호와의 눈에 선히 보이며 그에게 기쁨이 된다 하며 또 말하기를 공의의 하나님이 어디 계시냐 함이니라.

그들은 악을 행하는 모든 사람이 여호와의 눈에 선하게 보이며 그에게 기쁨이 된다고 말하거나, 혹은 공의의 하나님이 어디 계시냐고 말했다. 즉 그들은 잘못된 선악 판단과, 공의의 하나님을 부정하는 말을 했다. 그런 말은 하나님을 괴로우시게 만들고 노하게 만들었다.

본장의 교훈을 정리해보자. <u>첫째로, 신약 성도는 거룩한 제사장이 되어야 한다.</u> 말라기 선지자 당시의 제사장들은 하나님께서 레위와 맺으신 언약, 곧 생명과 평안의 언약을 파하였다. 신약 성도는 왕 같은 제사장이다(벧전 2:9). 성경은 생명과 평안의 언약, 곧 영생의 복음과 평안의 약속이다. 우리는 성경의 복음을 믿고 그 교훈을 행해야 한다. 그러나 오늘날 교회는 신앙이 점점 해이해지고 성경의 충실한 강론이 사라지고 예배 방식과 교회음악까지도 속화되는 것 같다. 그러나 우리는 성경의 강해와 교리 학습을 통해 성경적 복음 신앙을 굳게 붙들어야 한다. 오늘날도 성경 교훈을 저버리는 성도는 멸시와 천대를 받을 것이다.

<u>둘째로, 우리는 성도 상호간에 불신실하게 행치 말아야 한다.</u> 우리는 서로 속이지 말아야 한다. 성도는 특히 젊어서 취한 아내에게 불신실하게 행치 말아야 한다. 성도는 결혼 서약을 저버리는 일을 하지 말아야 한다. 결혼 서약은 하나님 앞에서 하는 엄숙한 서약이다. 하나님께서는 이혼하는 것과 상대방을 학대하는 것을 미워하신다. 우리는 성경 교훈대로 경건하고 거룩하고 정직하고 선하고 진실한 삶을 살아야 한다.

3장: 언약의 사자께서 오심

1-6절, 언약의 사자께서 오심

〔1절〕 만군의 여호와가 이르노라. 보라, 내가 내 사자를 보내리니 그가 내 앞에서 길을 예비할 것이요 또 너희의 구하는 바 주(主)가 홀연히 그 전(殿)에 임하리니 곧 너희의 사모하는 바 언약의 사자가 임할 것이라.

하나님께서는 그의 사자를 보내시겠다고 말씀하신다. 그가 말씀하신 그 사자는 세례 요한을 가리켰다. 예수께서는 세례 요한을 두고 말씀하시기를, "기록된 바 보라, 내가 내 사자를 네 앞에 보내노니 저가 네 길을 네 앞에 예비하리라 하신 것이 이 사람에 대한 말씀이니라"고 하셨다(마 11:10).

하나님께서 보내실 그의 사자의 임무는 그의 길을 예비하는 것이다. 길을 예비한다는 말은 사람들에게 회개의 세례를 전함으로 그를 영접할 준비를 시키는 것이다. 세례 요한은 사람들에게 회개를 전파함으로 메시아의 오시는 길을 준비했다. 그는 말하기를, "나는 너희로 회개케 하기 위하여 물로 세례를 주거니와 내 뒤에 오시는 이는 나보다 능력이 많으시니 나는 그의 신을 들기도 감당치 못하겠노라. 그는 성령과 불로 너희에게 세례를 주실 것이요"라고 했다(마 3:11).

하나님의 백성들은 메시아를 구하고 사모할 것이다. "너희의 구하는 바 주(主)"라는 말은 오실 신적 메시아를 가리킨다. 하나님께서는 앞에서 "그가 내 앞에서 길을 예비할 것"이라고 말씀하심으로 그가 친히 오실 것을 암시하셨다. 오실 그리스도께서는 주 하나님이실 것이다. 디도서 2:13은 그를 '크신 하나님'으로, 요한일서 5:20은 그를 '참 하나님'으로 증거하였다 그는 그의 성전에 임하실 것이다.

또 그는 '언약의 사자'로 오실 것이다. 그는 죄사함과 영생의 구원을 주는 언약을 하나님의 택한 백성들과 맺으실 것이다. 예수 그리스도께서는 새 언약의 중보로 오셨다. 히브리서 9:15, "그는 새 언약의 중보니 이는 첫 언약 때에 범한 죄를 속하려고 죽으사 부르심을 입은 자로 하여금 영원한 기업의 약속을 얻게 하려 하심이니라."

[2-4절] 그의 임하는 날을 누가 능히 당하며 그의 나타나는 때에 누가 능히 서리요. [이는] 그는[그가] 금을 연단하는 자의 불과 표백하는 자의 잿물과 같을 것이라[것임이라]. 그가 은을 연단하여 깨끗하게 하는 자같이 앉아서 레위 자손을 깨끗하게 하되 금, 은같이 그들을 연단하리니 그들이 의로운 [의 안에서](KJV, NASB, NIV) 제물을 나 여호와께 드릴 것이라. 그때에 유다와 예루살렘의 헌물이 옛날과 고대와 같이 나 여호와께 기쁨이 되려니와.

이 말씀은 메시아의 오심과 그의 정결케 하시는 사역을 가리킨다고 본다. 죄인들은 그 앞에서 변화될 것이다. 메시아의 신적 위엄의 영광을 본 자들은 그 앞에 엎드렸다. 베드로는 "주여, 나를 떠나소서. 나는 죄인이로소이다"라고 고백하였다(눅 5:8). 물론, 세상을 정결케 하시는 주의 위엄은 마지막 심판 때에 완전히 드러날 것이다.

메시아께서는 레위 자손들을 연단하여 깨끗케 하실 것이다. 신약 성도들은 다 레위인들이다. 예수 그리스도께서는 우리의 모든 추한 죄를 씻어주셨고 우리의 지식과 인격을 정결케 하셨다. 우리는 보석같이 존귀케 되었다. 또 우리는 그리스도의 의 안에서 참된 예배와 찬송, 기도와 헌금을 하나님께 드리게 되었다. 그는 우리의 참된 예배와 봉사를 받으실 것이다. 그러므로 로마서 12:1은 "그러므로 형제들아, 내가 하나님의 모든 자비하심으로 너희를 권하노니 너희 몸을 하나님이 기뻐하시는 거룩한 산 제사로 드리라. 이는 너희의 드릴 영적 예배니라"고 말하였고, 베드로전서 2:5는 "너희도 산 돌같이 신령한 집으로 세워지고 예수 그리스도로 말미암아 하나님이 기쁘게 받으실 신령한 제사를 드릴 거룩한 제사장이 될지니라"고 말했다.

[5절] 내가 심판하러 너희에게 임할 것이라. 술수하는 자에게와 간음하는 자에게와 거짓 맹세하는 자에게와 품꾼의 삯에 대하여 억울케 하며 과부

와 고아를 압제하며 나그네를 억울케 하며 나를 경외치 아니하는 자들에게 속히 증거하리라. 만군의 여호와가 말하였느니라.

메시아께서는 또한 심판자로 오실 것이다. 그는 거짓된 신비주의자들, 간음하는 자들, 거짓 맹세하는 자들, 품꾼의 삯에 대해 억울케 하는 자들, 과부와 고아를 압제하거나 나그네를 억울케 하는 자들과 하나님을 경외치 않는 자들을 공의로 징벌하실 것이다. 그의 심판은 마지막 날뿐 아니라 이 세상에서도 때때로 무서운 전염병, 경제 파탄, 홍수, 지진, 전쟁 등으로 온다. 사람의 가치는 경건과 도덕성에 있다. 악인들은 가치가 없다. 말라기 2:3, "보라, 내가 너희의 종자[자녀들]를 견책할 것이요 똥 곧 너희 절기의 희생의 똥을 너희 얼굴에 바를 것이라. 너희가 그것과 함께 제하여 버림을 당하리라." 시편 119:119, "주께서 세상의 모든 악인을 찌끼같이 버리시니."

[6절] [이는] 나 여호와는 변역지[변하지] 아니하나니 그러므로 야곱의 자손들아, 너희가 소멸되지 아니하느니라.

하나님께서 심판하러 오시는 이유는 그의 불변하심 때문이다. 즉 하나님께서는 변하지 않으시므로 악에 대해 반드시 심판하신다는 뜻이다. 그는 시대가 바뀌어도 변하지 않으신다. 시편 102:26-27, "천지는 없어지려니와 주는 영존하시겠고 그것들은 다 옷같이 낡으리니 의복같이 바꾸시면 바뀌려니와 주는 여상(如常)하시고[동일하시고] 주의 연대는 무궁하리이다." 그의 본질도, 그의 모든 속성들도 그러하다. 특히 그의 도덕성이 그렇다. 그의 율법은 시대마다 바뀌는 것이 아니다. 의는 항상 의이며 불의는 항상 불의이고, 선은 항상 선이며 악은 항상 악이다 부모를 공경하라, 살인하지 말라, 간음하지 말라, 도적질하지 말라, 거짓 증거하지 말라, 탐내지 말라는 하나님의 계명은 시대마다 바뀌는 것이 아니다. 그러므로 하나님께서는 그 불변성 때문에 이스라엘 백성 중에 악인들과 이방 나라들 가운데 악인들을 심판하러 오시는 것이다. 악인들은 공의의 징벌을 받을 것이다.

말라기 3장: 언약의 사자께서 오심

그러나 하나님의 심판은 또한 그의 택하신 백성의 구원이 될 것이다. 그의 불변하심은 택자들의 구원의 이유도 된다. 본문은 "그러므로 야곱의 자손들아, 너희가 소멸되지 아니하느니라"고 말한다. 하나님께서 자기 백성을 향해 품으신 긍휼과 자비도 불변하시다. 호세아 11:8, "에브라임이여, 내가 어찌 너를 놓겠느냐? 이스라엘이여, 내가 어찌 너를 버리겠느냐? 내가 어찌 너를 아드마같이 놓겠느냐? 어찌 너를 스보임같이 두겠느냐? 내 마음이 내 속에서 돌아서 나의 긍휼이 온전히 불붙듯 하도다." 하나님께서는 만세 전에 은혜로 택하신 자들을 하나도 잃어버리지 않고 다 영생에 이르게 하실 것이다(요 6:39).

본문의 교훈을 정리해보자. 첫째로, 우리는 하나님께서 보내주신 주 예수 그리스도를 감사히 영접해야 한다. 그는 언약의 사자이시다. 하나님께서는 그가 나타나시기 전에 세례 요한을 보내셔서 그를 증거하며 사람들이 그를 맞을 준비를 하게 하셨다. 이제 우리는 그를 의지하며 사랑하며 그의 모든 교훈을 순종하고 사람들에게 그를 증거해야 한다.

둘째로, 우리는 심판하실 예수 그리스도 앞에서 모든 죄를 다 회개하고 멀리해야 한다. 재림하시는 주께서는 모든 사람을 공의로 심판하실 것이다. 회개치 않는 악인들은 지옥 판결을 피할 수 없을 것이다. 그러나 이 세상에서도 그는 때때로 악인들에게 벌을 내리신다. 그러므로 우리는 모든 죄악들을 버려야 하며, 특히 우상숭배, 돈 사랑, 거짓된 신비 추구, 살인, 미움, 음행, 간음, 동성애, 거짓 맹세, 거짓말, 온갖 악행들, 가난하고 소외된 자들을 압제함 등을 다 버리고 멀리해야 한다.

셋째로, 우리는 하나님의 선택과 그리스도의 구속과 성령의 거듭나게 하심의 은혜의 불변하심을 감사해야 한다. 로마서 11:29, "하나님의 은사와 부르심에는 후회하심이 없느니라." 주 예수께서는 그를 믿는 양들에 대해 "내가 저희에게 영생을 주노니 영원히 멸망치 아니할 터이요 또 저희를 내 손에서 빼앗을 자가 없느니라"고 말씀하셨다(요 10:28).

말라기 3장: 언약의 사자께서 오심

7-18절, 하나님께 참으로 돌아옴

〔7-10절〕 만군의 여호와가 이르노라. 너희 열조의 날로부터 너희가 나의 규례를 떠나 지키지 아니하였도다. 그런즉 내게로 돌아오라. 그리하면 나도 너희에게로 돌아가리라 하였더니 너희가 이르기를 우리가 어떻게 하여야 돌아가리이까 하도다. 사람이 어찌 하나님의 것을 도적질하겠느냐? 그러나 너희는 나의 것을 도적질하고도 말하기를 우리가 어떻게 주의 것을 도적질하였나이까 하도다. 이는 곧 십일조와 헌물이라. 너희 곧 온 나라가 나의 것을 도적질하였으므로 너희가 저주를 받았느니라. 만군의 여호와가 이르노라. 너희의 온전한 십일조를 창고에 들여 나의 집에 양식이 있게 하고 그것으로 나를 시험하여 내가 하늘 문을 열고 너희에게 복을 쌓을 곳이 없도록 붓지 아니하나 보라.

죄는 하나님으로 하여금 우리를 떠나시게 하며, 회개는 그로 하여금 우리에게로 돌아오시게 한다. 이스라엘 백성이 회개해야 할 죄는 십일조와 헌물을 하나님께 드리지 않은 것이었다. 십일조와 헌물을 드리지 않은 것이 그렇게 중요한 문제인가? 십일조는 '하나님의 것'이라고 율법에 규정된 바이다. 레위기 27:30, "땅의 십분 일 곧 땅의 곡식이나 나무의 과실이나 그 십분 일은 여호와의 것이니 여호와께 성물이라." 십일조는 세상의 모든 것이 하나님의 것임을 인정하는 것이며 물질 대신 하나님을 섬기며 하나님의 법에 복종하는 표이었다. 그러므로 이스라엘 백성이 그것을 하나님께 드리지 않은 것은 하나님을 인정치 않는 것이며 하나님의 법을 어기며 하나님의 것을 도적질한 큰 죄이었고, 그렇기 대문에 그들은 하나님의 저주를 받았다. '도적질하다'는 원어(카바 קבע)는 '강탈하다, 속여 취하다'는 뜻이다. 또 하나님께서는 십일조가 사람이 하나님의 복을 시험할 수 있는 길이라고 말씀하셨다. 그는 "너희의 온전한 십일조를 창고에 들여 . . . 그것으로 나를 시험하여 내가 하늘 문을 열고 너희에게 복을 쌓을 곳이 없도록 붓지 아니하나 보라"고 말씀하셨다. 잠언 3:9-10도, "네 재물과 네 소산물의 처음 익은 열매로 여호와를 공경하라. 그리하면 네 창고가 가득히 차고 네 즙틀에 새 포도즙이 넘치리라"고 말했다.

〔11-12절〕 **만군의 여호와가 이르노라. 내가 너희를 위하여 황충**(오켈 לכֵא)[삼키는 자](KJV, NASB)**을 금하여 너희 토지 소산을 멸하지 않게 하며 너희 밭에 포도나무의 과실로 기한 전에 떨어지지 않게 하리니 너희 땅이 아름다워지므로 열방이 너희를 복되다 하리라. 만군의 여호와의 말이니라.**

그들이 온전한 십일조를 하나님께 드릴 때, 하나님께서는 그들의 토지 소산을 멸할 황충을 금하시며 자연 재해나 병충해로 인해 포도나무 과실이 기한 전에 떨어지지 않게 하실 것이다. 오늘날도 하나님께서는 믿음과 순종으로 사는 자들에게 복을 주시므로 그들의 사업과 직장생활이 잘될 것이다. 또 그 땅은 장차 '아름다운 땅,' 즉 기쁨과 즐거움의 땅이 될 것이며, 하나님을 알지 못하는 이방인들, 세상 사람들이 그 땅을 복되다고 증거할 것이다. 그것은 마치 아브라함과 이삭 때에 이방인들이 하나님께서 그들과 함께 계시며 그들에게 복을 주셨음을 보았다고 증거한 것과 같을 것이다(창 21:22; 26:28).

〔13-15절〕 **여호와가 이르노라. 너희가 완악한 말로 나를 대적하고도 이르기를 우리가 무슨 말로 주를 대적하였나이까 하는도다. 이는 너희가 말하기를 하나님을 섬기는 것이 헛되니 만군의 여호와 앞에 그 명령을 지키며 슬프게 행하는 것이 무엇이 유익하리요. 지금 우리는 교만한 자가 복되다 하며 악을 행하는 자가 창성하며 하나님을 시험하는 자가** 화를 **면한다 하노라 함이니라.**

이스라엘 백성은 완악한 말로 하나님을 대적하고 있었다. 그들은 하나님을 섬기는 것이 헛되며 유익이 없으며 교만한 자가 복되며 악을 행하는 자가 번영한다고 말하였다. 그러나 이것은 불신앙적인 말이요 하나님의 진리를 대항하는 악한 말이다. 하나님을 바로 섬기는 자가 참으로 복되며, 교만하고 악한 자들은 참으로 멸망할 것이다.

레위기 26장과 신명기 28장은 사람이 하나님의 법을 지키면 건강,

물질, 자녀, 사회적 평안의 복을 받고 그 법을 어기면 그 반대로 재앙을 당할 것을 밝히 증거했다. 시편 1:6, "대저 의인의 길은 여호와께서 인정하시나 악인의 길은 망하리로다." 잠언 23:17-18, "네 마음으로 죄인의 형통을 부러워하지 말고 항상 여호와를 경외하라. 정녕히(키 임 כִּי אִם) 네 장래가 있겠고 네 소망이 끊어지지 아니하리라."

[16절] 그때에 여호와를 경외하는 자들이 피차에 말하매 여호와께서 그것을 분명히 들으시고 여호와를 경외하는 자와 그 이름을 존중히 생각하는 자를 위하여 여호와 앞에 있는 기념책에 기록하셨느니라.

불경건한 이스라엘 사회 속에도 하나님을 경외하며 그의 이름을 존중히 생각하는 자들이 있었다. 그들은 하나님의 존재와 그의 진리와 그의 심판을 인정하는 말을 하는 자들이다. 그들은 하나님께서 택하신 자들이며 하나님께서 은혜로 남겨두신 의인들이다. 하나님께서는 그들의 이름을 그 앞에 있는 기념책에 기록하셨다. 그 책은 생명책이라고 불리는 책이라고 본다. 요한계시록 20:15, "누구든지 생명책에 기록되지 못한 자는 불못[지옥 불못]에 던지우더라."

[17-18절] 만군의 여호와가 이르노라. 내가 나의 정한 날에 그들로 나의 특별한 소유(세굴라 סְגֻלָּה)**[특별한 보화]를 삼을 것이요 또 사람이 자기를 섬기는 아들을 아낌같이 나가 그들을 아끼리니 그때에 너희가 돌아와서 의인과 악인이며 하나님을 섬기는 자와 섬기지 아니하는 자를 분별하리라.**

출애굽기 19:5-6에 보면, 하나님께서는 이스라엘 백성을 열국 중에서 그의 소유(세굴라 סְגֻלָּה)[특별한 보화]로 삼기를 원하셨다. 그들은 대제사장의 의복의 두 어깨의 견대 위의 두 보석과 판결 흉패 앞에 열두 보석과 같다(출 28:6-29). 주께서는 천국 비유에서 천국을 '밭에 감추인 보화'나 '극히 값진 진주'로 비유하셨는데(마 13:44-45), 그것은 하나님께서 택하신 백성, 즉 신약 성도들을 가리켰다고 본다. 그들은 그리스도의 보배로운 피로 구속(救贖)함을 받은 자들이며(벧전 1:18-19), "택하신 족속이요 왕 같은 제사장들이요 거룩한 나라요 그의 소유된 백성"이다(벧전 2:9). 하나님께서는 그를 경외하고 믿고 의지하며 섬기는 자들을 특별한 보화로 귀히 여기시고 아끼신다. 그들에게 부족이 있을 때에라도 그는 징책은 하시지만, 오래 참고 기다리신다. 또 그는 그들을 의롭다 하셨고, 또 그들에게 의인과 악인, 또 하나님을 섬기는 자와 섬기지 않는 자를 분별할 능력을 주신다.

본문의 교훈을 정리해보자. 첫째로, 하나님께서는 이스라엘 백성에게 "내게로 돌아오라"고 말씀하셨다. 그것은 그들이 하나님의 규례를 떠나 지키지 않는 상태에서 돌이키라고 말씀하신 것이다. 우리가 하나님의 백성이라면, 우리는 성경에 계시된 하나님의 교훈을 지켜야 한다.

둘째로, 하나님께서는 이스라엘 백성이 하나님께 십일조와 헌물을 드리지 않았음을 지적하셨다. 그는 십일조와 헌물이 하나님의 것이며 그것을 하나님께 드리지 않은 것은 하나님의 것을 도적질한 것, 강탈한 것이며 그것 때문에 그들이 저주를 받았다고 말씀하셨고, 그들이 온전한 십일조를 드림으로 복을 받아야 할 것을 교훈하셨다. 십일조의 법은 의식법으로 신약 아래서는 성취되었다고 본다. 신약 성도들은 이제 온 몸을 하나님께 산 제물로 드려야 한다(롬 12:1). 신약성경의 헌금 교훈은 "풍성하게 드리라"는 것이며(고후 8:7), 우리는 그것이 십일조 이상이라고 생각한다. 우리는 구약성경의 모범대로 온전한 십일조 이상을 하나님께 드리는 것이 합당하다고 본다. 또 우리는 그런 자들이 이 세상에서도 물질의 복을 풍성히 누리는 자들이 될 것이라고 믿는다.

셋째로, 하나님께서는 하나님을 경외하고 존중하는 자들을 기억하시고 특별한 소유를 삼으시고 아끼실 것이다. 우리는 신약 성도인 우리의 이름이 하나님의 생명책에 기록되었고 우리가 하나님의 특별한 소유와 보화이며 그의 아끼시는 아들들임을 깨닫고 감사하며 오직 하나님을 더욱 경외하고 그 이름을 존중히 여기며 또 진리와 비진리, 의와 불의, 선과 악을 분별하며 그의 계명대로 바르고 선하게만 살아야 한다.

4장: 주의 날

〔1절〕 만군의 여호와가 이르노라. 보라, 극렬한 풀무불 같은 날이 이르리니 교만한 자와 악을 행하는 자는 다 초개(草芥)[지푸라기] 같을 것이라. 그 이르는 날이 그들을 살라 그 뿌리와 가지를 남기지 아니할 것이로되.

하나님의 심판의 날, 극렬한 용광로같이 심히 두렵고 무서운 날이 올 것이다. 마태복음 13:30, 40, "둘 다 추수 때까지 함께 자라게 두어라. 추수 때에 내가 추수꾼들에게 말하기를 가라지는 먼저 거두어 불사르게 단으로 묶고 곡식은 모아 내 곳간에 넣으라 하리라," "그런즉 가라지를 거두어 불에 사르는 것같이 세상끝에도 그러하리라." 베드로후서 3:7, 10, "이제 하늘과 땅은 그 동일한 말씀으로 불사르기 위하여 간수하신 바 되어 경건치 아니한 사람들의 심판과 멸망의 날까지 보존하여 두신 것이니라," "주의 날이 도적같이 오리니 그 날에는 하늘이 큰 소리로 떠나가고 체질이 뜨거운 불에 풀어지고 땅과 그 중에 있는 모든 일이 불타버리리라(전통본문)." 성경은 악인들을 위해 예비된 영원한 지옥 불못도 밝히 증거한다. 요한계시록 21:8, "그러나 두려워하는 자들과 믿지 아니하는 자들과 흉악한 자들과 살인자들과 행음자들과 술객들과 우상숭배자들과 모든 거짓말하는 자들은 불과 유황으로 타는 못에 참여하리니 이것이 둘째 사망이라."

심판의 대상은 교만한 자와 악을 행하는 자이다. "교만한 자와 악을 행하는 자는 다 초개[지푸라기] 같을 것이라." 사람은 교만하므로 악을 행한다. 교만한 자는 연약한 말로 하나님을 대적하며 하나님의 계명들을 거슬러 악을 행한다. 그러나 하나님의 심판은 철저할 것이다. 악인들은 초개같을 것이며 그 뿌리와 가지들이 남지 않을 것이다. '초개'라는 원어(카쉬 שַׁק)는 밀을 베고 남은 그루터기, 즉 '곡식 그루터기'를 가리킨다. 그것의 뿌리와 가지들이 남지 않는다는 말은 하나

말라기 4장: 주의 날

님의 심판의 엄위함과 철저함을 증거한다.

〔2-3절〕 내 이름을 경외하는 너희에게는 의로운 해[의의 태양]가 떠올라서 치료하는 광선[빛]을 발하리니 너희가 나가서 외양간에서 나온 송아지같이 뛰리라. 또 너희가 악인을 밟을 것이니 그들이 나의 정한 날에 너희 발바닥 밑에 재와 같으리라. 만군의 여호와의 말이니라.

다른 한편, 하나님의 이름을 경외하는 자들에게 의의 태양이 떠오르겠다고 예언되었다. 의의 태양은 의(義)를 주는 메시아를 가리킨다고 본다. 이사야 9:2는 "흑암에 행하던 백성이 큰 빛을 보도다"라고 예언했다. 누가복음 1:76-79에 보면, 세례 요한의 부친 사가랴는 성령의 충만함을 입어, "이 아이여, 네가 지극히 높으신 이의 선지자라 일컬음을 받고 주 앞에 앞서 가서 그 길을 예비하여 주의 백성에게 그 죄사함으로 말미암는 구원을 알게 하리니 이는 우리 하나님의 긍휼을 인함이라. 이로써 돋는 해가 위로부터 우리에게 임하여 어두움과 죽음의 그늘에 앉은 자에게 비취고 우리 발을 평강의 길로 인도하시리로다"라고 예언하였다. 사도 요한은 예수 그리스도를 '참 빛'이라고 증거하였고(요 1:9), 주 예수께서도 친히 "나는 세상의 빛이니 나를 따르는 자는 생명의 빛을 얻으리라"고 말씀하셨다(요 8:12).

메시아의 사역은 치료하는 빛을 비추는 것이라고 표현된다. '치료하는 빛을 발한다'(마르페 비크나페하 מַרְפֵּא בִּכְנָפֶיהָ)는 원어는 '그의 날개들로 치료한다'는 뜻이다(KJV, NASB, NIV). 메시아께서 하시는 치료는 죄 문제의 해결을 의미한다. 그것은 예수 그리스도께서 이루신 대속(代贖)의 의(義)에 근거하여 죄사함과 의롭다 하심을 주는 것을 말한다. 그것이 메시아의 구원사역이며 하나님의 은혜로 예수 그리스도를 믿음으로 구원을 얻는 이치이다. 로마서 3:21-22, "이제는 율법 외에 하나님의 한 의(義)가 나타났으니 율법과 선지자들에게 증거를 받은 것이라. 곧 예수 그리스도를 믿음으로 말미암아 모든 믿는 자에게 미치는 하나님의 의(義)니 차별이 없느니라."

메시아의 구원사역의 결과로 죄사함과 의롭다 하심을 받은 영혼들은 외양간에 갇혀 있다가 풀려난 송아지들이 기뻐 뛰는 것처럼 기뻐할 것이다. 그것은 구원받은 신약 성도들, 즉 죄책과 지옥 형벌의 공포로부터 해방된 자들의 기쁨을 묘사한 것이다. 이것이 예수 그리스도의 대속(代贖)으로 구원받은 성도들이 항상 기뻐할 수 있는 이유이다. 또 그들은 이전에 그들을 핍박했던 악인들을 이길 것이다.

〔4-6절〕 너희는 내가 호렙에서 온 이스라엘을 위하여 내 종 모세에게 명한 법 곧 율례와 법도를 기억하라. 보라, 여호와의 크고 두려운 날이 이르기 전에 내가 선지 엘리야를 너희에게 보내리니 그가 아비의 마음을 자녀에게로 돌이키게 하고 자녀들의 마음을 그들의 아비에게로 돌이키게 하리라. 돌이키지 아니하면 두렵건대 내가 와서 저주로 그 땅을 칠까 하노라 하시니라.

하나님의 심판의 근거는 그가 호렙에서 온 이스라엘 백성을 위해 그의 종 모세에게 명하신 율법 곧 율례와 법도이다. 율법은 하나님의 뜻이며 하나님의 의(義)를 가르쳐주며 의와 불의, 선과 악을 구별하는 도덕 기준이 된다. 하나님께서는 장차 이 법에 근거해 모든 사람들을 선악간에 심판하실 것이다. 우리는 그 법을 기억해야 한다.

'여호와의 크고 두려운 날'은 하나님의 심판 날을 가리킨다. 하나님께서는 심판 전에 엘리야를 보내실 것이다. 이 엘리야는, 천사가 세례 요한의 부친 사가랴에게 말한 대로, "엘리야의 심령과 능력으로 주 앞에 앞서" 온 세례 요한을 가리킨다(눅 1:17). 세례 요한은 엘리야의 심령과 능력으로 왔다. 주 예수께서도 "세례 요한의 때부터 지금까지 천국은 침노를 당하나니 침노하는 자는 빼앗느니라. 모든 선지자와 및 율법의 예언한 것이 요한까지니 만일 너희가 즐겨 받을진대 오리라 한 엘리야가 곧 이 사람이니라"고 말씀하셨다(마 11:12-14).

세례 요한은 메시아 앞에 와서 엘리야의 사역을 할 것이다. 그것은, "그가 아비들의 마음을 자녀들에게로 돌이키게 하고 자녀들의 마음을 그들의 아비들에게로 돌이키게 하는" 사역이다. 이 말은, 이전에

말라기 4장: 주의 날

자기의 자녀들을 돌보지 않고 학대했던 악한 아비들이 그 자녀들을 돌아보는 선한 자들이 되고, 이전에 아비들의 경건한 교훈을 불순종했던 악한 자녀들이 그 아비들에게 순종하는 착한 자들이 된다는 뜻일 것이다. 한마디로, 사람들을 회개시키는 사역이다. 그렇게 되지 않으면, 하나님께서 오셔서 저주로 그 땅을 치실 것이라고 경고하셨다.

본장의 교훈을 정리해보자. 첫째로, 하나님의 심판의 날, 극렬한 용광로같이 심히 두렵고 무서운 날이 올 것이다. 천지만물을 창조하신 하나님께서는 마지막 날 모든 사람들, 의인과 악인, 산 자와 죽은 자를 공의로 심판하실 것이다. 그 날에 특히 교만하고 악한 자들은 지푸라기같이 그 뿌리와 가지가 남김 없이 불태워질 것이며 재와 같이 밟힐 것이다. 우리는 하나님을 두려워하고 겸손히 그의 계명들에 복종해야 한다.

둘째로, 하나님의 이름을 경외하는 자들에게는 의의 태양이 떠올라서 치료하는 빛을 비추실 것이며 그 빛을 받은 자들은 외양간에서 나온 송아지같이 기뻐 뛸 것이다. 예수 그리스도께서는 의의 태양이시다. 그는 빛으로 세상에 오셨다. 그것은 죄인들에게 죄사함과 의롭다 하심을 주시는 빛이다. 우리는 예수 그리스도를 믿음으로 이미 죄사함과 의롭다 하심을 얻었다. 그것이 구원이다. 이제 예수 그리스도를 믿어 구원받은 성도들은 항상 기뻐하며 살 수 있고 또 그렇게 살아야 한다.

셋째로, 하나님의 뜻은 죄인들이 모든 죄를 버리고 하나님의 계명대로 의와 선을 행하는 것이다. 4절, "너희는 내가 호렙에서 온 이스라엘을 위하여 내 종 모세에게 명한 법 곧 율례와 법도를 기억하라." 5-6절, "보라, 여호와의 크고 두려운 날이 이르기 전에 내가 선지 엘리야를 너희에게 보내리니 그가 아비의 마음을 자녀에게로 돌이키게 하고 자녀들의 마음을 그들의 아비에게로 돌이키게 하리라. 돌이키지 아니하면 두렵건대 내가 와서 저주로 그 땅을 칠까 하노라 하시니라." 우리는 모든 죄를 버리고 성경에 교훈한 대로 의롭고 선하게만 살아야 한다.

저자 소개

연세대학교 문과대학 철학과 졸업 (B.A.).
총신대학 신학연구원[신학대학원] 졸업 (M.Div. equiv.).
미국, Faith Theological Seminary 졸업 (Th.M. in N.T.).
미국, Bob Jones University 대학원 졸업 (Ph.D. in Theology).
계약신학대학원 교수 역임, 합정동교회 담임목사.
[역서] J. 그레셤 메이천 신약개론, 신앙이란 무엇인가? 등 다수.
[저서] 구약성경강해 1, 2, 신약성경강해, 조직신학, 기독교교리개요, 기독교 윤리, 현대교회문제, 자유주의 신학의 이단성, 에큐메니칼운동 비평, 복음주의 비평, 현대교회문제자료집, 천주교회비평 등.

소선지서 강해

2011년 10월 15일 1판
2020년 8월 6일 2판
저　자　김 효 성
발 행 처　옛신앙 출판사
Old-time Faith Press
www.oldfaith.net
서울 마포구 독막로 26 (합정동)
합정동교회 내
02-334-8291, 팩스 02-337-4869
oldfaith@hjdc.net
등록번호: 제10-1225호

ISBN 973-89-98821-58-6 03230
값 6,000원

옛신앙출판사는 이익을 추구하지 않으며 출판권은 저자에게 있습니다.

♣ '**옛신앙**'이란, 옛부터 하나님의 선지자들과 주 예수 그리스도의 사도들이 가졌던 신앙, 오직 정확 무오(正確無誤)한 하나님 말씀인 신구약 성경에만 근거한 신앙, 오늘날 배교(背敎)와 타협의 풍조에 물들지 않는 신앙을 의미합니다.
"여호와께서 이같이 말씀하시되 '너희는 길에 서서 보며 **옛적 길** 곧 **선한 길**이 어디인지 알아보고 그리로 행하라. 너희 심령이 평강을 얻으리라' 하나, 그들의 대답이 '우리는 그리로 행치 않겠노라' 하였으며"(렘 6:16).

옛신앙 출판사 서적 안내

1. 김효성, **창세기 강해**. [3판]. 359쪽. 6,000원.
2. 김효성, **출애굽기 강해**. [2판]. 204쪽. 4,000원.
3. 김효성, **레위기 강해**. [2판]. 164쪽. 4,000원.
4. 김효성, **민수기 강해**. [2판]. 182쪽. 4,000원.
5. 김효성, **신명기 강해**. [2판]. 184쪽. 4,000원.
6. 김효성, **여호수아 사사기 룻기 강해**. [2판]. 222쪽. 4,000원.
7. 김효성, **사무엘서 강해**. [2판]. 233쪽. 4,000원.
8. 김효성, **열왕기 강해**. [2판]. 217쪽. 4,000원.
9. 김효성, **역대기 강해**. [2판]. 256쪽. 5,000원.
10. 김효성, **에스라 느헤미야 에스더 강해**. [2판]. 129쪽. 3,000원.
11. 김효성, **욥기 강해**. [2판]. 195쪽. 4,000원.
12. 김효성, **시편 강해**. [2판]. 704쪽. 10,000원.
13. 김효성, **잠언 강해**. [2판]. 624쪽. 8,000원.
14. 김효성, **전도서 강해**. [2판]. 88쪽. 2,000원.
15. 김효성, **아가서 강해**. [3판]. 88쪽. 2,000원.
16. 김효성, **이사야 강해**. [2판]. 398쪽. 6,000원.
17. 김효성, **예레미야 및 애가 강해**. [2판]. 359쪽. 6,000원.
18. 김효성, **에스겔 다니엘 강해**. [2판]. 293쪽. 6,000원.
19. 김효성, **마태복음 강해**. [2판]. 340쪽. 6,000원.
20. 김효성, **마가복음 강해**. [3판]. 223쪽. 5,000원.
21. 김효성, **누가복음 강해**. [2판]. 373쪽. 6,000원.
22. 김효성, **요한복음 강해**. 281쪽. 6,000원.
23. 김효성, **사도행전 강해**. [2판]. 239쪽. 4,000원.
24. 김효성, **고린도전서 강해**. [2판]. 122쪽. 3,000원.
25. 김효성, **고린도후서 강해**. [2판]. 100쪽. 3,000원.
26. 김효성, **갈라디아서 에베소서 강해**. [2판]. 169쪽. 4,000원.
27. 김효성, **빌립보서 골로새서 강해**. [2판]. 143쪽. 4,000원.
28. 김효성, **히브리서 강해**. [2판]. 109쪽. 3,000원.
29. 김효성, **야고보서 베드로전후서 강해**. [2판]. 145쪽. 4,000원.
30. 김효성, **요한 1,2,3서 유다서 강해**. [2판]. 104쪽. 3,000원.
31. 김효성, **기독교 교리개요**. [10판]. 96쪽. 2,500원.
32. 김효성, **기독교 신앙입문**. [10판]. 34쪽. 600원.
33. 김효성, **신약성경 전통본문 옹호**. 166쪽. 4,000원.
34. 김효성 역, **웨스트민스터 신앙고백서**. [6판]. 108쪽. 3,000원.
35. 김효성, **기독교 윤리**. [6판]. 240쪽. 4,500원.
36. 김효성, **현대교회문제**. [5판]. 182쪽. 무료.
37. 김효성, **자유주의 신학의 이단성**. [2판]. 170쪽. 6,000원.
38. 김효성, **에큐메니칼운동 비평**. 158쪽. 6,000원.
39. 김효성, **복음주의 비평**. 193쪽. 6,000원.
40. 김효성, **천주교회 비평**. [2판]. 97쪽. 3,000원.
41. 김효성, **이단종파들**. [6판]. 70쪽. 700원.
42. 김효성, **공산주의 비평**. [6판]. 44쪽. 2,000원.

☆ 주문: 전화 02-334-8291, 이메일 oldfaith@hjdc.net
☆ 계좌: 농협 301-0258-7000-81 대한예수교장로회 합정동교회